Mensch & Politik

Sekundarstufe II

Demokratie erhalten und gestalten

Angelika Doetsch
Anton Egner
Günther Misenta
Ulrike Seitz
Wolfgang Sinz

Schroedel

Mensch & Politik
Sekundarstufe II

Demokratie erhalten und gestalten

Angelika Doetsch
Anton Egner
Günther Misenta
Ulrike Seitz
Wolfgang Sinz

mit Beiträgen von
Dr. Florian Hartleb und Christian Raps

in Zusammenarbeit mit der Verlagsredaktion

Druck A[1] / Jahr 2010
Alle Drucke der Serie A sind im Unterricht parallel verwendbar.
Die letzte Zahl bezeichnet das Jahr dieses Druckes.

Redaktion: Dr. Martin Reichinger
Herstellung: Sabine Schmidt, Hannover
Layout: Jesse Konzept & Text, Hannover
Grafik: Langner & Partner, Hannover
Satz: Grepect GmbH, Garbsen
Druck und Bindung: westermann druck GmbH, Braunschweig

ISBN 978-3-507-**10865**-3

Inhaltsverzeichnis

4. Herausforderungen für die Demokratie

Seite 106 / 107

5. Politische Macht und Kontrolle

Seite 138 / 139

[1] Einheit zur Vertiefung und Erweiterung

Vorwort

Mensch und Politik – Lernhilfe und Impulsgeber
In der Informationsgesellschaft ist eine breite und vertiefte Allgemeinbildung die notwendige Bedingung dafür, sicher urteilen zu können und Verantwortung zu übernehmen. Gerade das Fach Gemeinschaftskunde in der Oberstufe des achtjährigen Gymnasiums soll die Entwicklung der Schülerinnen und Schüler zu verantwortungsbewussten Staatsbürgern fördern und sie zu überlegtem und zielgerichtetem Handeln befähigen. Verlag und Autoren reagieren mit dem vorliegenden Band auf diese Herausforderungen: Im Sinne einer wertorientierten Persönlichkeitsbildung und vor dem Hintergrund der Internationalisierung von Hochschule und Arbeitswelt leistet das Oberstufenwerk **Mensch und Politik SII** einen wichtigen Beitrag als Orientierungs- und Lernhilfe wie auch als Impulsgeber für politisches Denken und demokratisches Engagement.

Konzeptionelle Schwerpunkte
Die Reihe **Mensch und Politik** ist konsequent nach dem Doppelseitenprinzip aufgebaut. Die Doppelseiten bieten unterrichtspraktische Abschnitte und enthalten Info-Texte, Materialien und Aufgaben.

- Jedes Großkapitel beginnt mit einer *Auftakt-Doppelseite*, die mithilfe bildlicher und textlicher Elemente die Kernproblematik des Themas umreißt und zum unkomplizierten Unterrichtseinstieg dient.
- Die ausführlichen *Info-Texte* entsprechen dem neuesten fachwissenschaftlichen Stand. Sie führen in die Teilthemen ein, vermitteln fundiertes Grundlagenwissen und eröffnen zugleich Perspektiven. Akzente zur Theorie und Geschichte der westlichen Demokratien erleichtern dabei den Brückenschlag zwischen historisch gewachsenen Bedingungen und gegenwärtigen Herausforderungen.
- Sorgfältig ausgewählte statistische und visualisierende *Materialien* bieten Zahlen, Fakten und kontroverse Bewertungen. Sekundärtexte bereiten das Thema auf, regen zur Problematisierung an und unterstützen die Sicherung von Grundlagenkenntnissen vor dem Hintergrund aktueller Nachrichten und zeitlos aktueller Debatten. Die Vielfalt der Materialien – Fotografien, Karikaturen, Statistiken, Karten und Texte unterschiedlicher Gattungen – eröffnet dem/der Lehrenden Freiräume zur individuellen Schwerpunktsetzung und motiviert zugleich die Lernenden zur eigenständigen Lektüre des Arbeitsbuches.
- Die *Aufgaben* am Ende eines jeden Themenabschnitts erschließen Info-Text und Materialien gleichermaßen, stoßen die Auseinandersetzung mit ihnen an und bereiten die Schülerinnen und Schüler auf Prüfungsfragen vor.
- 14 eigens hervorgehobene *Methodenblöcke* dienen dem gezielten Methodenlernen, befähigen zur Bestimmung des eigenen Standpunkts und ermutigen zu handlungsorientierten Unterrichtsphasen.
- Farbige *Icons* in Form von Glossarverweisen, Pro / Kontra-Emblemen oder Begriffserklärungen in den Randspalten machen das Arbeiten mit **Mensch und Politik SII** effizient und sicher. Punktuelle Querverweise ermöglichen in diesem Zusammenhang die rasche Verknüpfung von Inhalten verwandter Themenbereiche.

Online-Werkservice
Bei Texten aus dem Internet werden stets das Portal und das Zugriffsdatum angegeben – denn der abgedruckte Text existiert in manchen Fällen nicht dauerhaft. Anhand der genannten Homepage kann so die Qualität der Quelle eingeschätzt und nach aktuellem Material gesucht werden. Internetarbeitsblätter und interaktive Materialien zu Themen dieses Bandes und weiteren Themen sind im Online-Werkservice abrufbar unter *www.schroedel.de*.

1. Wie wollen wir morgen leben?

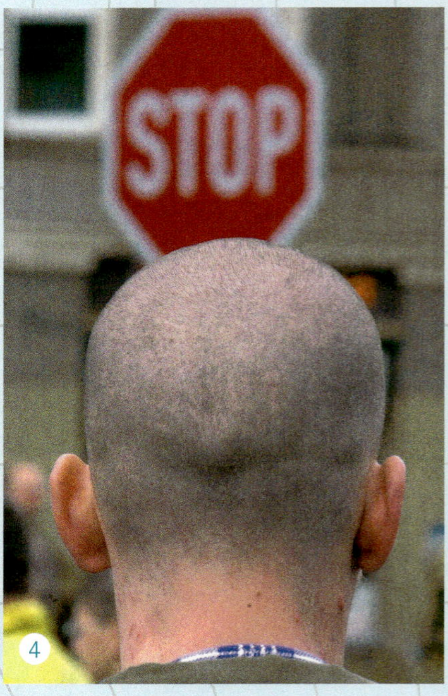

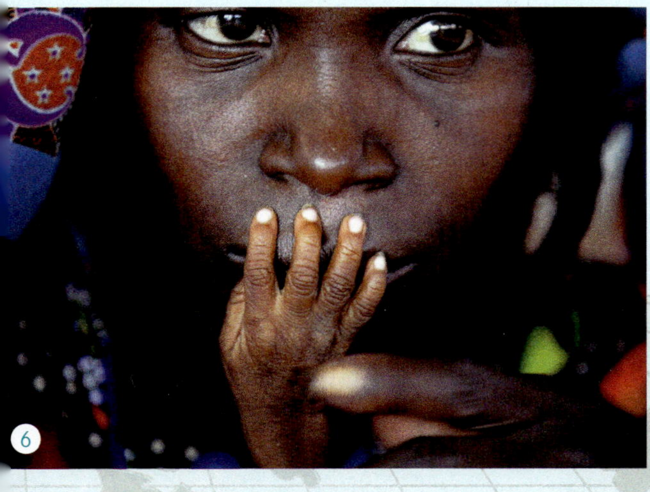

6

7

8

Stell’ Dir vor, es ist 2020, und Du bist erwachsen.

- Wovon träumst Du? Wie lebst Du? Wie sieht Deine Arbeit aus?
- Wie stellst Du Dir die Welt vor, in der wir leben? Können wir uns frei bewegen oder haben die Konflikte zwischen den Ländern zugenommen?
- Haben die Menschen gelernt, mit begrenzten Ressourcen hauszuhalten, gut zu leben, ohne immer mehr zu verbrauchen? Oder haben diejenigen recht behalten, die immer mehr Auseinandersetzungen befürchten, auch weil Wasser, Erdöl und andere Ressourcen knapp werden?
- Wie sehen Deine Erfahrungen, Ahnungen, Erkenntnisse, Hoffnungen, Dein Lebensgefühl aus?

(aus einem Aufruf des Rates für Nachhaltige Entwicklung, Berlin 2001)

9

Politik für eine lebenswerte Zukunft lebt nicht nur von Argumenten und Zahlen, sondern auch von Wünschen, Träumen, Hoffnungen und Ängsten der Menschen. Schreiben Sie auf, wie Sie die Welt sehen, welche Änderungen Sie erwarten und was Ihnen in Zukunft wirklich wichtig ist.

METHODE

Die Dimensionen der Politik und der Politikzyklus

- Wie funktioniert Politik?
- Welche Probleme müssen gelöst werden?
- Welche Spielregeln müssen eingehalten werden?
- Wer nimmt auf politische Fragen Einfluss?

Um diese Fragen zu beantworten eignen sich vor allem zwei Modelle in der Politikwissenschaft, mit deren Hilfe Politik auf unterschiedlichen Ebenen analysiert und beurteilt werden kann. Im ersten Modell vollzieht sich Politik stets in den drei **Dimensionen** der *Policy*, der *Polity* und der *Politics*.

Dimension	Kategorien
Policy (Inhalte und Ziele)	Staatliche Politikfelder, gesellschaftliche Probleme, politische Programme, politische Lösungsvorschläge, politische Entscheidungsinhalte
Polity (Ordnung)	Verfassung, Gesetze, Völkerrecht, internationale Abkommen, Rechtsverordnungen, Geschäftsordnungen, Kompetenzen (internationaler Organisationen bzw. staatlicher Institutionen), politische Kultur
Politics (Prozess, politisches Handeln)	Interessenartikulation, Interessendurchsetzung, Machteinsatz, Konfliktstrategien, Verhandlungen, Kompromisssuche, Bemühungen um Zustimmung und Konsens

Das zweite Modell, der **Politikzyklus**, eignet sich v. a. für die Analyse des Prozesscharakters von Politik. Er verdeutlicht die verschiedenen Phasen von der Problemstellung, über die Etappen der Entscheidungsfindung bis hin zur Bewertung dieser Entscheidung und dem Entstehen neuer Probleme. Er begreift damit Politik als einen sich stetig wiederholenden Prozess der Problemlösung.

Quelle: Kerstin Pohl (Hrsg.): Positionen der politischen Bildung, Band 1, Schwalbach/ Ts. 2004, S. 165

L&P / 3657

METHODE

Phasen des Politikzyklus

1. **Problemwahrnehmung/-thematisierung:** „Alles Leben ist Problemlösung." Dieser Satz des Philosophen Karl Popper (1902–1994) gilt auch für die Politik. Am Anfang eines politischen Entscheidungsprozesses steht immer ein Problem, d. h. eine offene, ungelöste, als dringlich empfundene Frage von allgemeiner Bedeutung. Es sind in der Regel interessierte gesellschaftliche Gruppierungen, aber auch Parteien oder einzelne Persönlichkeiten, die bestimmte Probleme zum Thema machen. Sie versuchen – oft unter Berufung auf wissenschaftliche Erkenntnisse – mit Unterstützung der Medien, auf ihr Thema aufmerksam zu machen.
2. **Agenda Setting:** Politische Entscheidungsträger, z. B. im Parlament vertretene Parteien, setzen das wahrgenommene Problem auf die Tagesordnung (Agenda) der Politik. Spätestens jetzt beginnt auch die von unterschiedlichen Interessen, Grundüberzeugungen und (partei-)taktischen Überlegungen geprägte Auseinandersetzung um die Lösung des Problems.
3. **Entscheidung:** Ist es gelungen, ein bestimmtes Thema auf die politische Agenda zu bringen, beginnt meist in der Legislative der Prozess der Entscheidungsfindung. Oft werden in diesem Verfahren Gutachten eingeholt oder Experten zur Anhörung geladen. Lobbyisten versuchen Einfluss zu nehmen, es kann zu Demonstrationen kommen. In der Regel werden Kompromisse angestrebt, um unterschiedliche Interessen auszugleichen. Die Problemlösung erfolgt dann im Konsens; seltener sind strittige Entscheidungen, bei denen sich die parlamentarische Mehrheit über die Vorstellungen der parlamentarischen Minderheit hinwegsetzt.
4. **Vollzug der Entscheidung** (Implementierung)**:** Die Entscheidung muss mit der bestehenden internationalen und nationalen Rechtsordnung in Einklang stehen; ggf. müssen andere Gesetze oder sogar Teile der Verfassung geändert werden. Für den Vollzug durch die Verwaltung muss das zuständige Ministerium meist noch Durchführungsverordnungen und Verwaltungsvorschriften erlassen.
5. **Bewertung der Entscheidung** (Evaluation)**:** Im Zuge seiner Anwendung durch die Verwaltung und die Gerichte wird geprüft, ob das neue Gesetz Mängel oder Lücken aufweist. Auch werden Kosten-Nutzen-Analysen vorgenommen.
6. **Novellierung/Beendigung:** Ergibt die Evaluation nach einiger Zeit Änderungsbedarf, so muss das Gesetz novelliert, d. h. geändert oder ergänzt werden, so dass der politische Prozess erneut beginnt. Andernfalls ist er beendet.

INFO

Lobbyisten
Interessenvertreter

INFO

Gesetzesnovelle
Gesetz, das ein bestehendes Gesetz ändert oder ergänzt

Stärken und Schwächen des Modells

Wie jedes Modell, so vereinfacht auch der Politikzyklus eine komplexe Realität. So etwa wird ignoriert, dass in der politischen Wirklichkeit die einzelnen Phasen oft nicht eindeutig unterscheidbar sind und dass sich viele Vorgänge überschneiden oder gleichzeitig ablaufen. Auch wird unterstellt, Politik habe stets eine Problemlösung zum Ziel: Tatsächlich aber gibt es auch Entscheidungen, die statt der Problemlösung dem Machterhalt bzw. der Machtverfestigung dienen und bestehende Probleme eher vergrößern. Ungeachtet dessen macht die Komplexitätsreduktion des Modells den politischen Prozess überschaubarer und verbessert so das Verständnis der Wirklichkeit.

1 Wählen Sie eines der Fotos von S. 6 f. aus und informieren Sie Ihren Kurs im Rahmen eines Referats über den jeweils dargestellten Sachverhalt. Beziehen Sie Ihre Informationen dazu auch aus dem Glossar.

2 Stellen Sie – nach Problemen geordnet – die Ihnen bekannten Maßnahmen von Staat und Gesellschaft zusammen, mithilfe derer man den auf S. 6 f. gezeigten Herausforderungen begegnen kann. Beurteilen Sie diese Maßnahmen.

3 Entscheiden Sie sich für eines der Fotos von S. 6 f. und wenden Sie den Politikzyklus auf die dargestellte Problematik an. Stellen Sie Ihre Ergebnisse grafisch im Klassenplenum vor.

MATERIAL 1

Die Panik der Deutschen

Die Diskussion um die Bevölkerungsentwicklung lenkt von den eigentlichen Problemen ab.

Im Jahr 2300 sind die Deutschen ausgestorben; in den nächsten drei Jahrzehnten schrumpft die Bevölkerung um mindestens ein Drittel; jedes zweite neugeborene Mädchen erreicht das 100. Lebensjahr, und in uns steckt biologisch konditioniert ein Affekt gegen Ältere. Nein, diese Meldungen entstammen keiner Science-Fiction. Ein wissenschaftliches Institut und ein anerkannter Bevölkerungsforscher, eine große bundesweite Tageszeitung, der zuständige Bundesminister und der Herausgeber der Zeitung für kluge Köpfe sind die Quellen.

Es wird Panik verbreitet. Panik, dass wir wegen der geringen Geburtenrate und der steigenden Lebenserwartung die Zukunft nicht meistern können. Dabei haben wir im letzten Jahrhundert demografisch viel mehr geschafft, als für die Zukunft erwartet wird. Die Lebenserwartung stieg um mehr als 30 Jahre, der Anteil der Jugendlichen an der Bevölkerung sank von 44 auf 21 Prozent, also auf weniger als die Hälfte. Parallel wuchs der Anteil der über 65-Jährigen von knapp fünf Prozent im Jahr 1900 auf über 16 Prozent im Jahr 2000, immerhin mehr als das Dreifache! Hatten wir deshalb letztes Jahrhundert den Supergau? Im Gegenteil: In dieser Zeit wurden die Sozialsysteme und der Lebensstandard aller massiv ausgebaut. Auch die Vorausberechnungen des Statistischen Bundesamts für 2050 – erstellt mit der Annahme der weiterhin geringen Geburtenziffer von 1,4 Kindern pro Frau – geben bei ganzheitlicher Sichtweise keinen Anlass zur Panik. Zukunftspessimisten fokussieren sich als Folge der niedrigen Geburtenrate nur auf ein einziges Zahlenverhältnis: Jeder Erwerbsfähige wird 77 Prozent mehr Ältere versorgen müssen! Zwei Jahre wurde dies ständig wiederholt, bis es jetzt in allen Köpfen ist.

Aber dieser Blick übersieht viele Einflussfaktoren und mögliche Veränderungen im Zeitablauf. Wissenschaftlich ausgedrückt ist er eindimensional und statisch, also wirklichkeitsfremd. Die Versorgung von Kindern und Jugendlichen wird ausgeblendet. Aber Kindergärten, Schulen, Hochschulen und ihr Personal gibt es nicht zum Nulltarif, genauso wenig wie Essen, Kleidung und Wohnen. Deshalb benutzt die amtliche Statistik überwiegend den realistischeren Gesamtversorgungsquotienten, also die Anzahl der Kinder, Jugendlichen und Älteren, die 100 Erwerbsfähige versorgen müssen. Dieser Quotient stiege wegen der sinkenden Kinderzahl weit weniger dramatisch um 37 Prozent bis 2050 oder 0,65 Prozent pro Jahr! Für die dramatisch aussehenden 77 Prozent muss weiterhin die Arbeitslosenquote bis 2050 als konstant angenommen und vom gleichen Renteneintrittsalter wie heute ausgegangen werden! Trotz der Erwartung auf sechs zusätzliche Lebensjahre, trotz der Erwartung eines Mangels an Versorgern soll nach der Berechnung keinen Tag länger gearbeitet werden. Selbst heutige Frühverrentungen bleiben in vollem Umfang erhalten. Irrwitzige Annahmen, aber sonst lässt sich keine dramatische Steigerung errechnen. Dass Produktivitätssteigerungen, die Ursache für die Erfolge des letzten Jahrhunderts, ausgeblendet bleiben, versteht sich. Dieses absichtliche Übersehen fällt kaum auf, da viele Menschen dynamische, nichtlineare Entwicklungen kaum einschätzen können. Das belegt wieder der Blick in die Vergangenheit. Im Jahr 1900 hätte es kein Bauer für möglich gehalten, dass seine Nachfolger 100 Jahre später statt acht Menschen, wie er, 80 Menschen ernähren können. Und wer hätte vor 25 Jahren den Siegeszug des PC vorausgesagt, von der weltweiten elektronischen Vernetzung und deren wirtschaftlichem Potenzial zu schweigen.

Es wird Panik gemacht. Panik mit dem Blick auf 2050. Fünfzig-Jahre-Prognosen gehen von konstanten Verhältnissen aus, Strukturbrüche können nicht erfasst werden. Hätte Adenauer 1950 für 2000 mehr als die Jahreszahl voraussagen können? Mindestens sechs bevölkerungswirksame Veränderungen konnte er nicht sehen, von der Anti-Baby-Pille bis zur Auflösung des Ostblocks. Und in unserer schnelllebigen Zeit wird es keine Strukturbrüche mehr geben? Aber noch schlimmer. Vor lauter Jammern über die Geburtenrate werden elementare Grundlagen übersehen. Wir bilden heute die Generation aus, die bis

GLOSSAR

Demografischer Wandel

INFO

Konrad Adenauer (1876–1967)
erster Bundeskanzler der Bundesrepublik Deutschland von 1949 bis 1963

weit über 2050 die Versorgungsaufgaben trägt! Nur eine solide Bildung und Ausbildung kann sie dafür stark machen. Aber dazu fehlt bekanntlich das Geld! Und über zu wenige Versorger zu klagen, aber fünf Millionen Arbeitslose zu akzeptieren, das ist, höflich ausgedrückt, unlogisch. Wenn als Folge eine schlecht ausgebildete, teilweise arbeitslose Erwerbstätigengeneration entsteht, ist die Rente tatsächlich unsicher. Anstatt über zu wenig Kinder zu jammern, könnte man sich auch an die finnische Weisheit halten: „Wir sind zu wenige, als dass wir es uns leisten könnten, nur ein einziges Kind in seiner schulischen Entwicklung aufgeben zu können.“

Der Generationenvertrag droht unter der gewaltigen Staatsverschuldung und der ungelösten Rentenfrage zu zerbrechen. Jens Spahn, 29, Bankkaufmann und Mitglied der Jungen Gruppe der CDU/CSU-Bundestagsfraktion, kritisiert, dass in der Rentenpolitik die Interessen junger Menschen und künftiger Generationen nicht ausreichend berücksichtigt würden. Generationengerechtigkeit müsse deshalb als Staatsziel im Grundgesetz verankert werden. Franziska Drohsel, 29, Juristin und Bundesvorsitzende der Jusos, ist dagegen der Meinung, dass der Verteilungskampf nicht zwischen Jung und Alt, sondern zwischen Arm und Reich verlaufe. Einen Aufstand der Jungen hält sie für unnötig. Auch den Rentnern sei die Zukunft der Jungen nicht egal.

Spiegel 30/2009

Es wird Panik gemacht. Panik, die bei vielen zur Verunsicherung führt. Verunsicherung, die den Wunsch nach Kindern bremst, statt ihn zu fördern. Über kinderlose Akademiker zu klagen, aber die Probezeit bei Neueinstellungen gleichzeitig auf zwei Jahre zu verlängern, ist das kein Widerspruch? [...]

Voltaire hat es auf den Punkt gebracht, als er sagte: „Je häufiger eine Dummheit wiederholt wird, desto mehr bekommt sie den Anschein von Klugheit.“ An dieser Wiederholung arbeiten sehr viele. Private Versicherer, die ein großes Stück von der Rentenversicherung haben wollen; Arbeitgeber, die sich aus der paritätisch finanzierten Rentenversicherung verabschieden möchten; Politiker, die bei aktuellen Problemen gerne auf die zukünftigen ausweichen; Medien, die Schlagzeilen brauchen; Bevölkerungswissenschaftler, die endlich gehört werden. Alle, die einen Sündenbock brauchen, oft um von eigenem Versagen abzulenken. Rentner, Kinderlose, vor allem „karrieresüchtige“ kinderlose Frauen stehen als Sündenböcke zurzeit hoch im Kurs. [...]

INFO

Voltaire (1694–1778) eigentlich François-Marie Arouet; französischer Schriftsteller und Philosoph; Hauptsprecher der französischen Aufklärung

Aus: Gerd Bosbach: Die Panik der Deutschen, in: Süddeutsche Zeitung vom 24.4.2006, S.2; der Autor lehrt Statistik, Mathematik und Empirik an der Fachhochschule Koblenz

1 Nehmen Sie Stellung zu den Aussagen der beiden Jungpolitiker (oben).

2 Gliedern Sie M 1 in einzelne Sinnabschnitte und geben Sie diesen jeweils eine charakterisierende Überschrift.

3 Erläutern Sie, mit welchen Argumenten der Autor von M 1 die Diskussion um die Konsequenzen der demografischen Entwicklung als Panikmache bezeichnet.

4 Wer sind die Panikmacher und welche Interessen verfolgen sie? Legen Sie die Auffassung des Autors dar und setzen Sie sich mit dieser auseinander. Stellen Sie für eine fundierte Diskussion ggf. eigene Recherchen an.

5 Die Diskussion um die Bevölkerungsentwicklung lenkt von den eigentlichen Problemen ab. Erläutern Sie diese These. Berücksichtigen Sie dabei auch die Auftakt-Doppelseite 6/7.

2. Politische Theorien – politische Systeme

"I will never forget who this victory truly belongs to – it belongs to you. [...] It grew strength from [...] the millions of Americans who [...] proved that [...] a government of the people, by the people, and for the people has not perished from the Earth. This is your victory."

Barack Obama, Friedensnobelpreisträger 2009,
Victory Speech, Chicago, 5. November 2008

DEM DEUTSCHEN VOLKE

2.1 Freiheit? Gleichheit? Soziale Gerechtigkeit? – Positionen der Demokratietheorie

"... that the government of the people, by the people, for the people shall not perish from the earth."

Abraham Lincoln, Gettysburg Address (1863)

Lincolns Definition von Demokratie

Mit dieser ebenso knappen wie prägnanten Formulierung hat der amerikanische Präsident Abraham Lincoln eine der berühmtesten Definitionen von Demokratie gegeben. Der Begriff „Demokratie" leitet sich von „demos" (griech. Volk) und „kratein" (griech. herrschen) ab und wird üblicherweise mit „Volksherrschaft" übersetzt.

Abraham Lincoln (1809–1865)

In Lincolns Demokratie-Formel fällt zunächst der dreimalige Gebrauch des Wortes „people" auf. Das englische Wort „the people" ist ein Plural und deutet auf eine Vielzahl von Einzel- oder Gruppenwillen hin, die zu einem politischen Willen geformt werden. Mit den Präpositionen „of", „by" und „for" werden jeweils bestimmte Wesensmerkmale einer demokratischen Willensbildung angesprochen. Das „of" macht dabei deutlich, dass der politische Wille sich durch den Willen aller Staatsangehörigen legitimieren muss (Volkssouveränität). Das „by" rückt die Frage nach der politischen Beteiligung der Bürger ins Blickfeld (Partizipation). Und das „for" besagt, dass politische Entscheidungen stets im Interesse der Bürger erfolgen sollen (Interessenwahrnehmung).

Demokratie – ein kontroverser Begriff

Die Demokratie-Formel Lincolns ist nicht unumstritten, weil sie unterschiedliche Deutungen zulässt: Wie weit soll die politische Partizipation der Bürger gehen? Was sind die Interessen der Bürger und wie werden sie definiert? Derartige Streitfragen beherrschten schon die Philosophie der Aufklärung, mit der die Diskussion um die moderne Demokratie begann. Die Gegenpole in dieser Diskussion bilden der Engländer John Locke und der aus der französischsprachigen Schweiz stammende Jean-Jacques Rousseau. Die auf ihre Lehren zurückgehenden Demokratietheorien wurden von Wissenschaftlern später als Konkurrenztheorie bzw. als Identitätstheorie bezeichnet.

Jean-Jacques Rousseau: Der Gesellschaftsvertrag

Rousseau entwirft in seiner Schrift „Contrat Social" („Gesellschaftsvertrag") das Modell einer herrschaftsfreien Gesellschaft, in der die Bürger an der Gesetzgebung beteiligt sind. Er will die Identität von Regierenden und Regierten und lehnt deshalb die Übertragung von Herrschaftsbefugnissen und die Gewaltenteilung als zeitweise bzw. teilweise Aufgabe der Souveränitätsrechte des Volkes ab. Nur der den Gesetzen unterworfene Bürger, der zugleich sein eigener Gesetzgeber ist, sei, weil er sich selbst gehorche, frei und nicht fremdbestimmt.

Aber gibt es nicht auch bei Volksabstimmungen eine siegreiche Mehrheit und eine unterlegene Minderheit? Muss der Mehrheitsbeschluss nicht auch die Minderheit binden? Für Rousseau sind solche Fragen falsch gestellt, denn er geht von einem allgemeinen, d. h.einheitlichen Volkswillens aus, den er „volonté générale" nennt. Dieser kristallisiere sich in der Diskussion aus den in einem intakten Gemeinwesen insgesamt nur wenig voneinander abweichenden Einzelwillen (volontés particulières) der aufgeklärten Bürger heraus und stimme mit den von egoistischen Bestrebungen geläuterten Einzelwillen überein. Die „volonté générale" sei Ausdruck eines für alle Bürger vorgegebenen und von diesen durch Vernunft erkennbaren Gemeinwohls.

Jean-Jacques Rousseau (1712–1778)

Rousseau grenzt den allgemeinen Willen gegenüber dem Gesamtwillen, der „volonté de tous", ab. Dieser drücke die von Parteien oder Interessenverbänden zu einem Mehrheitswillen geformten egoistischen Einzelinteressen aus. Als Wille einzelner Bevölkerungsgruppen führe er zu einer Tyrannei der Mehrheit, bedrohe die Freiheit eines Teils der Bürger und gefährde damit die Einheit des Staates sowie dessen ganze Existenz. Deshalb seien Parteien und Interessenverbände abzulehnen. Rousseaus Modell liegt die Vorstellung einer homogenen, sozial weithin egalisierten und ideologisch konformen Gesellschaft zugrunde.

John Locke: Liberales Staatsverständnis

Für John Locke als einen Verfechter der bürgerlichen Freiheiten und des individuellen Grundrechtsschutzes besteht der Zweck des Staates darin, die unveräußerlichen und unantastbaren natürlichen Rechte der Menschen auf Leben, Freiheit und Eigentum zu sichern. Die Bürger seien durch gewählte Repräsentanten an der Gesetzgebung zu beteiligen, die sich damit als Ausdruck des Volkswillens legitimiere. Mehrheitsbeschlüsse seien auch für die unterlegene Minderheit verbindlich, jedoch nur dann, wenn sie mit dem Naturrecht im Einklang stehen. In seinem 1690 erschienenen Hauptwerk „Two Treatises of Government" (Zwei Abhandlungen über die Regierung) entwickelte Locke Gedanken zu einer Gewaltenteilung zwischen König und Parlament, mit Hilfe derer der Missbrauch von Macht verhindert werden sollte. Locke argumentierte, dass eine Regierung nur rechtmäßig sei, wenn sie die Zustimmung der Regierten besäße und deren Naturrechte beschütze. Für den Fall, dass eine tyrannische Regierung gegen diese ihre vertraglichen Pflichten verstößt, hätten die Untertanen das Recht auf Widerstand gegen die Staatsgewalt.

John Locke (1632–1704)

Ernst Fraenkel: Pluralistische Demokratie

Die oft nur umrisshaft angedeutete Lehre Lockes wurde später von anderen Staatstheoretikern weiterentwickelt, zuletzt maßgeblich durch Ernst Fraenkel in seiner „Theorie der pluralistischen Demokratie". Wie der Name bereits andeutet, geht Fraenkel in seiner Theorie davon aus, dass die hoch differenzierten modernen Gesellschaften durch eine Vielzahl unterschiedlicher, teilweise miteinander konkurrierender sozialer Interessen und Meinungen gekennzeichnet sind. Gewählte, weisungsunabhängige Repräsentanten des Volkes müssten sich im Interesse des sozialen Friedens und der politischen Stabilität, also des Gemeinwohls, um deren Ausgleich bemühen.

Ernst Fraenkel (1898–1975)

Fraenkel bezeichnet dieses durch Verhandlung und Kompromiss gewissermaßen im Nachhinein zustande gekommene Gemeinwohl als Gemeinwohl „a posteriori". Er grenzt sich damit von Rousseaus Vorstellung eines für alle Bürger vorgegebenen Gemeinwohls (Gemeinwohl „a priori") ab. Dessen Gemeinwohlvorstellung könne zusammen mit seiner Ablehnung des gesellschaftlichen Pluralismus und des Mehrheitsprinzips zur Rechtfertigung einer Erziehungsdiktatur missbraucht werden. Denn Einzelne („Führer befiehl, wir folgen dir!") oder eine Partei („Die Partei hat immer Recht!") könnten für sich eine höhere Einsicht beanspruchen und dem Volk den wahren Weg zu einem vorgegebenen Endziel weisen wollen.

GLOSSAR
Pluralismus

Von Locke, der dem Staat nur Schutzfunktionen zubilligte (Trennung von Staat und Gesellschaft), unterscheidet sich Fraenkel durch sein Verständnis eines gestaltenden Staates, der von einem breiten politischen Engagement seiner Bürger getragen sein müsse. Demokratisch verfasste Parteien, aber auch Interessenverbände gelten ihm als wichtigste Stätten der Partizipation, da nur organisierte Interessen Chancen auf politisches Gehör hätten. Direktdemokratische Formen der politischen Beteiligung schließt Fraenkel aber nicht grundsätzlich aus. Nach Fraenkel ist die Kernfrage der Demokratietheorie:

- Wie muss ein politisches System gestaltet sein, um ein Optimum an Freiheit und sozialer Gerechtigkeit zu ermöglichen?

QUERVERWEIS
Parteien
Kapitel 3.2.1

METHODE Ein Gedankenspiel zum Begriff „Demokratie“

1. Jedes Kursmitglied schreibt spontan für sich 10 Stichworte auf, die es mit dem Begriff „Demokratie“ inhaltlich verbindet.
2. Der Kurs bildet je nach Größe bis zu vier Teilgruppen. Jede Gruppe einigt sich aus den vorliegenden Stichworten auf die für sie zehn wichtigsten und bringt sie je nach Bedeutsamkeit (am besten auf einer Overhead-Folie) in eine Rangfolge beginnend mit dem wichtigsten Stichwort.
3. Die Ergebnisse werden dem Kurs vorgestellt, Auswahl und Rangfolge begründet. Ggf. nimmt der Kurs bei Abweichungen der Gruppenergebnisse aus diesen eine eigene Auswahl vor und ordnet diese nach Bedeutung.
4. Daran kann sich die Erörterung einzelner Stichworte anschließen (Wunsch oder Realität in Deutschland; positiv oder negativ?) Interessant wäre auch eine Diskussion der Frage,ob unter anderen historisch-politischen Bedingungen (Drittes Reich, DDR) oder in anderen Ländern (z. B. USA, Schweiz) andere Ergebnisse herausgekommen wären.
5. Abschließend bietet sich ein Vergleich der Stichwortliste mit der Demokratie-Formel Lincolns (S. 14) bzw. mit der nachfolgenden Grafik an.

MATERIAL 1 Demokratietheorie – grafisch vereinfacht

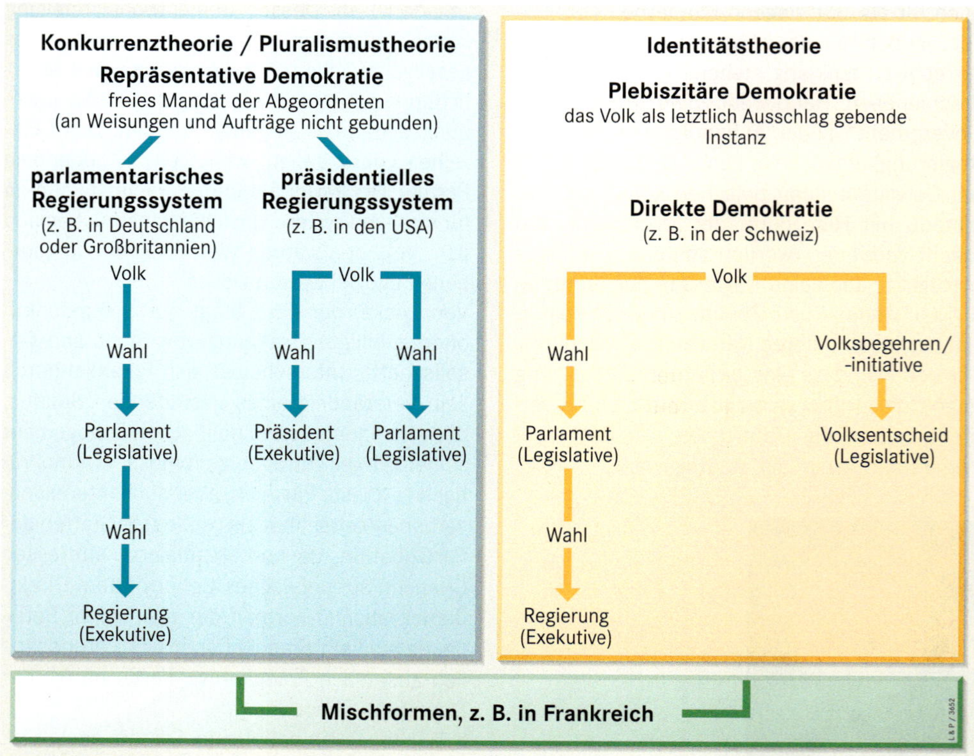

REFERAT

1. Beschreiben Sie die Merkmale der einzelnen politischen Systeme.
2. Informieren Sie Ihre Mitschülerinnen und Mitschüler in einem Referat über das politische System Frankreichs. Erläutern Sie, warum es nach M 1 als Mischform zu bezeichnen ist.

Zwei Entwürfe für einen Gesellschaftsvertrag

MATERIAL 2

Gemeinsam ist den Staatstheoretikern der Aufklärung die Vorstellung eines Naturzustandes mit freien und gleichberechtigten Menschen. Allerdings sei der Naturzustand unvollkommen, da es in ihm keine Macht gebe, die die Menschen vor gegenseitigen Übergriffen schütze. Ihre Vernunft gebiete ihnen deshalb, den Naturzustand zugunsten eines geordneten Zusammenlebens in einem Staat aufzugeben und zum Zwecke seiner Gründung einen gegenseitigen Vertrag (Gesellschaftsvertrag) abzuschließen. Namentlich die Vertragsmodelle von John Locke (1632–1704) und Jean-Jacques Rousseau (1712–1778), nach denen die beiden folgenden Entwürfe ausgerichtet sind, wurden für die demokratietheoretische Diskussion sehr bedeutsam.

GESELLSCHAFTSVERTRAG I

§1 Ich gründe zusammen mit anderen durch diesen Gesellschaftsvertrag einen Staat, indem wir gemeinsam beschließen, eine Legislative, eine Exekutive und eine rechtsprechende Gewalt zu errichten.

§2 Der Zweck des zu gründenden Staates ist der Schutz der unveräußerlichen natürlichen Rechte jedes einzelnen Gesellschaftsmitglieds, namentlich seines Rechts auf Leben, Freiheit und Eigentum.

§3 Die Legislative besteht aus Repräsentanten, die von den Staatsangehörigen gewählt und ermächtigt werden, durch Mehrheitsentscheid Gesetze zu erlassen, die für alle verbindlich sind. Die ausführende und die rechtsprechende Gewalt sind an diese Gesetze gebunden.

§4 Die Gesetze dürfen nicht den unveräußerlichen natürlichen Rechte der Gesellschaftsmitglieder zuwiderlaufen.

§5 Jedes Gesellschaftsmitglied hat das Recht auf Widerstand, wenn Legislative und Exekutive gegen die natürlichen Rechte verstoßen und damit den Staatszweck missachten.

GESELLSCHAFTSVERTRAG II

§1 Ich gründe gemeinsam mit anderen durch diesen Gesellschaftsvertrag einen Staat, in dem jeder von uns sich dem allgemeinen Willen unterstellt.

§2 Zweck des Staates ist es, die Freiheit seiner Mitglieder und damit ihre Menschenwürde zu sichern.

§3 An der Formulierung des allgemeinen Willens wirken alle Gesellschaftsmitglieder gleichberechtigt mit. Die Beschlüsse werden einvernehmlich gefasst. dadurch wird gewährleistet, dass kein Gesellschaftsmitglied der Fremdbestimmung unterliegt.

§4 Das Recht, an der Bildung des allgemeinen Willens mitzuwirken, Staatshoheit oder Souveränität genannt, kann weder veräußert, noch übertragen, noch aufgeteilt werden, da dann der Staatswille nicht mehr allgemein wäre.

§5 Das Gemeinwesen kann Vorkehrungen treffen, um dem allgemeinen Willen Geltung zu verschaffen, z. B. durch das Verbot von Parteien oder Interessenorganisationen.

1 Sie stehen vor der Alternative, sich für einen Gesellschaftsvertrag entscheiden zu müssen. Welchen Vertrag würden Sie unterschreiben? Begründen Sie Ihr Votum.

2 Welche weiteren Regelungen halten Sie für erforderlich, um das Zusammenleben in der Gesellschaft, für die Sie sich entschieden haben, zu erleichtern?

METHODE

Dialogspiel: John Locke und Jean-Jacques Rousseau auf einer Zeitreise durch Europa

Stellen Sie sich vor, John Locke und Jean-Jacques Rousseau unternähmen gemeinsam eine Zeitreise in das beginnende 21. Jahrhundert. Ihre Ziele sind Deutschland, Großbritannien, die Schweiz und die USA. Einige Stationen der Reise sind in den Fotos (unten) dokumentiert. Ihre Eindrücke und Erlebnisse veranlassen die beiden Reisenden immer wieder zu grundsätzlichen Stellungnahmen, die bisweilen auch in einen kontrovers geführten Dialog münden.
Sie können den während der Reise vorstellbaren Meinungsaustausch (in möglichst eigenständigen Formulierungen) nachspielen. Bilden Sie dazu zwei Gruppen (Anhänger von Locke bzw. von Rousseau). Erörtern Sie gruppenintern, welche Äußerung bei welcher Gelegenheit gefallen sein könnte und wann durch welche Gegenäußerung möglicherweise ein Dialog zustande kommen könnte. Bereiten Sie sich in Ihrer Gruppe auch mit Hilfe dieses Schulbuchkapitels auf die Gespräche vor. Bestimmen Sie jeweils einen Sprecher, der die Rolle von Locke bzw. von Rousseau übernimmt. Wir wünschen Ihnen eine gute Zeitreise und interessante Gespräche!
(P. S.: Sie können das Gespräch auf Video oder Tonband aufzeichnen, davon eine Schriftfassung anfertigen und z. B. in der Schülerzeitung oder auf der Homepage Ihrer Schule veröffentlichen.)

Die Abgeordneten des Deutschen Bundestages stimmen über die Veränderung des Stammzellgesetzes ab; Berlin, 11. April 2008

US-Bürger protestieren gegen die Regierung von George W. Bush und den Krieg im Irak (im Vordergrund ein Vietnamkriegs-Veteran im Rollstuhl); Los Angeles, 27. Oktober 2007

Bundeskanzlerin Angela Merkel (CDU) spricht auf dem Deutschen Bauerntag; Berlin, 1. Juli 2008

Der Erste Senat des Bundesverfassungsgerichts verkündet das Urteil zum Luftsicherheitsgesetz; Karlsruhe, 15. Februar 2006

Die Teilnehmer der Landsgemeinde des Schweizer Kantons Appenzell Innerrhoden stimmen per Handzeichen ab; 27. April 2008

John Locke:

„Wenn eine Anzahl von Menschen eingewilligt hat, [...] einen Staat zu bilden, so werden sie dadurch gleichzeitig eingebürgert und bilden einen einzigen politischen Körper, in dem die Mehrheit das Recht hat zu handeln und die Übrigen zu verpflichten." (§ 95)
„Eine Verordnung [kann] nicht die verpflichtende Kraft eines Gesetzes haben, wenn sie nicht ihre Sanktion von der Legislative erhält, die das Volk gewählt hat. Ohne diese würde das Gesetz nicht das haben, was absolut notwendig ist, um es zu einem Gesetz zu machen, nämlich die Zustimmung der Gesellschaft." (§ 134)
„Die Verpflichtungen des Naturrechts hören nicht in der Gesellschaft auf. [...] So steht das Naturrecht da wie eine ewige Ordnung für alle [...] Gesetzgeber [...] und [...] kein menschliches Gesetz [kann] gut oder gültig sein, das ihm widerspricht." (§ 135)
„Bei der Schwäche der menschlichen Natur, die immer bereit ist, nach Macht zu greifen, würde für dieselben Personen, die die Macht besitzen, Gesetze zu geben, die Versuchung zu groß sein, auch die Macht sie zu vollziehen in die Hand zu bekommen. Sie könnten dadurch sich selbst von dem Gehorsam gegen die Gesetze, die sie geben, ausnehmen [...] Deshalb wird in wohlgeordneten Staaten, wo das Wohl des Ganzen gewissenhaft berücksichtigt wird, [...] die legislative und die exekutive Gewalt getrennt." (§ 143)
„Jeder, der in seiner Autorität über die ihm gesetzlich eingeräumte Macht hinausgeht und von der Gewalt, über die er verfügt, Gebrauch macht, den Untertanen das aufzuzwingen, was das Gesetz nicht gestattet, hört auf, Obrigkeit zu sein; und da er ohne Autorität handelt, darf ihm Widerstand geleistet werden." (§ 202)

Aus: John Locke: Two Treatises of Goverment, II (1690), in: Arnold Bergstraesser/Dieter Oberndörfer (Hrsg.): Klassiker der Staatsphilosophie, Stuttgart 1975, S. 183 ff.

Jean-Jacques Rousseau:

„An die Stelle der einzelnen Person jedes Vertragsschließenden setzt [der] Gesellschaftsvertrag sofort einen geistigen Gesamtkörper, dessen Mitglieder aus sämtlichen Stimmabgebenden bestehen, und der durch eben diesen Akt [...] seinen Willen erhält." (I, 6)
„Solange mehrere vereinigte Menschen sich als einen einzigen Körper betrachten, haben sie nur einen einzigen Willen, der die gemeinsame Erhaltung und die allgemeine Wohlfahrt zum Gegenstand hat. [...] Er hat keine verwickelten, einander widersprechenden Interessen; das Gemeinwohl tritt überall sichtlich hervor, und es bedarf nur gesunder Vernunft, um es wahrzunehmen. [...]" (IV, 1)
„Der allgemeine Wille allein (kann) die Kräfte des Staates seiner Einrichtung gemäß, der in dem Gemeinwohl besteht, leiten. [...] Ich behaupte also, dass die Staatshoheit (souveraineté), die nichts anderes als die Ausübung des allgemeinen Willens ist, nie veräußert werden kann." (II, 1)
„Derselbe Grund, aus dem die Staatshoheit unveräußerlich ist, spricht auch für ihre Unteilbarkeit, denn der Wille ist allgemein, oder er ist es nicht; er ist der Ausfluss der Gesamtheit des Volkes oder nur eines seiner Teile. Im ersten Falle ist der Ausdruck dieses Willens ein Akt der Staatshoheit und hat Gesetzeskraft; im zweiten ist er nur Privatwille." (II, 2)
„Die Staatshoheit kann [...] auch nicht vertreten werden; sie besteht wesensmäßig im allgemeinen Willen, und der Wille lässt sich nicht vertreten. [...] Die Abgeordneten eines Volkes sind also nicht seine Vertreter und können es gar nicht sein; sie sind nur seine Bevollmächtigten und dürfen nichts endgültig beschließen. Jedes Gesetz, das das Volk nicht persönlich bestätigt hat, ist null und nichtig; es ist kein Gesetz. Das englische Volk wähnt frei zu sein; es täuscht sich außerordentlich; nur während der Wahlen der Parlamentsmitglieder ist es frei, dann lebt es wieder in Knechtschaft, ist es nichts." (III, 15)

Aus: Jean-Jacques Rousseau: Contrat Social (1762), in: Arnold Bergstraesser/Dieter Oberndörfer (Hrsg.): Klassiker der Staatsphilosophie, Stuttgart 1975, S. 247 ff.

2.2 Die Prinzipien der freiheitlichen Demokratie

(1) Die Bundesrepublik Deutschland ist ein demokratischer und sozialer Bundesstaat.
(2) Alle Staatsgewalt geht vom Volke aus. Sie wird vom Volke in Wahlen und Abstimmungen und durch besondere Organe der Gesetzgebung, der vollziehenden Gewalt und der Rechtsprechung ausgeübt.
(3) Die Gesetzgebung ist an die verfassungsmäßige Ordnung, die vollziehende Gewalt und die Rechtsprechung sind an Gesetz und Recht gebunden.
(4) Gegen jeden, der es unternimmt, diese Ordnung zu beseitigen, haben alle Deutschen das Recht zum Widerstand, wenn andere Abhilfe nicht möglich ist.
Art. 20 GG

Nach Art. 20 GG, der auch als „Kurzform der Verfassung" bezeichnet wird, ist die Bundesrepublik Deutschland zugleich eine Demokratie, ein Rechtsstaat, ein Sozialstaat und ein Bundesstaat. Diese vier Verfassungsprinzipien sowie das ebenfalls in Art. 20 GG enthaltene Bekenntnis zur republikanischen Staatsform unterliegen einer „Ewigkeitsgarantie" des Grundgesetzes: Gemäß Art. 79 Abs. 3 GG können sie selbst mit verfassungsändernder Mehrheit nicht aufgehoben werden.

Demokratieprinzip

Durch das Demokratieprinzip ist die gesamte Staatsgewalt auf das Volk zurückzuführen. Das bedeutet, dass die Organe der Gesetzgebung (Legislative), der vollziehenden Gewalt (Exekutive) und der Rechtsprechung (Judikative) durch das Volk legitimiert sein müssen. In der repräsentativen Demokratie spiegelt sich die Volkssouveränität des Grundgesetzes in den Wahlen von Abgeordneten wider, sowie im Mehrparteienprinzip, der Verantwortlichkeit der Regierung gegenüber der Volksvertretung und dem Recht auf Bildung und Ausübung einer Opposition.

Rechtsstaatsprinzip

Durch das Rechtsstaatsprinzip ist die gesamte Staatsgewalt an Recht und Gesetz gebunden. Das Rechtsstaatsprinzip bedeutet also die Beschränkung der Staatsgewalt durch das Recht bzw. den Vorrang des Rechts vor der Politik. Zu den rechtsstaatlichen Grundsätzen zählen der Schutz der Grundrechte, die Unabhängigkeit der Gerichte sowie die Rechtsgleichheit, die Rechtssicherheit und die Rechtswegegarantie.

Sozialstaatsprinzip

Durch das Sozialstaatsprinzip ist der Staat zum Schutz und damit zur Unterstützung der sozial bzw. wirtschaftlich Schwachen verpflichtet. Das Sozialstaatsprinzip ist zwar relativ vage im Grundgesetz verankert, umfasst nach allgemeiner Auffassung jedoch zwei Staatsaufgaben: die soziale Sicherheit (d. h. die Sicherung der Existenzgrundlage der Bürger) und den sozialen Ausgleich (zwischen sozial starken und sozial schwachen Bürgern).

Bundesstaatsprinzip

Durch das Bundesstaatsprinzip ist die Staatsgewalt auf verschiedene Ebenen der Staatlichkeit aufgeteilt: auf die Ebene des Bundes (des Gesamtstaates) und die Ebene der Länder (der Gliedstaaten). Die Länder bilden Staaten mit eigener Hoheitsmacht, die vom Bund nicht angetastet werden darf. Allerdings sind die Länder keine souveränen Staaten, da sie der Pflicht zur Bundestreue unterliegen und die Länderverfassungen im Einklang mit zentralen Bestimmungen des Grundgesetzes stehen müssen.

1 Arbeiten Sie heraus, welche Verfassungsprinzipien jeweils in den Karikaturen (S. 21) und den Textausschnitten (M 1, M 2) angesprochen werden.

2 Zeigen Sie auf, welche Schwierigkeiten und Probleme sich bei der Umsetzung der Verfassungsprinzipien in die Realität ergeben können.

Zeichnung: Heiko Sakurai

Zeichnung: Christiane Pfohlmann

Klagen gegen Hartz-IV häufen sich

MATERIAL 1

GLOSSAR

Hartz IV

Kassel – Als die rot-grüne Bundesregierung die umstrittene Hartz-IV-Regelung einführte, gingen Millionen wütender Menschen auf die Straße, um gegen die Zusammenlegung von Sozial- und Arbeitslosenhilfe zu protestieren. Die Wut ist bis heute geblieben, nur zieht es die Massen nicht mehr auf die Straße, sondern vor den Richter: Allein 2008 sind rund 175 000 neue Klagen und Eilanträge beim Bundessozialgericht (BSG) in Kassel eingegangen. Das war ein Zuwachs von 28 Prozent gegenüber 2007. [...] BSG-Präsident Peter Masuch nahm die neuen Zahlen zum Anlass, in einem ungewöhnlich deutlichen Appell eine Reform der Hartz-Reform einzufordern. Die Sozialgerichte stöhnten immer lauter unter der Arbeitslast, sagte er. Es sei deshalb Zeit, „dass der Gesetzgeber Bilanz zieht“ und die Erfahrungen der Verwaltungen und Gerichte mit der Reform berücksichtige [...]. „Die Anrechnung von Einkommen und Vermögen ebenso wie die Kostentragung für Unterkunft und Heizung scheinen mir noch klarstellungsbedürftig.“ [...]

Aus: Klagen gegen Hartz IV häufen sich, in: Der Tagesspiegel vom 23. 1. 2009

Strenge Auflagen

MATERIAL 2

Karlsruhe – Das Bundesverfassungsgericht hat die umstrittene Online-Durchsuchung von Computern unter strengen Auflagen erlaubt. Dem heute [27. 2. 2008; Red.] in Karlsruhe veröffentlichten Urteil zufolge dürfen Computer von Verdächtigen mit Spionageprogrammen nur dann ausgeforscht werden, wenn „überragend wichtige Rechtsgüter“ wie Menschenleben oder der Bestand des Staates konkret gefährdet sind. Zudem sei eine vorherige richterliche Anordnung grundsätzlich notwendig. [...] Nach der Entscheidung des Bundesverfassungsgerichts rechnet Innenminister Wolfgang Schäuble (CDU) mit einer zügigen Einführung heimlicher Online-Durchsuchungen. Er gehe davon aus, dass nunmehr die beabsichtigte Regelung im Bundeskriminalamtsgesetz „so rasch wie möglich umgesetzt werden kann“ [und] dass das Instrument „nur in wenigen, aber sehr gewichtigen Fällen zum Einsatz kommen“ werde, sagte Schäuble. [...]

GLOSSAR

BKA-Gesetz

Aus: Spiegel Online vom 27. 2. 2008; Zugriff am 14. 4. 2009; Autor: Björn Hengst

2.3 Die Vereinigten Staaten von Amerika – Gewaltenverschränkung im präsidentiellen Regierungssystem

„Wenn Engel über die Menschen herrschten, dann bedürfte es weder innerer noch äußerer Kontrollen der Regierenden."

James Madison (1751–1836)

Mit der Verfassung der USA von 1787/88 schufen die Verfassungsväter eine bundesstaatliche und präsidentielle, mit einer horizontalen und vertikalen Gewaltenteilung versehene, republikanische Ordnung.

checks and balances

Obwohl die drei Verfassungsorgane – der Präsident als Exekutive, der Kongress als Legislative und das Oberste Bundesgericht (Supreme Court) als Judikative – personell klar voneinander getrennt sind, sind sie in ihrem politischen Handeln aufeinander angewiesen. Durch ein System von „checks and balances" (Hemmungen und Gegengewichten) kontrollieren sich die Organe gegenseitig.

Der Präsident

Der US-Präsident ist Staatsoberhaupt, Regierungschef und Oberbefehlshaber der Streitkräfte zugleich. Die amerikanische Regierung besteht streng genommen nur aus dem Präsidenten. Statt selbstverantwortlicher Ressortminister wie in Deutschland gibt es in den USA die ihm unterstellten „Sekretäre" (Secretaries). Schaltzentrum der Macht ist das „Executive Office of the President" und nicht das Kabinett.
Der amerikanische Präsident wird auf vier Jahre in indirekter Wahl über Wahlmänner – de facto aber vom amerikanischen Volk – gewählt. Eine zweite Amtsperiode ist bei Wiederwahl möglich. Er kann nur bei Begehen einer Straftat aus dem Amt entfernt werden, also anders als z. B. der deutsche Bundeskanzler nicht aus politischen Gründen sein Amt verlieren. Das ausschließliche Recht, ein dazu notwendiges Amtsenthebungsverfahren („impeachment") einzuleiten, steht dem Repräsentantenhaus zu. Es beschließt darüber mit einfacher Mehrheit. Als entscheidende Instanz fungiert der Senat, der im Falle einer Präsidentenanklage unter dem Vorsitz des obersten Richters des Supreme Court mit einer Zweidrittelmehrheit der Senatoren den Präsidenten seines Amtes entheben kann. Der Präsident hat kein formales Recht zur Gesetzesinitiative.

QUERVERWEIS
Normenkontrollverfahren
S. 179, M 1

Der Kongress

Repräsentantenhaus und Senat bilden die beiden Kammern des US-Kongresses. Die 100 Senatoren und 435 Abgeordneten des Repräsentantenhauses vertreten mehr einzelstaatliche und regionale denn nationale oder Partei-Interessen. Nach der Verfassung soll im Repräsentantenhaus die Idee der Volkssouveränität ausgedrückt werden. Seine Mitglieder sind direkt vom Volk auf die knapp bemessene Zeit von zwei Jahren gewählt und damit zu engem Kontakt mit der Wählerschaft und zu ständiger Rechenschaft angehalten. Im Senat sollen vor allem die Interessen der 50 Einzelstaaten, die unabhängig von ihrer Größe von jeweils zwei Senatoren repräsentiert werden, zum Ausdruck kommen. Mit der sechsjährigen Amtszeit (jeweils ein Drittel wird alle zwei Jahre neu gewählt) und einer hohen Rate der Wiederwahl seiner Mitglieder sammeln sich im Senat politische Erfahrung und Sachkenntnis. Gesetzgeber ist der gesamte Kongress. Gegen die vom Kongress verabschiedeten Gesetze kann der Präsident ein aufschiebendes (suspensives) Veto einlegen, das allerdings durch eine Zweidrittelmehrheit beider Kongresshäuser aufgehoben werden kann. Die Beziehungen des US-Präsidenten zu seiner Partei sind lockerer als im parlamentarischen Regierungssystem. Für jede Entscheidung im Kongress muss der Präsident sich Unterstützung suchen. Fraktionsdisziplin gibt es kaum.

Der Oberste Gerichtshof

Die Spitze der richterlichen Gewalt in den USA bildet der Oberste Gerichtshof. Ihm gehören neun Richter an, die vom Präsidenten vorgeschlagen, vom Senat jedoch bestätigt werden müssen. Die Richter sind auf Lebenszeit berufen. Der Supreme Court ist letzte Instanz eines dreistufigen Bundesgerichtssystems in Zivil- und Strafsachen. Seit 1803 wird auch die Verfassungsmäßigkeit von Gesetzen überprüft – allerdings nur bei konkreten Streitfällen (konkretes Normenkontrollverfahren).

Aufgaben und Funktionen des US-Präsidenten

MATERIAL 1

Das einflussreichste Gericht der Welt

MATERIAL 2

Die Architektur und die Lage mitten im politischen Zentrum von Washington demonstrieren: Hier residiert das einflussreichste Gericht der Welt. Die neun Richter, zwei Frauen und sieben Männer, kennen ihre Bedeutung. Wie ein oberster Weisenrat thronen sie auf eichenhölzernen Schaukelstühlen über den streitenden Parteien.

Der älteste von ihnen wird im April 85, nur einer ist jünger als 65, seit zehn Jahren hat es keinen Wechsel mehr gegeben. Manche Richter verharren während der Sitzungen in einer nach hinten gelehnten Ruhestellung und halten die Augen geschlossen. Andere wippen die ganze Zeit ungeduldig hin und her, fragen scharf nach und fallen den Kontrahenten, wenn diese nicht sofort zum Punkt kommen, rüde ins Wort. Jede Geste, jeder Satz strahlt Macht aus. […]

Die Urteile zur Meinungsfreiheit und zur Politik gegen Diskriminierung, zum Umweltschutz und zum Sozialstaat haben die Rechtsprechung in der westlichen Welt revolutioniert. Der Supreme Court als Kontrolleur der politischen Macht und Hüter der Verfassung wurde zum Leitstern – auch im Nachkriegs-Deutschland. Die amerikanische Besatzungsmacht verlangte ein unabhängiges Verfassungsgericht, um „ein erneuertes, demokratisches Deutschland vor den Kräften innerer Reaktion zu schützen". Der Supreme Court wurde zum Vorbild.

Aus: Martin Klingst: Recht oder rechts, in: Die Zeit, Nr. 3/2005

QUERVERWEIS
Bundesverfassungsgericht
Kapitel 5.7

Zeichnung: Holger Appenzeller

1 Vergleichen Sie – ausgehend von der Grafik M 1 und dem Info-Text auf S. 22 – die Machtposition des US-Präsidenten mit der des deutschen Bundeskanzlers.

2 Informieren Sie sich im Internet über den Supreme Court als „Kontrolleur der politischen Macht und Hüter der Verfassung" (M 2) und erläutern Sie seine Machtpotenziale.

MATERIAL 3 USA: checks and balances

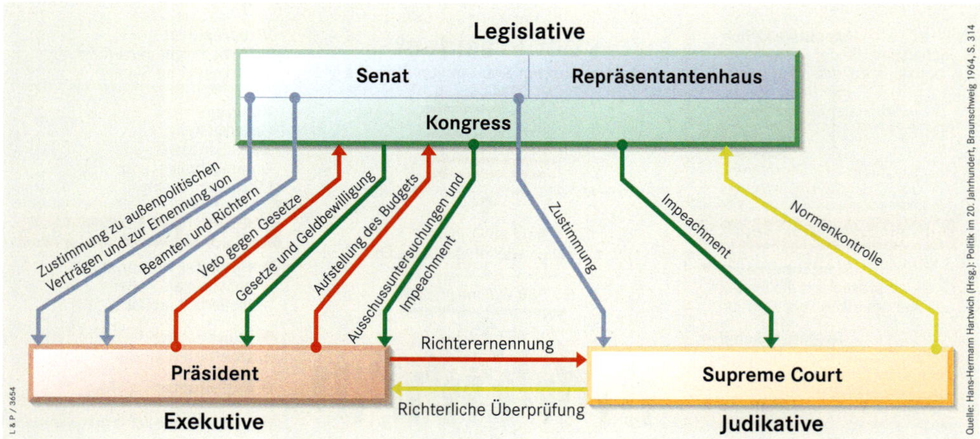

MATERIAL 4 Gewaltenverschränkung im parlamentarischen System der Bundesrepublik Deutschland

QUERVERWEIS
Gewaltenteilung
S. 139

Das Grundgesetz legt in Art. 20 fest, die Staatsgewalt werde durch „besondere Organe der Gesetzgebung, der vollziehenden Gewalt und der Rechtsprechung ausgeübt“. Es knüpft damit an die klassische Gewaltenteilung in Legislative, Exekutive und Judikative an, die von dem französischen Staatsphilosophen Montesquieu formuliert worden ist. Nach diesem Modell, wenn auch in abgewandelter Form, ist die Präsidialdemokratie der USA konstruiert:
Die drei Gewalten sind streng getrennt, können aber ihre Macht nicht allein ausüben. Durch ein System von „Hemmungen und Gegengewichten“ (checks and balances) sind sie bei der Ausübung ihrer Funktionen aufeinander angewiesen.

Mehrheit und Regierung versus Opposition

In parlamentarischen Demokratien wie der Bundesrepublik Deutschland hat sich eine andere Form der Gewaltenteilung herausgebildet. Die Trennlinie verläuft nicht mehr zwischen Parlament und Regierung, sondern zwischen Parlamentsmehrheit und Regierung auf der einen und der Opposition auf der anderen Seite. Die Regierung geht aus den Mehrheitsfraktionen hervor und wird von ihnen getragen. Die Mitglieder der Regierung sind in der Regel auch Mitglieder des Parlaments. Gegenspielerin von Regierung und Parlamentsmehrheit ist die Opposition.

Gegengewicht der Länder

In Bundesstaaten wird die Macht des Bundes auch durch die Länder begrenzt. Die staatliche Gewalt und die staatlichen Aufgaben sind zwischen Bund, Ländern und Gemeinden aufgeteilt. In der Bundesrepublik Deutschland wirken die Länder durch den Bundesrat an der Gesetzgebung des Bundes mit. Die Verwaltung, der die Ausführung der Gesetze und Rechtsverordnungen obliegt, ist überwiegend Sache der Bundesländer und auf der untersten Ebene Aufgabe der Kommunen.

Gewaltenverschränkung

Statt durch eine strikte Trennung der Gewalten ist die parlamentarische Demokratie gekennzeichnet durch eine Gewaltenverschränkung. Legislative und Exekutive sind miteinander verknüpft, getrennt von ihnen ist dagegen die Rechtsprechung. In der Bundesrepublik Deutschland ist die Beschränkung und Kontrolle der Macht der Regierenden gewährleistet

- durch die Opposition im Bundestag,
- das föderalistische System mit der Aufteilung der staatlichen Gewalt und der staatlichen Aufgaben auf Bund, Länder und Gemeinden,
- die unabhängige Justiz, vor allem die weitreichenden Befugnisse des Bundesverfassungsgerichts,
- die öffentliche Meinung.

Aus: www.bund.de (Zugriff am 7. 8. 2008)

Parlamentarisches System der Bundesrepublik und präsidentielles System der USA im Vergleich

MATERIAL **5**

Merkmal	**parlamentarisches Regierungssystem**	**präsidentielles Regierungssystem**
Legitimationskette	Wahlvolk → Parlament → Regierung	?
Exekutive	geteilt; Bundeskanzler (Regierungschef) und Bundespräsident (Staatsoberhaupt)	?
Kabinett	?	in erster Linie Beratungsgremium des Präsidenten *(Secretaries)*
Form der Gewaltenteilung	?	Gewaltentrennung (aber: *checks and balances*)
Bestellung des Regierungschefs durch das Parlament	?	nicht gegeben
Abberufbarkeit der Regierung aus politischen Gründen	gegeben (konstruktives Misstrauensvotum)	?
Parlamentsauflösung	möglich (Vertrauensfrage)	?
Vereinbarkeit von Regierungsamt und Parlamentsmandat	?	nicht möglich
Gesetzesinitiativrecht der Regierung	gegeben	?
Vetorecht der Regierung	nur bei Ausgabengesetzen	?
Fraktionsdisziplin	?	gering

Nach: Bernhard Schreyer/Manfred Schwarzmeier: Grundkurs Politikwissenschaft: Studium der politischen Systeme, 2. Aufl., Wiesbaden 2005, S. 161; gekürzt

1 Erläutern Sie anhand von M 3 das System der „checks and balances".

2 Erklären Sie, inwiefern sich das Modell in M 3 von der Gewaltenverschränkung in Deutschland (M 4) unterscheidet.

3 Vervollständigen Sie die Tabelle M 5 in Ihrem Heft und erläutern Sie die Unterschiede der politischen Systeme der Bundesrepublik und der USA (Informationsgrundlage: S. 16, M 1 und S. 22–25).

4 Interpretieren Sie die Karikatur auf S. 23 vor dem Hintergrund des bisher Gelernten.

METHODE
Karikaturanalyse
S. 102–105

MATERIAL 6 Der lange Weg ins Weiße Haus

Wer kann Präsident werden?

Ein Mindestalter von 35 Jahren ist Voraussetzung, die letzten 14 Jahre muss der Kandidat in den Vereinigten Staaten gelebt haben. Ein Kandidat muss zudem die amerikanische Staatsangehörigkeit von Geburt an besitzen. [...] Seit 1951 darf ein Präsident nicht mehr als zwei Amtszeiten dienen. Den Amtseid leistet ein jeweils am ersten Dienstag im November eines Wahljahres bestimmter Präsident am 20. Januar des kommenden Jahres um zwölf Uhr mittags vor dem Vorsitzenden des Obersten Gerichts auf den Stufen des Kapitols in Washington. [...]

Welche Rolle spielen Parteien?

Die amerikanische Verfassung erwähnt Parteien nicht einmal. Grundsätzlich sind Wahlen in Amerika Personenwahlen. Dennoch dominieren seit dem 19. Jahrhundert die (links-)liberalen Demokraten (deren Parteifarbe das Blau und deren Symbol der Esel ist) und die konservativen Republikaner (mit der Farbe Rot und dem Elefanten als Wappentier) das politische Leben. Die Parteien haben traditionell eher die Funktion, ihre gewählten Kandidaten von der kommunalen bis zur Bundesebene logistisch und finanziell zu unterstützen, als programmatisch zu arbeiten. Interessengruppen wie Gewerkschaften, Verbände und Lobbygruppen sowie Kirchen, Synagogen, Moscheen und andere religiöse Organisationen haben erheblichen Einfluss auf die Bestimmung der Kandidaten. Ebenso wie viele Medien äußern sie bei Vorwahlen und allgemeinen Wahlen öffentlich ihre Unterstützung für einen bestimmten Kandidaten. [...]

Was sind Vorwahlen?

Es gibt zwei Formen der Vorwahlen: Den „Caucus“ und die „Primary“, wobei die erste Form, deren Namen von einer Bezeichnung der Algonquin-Indianer für einen Rat oder eine Versammlung von Stammesführern herrühren soll, die Ausnahme ist. Der Caucus ist eine Parteiversammlung, bei der die Wähler in Schulen, Feuerwachen oder Turnhallen in ur- und basisdemokratischer Form über die Kandidaten beraten und befinden: schließlich bestimmen sie Delegierte für die Landkreis-, Bezirks- und Bundesstaatenversammlung der Parteien, die dann ihrerseits Delegierte für den eigentliche Nominierungsparteitag der Parteien [...] bestimmt. Eine Primary ist eine konventionelle geheime Wahl mit Wahlzetteln [...], wobei aber [...] Delegierte für die folgenden Parteiversammlungen [...] bestimmt werden. [...]

Was ist die National Convention?

Die „National Convention“ genannten Parteitage sind für die [...] in den Vorwahlen [...] erfolgte Bestimmung der Kandidaten reine Formsache – und doch eine gigantische Schau. Die Kandidaten wählen lange vor dem Parteitag ihren „running mate“ für das Amt des Vizepräsidenten aus, der ebenfalls von der „Convention“ formal gewählt wird. [...]

Wer wählt den Präsidenten?

Wie bei den Vorwahlen werden auch am eigentlichen Wahltag [...] nicht der Präsident und dessen „running mate“ direkt gewählt, obwohl deren Namen auf dem Wahlzettel stehen. Vielmehr werden in den 50 Bundesstaaten sowie im Hauptstadtbezirk District of Columbia Wahlmänner für das „Electoral College“ bestimmt. Dieses Wahlkolleg von 538 Wahlmännern kommt physisch nie zusammen. Stattdessen versammeln sich die Wahlmänner am ersten Montag nach dem zweiten

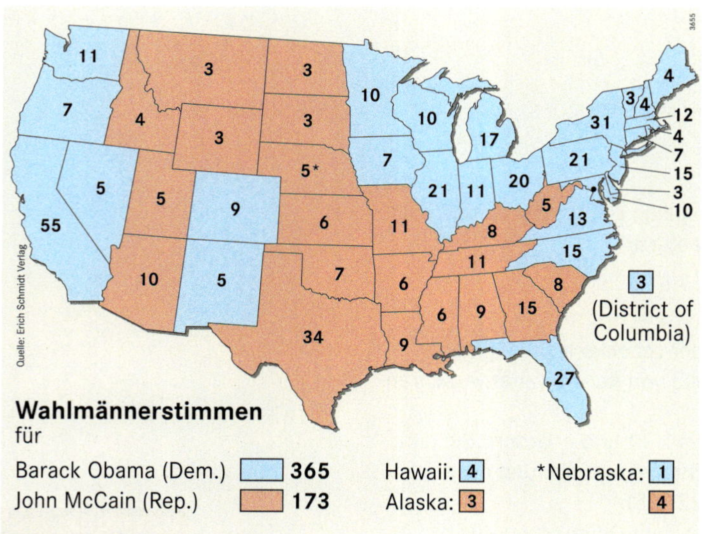

Die US-Präsidentschaftswahl 2008

Mittwoch im Dezember in den Hauptstädten der einzelnen Bundesstaaten und geben [...] ihre Stimmen ab. Das längst feststehende Abstimmungsergebnis wird dann an den amtierenden Vizepräsidenten [...] geschickt, und der verkündigt, was alle Welt in aller Regel schon seit der Wahlnacht weiß: wer neuer Präsident ist.

Wen wählen die Wahlmänner?

Die Zuteilung der Wahlmännerstimmen erfolgt in 48 Staaten nach dem Prinzip „winner takes all“: Alle Wahlmännerstimmen eines Bundesstaates gehen an den Wahlsieger, selbst wenn dieser in dem betreffenden Staat nur mit einer Wählerstimme Vorsprung gewonnen haben sollte. Nur in Nebraska und Maine werden die Wahlmännerstimmen nach Proporz (anteilsmäßig) der auf die Kandidaten entfallenen Wählerstimmen aufgeteilt [...]. Die Zahl der Wahlmänner pro Bundesstaat im Wahlkolleg entspricht der Zahl der Kongressvertreter des betreffenden Staates: je zwei Wahlmänner pro Staat für die jeweils zwei Senatoren sowie die entsprechende Zahl Wahlmänner gemäß der Zahl der Abgeordneten eines Staates im Repräsentantenhaus. Zu den Wahlmännerstimmen [...] kommen noch die drei Wahlmänner aus dem Hauptstadtbezirk Washington [...]. Nach Kalifornien (55 Wahlmänner) haben Texas (34) und New York (31) das größte Gewicht im Wahlkolleg. [...]

Wer wird Präsident?

Gewählt ist der Kandidat, der 270 Wahlmännerstimmen erhält. Bei einem Gleichstand von jeweils 269 Stimmen entscheidet das Repräsentantenhaus, wobei jeder der 50 Bundesstaaten – unabhängig von seiner Bevölkerung – eine Stimme abgibt, und zwar für den Kandidaten, dessen Partei mehr Abgeordnete für den betreffenden Staat im Repräsentantenhaus stellt. [...]

Aus: Matthias Rüb: Wer wird amerikanischer Präsident? Und wie?, in: Frankfurter Allgemeine Zeitung vom 4. 1. 2008, S. 2

Präsidentschaftswahlen in den USA seit 1960 (Auswahl)

MATERIAL 7

Jahr	Kandidaten		Wählerstimmen (in %)	Wahlmännerstimmen
1960	Kennedy	D	49,7	303
	Nixon	R	49,5	219
1972	Nixon	R	60,7	520
	McGovern	D	37,5	17
1984	Reagan	R	54,4	525
	Mondale	D	37,5	13
1992	Clinton	D	43,0	370
	G. Bush	R	37,0	168
2000	G. W. Bush	R	47,9	271
	Gore	D	48,4	267
2008	Obama	D	52,3	365
	McCain	R	45,6	173

D = Demokrat; R = Republikaner; die Differenz bei Prozentzahlen zu 100 entsteht durch weitere Kandidaten

Aus: www.uselectionatlas.org (Zugriff am 6. 4. 2009)

1 Vergleichen Sie das Wahlrecht zu den US-amerikanischen Präsidentschaftswahlen (M 6) mit dem Wahlrecht bei Bundestagswahlen. Beurteilen Sie dabei insbesondere die Einrichtung von Vorwahlen (*primaries*).

2 Erklären Sie die Tabelle M 7. Ermitteln Sie die Zusammensetzung des Deutschen Bundestages bei strikter Anwendung der relativen Mehrheitswahl.

3 Erklären Sie das Wahlergebnis vom 4. November 2008 (Grafik S. 26).

QUERVERWEIS
Wahlrecht in der Bundesrepublik Deutschland
Kapitel 3.6

METHODE Analyse einer politischen Rede

Um eine politische Rede zu analysieren, ist es sinnvoll, **Form** und **Inhalt** der Rede zu beschreiben und zu interpretieren (S. 30 f.). Mithilfe der „Hot-Spots-Methode“ lassen sich dabei zunächst formelle und inhaltliche Schwerpunkte „einrahmen“.

a) Die Hot-Spots-Methode zur Vorbereitung einer Redeanalyse

President Barack Obama: Inaugural Address, Washington D. C., January 20th, 2009 (Auszüge)

„My fellow citizens: I stand here today humbled by the task before us, grateful for the trust you have bestowed, mindful of the sacrifices borne by our ancestors. [...] Forty-four Americans have now taken the presidential oath. The words have been spoken during rising tides of prosperity and the still waters of peace. Yet, every so often the oath is taken amidst gathering clouds and raging storms. [...]

Metapher (Vergleich ohne Vergleichswort): Hier wird das Bild des Meeres für Zeiten des Friedens und des zunehmenden Wohlstands gebraucht. Das „Staatsschiff“, so die suggerierte Vorstellung, fuhr durch ruhige und friedvolle Gewässer.

Our nation is at war, against a far-reaching network of violence and hatred. Our economy is badly weakened, a consequence of greed and irresponsibility on the part of some, but also our collective failure to make hard choices and prepare the nation for a new age. Homes have been lost; jobs shed; businesses shuttered. Our health care is too costly; our schools fail too many; and each day brings further evidence that the ways we use energy strengthen our adversaries and threaten our planet. [...]

These: Die Nation befindet sich im Kriegszustand gegen ein weitreichendes Netzwerk von Gewalt und Hass.

The time has come to reaffirm our enduring spirit; to choose our better history; to carry forward that precious gift, that noble idea, passed on from generation to generation: the God-given promise that all are equal, all are free, and all deserve a chance to pursue their full measure of happiness. [...]

Our Founding Fathers, faced with perils we can scarcely imagine, drafted a charter to assure the rule of law and the rights of man, a charter expanded by the blood of generations. Those ideals still light the world, and we will not give them up for expedience's sake.

These: Bezug auf die Gründungsväter der USA, d. h. die Vertreter der 13 britischen Kolonien in Nordamerika, die am 4. Juli 1776 die Unabhängigkeitserklärung der Vereinigten Staaten von Amerika unterschrieben, darunter George Washington, Alexander Hamilton, James Madison, Thomas Jefferson und Benjamin Franklin.

And so to all other peoples and governments who are watching today, from the grandest capitals to the small village where my father was born: know that America is a friend of each nation and every man, woman, and child who seeks a future of peace and dignity. And we are ready to lead once more. Recall that earlier generations faced down fascism and communism not just with missiles and tanks, but

Personifikation (Vermenschlichung) und **Pars pro toto** (ein Teil steht für das Ganze): Die USA werden als Freund personifiziert und in Verbindung gebracht mit der gesamten Weltbevölkerung, die auf der individuellen Ebene der Menschen als Mann, Frau und Kind dargestellt wird.

These: Amerika erhebt erneut seinen moralischen Führungsanspruch, der sich schon in der Vergangenheit bewährt hat. Die USA haben den Faschismus und Kommunismus nicht nur mit Raketen und Panzern besiegt, sondern auch mithilfe standhafter Bündnisse und fester Überzeugungen.

METHODE

with the sturdy alliances and enduring convictions. They understood that our power alone cannot protect us, nor does it entitle us to do as we please. Instead, they knew that our power grows through its prudent use; our security emanates from the justness of our cause, the force of our example, the tempering qualities of humility and restraint.

We are the keepers of this legacy. [...] We will begin to responsibly leave Iraq to its people, and forge a hard-earned peace in Afghanistan. With old friends and former foes, we'll work tirelessly to lessen the nuclear threat, and roll back the specter of a warming planet. [...]

For we know that our patchwork heritage is a strength, not a weakness. We are a nation of Christians and Muslims, Jews and Hindus – and non-believers. We are shaped by every language and culture, drawn from every end of this Earth [...].

To the people of poor nations, we pledge to work alongside you to make your farms flourish and let clean waters flow; to nourish starved bodies and feed hungry minds. And to those nations like ours that enjoy relative plenty, we say we can no longer afford indifference to the suffering outside our borders; nor can we consume the world's resources without regard to effect. For the world has changed, and we must change with it. [...]

Our challenges may be new. The instruments with which we meet them may be new. But those values upon which our success depends – honesty and hard work, courage and fair play, tolerance and curiosity, loyalty and patriotism – these things are old. These things are true. [...]

America. In the face of our common dangers, in this winter of our hardship, let us remember these timeless words. With hope and virtue, let us brave once more the icy currents, and endure what storms may come. Let it be said by our children's children that when we were tested we refused to let this journey end, that we did not turn back nor did we falter; and with eyes fixed on the horizon and God's grace upon us, we carried forth that great gift of freedom and delivered it safely to future generations.

Thank you. God bless you and God bless the United States of America."

Barack Obama während einer Wahlkampfveranstaltung in Virginia, 3. November 2008

These: Die nationale Identität der USA setzt sich aus einer Vielzahl unterschiedlicher Ethnien, Weltanschauungen und Religionen zusammen, die sich gegenseitig tolerieren. Das Prinzip der Einheit in der Vielfalt wird so verwirklicht.

Chiasmus (Überkreuzstellung): Die Welt hat sich stark verändert; dies wiederum erfordert eine Veränderung unsererseits.

Direkte Ansprache und **Metapher** (Vergleich ohne Vergleichswort): Es werden alle Amerikaner angesprochen. Angesichts der im 21. Jahrhundert zu bewältigenden Aufgaben und der drohenden Gefahren, die mit dem Bild des „Winters" in Verbindung gebracht werden, folgt die Zusammenfassung der Rede.

Anapher (mehrfache Wortwiederholung am Satzanfang): Stark religiöse Beschwörungsformel am Ende der Rede.

Transkript und Video der vollständigen Rede sind online abrufbar unter: The White House Blog, www.whitehouse.gov/blog/inaugural-address/ (Zugriff am 6. 5. 2009)

METHODE

b) Die Redeanalyse

Beschreibung

1. **Anlass und Adressat der Rede:** Aus dem historischen, gesellschaftlichen oder politischen Kontext und der konkreten Redesituation lassen sich später wertvolle Schlüsse zu Aussageabsicht und Zielgruppe ziehen.
   - Wo und wann wird die Rede gehalten?
   - Zu welchem Anlass wird die Rede gehalten? In welcher Tradition steht sie?
   - An wen richtet sich die Rede? Sind Medien einbezogen? Falls ja, welche?
2. **Textsorte:** Es stellt sich die Frage nach der Art der Rede.
   - Handelt es sich um eine Programmrede, Gedenkrede, Parteitagsrede etc.?
3. **Sachinhalte:** Einen zentralen Stellenwert hat die Frage nach Inhalten der Rede.
   - Welche Sachverhalte werden angesprochen?
   - Welche Kernaussagen werden gemacht?
4. **Argumentation:** Analysieren Sie die Sinneinheiten der Rede. Die Untersuchung von Thesen, Begründungen und Schlussfolgerungen offenbart die Struktur der Argumentation.
   - Wie ist der Gedankengang gegliedert? Ist ein „roter Faden“ erkennbar?
   - Welche Argumente verwendet der Redner?
   - Welche Thesen werden aufgestellt? Wie werden sie begründet?
   - Welche Schlussfolgerungen werden gezogen? Sind diese Schlussfolgerungen logisch?
5. **Sprache und Syntax:** Filtern Sie Schlüsselwörter aus der Rede heraus und prüfen Sie die Häufigkeit einzelner Begriffe. Sie können so das Anliegen der Rede besser nachvollziehen.
   - Wird Hoch- oder Umgangssprache gesprochen?
   - Ist die Syntax kompliziert oder einfach?
   - Wie ist der Ton der Rede? (feierlich, sachlich, kämpferisch, ermutigend etc.)

Interpretation

6. **Zielsetzung (Intention):** Bei der Analyse einer Rede gilt es, die Absicht zu hinterfragen, die hinter der Rede steht:
   - Wem oder wozu dient die Rede – zur Aufwertung der eigenen Position, zur Abwertung der gegnerischen oder zum Ausgleich gegensätzlicher Sichtweisen?
   - Soll ermutigt, informiert, kritisiert, appelliert oder polarisiert werden?
   - Klingt die Rede eher sachlich-objektiv, entschlossen-subjektiv, vorwärtsgerichtet oder rückwärtsgewandt?
7. **Rhetorik:** Eine Rede hat die Zustimmung und Überzeugung der Hörer zum Ziel und spricht daher neben dem Verstand auch deren Emotionen an. Die Rede bedient sich dazu häufig rhetorischer Mittel, insbesondere Metaphern, Euphemismen (Beschönigungen), Parallelismen, Rhetorischer Fragen, Hyperbeln (Übertreibungen), Polysemien (Mehrdeutigkeiten) und der Ironie.
   - Welche Wirkung erzielen diese rhetorischen Mittel?
   - Welche Emotionen werden geweckt?
8. **Bewertung:** Bilanzieren Sie die Rede:
   - Welche Grundeinstellung des Redners bzw. welche Weltsicht (Ideologie) wird deutlich?
   - Wird der Redner konkret oder bleibt er unbestimmt und allgemein?
   - Hat die Rede unter Berücksichtigung ihres Anlasses ihren Zweck erfüllt?
   - War sie überzeugend, mitreißend, einprägsam?

c) Redeanalyse am Beispiel der Antrittsrede von US-Präsident Barack Obama (S. 28 f.)

1. **Anlass und Adressat der Rede:** Es handelt sich um die Inaugurationsrede des 44. Präsidenten der Vereinigten Staaten von Amerika, gehalten am 20. Januar 2009, 12.00 Uhr. Sie richtet sich zunächst an das amerikanische Volk, angesichts der Weltmachtstellung der USA aber auch an die gesamte Welt. Die Rede steht in einer langen Tradition; Antrittsreden gewannen mit dem Aufkommen der Massenmedien im 20. Jahrhundert zunehmend an Bedeutung.

METHODE

2. **Textsorte:** Die Rede ist eine programmatische Antrittsrede, die weniger von konkreten Vorhaben handelt, sondern vielmehr eine „allgemeine Wegbeschreibung" enthält. Die Werte, Vorstellungen und Überzeugungen der Präsidenten sind gefragt. Somit besteht hier traditionsgemäß die Möglichkeit, eine große Grundsatzrede zu halten, die das amerikanische Selbstverständnis anspricht. Viele dieser Reden blieben mit besonderen Zitaten im Gedächtnis, so etwa John. F. Kennedys (1961–1963) Ausspruch „Frage nicht, was dein Land für Dich tun kann, sondern was Du für dein Land tun kannst."
3. **Sachinhalte:** Es werden vor allem die gegenwärtigen Schwierigkeiten der USA angesprochen. In der Innenpolitik werden die Finanz- und Wirtschaftskrise genannt sowie die Probleme im Bildungs- und Gesundheitswesen. Außenpolitisch stehen der Irak-Krieg und der Krieg in Afghanistan mit der damit verbundenen Terrorismusbekämpfung im Mittelpunkt.
4. **Argumentation:** Folgender Gedankengang ist erkennbar: Die USA befinden sich in rauen Zeiten. Nach außen hin müssen sie gegen den Terrorismus, nach innen gegen die Auswirkungen der Finanz- und Wirtschaftskrise kämpfen. Angesichts dieser Herausforderungen gilt es, sich auf den Gründergeist der USA und das Vermächtnis der früheren Generationen zu besinnen, die ebenfalls Existenz bedrohenden Gefahren ausgesetzt waren: auf den Glaube, dass alle Menschen gleiche Rechte und die Freiheit haben, ihr Glück zu verfolgen und ihren Traum zu verwirklichen. Diese Ideale ziehen nach wie vor die Welt an. Amerika ist nach wie vor der Freund all jener, die diese Werte suchen, leben und verteidigen wollen. Die Macht der USA liegt dabei nicht in der militärischen Stärke, sondern vor allem in der moralischen Kraft dieser gelebten Werte – so wurden der Faschismus im Zweiten Weltkrieg und der Kommunismus im Kalten Krieg vor allem durch die Gemeinschaft derjenigen besiegt, die an die Werte von Freiheit und Demokratie glaubten. Daraus ergeben sich Folgen für die eingangs genannten Herausforderungen: Verantwortungsvoller Rückzug aus dem Irak, dauerhafter Friede in Afghanistan. Die nationale Identität der USA beruht auf der Vielfalt an Weltanschauungen. Die USA nehmen ihre Verantwortung für den Schutz des Klimas und der Erde wahr. Arme Länder können auf die Unterstützung der USA zählen. Die Welt hat sich verändert, und deshalb müssen wir uns auch ändern. Diese Veränderung erfolgt jedoch auf Basis der althergebrachten Werte, die den Erfolg der USA einst begründet haben: Respekt, Arbeit, Fairness, Toleranz, Wissensdurst, Gesetzestreue und Patriotismus. Der Blick zurück auf das Erbe gibt Kraft und Zuversicht für die Aufgaben, von deren Bewältigung das Wohl der zukünftigen Generationen abhängt.
5. **Sprache und Syntax:** Die Rede ist in einer eher einfachen Sprache gehalten. Der Satzbau ist klar strukturiert und übersichtlich. Amerika wird mehrmals beschworen: als Land, als Idee, als Nation. Der Grundtenor ist ermutigend und hoffnungsvoll; es wird an den Glaube und die Zuversicht der Amerikaner appelliert.
6. **Zielsetzung:** Die Intention folgt aus dem Anlass der Rede: Die Wegrichtung der nächsten vier Jahre soll anhand des Wertekompasses des neuen Präsidenten aufgezeigt werden.
7. **Rhetorik:** Die Rede enthält zahlreiche rhetorische Mittel; insbesondere Metaphern werden verwendet. Der Verweis auf die Einzigartigkeit der amerikanischen Identität und Geschichte soll Emotionen wecken. Stolz soll aber nicht zu Hochmut werden, sondern Verantwortungsbereitschaft hervorrufen und Amerikas Anspruch auf die moralische Führungsrolle begründen.
8. **Bewertung:** Die Haltung, die Obama schon während des Wahlkampfes gezeigt hatte, wird erneut deutlich: Eine grundlegende Änderung („change") ist notwendig. Der Wandel verleugnet aber nicht die Tradition der amerikanischen Werte. Mit diesen Werten kann Amerika die Zukunft meistern („Yes, we can!"). Typisch für Grundsatzreden bleibt auch Obama relativ allgemein; für eine Inaugurationsrede werden die Probleme aber überraschend deutlich angesprochen. Sorgsam wird vermieden, der Weltöffentlichkeit Anlass zur Kritik am Führungsanspruch der USA zu geben; auch bleibt die militärische Überlegenheit bewusst unerwähnt. An die Grenze der Geschichtsverklärung gelangt Obama jedoch mit der Behauptung, nicht Raketen und Panzer, sondern Wertvorstellungen hätten Faschismus und Kommunismus besiegt. Hitler wurde freilich nicht durch Verhandlungen bezwungen, Konzentrationslager nicht durch Reden befreit. Und der Zusammenbruch der Sowjetunion war das Ergebnis eines verlorenen Rüstungswettlaufs mit den wirtschaftlich stärkeren USA.

2.4 Die Schweiz – Versuchslabor für direkte Demokratie?

„Mehr Demokratie" – diese schon vor Jahrzehnten erhobene Forderung ist aktueller den je. Viele Deutsche wollen mehr Einfluss auf die politischen Entscheidungen nehmen. Und immer wieder verweisen sie auf die Demokratie der Schweiz. Denn in keinem anderen Staat der Welt haben die Bürgerinnen und Bürger mehr politische Entscheidungsbefugnisse. Sie wählen nicht nur, wie wir, alle vier Jahre ihr Parlament; sie können auch darüber abstimmen, ob sie mit den Gesetzen einverstanden sind, die die Abgeordneten beschlossen haben. Außerdem kann jeder jedes politisch relevante Thema auf die Agenda der Politik setzen, wenn ihn eine bestimmte Zahl von Stimmberechtigten unterstützt. Ist die Schweiz Vorreiter einer Idee, deren Zeit auch bei uns längst gekommen ist?

	1848 bis 1950	1951 bis 1980	1981 bis 2009	total
Obligatorische Referenden	**63**	**75**	**70**	**208**
angenommen	43	58	53	154
verworfen	20	17	17	54
Fakultative Referenden	**54**	**37**	**74**	**165**
angenommen	20	19	53	92
verworfen	34	18	21	73
Volksinitiativen	**37**	**38**	**94**	**169**
angenommen	7	0	9	16
verworfen	30	38	85	153
total[1]	**154**	**150**	**238**	**542**
angenommen	70	77	115	262
verworfen	84	73	123	280

[1]Die Volksinitiativen mit Gegenentwurf werden zusammen als eine Vorlage gezählt.

Quelle: Bundesamt für Statistik, Neuchâtel; Stand: Mai 2009

L & P / 3805

Referenden und Volksinitiativen (1848–2009)

INFO

Schweizerische Eidgenossenschaft
offizieller Staatsname der Schweiz; lat.: Confoederatio Helvetica (CH)

INFO

Populismus
Politik, die sich volksnah gibt und die Emotionen, Vorurteile und Ängste der Bevölkerung für eigene Zwecke nutzt; es werden vermeintlich einfache und klare Lösungen für politische Probleme angeboten.

Die Schweiz – (k)ein europäischer Normalfall

In ihrer verfassungsrechtlichen Grundkonstruktion ist die Schweiz eine parlamentarische Demokratie: Die Regierung, Bundesrat genannt, wird von der Bundesversammlung, dem aus zwei Kammern bestehenden Parlament, gewählt und kontrolliert. Insofern ist die Schweiz ein europäischer Normalfall. Seit der Einführung des Gesetzes-Referendums 1874 und der Verfassungsinitiative 1891 ist die politische Kultur der Schweizerischen Eidgenossenschaft auf Bundesebene und in den 26 Kantonen und 2 700 Gemeinden von den „Volksrechten" geprägt. Das macht die Schweiz einzigartig in Europa. Die Wurzeln der direkten Demokratie sind allerdings wesentlich älter. Sie reichen zurück in die Landsgemeinde, die im Spätmittelalter entstanden ist. Elemente der Landsgemeinde haben sich heute nur noch im Kanton Appenzell Innerrhoden erhalten. Es sind die jährlichen Versammlungen aller Aktivbürger unter freiem Himmel zur Beratung und Beschlussfassung der kantonalen Angelegenheiten und zur Wahl der Kantonsbehörden. In den größeren Kantonen und auf Bundesebene ist diese Form der Demokratie nicht möglich; an deren Stelle sind andere Partizipationsformen getreten.

Das obligatorische Referendum

Alle verfassungsändernden Gesetze müssen nach der Verabschiedung durch das Parlament noch dem Volk zur Abstimmung vorgelegt werden. Das gilt auf Bundesebene auch für bestimmte völkerrechtliche Verträge, z. B. für den Beitritt zu einer supranationalen Organisation wie der EU.

Das fakultative Referendum

50 000 Stimmberechtigte, etwa 1,1 Prozent aller Stimmberechtigten, können auf Bundesebene einen Volksentscheid über jedes vom Parlament verabschiedete Gesetz, und bestimmte andere Parlamentsbeschlüsse, herbeiführen. Die Frist für die Unterschriftensammlung beträgt 100 Tage ab Veröffentlichung der jeweiligen Parlamentsentscheidung. Das Referendum steht also am Ende eines politischen Prozesses. Es ist gewissermaßen ein Vetorecht des Volkes, mit dem unerwünschte Parlamentsentscheidungen rückgängig gemacht werden können.

Die Volksinitiative

Im Gegensatz zum Referendum, dem Schlusspunkt eines politischen Entscheidungsprozesses, bildet die auf Bundesebene als Verfassungsinitiative verankerte Volksinitiative dessen Ausgangspunkt. Sie wird häufig von progressiven Minderheiten ergriffen, um bestimmte Probleme auf die Tagesordnung der Politik zu setzen oder um halbherzige Reformen vor-

anzubringen. Nicht selten resultierten daraus nachhaltige Problemlösungen, die auch international Maßstäbe setzten, z. B. in der Verkehrs- und Umweltpolitik. Andererseits kann die Volksinitiative auch für populistische Zwecke missbraucht werden. So etwa hat die rechtspopulistische Schweizerische Volkspartei (SVP) wiederholt – wenn auch ohne Erfolg – versucht, die Volksinitiative für ihre nationalkonservativen Ziele zu nutzen.
Mit der Initiative – sie kommt auf Bundesebene zustande, wenn 100 000 Stimmberechtigte innerhalb von 18 Monaten nach deren Bekanntgabe sie unterstützen – werden Parlament und Regierung zur Stellungnahme gezwungen. Sie können einen Gegenvorschlag entwickeln. Dieser wird dann zusammen mit der Initiative dem Volk zur Abstimmung vorgelegt. Volksinitiativen, die gegen „zwingendes Völkerrecht" verstoßen, z. B. gegen das Folterverbot, sind unzulässig. Ebenso solche, die im Widerspruch zu grundlegenden Verfassungsprinzipien stehen.

Abstimmungsvorschriften

Es gelten keinerlei Beteiligungs- oder Zustimmungsquoren, d. h. für einen Abstimmungserfolg genügt (beim fakultativen Referendum) die Mehrheit der abgegebenen, gültigen Bürgerstimmen („Volksmehr"). Beim obligatorischen Referendum und bei der Volksinitiative muss zusätzlich auch in der Mehrzahl der Kantone mit „ja" gestimmt worden sein („Ständemehr"). Dadurch soll verhindert werden, dass einige wenige bevölkerungsreiche Kantone wie Bern oder Zürich die zahlreichen bevölkerungsärmeren, etwa Appenzell Innerrhoden oder Uri, majorisieren können.

Abstimmungsverhalten

Im Mittel der letzten zwanzig Jahre lag die Abstimmungsbeteiligung in der Schweiz bei 40 Prozent, was in etwa der Beteiligung an Parlamentswahlen entspricht; bei stark polarisierenden Themen wurden aber auch Beteiligungen von bis zu 80 Prozent erreicht. Hinsichtlich der Erfolgsquoten weisen die drei Varianten der Volksrechte große Unterschiede auf: Etwa drei Viertel aller obligatorischen Referenden sind erfolgreich; bei den Volksinitiativen ist es umgekehrt: nur jede zehnte findet Zustimmung; beim fakultativen Referendum halten sich Zustimmung und Ablehnung die Waage.

INFO

Zürich:
1,2 Mio. Einwohner
Bern:
950 000 Einwohner
Appenzell Innerrhoden:
17 000 Einwohner
Uri:
35 000 Einwohner

GLOSSAR

Völkerrecht, zwingendes

INFO

Quorum
vorgeschriebene Mindestbeteiligung bei einer Abstimmung und/oder Mindestzahl von Ja-Stimmen

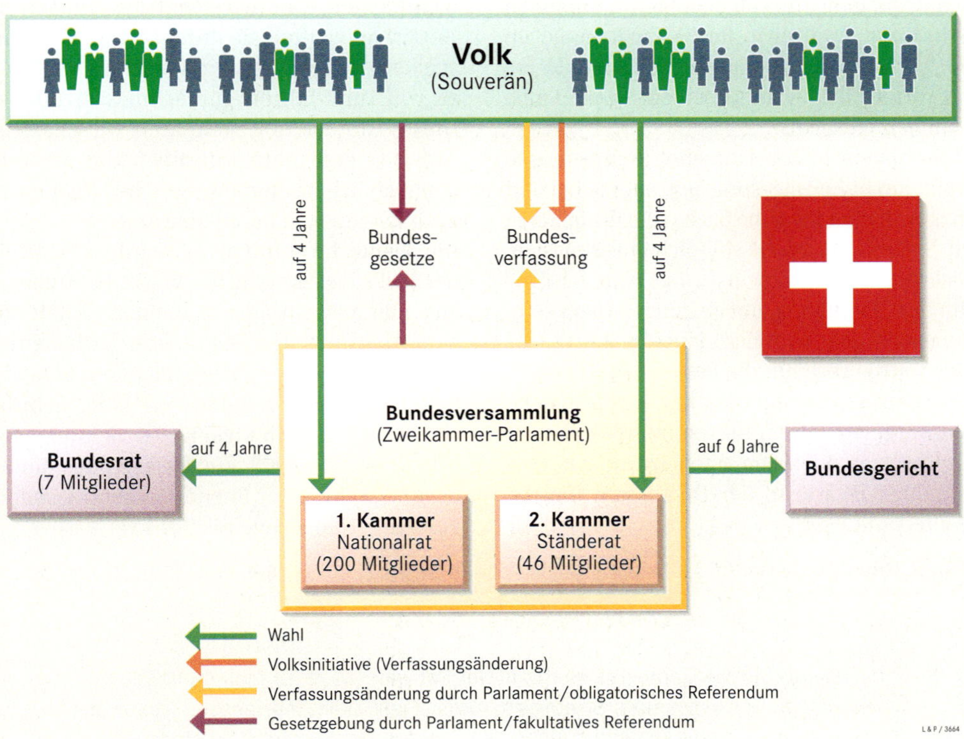

Das Verfassungssystem der Schweiz

INTERNET

www.ch.ch
Das Schweizer Portal; der zentrale Ausgangspunkt zu den Online-Informationen von Bund, Kantonen und Gemeinden

MATERIAL 1

Gentech-Diskussion in der Demokratie der Schweiz

Das weltweit beste Labor für direkte Demokratie liegt in den Alpen. Mit Referenden können die Schweizer Gesetze kippen, mit Volksinitiativen eigene Entwürfe für Verfassungsänderungen zur bundesweiten Abstimmung stellen. So wie Daniel Ammann. Der bedächtige Züricher Biologe ist einer der Frontmänner der Gen-Schutz-Initiative. Als sich die Abgeordneten im Berner Bundeshaus Anfang der 90er Jahre partout nicht auf ein Gesetz für die Gentechnik verständigen wollten, traten Ammann und seine Mitstreiter mit ihren Begehren vor die Eidgenossen. Ihr Vorschlag für eine Verfassungsänderung könnte den Schweizer Pharma-Konzernen das Geschäft verderben, weil er viel versprechende Pfade der Gentechnik sperren würde.

Zunächst konnten die Initiatoren binnen 18 Monaten mehr als die erforderlichen 100 000 Unterschriften sammeln. Anschließend mussten sich die Regierung und die beiden Kammern des Parlamentes mit dem Entwurf beschäftigen. Sie (lehnten ihn ab und) verzichteten auf ihr Recht, den Wählern einen Gegenvorschlag zu unterbreiten. [...] Die verschreckte Industrie soll mehr als 35 Millionen Schweizer Franken in ihre Kampagne gegen die Vorlage gesteckt haben, während die Befürworter mit nur knapp einem Zehntel auskommen mussten.

Mehr als ein halbes Jahrzehnt argumentierte Ammann in Einzelgesprächen, auf Podien und in den Medien für seine Sache. Die Ernte, sagte er, „liegt in der gesellschaftlichen Diskussion, nicht im Entscheid selbst". Das Ganze ist für ihn nur „ein Beitrag, um ein junges Thema einzupendeln. Das wird noch lange gehen."

Der Wettbewerb um die bessere Politik ist in der Schweiz ein Dauerzustand. [...] Die meisten Bürgerverfahren führen indirekt zu neuen Gesetzen oder wenigstens zu neuem Verständnis. So wie in der Diskussion um die Gentechnik.[1]

Die Gen-Schutz-Initiative wurde 1998 mit Zweidrittelmehrheit abgelehnt. In keinem der 26 Kantone erhielt sie eine Mehrheit. Die Gegner hatten vor allem auf die Bedeutung der Gentechnik für die medizinische Grundlagenforschung hingewiesen. Mit Erfolg. In der Kampagne wurde nicht über Gen-Mais diskutiert, sondern über die Chancen, neue Heilungsmethoden bei Krebs, Aids und Alzheimer zu erforschen.

Aber die Initiative war Anlass für die Bundespolitik, endlich ein Gentechnik-Gesetz vorzulegen, das u. a. gentechnisch verändertes Saatgut einem strengen Prüfungsverfahren unterwarf und eine Kennzeichnungspflicht für gentechnisch veränderte Lebensmittel vorschrieb. Die Gentechnik-Kritiker erblickten in dem Gesetz zwar einen Fortschritt, weshalb sie es nicht einfach durch ein fakultatives Referendum kippen wollten. Aber sie kritisierten die dem Gesetz zu Grunde liegende Vorstellung von der Möglichkeit eines Nebeneinanders von biologischem und Gentech-Anbau als Trugschluss. Mit einer Volksinitiative „für Lebensmittel aus gentechnikfreier Landwirtschaft" (Gentechfrei-Initiative) wollten sie durchsetzen, dass die schweizerische Landwirtschaft für die Dauer von fünf Jahren gentechnikfrei bliebe. Dieses Moratorium sollte Zeit verschaffen, „um uns erst einmal darüber klar zu werden, was wir wollen und welches Risiko wir dazu einzugehen bereit sind."

Die „Gentechfrei-Initiative" wurde 2005 in einer Volksabstimmung mit 55,7 % Ja-Stimmen angenommen. In allen Kantonen erhielt sie eine Mehrheit. Bundesrat und Parlamentsmehrheit mussten sich geschlagen geben. Sie hatten – wie schon 1998 – vor einer Schwächung des Forschungsplatzes Schweiz gewarnt. Im Mai 2008, zur Halbzeit des Moratoriums, schlug der Bundesrat überraschend dessen Verlängerung bis 2013 vor.

[1] Nach: Uwe Jean Heuser (u. a.): Jetzt werden wir direkt, in: Die Zeit vom 18. 4. 1998, S. 16–19

INFO

Moratorium
Stundung fälliger Zahlungen durch den Gläubiger, wenn ein Schuldner sich vorübergehend in Zahlungsschwierigkeiten befindet

METHODE

Politikzyklus
S. 8–9

1 Analysieren Sie die Gentech-Debatte in der Schweiz (M 1): Ursachen, Verlauf, thematische Schwerpunkte, Strategien, Aktivitäten, Ziele, Interessen, Ergebnisse.

2 Formulieren Sie erste Einschätzungen der direkten Demokratie und stellen Sie sie zur Diskussion.

Über die Direkte Demokratie

MATERIAL 2

Die Bedeutung der Verfahrensvorschriften

Grundsätzlich sollen ausführliche und lange Debatten vorgesehen werden. Eine Volksabstimmung ist weder ein Meinungsbild noch eine Meinungsumfrage, sondern ein Prozess, der Zeit braucht. Zu kurze Zeiträume verhindern eine Diskussion um die besten Ideen und schränken die Meinungsbildung ein. [...]
Direkte Demokratie muss für alle offen sein und auch Minderheiten Gehör verschaffen. Eine dementsprechend geringe Anzahl von Unterschriften und ein langer Zeitraum für die Sammlung sollen für eine Volksinitiative vorgesehen werden. [...] Ebenso sollte der Souverän über alle Themen abstimmen können: Denn warum soll der Bürger über wenige Themen entscheiden können als seine Repräsentanten? Auch eine Erstattung der Kosten ist wichtig. Dann entstünden kleinen Initiativen keine finanziellen Nachteile gegenüber großen und finanzstarken Gruppen.[1]

Die Direkte Demokratie – ein Wert an sich

Direktdemokratische Elemente machen die repräsentative Demokratie repräsentativer; denn die Abgeordneten wissen so viel besser Bescheid, wen sie vertreten und was die Menschen denken, die sie vertreten sollen. [...] Direktdemokratische Rechte sind Ergänzungen der repräsentativen Demokratie, welche die Freiheit der BürgerInnen erhöhen, die Demokratie entmonopolisieren, die Herrschaftlichkeit abbauen und die politische Kultur maßgeblich verändern. Entscheidend ist das Recht Weniger jederzeit dafür zu sorgen, dass zu einem bestimmten, klar definierten Thema alle gefragt werden müssen bevor eine neue Norm rechtskräftig wird. [...]
Dank diesem Recht können sich auch Minderheiten jederzeit Gehör verschaffen. Sie können Anliegen und Fragestellungen auf die Tagesordnung der Öffentlichkeit bringen, die sonst übergangen und überhört werden. [...] Denn Demokratie bedeutet nicht nur das Recht, jederzeit eine eigene Meinung äußern zu dürfen; sie sollte auch dafür sorgen, dass diese Meinung gehört, diskutiert und öffentlich erwogen wird. [...]
Wichtig sind zwei Dinge: Die Direkte Demokratie ist ein Wert an sich, ganz abgesehen von den Ergebnissen. Denn sie verändert den Charakter der Politik. Es muss mehr diskutiert und mehr überzeugt werden, es kann weniger befohlen werden und viel weniger Menschen fühlen sich fremdbestimmt. Zweitens: Die Direkte Demokratie sorgt mehr als die rein indirekte dafür, dass Menschen handelnd politische Macht erzeugen können und so [...] auch wieder Freude, ja Lust bekommen am politischen Handeln, das den Kern der Freiheit begründet.[2]

[1] Aus: Andreas Gross: Vom politischen Sinn der Direkten Demokratie, Protokoll einer Rede; Aktionskreis mehr Demokratie, Tübingen; 15.12.2001; online abrufbar unter www.andigross.ch (Zugriff am 23.3.2009)
[2] Aus: Andreas Gross: Ein Ausweg aus der Krise der Demokratie; in: Stachlige Argumente, Zeitschrift von Bündnis 90/Die Grünen, Landesverband Berlin, Heft 4/2007, 10.9.2007

INFO

Andreas Gross (SP): Mitglied des Nationalrates der Schweiz und des Europarates in Straßburg, Leiter des Atelier pour la Démocratie Directe in St. Ursanne, Lehraufträge für Direkte Demokratie an den Universitäten Marburg und Trier sowie an der Deutschen Hochschule für Verwaltungswissenschaften in Speyer

INFO

SP: Sozialdemokratische Partei der Schweiz

1 Lesen Sie M 2 und nehmen Sie aus der Sicht von Andreas Gross zu folgenden Thesen Stellung:
- Die Volksrechte sind in der Schweiz zu billig, die Unterschriftenhürden müssen massiv erhöht werden.
- Die Direkte Demokratie verlangsamt die politischen Entscheidungen. Das ist in unserer sich schnell wandelnden Zeit nicht zu vertreten.
- Direktdemokratische Bürgerrechte höhlen die repräsentative Demokratie aus; die Abgeordneten und die Regierung verkümmern zu Marionetten.

2 „Die Direkte Demokratie ist ein Wert an sich." Erläutern und diskutieren Sie diese These von Andreas Gross (M 2).

MATERIAL 3 Soll der Volkswille absolut gelten?

Zeichnung: Gerald Herrmann

Am 1. Juni 2008 wurde in einer Volksabstimmung die von SVP betriebene Volksinitiative „Für demokratische Einbürgerungen“ mit einer knappen Zweidrittelmehrheit abgelehnt. Die Initiative richtete sich gegen das Bundesgericht, das negative Einbürgerungsentscheide einer Gemeinde wegen Diskriminierung als rechtswidrig eingestuft hatte. Außerdem hatte das Gericht eine Initiative, die die Bürger Zürichs in geheimen Abstimmungen über Einbürgerungsanträge entscheiden lassen wollte, als verfassungswidrig gestoppt, weil dieses Verfahren den Antragsstellern die rechtsstaatlich gebotene Möglichkeit des Einspruchs genommen hätte.

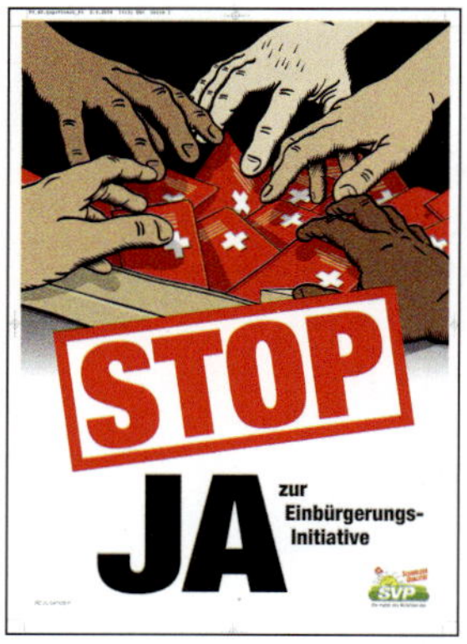

Ja zur Einbürgerungsinitiative

Seit jeher haben in der Schweiz die Stimmbürger entschieden, wer Einbürgerungen erteilt. Nach dem Verbot von Urnenabstimmungen durch das Bundesgericht ist dieses demokratische Prinzip außer Kraft gesetzt worden. Negative Einbürgerungsentscheide wurden vor Gericht gezogen. In fast allen Fällen wurde dort das Volk ausgehebelt und die Einbürgerung trotzdem vollzogen. Die Volksinitiative will, dass der Einbürgerungsentscheid weiterhin ein demokratischer und politischer Akt bleibt. Die Gemeinden sollen entscheiden, wie und wen sie einbürgern wollen. Und ist der Einbürgerungsentscheid gefallen, so ist dieser abschließend. [...] Die Einbürgerungen sollen dort entschieden werden, wo man mit den Eingebürgerten zusammen lebt – in der Gemeinde. [...][1]

Gerade in Zeiten, in denen immer mehr Eingebürgerte auf brutalste Art und Weise straffällig werden, besteht ein dringender Handlungsbedarf. Der gesunde Menschenverstand der Bürger muss wieder vermehrt Einfluss nehmen können bei der Beurteilung der einzelnen Kandidaten.[2]

Nein zur Einbürgerungsinitiative

Die Annahme der Initiative unter dem irreführenden Titel „Für demokratische Einbürgerungen“ würde Willkür und Diskriminierung Tür und Tor öffnen. [...] Es kann nicht sein, dass allein ein „falscher“ Name, ein Kopftuch, die Hautfarbe oder die Religion über ein Einbürgerungsgesuch entscheidet. Ob jemand den Schweizer Pass erhält oder nicht, muss nach klaren, transparenten und nachvollziehbaren Kriterien entschieden werden, die für alle gleichermaßen gelten. Niemand darf nur aufgrund seiner Herkunft, seines Glaubens, seines Geschlechtes oder seiner sozialen Stellung diskriminiert werden. Auch ein demokratisch gefällter Entscheid bietet keine Garantie gegen Willkür und Diskriminierung. Wenn wir Menschen fair behandeln wollen, braucht es ein Beschwerderecht, eine gerichtliche Rekursinstanz, wie das auch das Bundesgericht mehrfach verlangt hat und wie es auch in der europäischen Menschenrechtskonvention vorgesehen ist.[3]

Trotz ihres Scheiterns führt die SVP-Initiative indirekt zu neuen Einbürgerungsregeln. Nach einem Parlamentsbeschluss können die Bürger in Gemeindeversammlungen über Einbürgerungen entscheiden; Ablehnungsanträge müssen vorher schriftlich begründet werden; gegen Ablehnungen kann Beschwerde bei kantonalen Gerichten eingelegt werden.

[1] Aus: Pressecommuniqué der SVP, Bern, 18. 11. 2005; www.svp.ch (Zugriff: 23. 3. 2009)
[2] Aus: Medienmitteilung der SVP, Wollerau, 10. 3. 2008; www.jsvp-sz.ch (Zugriff: 23. 3. 2009)
[3] Aus der Resolution der Schweizer Sektion von amnesty international vom 20. 4. 2008; www.amnesty.ch (Zugriff: 23. 3. 2009)

Karikatur

MATERIAL 4

Zeichnung: Klaus Stuttmann

Kein Schweizer Pass für Zürcher Polizisten

MATERIAL 5

Als der Landmaschinenhändler aus dem Dorf Benken im Kanton St. Gallen am letzten Märztag 2008 in der Reitsporthalle zu seiner sorgfältig vorbereiteten Brandrede ansetzt, wird es mucksmäuschenstill. Mit eindringlichen Worten schildert der Mann, wie er sich (seit einem Septemberabend 2003) mit seinem ehemaligen Nachbarn streitet. [...]

Beim Benkner Dorfbrunnen wies der Landmaschinenhändler damals den hier aufgewachsenen Kosovo-Albaner mit serbischem Pass, der sich mit einer Frau unterhielt, zurecht. Er fand, dessen Auto versperre den Weg. Zwischen den beiden Nachbarn ergab ein Schimpfwort das andere. [...]

Nach ihrem ersten Wortgefecht sahen sich die beiden [...] beim Friedensrichter wieder. Es kam zu keiner Einigung. Der Landmaschinenhändler zog aber seine Klage zurück. Die Sache schien erledigt. Bis sich der Nachbar mit Frau und zwei Kleinkindern einbürgern lassen wollte. An der Bürgerversammlung 2005 ergriff der Landmaschinenhändler das Wort [...]. „Ich bitte euch, geschätzte Anwesende", schloss er, „eine so gewaltbereite Person nicht mit dem Schweizer Bürgerrecht zu belohnen". Der Bitte wurde stattgegeben, das Gesuch der ganzen Familie abgelehnt.

Am letzten Montag dieses Jahres wiederholte sich die Geschichte. Wieder will sich die vierköpfige Familie einbürgern lassen. Der Landmaschinenhändler ergreift erneut das Wort. [...] Gegen die Anschuldigungen und Unterstellungen darf sich der Gesuchsteller an der Versammlung nicht wehren. [...] Jeder in der Reitsporthalle weiß: Der Mann [...] ist inzwischen in den Dienst der Zürcher Polizei getreten, nach eingehenden Tests und Checks. Trotzdem wollen auch diesmal nur 110 Stimmbürger der Kleinfamilie das Benkner Bürgerrecht verleihen, 138 sind dagegen. [...] Als Ausländer bleibt dem Abgelehnten in Zürich verwehrt, vom Polizeiassistenten zum Polizisten aufzusteigen.

Aus: Thomas Knellwolf: Warum ein Mitarbeiter der Zürcher Polizei nicht eingebürgert wurde, in: Tagesanzeiger/Zürich vom 23.5.2008

1 Erörtern Sie, welche Botschaften die auf S. 36 dargestellte Karikatur bzw. die SVP-Plakate dem Stimmbürger vermitteln sollten.

2 Erarbeiten und diskutieren Sie die unterschiedlichen Auffassungen im Streit um die Einbürgerung (M 3).

3 Beurteilen Sie die neue Einbürgerungsregelung (M 3) vor dem Hintergrund des in M 5 geschilderten Falls. Interpretieren Sie in diesem Zusammenhang die Karikatur M 4.

METHODE

Karikaturanalyse
S. 102–105

3. Politische Willensbildung in der Demokratie

„Demokratie lebt vom Streit,
von der Diskussion um den richtigen Weg.
Deshalb gehört zu ihr der Respekt
vor der Meinung des anderen.“

Richard von Weizsäcker,
Bundespräsident von 1984 bis 1994

„Ehrenamtlich gegen Armut – Machen Suppenküchen satt und bequem?“ – die ehrenamtliche Helferin Barbara Niehaus (links) zu Gast in der politischen Gesprächssendung „Anne Will“; 10. Mai 2009, 21.45 Uhr, ARD; weitere Gäste im Studio waren Bundesfamilienministerin Ursula von der Leyen (CDU), der Enthüllungsjournalist und Schriftsteller Günter Wallraff, der Präsident des Deutschen Caritasverbandes, Peter Neher, sowie Walter Wüllenweber, Journalist beim Magazin „Stern“.

3.1 Von der Zuschauer- zur Mitentscheidungsdemokratie?

Historische Befindlichkeiten

Das Fehlen von Plebisziten in der Verfassung ist kein Zufall. Die Mütter und Väter des Grundgesetzes waren nach den Erfahrungen der Weimarer Republik misstrauisch und haben, wie dies der spätere erste Bundespräsident Theodor Heuss (FDP) 1948 schrieb, „die plebiszitären Elemente, die Weimar so stark berücksichtigt hatte, weggelassen", weil sie gewusst hätten, „wie die primitive Demagogie in einem verstörten Volke zur Staatsgefahr werden kann."

Parlamentarische Vorstöße für mehr Bürgerbeteiligung auf Bundesebene

Mit der Bildung der Rot-Grünen Koalition im Oktober 1998 wurde in Deutschland erstmals von Regierungsseite eine stärkere Bürgerbeteiligung auf Bundesebene angekündigt. „Wir wollen die demokratischen Beteiligungsrechte der Bürgerinnen und Bürger stärken. Dazu wollen wir auch auf Bundesebene Volksinitiative, Volksbegehren und Volksentscheid durch Änderung des Grundgesetzes einführen", versprachen die Regierungsparteien in ihrer Koalitionsvereinbarung und legten 2002 einen entsprechenden Gesetzentwurf vor.

Mit der Einführung einer Volksgesetzgebung, so hoffte man, könne Politikverdrossenheit gemindert, die Distanz zwischen Politikern und Bevölkerung verringert und das Verantwortungsbewusstsein der Bürger gestärkt werden. Die Lösung schwieriger Probleme wie des Umweltschutzes, des gesellschaftlichen Wandels oder der Fortentwicklung Europas erforderten eine stärkere Beteiligung des mündigen Bürgers. Der Gesetzentwurf scheiterte am Nein der CDU/CSU – zur Einführung wäre eine Zweidrittelmehrheit nötig gewesen. FDP, Grüne und Die Linke haben im Frühjahr 2006 einen erneuten Vorstoß unternommen. Sie brachten getrennte Gesetzesanträge ein.

Grundgesetzliche Mitwirkungsrechte

Nach Art. 20 Abs. 2 GG wird die Staatsgewalt „vom Volke in Wahlen und Abstimmungen" ausgeübt. Das Grundgesetz sieht Abstimmungen aber nur im Fall einer Veränderung von Ländergrenzen vor. Im Jahr 1952 wurde z. B. das Land Baden-Württemberg nach Art. 29 GG durch einen Volksentscheid gebildet.

Weitere Mitwirkungsrechte finden sich im Grundgesetz z. B. in den Parteien (Art. 21) oder in Verbänden und Bürgerinitiativen (Art. 9). Hinzu kommt das Recht auf freie Meinungsäußerung (Art. 5) und das Versammlungs- und Demonstrationsrecht (Art. 8), das Petitionsrecht (Art. 17) und die Rechtsmittel gegenüber Entscheidungen von Gesetzgeber, Regierung und Verwaltung.

Bürgerbeteiligung in Bundesländern und Gemeinden

In den Bundesländern und Gemeinden, besonders in Bayern, ist die Bürgerbeteiligung stärker verbreitet. Die Verfassungen der 16 Bundesländer enthalten Regelungen zu Volksinitiative, Volksbegehren und Volksentscheid. Die Hürden, die der jeweilige Gesetzgeber errichtet hat, sind jedoch unterschiedlich hoch. Müssen in Schleswig-Holstein z. B. für ein erfolgreiches Volksbegehren in sechs Monaten fünf Prozent der Wahlberechtigten zustimmen, so verlangt Baden-Württemberg innerhalb von 14 Tagen die Unterschriften von einem Sechstel der Wahlberechtigten, also von über 1,1 Mio. Menschen. Auf diese Kombination von zeitlicher Frist und Quorum ist es zurückzuführen, dass es bislang in Baden-Württemberg auf Landesebene keinen einzigen Fall von Volksgesetzgebung gegeben hat.

INFO

Quorum
vorgeschriebene Mindestbeteiligung bei einer Abstimmung und / oder Mindestzahl von Ja-Stimmen

METHODE

Karikaturanalyse
S. 102–105

1. Lesen Sie den Info-Text (oben) und interpretieren Sie die Karikatur auf S. 41.
2. Ermitteln Sie zu den Themen in M 1 die Meinungen in Ihrer Gruppe.
3. Setzen Sie sich mit dem Entwurf des Vereins „Mehr Demokratie" auseinander (M 2). Recherchieren Sie im Internet zu den im Jahr 2006 eingebrachten Gesetzentwürfen von FDP, Grünen und Die Linke und vergleichen Sie sie tabellarisch mit M 2. Erläutern Sie Ihren eigenen Standpunkt.
4. Arbeiten Sie aus M 2 vergleichend die Gemeinsamkeiten und Unterschiede zur Schweiz heraus (S. 32 ff.).

Mehr Stimmen fürs Volk, was ist Ihre Meinung?

MATERIAL 1

Über welche Themen sollten Ihrer Meinung nach Volksabstimmungen auf Bundesebene durchgeführt werden?

- NPD-Verbot
- Ausstieg aus der Atomenergie
- Verlängerung der Lebensarbeitszeit
- Auslandseinsätze der Bundeswehr
- Höhe der Mineralölsteuer
- Höhe des Hartz-IV-Regelsatzes
- Gleichstellung von nicht-ehelichen Lebensgemeinschaften
- EU-Beitritt der Türkei
- Verschärfung des Jugendstrafrechts

Zeichnung: Peter Leger

Ein bundesweiter Volksentscheid?

MATERIAL 2

1. Themen: Alle Sachfragen können in Form von Gesetzesentwürfen Gegenstand einer Volksabstimmung sein. [...] Auch über Finanzen und Steuern kann abgestimmt werden [...]. Grundgesetzänderungen und die Abgabe von Souveränitätsrechten an internationale Organisationen, insbesondere die Europäische Union, müssen dem Volk automatisch zur Entscheidung vorgelegt werden (obligatorische Volksabstimmung).

2. Volksinitiative: Die erste Verfahrensstufe bildet eine Volksinitiative. Mindestens 100 000 Bürgerinnen und Bürger müssen diese mit einer Unterschrift unterstützen. Danach wird der Gesetzentwurf in den Bundestag eingebracht. Das Parlament bekommt so die Gelegenheit, ein Bürgeranliegen frühzeitig aufzugreifen [...].

3. Volksbegehren: [...] Sechs Monate nach Erreichung der Initiative kann ein Volksbegehren eingeleitet werden. Die Höhe des Quorums beträgt eine Million Unterschriften, die Eintragungsfrist sechs Monate. Als Sonderfall sind auch Volksbegehren gegen bereits getroffene Parlamentsbeschlüsse vorgesehen. [...]

4. Unterschriftensammlung: Der Blick in die Schweiz lehrt uns: Die freie Unterschriftensammlung ist die Seele der direkten Demokratie. Das Gespräch ist für eine erfolgreiche Sammlung unverzichtbar. Die meisten Regelungen in den Bundesländern verbieten die freie Sammlung. Können Volksbegehren nur auf den Ämtern unterzeichnet werden, entstehen gerade Berufstätigen, Alten oder Behinderten Nachteile [...].

5. Volksentscheid: Ist ein Volksbegehren erfolgreich, kommt es zum Volksentscheid. Dieser kann entfallen, wenn das Parlament den Antrag oder Gesetzentwurf unverändert übernimmt. Passiert dies nicht, findet die Abstimmung frühestens vier, spätestens zwölf Monate nach Abschluss des Volksbegehrens statt. [...] Das Parlament kann einen eigenen Vorschlag mit zur Abstimmung stellen [...]. In der Abstimmung über einfache Gesetze entscheidet die einfache Mehrheit der abgegebenen Stimmen.

6. Höhere Hürde bei Verfassungsänderungen: Will ein Volksbegehren die Verfassung ändern, müssen dafür doppelt so viele Unterschriften gesammelt werden: zwei Millionen. Bei der Volksabstimmung entscheidet die Mehrheit.

7. Keine Abstimmungsklausel: Die Regelung vieler Bundesländer, einen Volksentscheid daran zu koppeln, dass 25 oder gar 50 Prozent aller Stimmberechtigten (nicht der Abstimmenden!) einer Vorlage zustimmen, ist abzulehnen. [...]

Aus: Mehr Demokratie e. V.: Bundesweiter Volksentscheid – Unser Vorschlag; online abrufbar unter www.mehr-demokratie.de (Zugriff am 7. 4. 2009)

MATERIAL 3

Trend zur Bürgerwehr – David gegen Goliath

Am Abend seiner bisher größten Niederlage zeigte sich der Oberbürgermeister flexibel. Das Ergebnis des Bürgerentscheids sei „ein klares Bekenntnis“ der Leipziger zu städtischen Unternehmen, erklärte Burkhard Jung (SPD). „Im Ergebnis zeigten die Bürger allen hemmungslosen Privatisierern die rote Karte“, applaudierte er zur Überraschung seiner Gegner. Es war Jung selbst, der einen Minderheitsanteil der Stadtwerke von 49,9 Prozent an den französischen Konzern Gaz de France verkaufen wollte.

Knapp 149 000 Menschen verhinderten in Leipzigs erstem Bürgerentscheid Ende Januar die Teilprivatisierung – mit rund 87 Prozent der abgegebenen Stimmen. Der Streit brachte in der Messestadt 40 000 Menschen mehr an die Urne als die Direktwahl des Stadtoberhaupts zwei Jahre zuvor. [...] Der Leipziger Bürgeraufstand steht für einen Trend. Während Parteien Mitglieder verlieren und die Beteiligung an Wahlen sinkt, nehmen quer durch die Republik Bürger ihre Sache per Bürgerbegehren und Volksentscheid wieder selbst in die Hand. Am kommenden Sonntag [27.4. 2008] könnte Volkes Wille Berlins Regierenden Bürgermeister Klaus Wowereit (SPD) in Bedrängnis bringen – beim Volksentscheid über die Schließung des Flughafens Tempelhof. Fast 200 000 Berliner haben sich vorab die Unterlagen zur Briefwahl schicken lassen.

Ist sie also grundlos, die Klage vieler Meinungsforscher über die Politikverdrossenheit? Und was treibt die Bürger so plötzlich in Massen an die Urnen?

Die Forschungsstelle Bürgerbeteiligung und Direkte Demokratie an der Universität Marburg hat das Phänomen untersucht und untermauert mit Zahlen den Trend zum wehrhaften Bürger: Gab es Mitte der neunziger Jahre weniger als 100 Bürgerbegehren pro Jahr in Deutschland, waren es im vergangenen Jahr rund 300 – die Hälfte endete mit einem Sieg der Rebellen.

Auch die Themen des Protests haben die Marburger untersucht – und eine bemerkenswerte Veränderung festgestellt: Lange sammelten die Menschen hauptsächlich Unterschriften gegen Mobilfunkmasten, Umgehungsstraßen oder Parkuhren. Ziel der meisten Volksbegehren heute ist die Sicherung der öffentlichen Daseinsvorsorge. In jedem dritten Verfahren geht es mittlerweile um geplante Privatisierungen [2008], Verkehrsgroßprojekte, die Grundversorgung durch Wasser und Energie. So verhinderten die Freiburger den Verkauf städtischer Wohnungen; im sächsischen Meißen musste die Entscheidung für den Verkauf der kommunalen Kliniken zurückgenommen werden; und in Hessen wurde ein Kraftwerksneubau des Energiekonzerns E.on durch die Macht der Bürger gestoppt.

David gegen Goliath, das ist das Muster, das funktioniert und offenbar auch ein wenig fasziniert. Schließlich ist es so schön einfach, der Obrigkeit einmal eins auszuwischen. Das Volk sagt „njet“ – muss sich aber nicht um die Folgen oder Alternativen kümmern. [...] Offen – offener jedenfalls als Politiker – beklagen Wirtschaftskapitäne die lästige Einmischung von unten. „Wir beobachten den wachsenden Widerstand mit Sorge“, erklärt der Präsident des Bundesverbands der Energie- und Wasserwirtschaft, Michael Feist. In sieben Städten laufen zurzeit Bürgerbegehren gegen Energieversorger, die neue Kraftwerke oder auch nur Leitungen bauen wollen. Der Energiemulti RWE wollte im saarländischen Ensdorf für mehr als zwei Milliarden Euro ein Steinkohlekraftwerk bauen – ein Bürgerentscheid stoppte das Vorhaben. Das Deutsche Institut für Wirtschaftsforschung spricht deshalb bereits von einer „Bürgerwelle“, die dem Standort Deutschland auf Dauer schade.

Allerlei Tricks werden erdacht, um das Volk wieder in die Schranken zu weisen. In Stuttgart etwa wehrten sich die Stadtoberen gegen den Volksaufstand, mit dem der Ausbau des Hauptbahnhofs, ein Milliardenprojekt, verhindert werden sollte. Selten verlief eine Sitzung des Stuttgarter Stadtparlaments so chaotisch wie kurz vor Weihnachten [2008]. Sogar der Ordnungsdienst musste einschreiten. „Wir sind das Volk“, brüllte das Publikum von der überfüllten Zuhörertribüne. Buhrufe und Pfiffe begleiteten die mehr als zweistündige Redeschlacht der Stadträte. Doch mit klarer Mehrheit wurde ein Referendum über das umstrittene Projekt im Parlament abgelehnt – aus juristischen Gründen. Das Recht auf eine Volksabstimmung sei in diesem Fall „verjährt“.

In aller Stille wurden die Möglichkeiten für Volksentscheide in manchen Ländern eingeschränkt. Das Saarland und Thüringen setzten die Zustimmungsbedingungen so hoch, dass kaum eine Initiative die Chance hat, genügend Unterschriften zu sammeln. In einigen Bundesländern gibt es sogenannte Ausschlussthemen: Betrifft ein Projekt die Bauleitplanung oder den Haushalt, dürfen die Bürger nicht mitreden. Und die Föderalismuskommission versucht, klammheimlich ein anderes Mitspracherecht zu beerdigen: Bei Fusionen von Bundesländern sollen künftig die Bürger nicht mehr gefragt werden müssen.

Das Misstrauen der Politik gegenüber dem Bürger hat in Deutschland Tradition. Theodor Heuss hatte 1948 im Parlamentarischen Rat ausdrücklich vor direkter Demokratie gewarnt und sie als „Prämie für jeden Demagogen“ bezeichnet. „Alle Staatsgewalt geht vom Volke aus“, so steht es schlicht in Artikel 20 des Grundgesetzes. Doch in Deutschland scheinen die Verfassungsväter „vor dem Volke Furcht gehabt zu haben“, wie Karl Jaspers klagte. […]

Den Volksentscheid auf Bundesebene, wie in der Schweiz, gibt es bis heute nicht. FDP, Grüne und Linke bereiten Gesetzesinitiativen vor, um Volkes Stimme auch auf Bundesebene Gehör zu verschaffen. Nur die CDU lehnt Plebiszite im Bund noch immer generell ab. Direkte Demokratie, warnt der CDU-Innenpolitiker Wolfgang Bosbach, vertrete meist nur Einzelinteressen: „Wir Politiker müssen aber das große Ganze im Auge behalten.“ Skeptiker wie Bosbach stört vor allem das schlichte Ja-nein-Schema von Volksentscheiden, das „für komplexe Probleme nicht taugt“.

Zeichnung: Barbara Henniger

Tatsächlich sind konstruktive Initiativen – wie die des Berliner Vereins „Pro Reli“ – eher die Ausnahme. Der Verein hat den Parlamentariern die Arbeit abgenommen, will in diesem Herbst gleich über einen ausformulierten Gesetzentwurf abstimmen lassen. Danach soll an den Schulen der Hauptstadt künftig neben dem Ethikunterricht ein gleichberechtigter Religionsunterricht angeboten werden. [Der Bürgerentscheid ist 2009 gescheitert.]

„Besonders in Bildungs- und Wirtschaftsfragen sind die Menschen inzwischen sensibilisiert“, sagt Gerald Häfner von der bundesweiten Initiative Mehr Demokratie. Doch noch wird experimentiert im Verhältnis von direkter und repräsentativer Demokratie. […] Forscher Volker Mittendorf von der Universität Marburg spricht von einem positiven Erfahrungseffekt: „Wenn die Menschen es ausprobiert haben und erfolgreich waren, wollen sie sich immer wieder direkt in die Politik einmischen.“ Vielen sei es mittlerweile zu wenig, alle paar Jahre zur Wahl zu gehen – und in der Zwischenzeit kopfschüttelnd dem Treiben der Volksvertreter zuzuschauen. […]

Demokratieexperten wie Häfner [aber] warnen […] bereits vor einem Umkehrschub: „Gescheiterte Volksentscheide können Politikverdrossenheit sogar noch verstärken.“

QUERVERWEIS
Politikverdrossenheit
Kapitel 4.1

Aus: Markus Deggerich: Trend zur Bürgerwehr, in: Der Spiegel, Nr. 17/2008, S. 50–52

1 Erläutern Sie, welchen politischen Trend der Autor in M 3 in Deutschland zu erkennen glaubt.

2 Stellen Sie anhand des Textes die Themen, die die Bürgerinnen und Bürger vor allem mobilisieren, zusammen.

3 Nennen Sie die Reaktionen, die vielen Politikern unterstellt werden. Interpretieren Sie in diesem Zusammenhang obige Karikatur.

METHODE
Karikaturanalyse
S. 102–105

MATERIAL 4

Dicke Luft in Ettenheim

Ettenheim – Die Bürger von Ettenheim haben sich am Sonntag [27. April 2008] klar gegen die Ansiedelung eines Biomassekraftwerks ausgesprochen. In einem Bürgerentscheid stimmten 34,82 Prozent der 9 393 Wahlberechtigten dagegen, ein Grundstück für das geplante Biomassekraftwerk zu verkaufen.

Der Bürgerentscheid war der Endpunkt einer monatelangen Informationsschlacht und einer immer hitziger geführten Debatte. Begonnen hat diese bereits im Sommer 2007, als erstmals von der möglichen Ansiedlung eines Biomassekraftwerks die Rede war. Daraufhin machten Mahlberger Bürger mobil. Denn der Mahlberger Stadtteil Orschweier ist von den Belastungen durch das gemeinsame Industriegebiet am stärksten betroffen. Daraufhin verabschiedete der Mahlberger Gemeinderat bereits im Oktober 2007 ein klares Nein zu den Plänen – kurz nachdem sich ein potenzieller Investor mit einem 50-Millionen-Euro-Projekt vorgestellt hatte. Mahlberg ist der kleinere Partner im Zweckverband Ettenheim/Mahlberg.

Der Bürgermeister und die Stadträte von Ettenheim votierten dagegen für einen intensiven Informationsprozess, der im Dezember 2007 mit einer Informationsveranstaltung vor 700 Bürgern begann. Altholzexperten, Umweltmediziner, Filtertechniker und ein weiterer potenzieller Betreiber gaben sich seitdem in Ettenheim ein Stelldichein – jeweils aufs Kritischste befragt von den Kraftwerksgegnern. Diese hatten auch in Ettenheim Unterschriften gesammelt (ca. 1 500) und so den Bürgerentscheid erreicht. „Sollen die Vertreter der Stadt Ettenheim in der Verbandsversammlung des Zweckverbandes Ettenheim/Mahlberg einen Grundstücksverkauf für ein Biomassekraftwerk widersprechen?", so lautete die Frage, die 3 271 Bürger mit Ja beantworteten […].

Das Ergebnis ist eine deutliche Niederlage für den Ettenheimer Bürgermeister Bruno Metz (CDU) und eine Mehrheit des Gemeinderats, die sich klar für einen Kraftwerksbau ausgesprochen hatten. Die Befürworter des Verkaufs kamen bei einer Wahlbeteiligung von 48 Prozent auf 15 Prozent der Stimmen. Da das Quorum erreicht wurde, ist das Ergebnis für drei Jahre bindend.

Das Biomassekraftwerk hätte in dem gemeinsamen Industriegebiet von Ettenheim und dem benachbarten Mahlberg angesiedelt werden sollen. Den Hintergrund der Auseinandersetzung bilden die Probleme mit dem Werk von German Pellets, das in dem Industriegebiet seit Ende 2006 Pellets erstellt. Die Firma braucht dafür viel Wärme, die sie zurzeit im eigenen Holzheizwerk herstellt. Diese Wärme hätte künftig ein Biomassekraftwerk liefern und dabei als Abfallprodukt Strom herstellen können. Doch das Misstrauen gegenüber einer weiteren Verbrennungsanlage in dem Industriegebiet sitzt tief. Denn seit German Pellets dort produziert, gibt es zahlreiche Beschwerden. Es geht dabei um Holzstaub, um Gestank durch Rindenmulch, vor allem aber um Lärm. Bis heute sind die Probleme – die mittlerweile auch die Stadt Ettenheim sowie die Gewerbeaufsicht im Landratsamt Offenburg bestätigen – trotz zahlreicher Gutachten nicht beseitigt oder geahndet.

Der Mahlberger Bürgermeister Dietmar Benz (CDU) zeigte sich erleichtert über den Ausgang des Bürgerentscheids. Enttäuschung gab es dagegen beim Ettenheimer Bürgermeister Metz (CDU). Es sei schwer nachzuvollziehen, dass sich so viele Ettenheimer trotz der Verknappung fossiler Energien und dem beschlossenen Atomausstieg gegen die Verbrennung von Holz in einem Kraftwerk zur Wärme- und Stromgewinnung stemmten, sagte er […].

Aus: Katharina Meyer: Dicke Luft in Ettenheim, in: Badische Zeitung vom 25. und 28.4. 2008; eigene Ergänzungen

INFO

Pellet
engl. „pellet" – Bällchen, Kügelchen aus verdichtetem Material (z. B. Holz, Torf, Stroh); je nach Beschaffenheit finden Pellets Verwendung z. B. als Brennstoff, Futtermittel oder Vorprodukte in der Lebensmittelindustrie

1 Ordnen Sie tabellarisch den in M 4 geschilderten Ereignisablauf und zeichnen Sie in einer Strukturskizze die beteiligten Personen und Gruppen mit ihren jeweiligen Interessen ein.

Recherche zur direkten Demokratie auf kommunaler und auf Landesebene

METHODE

GFS

In den Bundesländern gibt es ganz unterschiedliche direktdemokratische Elemente in den Länder- und Kommunalverfassungen. Hier lohnt sich ein Vergleich:

1. Wählen Sie ein westdeutsches und ein ostdeutsches Bundesland aus.
2. Vergleichen Sie die direktdemokratischen Elemente in der Landes- und in der Kommunalverfassung. Dabei ist es hilfreich, jeweils eine grafische Darstellung anzufertigen.
3. Recherchieren Sie praktische Erfahrungen mit den direktdemokratischen Bausteinen. Nutzen Sie dazu das Internet. Eine gute Einstiegs-Adresse ist z. B. *www.mehr-demokratie.de*. Das Internet öffnet Ihnen in der Regel auch den Weg zu den Initiatoren (und den Gegnern) von Volks- und Bürgerbegehren bzw. -entscheiden.
4. Fassen Sie Ihre Recherche-Ergebnisse zusammen. Dokumentieren Sie dabei auch den Weg der Recherche. Sie können dies z. B. in Form einer Wandzeitung, einer Projektzeitung „Erfahrungen mit direkter Demokratie – ein Vergleich zwischen [...] und [...]“ realisieren.

Bürgerentscheid und Bürgerbegehren nach der Gemeindeordnung von Baden-Württemberg in Auszügen (Stand: 28.7.2005)

MATERIAL **5**

§ 21 (1) Der Gemeinderat kann mit einer Mehrheit von zwei Dritteln der Stimmen aller Mitglieder beschließen, dass eine Angelegenheit des Wirkungskreises der Gemeinde, für die der Gemeinderat zuständig ist, der Entscheidung der Bürger unterstellt wird (Bürgerentscheid).
(2) Ein Bürgerentscheid findet nicht statt über
1. Weisungsaufgaben und Angelegenheiten, die kraft Gesetzes dem Bürgermeister obliegen,
2. Fragen der inneren Organisation der Gemeindeverwaltung,
3. die Rechtsverhältnisse der Gemeinderäte des Bürgermeisters und der Gemeindebediensteten [...].
(3) Über eine Angelegenheit des Wirkungskreises der Gemeinde, für die der Gemeinderat zuständig ist, kann die Bürgerschaft einen Bürgerentscheid beantragen (Bürgerbegehren) [...]. Das Bürgerbegehren muss schriftlich eingereicht werden; richtet es sich gegen einen Beschluss des Gemeinderats, muss es innerhalb von sechs Wochen nach der Bekanntgabe des Beschlusses eingereicht sein. [...] Es muss von mind. 10 vom Hundert der Bürger unterzeichnet sein, höchstens jedoch in Gemeinden mit mehr als 50 000 Einwohnern von 2 500 Bürgern, mit mehr als 50 000 Einwohnern, aber nicht mehr als 100 000 Einwohnern von 5 000 Bürgern.
(4) Über die Zulässigkeit eines Bürgerbegehrens entscheidet der Gemeinderat. [...]
(6) Bei einem Bürgerentscheid ist die gestellte Frage in dem Sinne entschieden, in dem sie von der Mehrheit der gültigen Stimmen beantwortet wurde, sofern diese Mehrheit mindestens 25 vom Hundert der Stimmberechtigten beträgt. [...] Ist die nach Satz 1 erforderliche Mehrheit nicht erreicht worden, hat der Gemeinderat die Angelegenheit zu entscheiden.
(7) Der Bürgerentscheid hat die Wirkung eines endgültigen Beschlusses des Gemeinderats. Er kann innerhalb von drei Jahren nur durch einen neuen Bürgerentscheid abgeändert werden.

1 Führen Sie in einem Rollenspiel ein fiktives Interview a) mit dem Ettenheimer Bürgermeister, b) mit einem Sprecher der Bürgerinitiative (M 4).

2 Beurteilen Sie auf Grundlage von M 5, inwiefern die direkte Demokratie auf kommunaler Ebene eine Ergänzung der repräsentativen Demokratie darstellt

3.2 Hat die Parteiendemokratie noch Zukunft?

MATERIAL 1 Lust auf Parteien?

Kathrin und Chris, beide 17, Gymnasiasten, sind Mitglieder einer politischen Partei, nehmen ziemlich regelmäßig an den Parteiveranstaltungen teil und sind auch als Wahlhelfer aktiv.
Welche der unten genannten Einschätzungen könnte Ihrer Meinung nach auf die beiden zutreffen?

Jenny und Tom, beide 17, Gymnasiasten, engagieren sich in einer Umweltorganisation; sie beteiligen sich regelmäßig an der Vorbereitung und Durchführung von Aktionen, z. B. Unterschriftensammlungen.
Welche der unten genannten Einschätzungen könnte Ihrer Meinung nach auf die beiden zutreffen?

opfern viel Zeit - sind gut informiert - sind zielstrebig - tun etwas Nützliches - tun etwas für die Gemeinschaft - sind mutig - haben viel Spaß - sind intelligent - tun etwas Langweiliges - vergeuden ihre Freizeit - nerven mit ihrem Gequatsche - setzen sich für etwas Tolles ein - machen sich wichtig - sind karrieregeil - sind unbeliebt - sind angepasst - sind unter vielen netten jungen Leuten - können sich gut verkaufen - sind out - bekommen was geboten - sind interessant - erreichen viel für Jugendliche - sind egoistisch - sind hoch angesehen - haben viel Einfluss - sind cool

Antwortvorgaben:
Stimmt voll und ganz
Stimmt eher
Stimmt eher nicht
Stimmt überhaupt nicht

Abschlussfrage:
Wie sieht es aus?
„Ich möchte die beiden gerne mal kennen lernen."
„Die beiden interessieren mich nicht."

Zeichnungen: Gerhard Mester

1 Erstellen Sie eine Liste und kreuzen Sie für Chris und Kathrin zu jeder der genannten Eigenschaften eine der Antwortvorgaben und dann die Abschlussfrage an; verfahren Sie ebenso für Jenny und Tom (M 1).

2 Sie können jetzt Eigenschaftsprofile für Chris und Kathrin bzw. Jenny und Tom erstellen. Werten Sie die Profile vergleichend aus. Diskutieren Sie die Ergebnisse der Abschlussfrage.

Parteien ohne Visionen?

MATERIAL 2

Uns Jugendlichen wird nicht gerade ein hohes politisches Interesse zugeschrieben. Vielmehr feiern wir lieber, nehmen Drogen, sprayen die Wände voll und machen uns keine Gedanken, was unsere Zukunft anbelangt. Sagt man so. Daher fiel den Parteien in diesem Bundestagswahlkampf auch nichts Besseres ein, als mit Kondomen, Mode-Accessoires [...] und anderen billigen Fanartikeln auf Stimmenjagd zu gehen: Die Parteien haben die junge Zielgruppe, uns Erstwähler, entdeckt. Und scheinbar hält man uns für dumm. Ein Sprecher einer Partei-Jugendorganisation beispielsweise erklärte, dass die Kondome seiner Partei sehr viel besser seien als die der anderen und es doch wichtig wäre, bei den Wählerinnen und Wählerin auch bis ins Bett zu kommen – was kein Parteiprogramm oder Flyer schaffen würde. Was ist daran noch politisch? Diese Kampagnen können wir nicht mehr ernst nehmen.

Politik, zumindest die der Parteien, ist dem Konsum verfallen: Die Programme sind voll vom pragmatischen Kleinklein. Ideale, die eine junge Generation eigentlich sucht, findet man darin nicht mehr. Der Pragmatismus der „neuen Mitte“ hat die inhaltlichen Differenzen zwischen den Parteien verwischt: Der einzige Unterschied ist, dass die einen etwas rascher und harscher wirtschaftspolitische Reformen umsetzen wollen, und die anderen das „sozial verträglich“ versuchen – was auch immer das heißt. Dieser Pragmatismus lässt in jedem Fall keinen Platz für Visionen. [...]

Das Problem bei den Wahlkampfprogrammen ist, dass sie einem Bankprospekt immer ähnlicher werden: Bei uns bekommen Sie, falls wir regieren werden, 250 Euro mehr! – so ließen sich viele Inhalte zusammenfassen. Sicherlich sind die ökonomischen Probleme eines Landes wichtig. Doch viel entscheidender wäre für mich und viele junge Menschen eine grundlegende Debatte, in welche Richtung dieses Land steuern wird. Und natürlich hat gerade die junge Generation ein großes Interesse an Themen wie der Globalisierung, der Friedenspolitik, Gerechtigkeit und Ökologie. Wirkliche Antworten auf diese Fragen, Visionen und mutige Konzepte – das vermissen sehr viele junge Menschen.

Aber vielleicht kann man die auch gar nicht in einem Parteiensystem finden, [...] in [dem] es immer mehr um Posten, Macht und Egozentrik geht. [...] Die Skepsis über den Berliner „Politikbetrieb“ ist bei den jungen Leuten sehr groß: Mehr als zwei Drittel glauben [...] nicht mehr, dass eine andere Partei „es besser machen würde“ – eine ziemliche Bankrotterklärung. [...]

Ric Graf, 20 Jahre jung, lebt in Berlin und arbeitet als freier Autor.

Aus: Ric Graf: Wenn Politik das Träumen zuließe, in: Das Parlament, Nr. 44 vom 31. 10. 2005

Jugendliche im Alter von 12 bis 25 Jahren (in %)

%-Angaben (Erhebungsjahr/ Zeile)	2002			2006		
	oft	gelegentlich	nie	oft	gelegentlich	nie
Ich bin aktiv für						
eine sinnvolle Freizeitgestaltung von Jugendlichen	13	35	51	13	31	55
hilfsbedürftige ältere Menschen	8	35	56	8	34	58
den Umwelt- oder Tierschutz	8	29	62	7	24	69
ein besseres Zusammenleben mit Migranten	8	25	65	6	22	72
ein besseres Zusammenleben am Wohnort	6	23	69	6	18	75
Sicherheit und Ordnung am Wohnort	6	20	73	6	16	78
Menschen in den armen Ländern	4	24	69	4	24	72

Quelle: Shell Jugendstudie 2006, S. 123 (gekürzt) L&P / 3658

Aktivitäten nach Bereichen – Ergebnis der Shell Jugendstudie 2006

1 Interpretieren Sie die beiden Karikaturen auf S. 46.

2 Erschließen Sie aus den Erhebungen der Shell Studie 2006 Informationen zum gesellschaftlichen und politischen Engagement der befragten Altersgruppe.

3 Erörtern Sie, ob bzw. inwieweit die Shell Jugendstudie die Aussagen der Karikaturen zu bestätigen vermag.

4 Erarbeiten Sie aus M 2, wie der Autor Parteien und deren Politik wahrnimmt und was er erwartet. Setzen Sie sich unter Einbeziehung Ihrer bisherigen Überlegungen zum Verhältnis von Jugend und Parteien mit dem Text auseinander.

METHODE

Karikaturanalyse
S. 102–105

METHODE

Umgang mit Texten
S. 82–85

3.2.1 Parteien – Sprachrohre des Volkes?

Demokratie ohne Parteien ist in den heutigen Flächenstaaten undenkbar, denn Parteien sind notwendige Vermittler zwischen den Bürgern auf der einen und Gesetzgeber sowie Regierung auf der anderen Seite. Das Grundgesetz trägt dem in seinem Artikel 21 Rechnung: „Die Parteien wirken an der politischen Willensbildung des Volkes mit", heißt es gleich im ersten Satz. Die Parteien haben demnach zwar kein Monopol im Prozess der politischen Willensbildung, aber nur ihre Mitwirkung kann ihm demokratische Qualität verleihen. Voraussetzung ist freilich, dass Parteien und Parteiensystem über demokratische Legitimation verfügen. Diese soll durch die weiteren Bestimmungen in Art. 21 GG sichergestellt werden: Das Recht, Parteien frei zu gründen, das Gebot der innerparteilichen Demokratie und die Verpflichtung der Parteien, über Herkunft und Verwendung ihrer Finanzmittel öffentlich Rechenschaft zu geben.

QUERVERWEIS
innerparteiliche Demokratie
Kapitel 3.2.3

QUERVERWEIS
Interessenverbände
Kapitel 3.4

Parteienprivileg

Das Grundgesetz stellt die politischen Parteien – anders als etwa die Interessenverbände oder die Bürgerinitiativen – unter einen besonderen verfassungsrechtlichen Schutz, der auch als Parteienprivileg bezeichnet wird: Ihre Gründung ist frei; keine Regierung kann die unliebsame Konkurrenz neuer Parteien verhindern. Ein etwaiges Parteienverbot kann nicht von der Regierung, sondern nur vom Bundesverfassungsgericht ausgesprochen werden, und zwar nur dann, wenn ihre Verfassungsfeindlichkeit, d. h. ihre Demokratiefeindlichkeit, bewiesen ist.

Parteienstaatliche Demokratie

Der Politikwissenschaftler und Bundesverfassungsrichter Gerhard Leibholz (1901–1982) hat wegen dieser ausgeprägten verfassungsrechtlichen Verankerung der Parteien im Grundgesetz die Bundesrepublik als Parteienstaat bezeichnet. In seiner vom obersten deutschen Gericht weitgehend übernommenen Parteienstaatstheorie beschreibt er die Parteien als „Sprachrohre des mit vielen Stimmen sprechenden Volkes".

Der Parteienstaat sei eine dem heutigen Flächenstaat angepasste Form der plebiszitären Demokratie. Für sein Funktionieren sei wichtig, dass möglichst große Teile der Bevölkerung in Parteien organisiert sind.

Widerstreitende Demokratieprinzipien

Allerdings enthält das Grundgesetz in Art. 38, Abs. 1 (freies Mandat der Abgeordneten) auch ein Bekenntnis zur repräsentativen Demokratie. Aus diesem Spannungsverhältnis unterschiedlicher Demokratieprinzipien können Konflikte entstehen, vor allem dann wenn einzelne Abgeordnete von der Parteilinie abweichen wollen.

Nach der Rechtsprechung des Bundesverfassungsgerichts gebührt in solchen Fällen dem Art. 38 GG Vorrang, d. h. ein Abgeordneter kann nicht gezwungen werden, sich in seinem Abstimmungsverhalten der Mehrheitsmeinung der Partei anzupassen; auch muss er bei einem Parteiaustritt sein Mandat nicht an seine Partei „zurückgeben", selbst dann nicht, wenn er über eine Parteiliste, bei Bundestagswahlen also über eine Landesliste, ins Parlament gekommen ist.

In der Verfassungswirklichkeit wird dieser verfassungsrechtliche Konflikt häufig jedoch nicht offen ausgetragen, da Abgeordnete sich nicht allzu oft ein abweichendes Verhalten erlauben dürfen, wenn sie nicht riskieren wollen, dass ihre Partei sie bei der nächsten Wahl nicht mehr als Kandidat nominiert.

1 „Brauchen wir überhaupt Parteien?" – Jeder schreibt für sich spontan seine begründete Meinung zu dieser Frage auf. Drei Minuten sollten genügen.

2 Bilden Sie Gruppen. Jedes Gruppenmitglied liest seine Notizen vor. Die Gruppe versucht, einen gemeinsamen Standpunkt samt Begründung zu formulieren. Sollte sich keine Übereinstimmung erzielen lassen, ist auch ein begründetes Gegenvotum schriftlich festzuhalten.

3 Die Voten der Gruppen werden im Plenum vorgetragen; ggf. wird die Frage noch einmal diskutiert.

Wozu brauchen wir eigentlich Parteien?

MATERIAL 1

Wozu brauchen wir eigentlich Parteien? [...] Selbstverständlich sind sie nicht, sondern weit eher ein Ärgernis. Sie zanken und streiten, sie flicken einander am Zeug, wie sie nur können. Sie weisen – oder, mehr noch, sie zerren in verschiedene Richtungen; immer hört man „Hü!“ und „Hott!“ gleichzeitig. [...]
Aber muss man nicht noch um einen entscheidenden Schritt weitergehen und sagen: Parteien sind an und für sich etwas Negatives, nämlich ein Ausdruck dafür, dass die Einheit, die Harmonie des Ganzen, die es eigentlich geben sollte, zerrissen ist und dass nicht mehr das Gemeinwohl, sondern der Egoismus, das Sonderinteresse im Vordergrund steht? [...] Daher nochmals: Wozu brauchen wir eigentlich Parteien?
Es bietet sich an, auf diese einfache Frage eine einfache Antwort zu geben: Parteien mögen ein Notbehelf sein, aber sie sind praktisch unentbehrlich – dann jedenfalls, wenn nicht bloß die wenigen, sondern die vielen politisch mitsprechen sollen: Zwar verkündet das [...] Grundgesetz in Artikel 20 feierlich: „Alle Staatsgewalt geht vom Volke aus.“ Aber das Volk kann nicht regieren; [...]. Das Pro und Contra der komplizierten Sachfragen und ihrer Lösungsmöglichkeiten ebenso wie die Kandidatenauslese für Führungsämter muss vielmehr organisiert und in Alternativen öffentlich dargestellt werden, damit die Menschen sich ein Urteil bilden und dann wählen können.
Genau dies leisten Parteien. Sie sind die Mittler zwischen der Staatsgewalt, die vom Volke ausgeht, und der Regierungsmacht, die sie ausübt. Darum heißt es in Artikel 21 des Grundgesetzes: „Die Parteien wirken bei der politischen Willensbildung des Volkes mit.“ Das allerdings ist gelinde gesagt eine Untertreibung. Die Parteien nehmen eine, nein: die schlechthin zentrale Stellung ein; ohne sie gäbe es keine Willensbildung des Volkes, zumindest keine, die real wirksam werden könnte. Oder anders ausgedrückt, zugespitzter: Erst mit und in den Parteien verdichtet sich der Wille des Volkes zum wirklich Politischen, über das bloße Meinen oder das Stammtischgerede entscheidend hinaus. [...]
Ein Einwand drängt sich sofort und beinahe unwiderstehlich auf: Gibt es nicht so etwas wie das Gemeinwohl? Jedenfalls: Sollte es das nicht geben, das Wahre, Gute, Gerechte schlechthin, in dessen Zeichen alle einig sind oder zumindest dann einig sein müssten, wenn sie genügend informiert und nicht von egoistischen Sonderinteressen behext, mit einem – wie es heißt – „falschen Bewusstsein“ geschlagen wären? ...
Niemand, kein Prophet oder Führer, keine Versammlung der Weisen, keine Elite oder Kaderpartei verfügt über das Ganze, über die Wahrheit schlechthin ... Das Festschreiben des Gemeinwohls, der Monopolanspruch auf die Wahrheit und das Gute in den Händen eines Führers oder einer Kaderpartei, unter welchem Vorzeichen auch immer, entmündigt den Menschen und zerstört seine Würde.

QUERVERWEIS
Demokratietheorien
Kapitel 2.1

Zeichnung: Thomas Plaßmann

Aus: Christian Graf von Krockow: Wozu brauchen wir eigentlich Parteien?, in: Ders./Peter Lösche (Hrsg.): Parteien in der Krise, München 1986, S. 10 ff.

1 Erarbeiten Sie aus M 1 die Thesen des Verfassers. Setzen Sie sich mit seinen Argumenten auseinander.

2 Untersuchen Sie mithilfe der Abbildung in M 2 (S. 50), welche Funktionen der Parteien in M 1 angesprochen werden.

MATERIAL 2

Parteien: Funktionen und Merkmale

GLOSSAR

intermediäres System

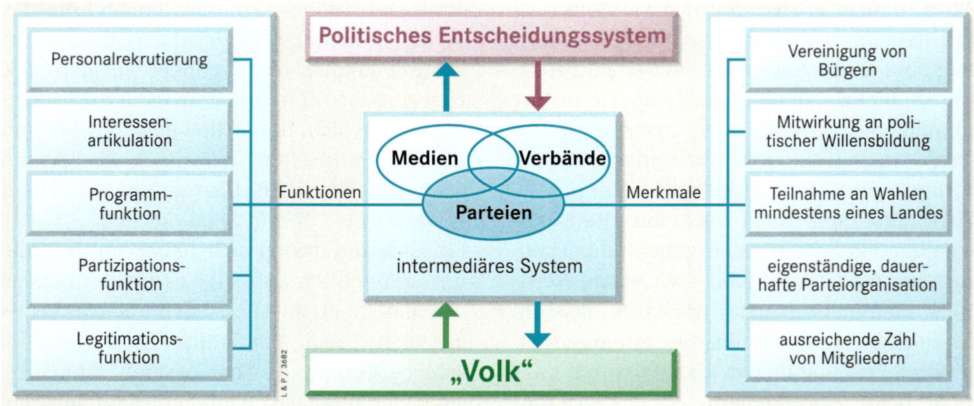

Funktionen nach § 1 Parteiengesetz

- *Personalrekrutierung:* Parteien präsentieren Kandidaten zur Besetzung öffentlicher Ämter.
- *Interessenartikulation:* Parteien formulieren Erwartungen und Forderungen gesellschaftlicher Gruppen an die Politik. Sie sind „Sprachrohre des mit vielen Stimmen sprechenden Volkes".
- *Programmfunktion:* In Wahlprogrammen, oft auch Wahlplattformen genannt, fassen die Parteien ihre kurz- bis mittelfristig angestrebten politischen Ziele sowie ihre Vorstellungen zu deren Umsetzung zusammen. Grundsatzprogramme bringen hingegen tiefer gehende Überzeugungen zum Ausdruck und sollen längerfristige Orientierungen für die Tagespolitik bieten.
- *Partizipationsfunktion:* Parteien ermöglichen die politische Beteiligung der Bürger.
- *Legitimationsfunktion:* Die Parteien verbinden Volk und staatliche Entscheidungsträger (Bundestag, Bundesregierung); sie sollen so zur Akzeptanz des politischen Systems in der Gesellschaft beitragen.

Merkmale nach § 2 Parteiengesetz

- *Vereinigung von Bürgern:* Es können nur natürliche Personen, nicht aber Verbände einer Partei angehören. Eine Partei soll kein verlängerter Arm eines Interessenverbandes sein.
- *Mitgliederzahl:* Eine Partei muss so viele Mitglieder haben, dass sie wenigstens landesweit präsent und schlagkräftig ist.
- *Eigenständige und dauerhafte Organisation:* Eine Partei darf sich organisatorisch nicht auf einen fremden Verwaltungsapparat, z. B. eines ihr nahe stehenden Verbandes stützen und muss ständig, also nicht nur zu Wahlzeiten funktionsfähig sein. Sie soll kein bloßer Wahlverein sein.
- *Teilnahme an Wahlen:* Es kommt auf regelmäßige, nicht aber zwingend erfolgreiche Teilnahme an Bundestags- bzw. Landtagswahlen an.
- *Politische Willensbildung:* Die politische Einflussnahme darf sich inhaltlich und räumlich nicht nur auf kleine, eng begrenzte Bereiche beziehen. So genannte „Ein-Punkt-Parteien" und „Rathausparteien" sind keine Parteien im Sinne des Parteiengesetzes.

1. Veranschaulichen Sie die Funktionen der Parteien (M 2) mithilfe einer Text-/Bildcollage zu den im Bundestag/Landtag vertretenen Parteien.
2. Ordnen Sie die Funktionen nach ihrer Wichtigkeit. Begründen Sie.
3. Erläutern Sie, wann eine Vereinigung im Rechtssinne als „Partei" gilt.
4. Grenzen Sie eine Partei von anderen Einrichtungen des „intermediären Systems" ab (z. B. von Bürgerinitiativen und Verbänden).
5. Erläutern Sie die These, die Demokratie des Grundgesetzes sei als „parteienstaatliche Demokratie" verfasst (Info-Text, S. 48). Kommen Sie zu einer ersten Einschätzung: Sind die Parteien Sprachrohre des Volkes?

Auswertung von Wahl- und Parteiprogrammen

METHODE

Partei- und Wahlprogramme beschreiben den politischen Standort der Parteien und enthalten die Ziele, für die die Parteien in der politischen Öffentlichkeit eintreten. Parteiprogramme kommen in der Regel erst nach einem längeren Diskussionsprozess zustande und sind notwendigerweise recht allgemein gehalten, weshalb man auch von Grundsatzprogrammen spricht. Wahlprogramme beschreiben hingegen konkreter das politische Programm für eine Legislaturperiode.

Analyse von Wahlprogrammen:
a) *Vor einer Wahl:* Stellen Sie für einen Vergleich fest, auf welchen Politikfeldern die Parteien Schwerpunkte setzen (z. B. Wirtschaft, Recht, Umwelt, Energie, Gesundheit, Bildung, Familie oder Außen- und Sicherheitspolitik). Wählen Sie ein Politikfeld aus, das von möglichst vielen Parteien für wichtig gehalten wird. Berücksichtigen Sie bei der weiteren Textarbeit folgende Hinweise:
- Welche Ziele werden jeweils angestrebt?
- An welchen Werten, Prinzipien, Ordnungsvorstellungen orientiert sich die jeweilige Partei?
- Welchen Bevölkerungsgruppen fühlt sich die Partei besonders verpflichtet?
- Gibt es Aussagen über die Umsetzung der politischen Ziele (z. B. Zeitvorstellungen, Finanzierung)?

b) *Nach einer Wahl:* Vergleichen Sie für ein zentrales und aktuelles Politikfeld die im Wahlprogramm von den Regierungsparteien zugesicherte mit der von diesen tatsächlich betriebenen Politik auf Übereinstimmungen und Abweichungen. Bei Parteien, die eine Regierungskoalition bilden, dürfte die Frage von Interesse sein, wie viel vom jeweiligen Parteiprogramm in die Regierungspolitik eingeflossen ist, bei sehr starken Abweichungen zwischen Programm und tatsächlich betriebener Politik, welche Gründe dafür verantwortlich sind.

GFS

Analyse von Wahlplakaten

INTERNET

www.cdu.de
www.spd.de
www.fdp.de
www.gruene.de
www.die-linke.de

Parteien – eine Erkundung vor Ort

Erkunden Sie die aktuellen parteipolitischen Aktivitäten in Ihrer Gemeinde. Entwickeln Sie Fragebögen für Interviews mit Vorstandsmitgliedern des Ortsverbandes, Mitgliedern des Gemeinderats und „einfachen“ Mitgliedern. Recherchieren Sie dann in einem arbeitsteiligen Verfahren (bei mindestens zwei Parteien) zu folgenden Fragestellungen und Aufgaben:
- Welche Motivation bewegt die Parteimitglieder zu ihrem Engagement?
- Wie ist die Partei vor Ort organisiert? (z. B. Jugendorganisationen der Partei)
- Wie organisiert die Partei ihre Arbeit? (Besuchen Sie z. B. eine Parteiveranstaltung, sammeln Sie aktuelle Pressemeldungen und beachten Sie die Präsentation der Ortspartei im Internet.)
- Wie präsentiert sich die Partei auf einer öffentlichen Veranstaltung? (Bewerten Sie Organisation, Verlauf und Pressewirksamkeit einer Parteiveranstaltung.)
- Wie wird die Parteiarbeit finanziert? (Höhe der Mitgliederbeiträge, Spenden)
- Worin liegen die praktischen Probleme der „Alltagsarbeit“ der Ortspartei? Wie versucht man, diese „in den Griff“ zu bekommen?
- Wie hoch ist die Zahl der Mitglieder, wie ist die Berufs- und Altersstruktur; – der Frauenanteil der Partei? Liegen dazu Vergleichszahlen, z. B. aus dem letzten Jahrzehnt, vor?
- Wie ist es um das Engagement von Frauen und Jugendlichen in der Partei vor Ort (bzw. in den Frauen- und in den Jugendorganisationen der Partei) bestellt?
- Inwiefern unterscheiden sich die programmatischen Aussagen der Partei zu einem aktuellen Politikfeld in Ihrer Gemeinde von den Vorstellungen der anderen Parteien?
- Welche Institutionen in der Gemeinde werden mit Personen aus den Parteien besetzt? Entspricht der Frauenanteil der Zielsetzung der Parteisatzung?

Überlegen Sie, wie Sie Ihre Ergebnisse zusammenfassen und auf Schautafeln oder in einer kleinen „Parteienzeitung“ präsentieren können. Erfahrungsgemäß sind Ihre Gesprächspartner, aber auch die Lokalpresse, an den Ergebnissen Ihrer Recherchen interessiert. Sie sollten die vollständigen Rechercheunterlagen auch in einem Projektordner sammeln.

3.2.2 Welche Politiker wollen wir?

Wer eine politische Karriere anstrebt, muss einer Partei beitreten, denn Parteien entscheiden in Deutschland faktisch alleine über die Nominierung von Kandidaten für den Bundestag. Zwar können in den Wahlkreisen auch parteiunabhängige Bewerber kandidieren, doch seit der 2. Bundestagswahl 1953 ist es niemandem gelungen, sich gegen Parteibewerber durchzusetzen. Landeslisten können grundsätzlich nur von Parteien aufgestellt werden.

Nominierung in Wahlkreisen

Nach dem Bundeswahlgesetz werden die Wahlkreiskandidaten durch eine Versammlung der Parteimitglieder der jeweiligen Wahlkreise (Urwahl) oder durch Delegierte bestimmt. Vielfach ist die Aufstellung als Wahlkreiskandidat Voraussetzung für die Platzierung auf der Landesliste. Mandatsträger, die sich um die Wiederwahl bemühen, haben in aller Regel gute Chancen, in ihrem Wahlkreis erneut nominiert zu werden. Anders ist es, wenn ein bisheriger Mandatsinhaber nicht mehr zur Wiederwahl antritt. Dann kommt es meist zu ergebnisoffenen Kampfkandidaturen mehrerer Bewerber. Versuche aus der Parteispitze, auf das lokale Auswahlverfahren Einfluss zu nehmen, stoßen bei der Basis meist auf wenig Gegenliebe.

Landeslisten

Die Landeslisten sind meist Resultate eines langwierigen parteiinternen Ringens. Ziel ist es, den Landesparteitagen, die formal über die Listen beschließen müssen, möglichst „wasserdichte" Vorschläge zu unterbreiten. Sie müssen z. B. die wichtigsten innerparteilichen Gruppierungen berücksichtigen, eine möglicherweise bestehende Frauenquote einhalten, wichtige Wahlkreiskandidaten absichern und auf regionale Ausgewogenheit achten. An diesem nach vielen Verhandlungen und Absprachen zustande gekommenen Gefüge eines Listenvorschlags nehmen die Wahlparteitage eher selten wesentliche Veränderungen vor.

„Der da oben macht einen recht guten Eindruck"; Zeichnung: Ernst Hürlimann

Kritik

In der Regel entscheiden also bei den meisten Parteien in jedem Bundesland kaum mehr als eine Handvoll Parteifunktionäre über die Zusammensetzung der Liste. Dies ist umso bedenklicher als die „Wahl vor der Wahl", also die Kandidatenaufstellung, für die personelle (nicht die parteipolitische) Zusammensetzung des Bundestags entscheidender ist als die Bundestagswahl selbst. Denn mit ihrer Nominierung sind viele Bewerber so gut wie gewählt. Weitere Kritikpunkte sind:

- Die heutigen Berufspolitiker kämen oft zu jung ins Amt; sie hätten vielfach keine nennenswerte Berufserfahrung und seien deshalb auch zu weit entfernt von der gesellschaftlichen Realität.
- Da sie außer Politik nichts gelernt hätten, seien sie auch finanziell von ihrem Mandat abhängig; sie neigten daher zum Weg des geringsten Widerstandes.

METHODE
Karikaturanalyse
S. 102–105

1 Interpretieren Sie obige Karikatur.
2 Lassen Sie sich von der Karikatur und dem ironischen Text in M 1 für ein Brainstorming zu folgender Frage anregen: „Welche Eigenschaften und Qualifikationen sollte ein guter Politiker besitzen?"
3 Beantworten Sie die Fragen aus der dimap-Erhebung (M 2).
4 Werten Sie Ihre Antworten aus. Stellen Sie Ihre Ergebnisse grafisch dar.

Der ideale Abgeordnete

MATERIAL 1

Der ideale Politiker, der all den Ansprüchen der Bürger gerecht wird, ist ein gebildeter Mensch, nach Möglichkeit aber „einer von uns“, der die Sprache des „einfachen Mannes“ spricht. Er kennt sich mit allen Gesetzen und Vorschriften sowie in den Labyrinthen der Verwaltung glänzend aus, damit er jedem Petenten zu seinem Recht verhelfen kann, ist aber keinesfalls Beamter.
Das Einkommen des idealen Abgeordneten liegt nur geringfügig unter dem Sozialhilfesatz. So ist es ihm ein leichtes, für jedes Sportturnier oder jede Rassekatzenausstellung in seinem Wahlkreis einen Pokal zu stiften, ganze Festzelte mit Freibier zu bewirten und jede Spendenaktion großzügig zu unterstützen. Daneben bildet er fleißig Rücklagen für die Zeit nach dem Mandat, denn bei der Altersversorgung begnügt er sich mit einer Mindestrente.“
Der Idealparlamentarier nimmt an jeder Plenardebatte von der ersten bis zur letzten Minute teil, glänzt mit frei vorgetragenen Sachbeiträgen zu jedem behandelten Thema, hat aber immer Zeit, um Besuchergruppen zu empfangen oder an Vereinsfesten teilzunehmen. Er schlägt keine Einladung aus und bleibt bis zum Ende jeder Veranstaltung, führt aber ein vorbildliches Familienleben und ist am Wochenende ab 7 Uhr morgens für jedermann erreichbar.
Der Traumpolitiker [...] sorgt dafür, dass Umgehungsstraßen zügig gebaut werden, ohne dass dabei ein Grashalm geknickt wird. Er übernimmt Verantwortung in einem Dutzend von Vereinen und Organisationen, hütet sich aber vor jeder Ämterhäufung. Mit dem politischen Gegner geht er hart ins Gericht, wahrt dabei aber stets hohe Streitkultur.

Edmund Stoiber (CSU), ehem. bayerischer Ministerpräsident, in den 1980er Jahren

Aus: www.manfredgrund.de (Zugriff am 8.4. 2009)

INFO

Petenten
Bittsteller

Einschätzung von Politikern

MATERIAL 2

Das Meinungsforschungsinstitut Infratest dimap hat 2006 in einer repräsentativen Erhebung die Bevölkerung nach ihrer Meinung zu Politikern gefragt. Im Folgenden sind vier Fragen dieser Meinungsumfrage abgedruckt.

Eigenschaften von Politikern
Hier sind elf mögliche Eigenschaften von Politikern aufgezählt:

politisch weitblickend - ehrgeizig - sympathisch - durchsetzungsfähig - vertrauenswürdig - sachkundig - glaubwürdig - verantwortungsvoll - bürgernah - setzen sich für ihr Land ein - ehrlich

1. Für wie wichtig halten Sie jeweils die genannten Eigenschaften bei Politikern:

für sehr wichtig, ziemlich wichtig, weniger wichtig, unwichtig?

2. In welchem Maße treffen die genannten Eigenschaften Ihrer Meinung nach jeweils auf die meisten der führenden Politiker in Deutschland zu:

voll und ganz, überwiegend, überwiegend nicht, gar nicht?

Motivationen von Politikern

3. Wovon lassen sich Politiker Ihrer Ansicht nach bei ihrer Arbeit in erster Linie leiten:

von Verantwortungsgefühl, Eitelkeit, Erhalt der Macht, moralisches Gewissen, Erhalt der Privilegien?

Ärgerliches am Verhalten von Politikern

4. Was ärgert Sie persönlich am meisten an den führenden Politikern in Deutschland?

(offene Frage; eine Nennung)

Aus: Infratest dimap/Initiative ProDialog, 2006

MATERIAL 3

Oswald Metzger – ein Kurzporträt

Oswald Metzger

„Die Botschaft ist doch klar, sie lautet: Bleib lieber in deinem Stall, pass dich an und schau, dass du irgendwie über die Runden kommst, auch wenn du an der Politik wie ein Hund leidest.“[1]

Oswald Metzger, geboren 1954, Jurastudium ohne Abschluss; zunächst Mitglied der SPD, dann der Grünen; 1994 bis 2002 MdB; profiliert sich als Finanzexperte; seine wirtschaftsliberalen Auffassungen führen zu Konflikten mit der Parteilinie; für die Bundestagswahlen 2002 und 2005 verweigern ihm die Grünen einen sicheren Listenplatz; 2007 verlässt er die Partei und erklärt, 2009 wieder in den Bundestag zu wollen, wobei er zunächst offen lässt, für welche Partei. Dies wird später als Beweis dafür genommen, dass es ihm in erster Linie um seine Person geht und nicht um die Einbindung in die CDU, der er 2008 schließlich beitrat. Im Wahlkreis Biberach, einer CDU-Hochburg, bewirbt er sich nach seinem Parteieneintritt sofort und ohne Rücksprache mit den Parteigremien um die Nominierung als Wahlkreiskandidat, u. a. gegen den örtlichen Kreisvorsitzenden, scheitert aber. Auch ein zweiter Anlauf im benachbarten Bodenseekreis war nicht erfolgreich.

[1] Aus: „Es geht um Futterneid“, Interview mit Oswald Metzger, in: Der Spiegel 40/2008, S. 17

MATERIAL 4

Wehret dem Metzger!

Es gibt in diesen Tagen ziemlich viele Veranstaltungen wie diese: Ein paar Dutzend Parteimitglieder, ganz überwiegend verdiente Funktionäre, versammeln sich in einem viel zu großen Saal, um ihre Kandidatin oder ihren Kandidaten für die Bundestagswahl im nächsten Jahr zu nominieren. Zur Wahl steht einer, der sowieso schon in Berlin ist, Gegenkandidaten gibt es nicht. Das Publikum hört eine längliche Vorstellungsrede, dann wird abgestimmt. Breite Mehrheit, alles wie immer. Politik an der Basis ist selten spannend. Egal, um welche Partei es geht.

Gemessen daran hat sich die CDU im Wahlkreis Biberach Unerhörtes geleistet: Einen wochenlangen Wahlkampf potenzieller Wahlkreis-Kandidaten. Das Duell eines bodenständigen Parteifunktionärs gegen den prominenten Ex-Grünen Oswald Metzger. Eine Versammlung von tausend Christdemokraten, eine Debatte bis tief in die Nacht, Entscheidung im dritten Wahlgang […].

Das Spektakel in Oberschwaben endete allerdings mit einem ganz und gar unspektakulären Ergebnis: Gewählt ist ein Mann namens Josef Rief, Landwirt und langjähriger Kreisvorsitzender der CDU. Er wird den tiefschwarzen Wahlkreis demnächst in Berlin vertreten, als ordentlicher und fleißiger Abgeordneter auf den hinteren Bänken. Sein Name wird außerhalb von Biberach schon bald in keiner Zeitung mehr auftauchen […].

Oswald Metzger ist im Gegensatz zu Josef Rief ein brillanter Redner, ein begnadeter Selbstdarsteller, Dauergast in den einschlägigen Talkshows. Er ist streitbar, vertritt aus Überzeugung und Lust an der Debatte seinen Standpunkt, und sei es der falsche. Eigentlich wünschen wir uns im Bundestag mehr solcher Typen: unbequeme, eigensinnige Parlamentarier, denen Parteidisziplin nicht über alles geht. Die Eitelkeit, die diesem Typ Politiker zu eigen ist, sehen wir ihm nach. Metzger ist ein Bunter unter Grauen. Er ist dennoch durchgefallen. Oder gerade deshalb.

In Biberach hat der Apparat einer Partei geschützt, was ihm am wichtigsten ist: die eigene Macht. Die Macht des Apparats besteht vor allem darin, Posten zu vergeben: Ortsvorsitzender, Kreisvorsitzender, Bürgermeister, Abgeordneter […]. Das Bundestagsmandat steht in der Hierarchie dieser Posten weit oben. Wer nach Berlin will, muss erst einmal dienen, lange Jahre Kärrnerarbeiten in den Gremien, in Vereinen, auf Dorffesten leisten. Da kann nicht einfach ein Metzger kommen und das ganze Belohnungssystem durcheinander bringen […].

Das System funktioniert erfolgreich, in allen Parteien. In Biberach hat es seine Schutz-

INFO

Kärrnerarbeiten harte körperliche Arbeit

INFO

Es gab vier Bewerbungen; Ergebnis der Stichwahl:

Josef Rief: 557 Stimmen
Oswald Metzger: 398 Stimmen

funktion gegenüber denjenigen, die drinnen sind, unter Beweis gestellt. Und gezeigt, dass Außenseiter eben Außenseiter sind und bleiben. […]
Um das zu ändern, müssten die Parteien ihren Nachwuchs anders rekrutieren. Sie müssten Menschen aus Kultur, Wirtschaft und Wissenschaft einladen, auf ihren Listen zu kandidieren. Sie werden das aber nicht tun, weil sie nicht über ihren Schatten springen können. […] In den Talkshows wird dann wieder über die mangelnde Qualität der Politiker geklagt. […]

Aus: Uwe Vorkötter: Wehret dem Metzger!, in: FR-Online vom 2. 7. 2008 (Zugriff: 1. 4. 2009)

Metzger, zum Zweiten …

MATERIAL 5

„Oh, ihr Deppen“, ruft ein Anhänger des früheren Grünen-Politikers Oswald Metzger in den lauten Jubel der überlegenen Gegenseite hinein, bevor er verbittert den Überlinger Kursaal verlässt. […] Auch Markus Müller, Kreischef der CDU im neu geschaffenen Bundestagswahlkreis Bodensee, der Metzger zum Ärger anderer Parteigrößen zur Kandidatur ermuntert hatte, ist enttäuscht […]:
Wieder hat Metzger ein bundespolitisches Comeback versucht. Wieder ist Deutschlands bekanntester Parteiwechsler […] gescheitert. Und wieder ist die Stimmung zwischen Metzger-Anhängern und Gegnern aufgewühlter als es einer Partei guttun kann. […]
Im ersten Wahlgang liegt der Finanzexperte mit 40,7 Prozent sogar klar vor den neun Mitbewerbern. Wer in den Medien Gehör findet, so der Tenor seiner Bewerbungsrede, könne in Berlin regionale Anliegen besser durchsetzen als ein unbekannter Hinterbänkler. Doch was sich in der Fragerunde – „Wie halten Sie es mit der Selbstdarstellung?“ – andeutet, wird zur Gewissheit, als sich das Feld lichtet. […] 51,9 Prozent der 700 Wahlberechtigten stimmen im dritten Wahlgang für den Parteiarbeiter Lothar Riebsamen, 48,1 Prozent für den Ex-Grünen. 25 Stimmen machen den Unterschied. Riebsamen, Bürgermeister der schuldenfreien Gemeinde Herdwangen-Schönach, hatte Medienstar Metzger positioniert: „Sachverstand und Fleiß überzeugen mehr als politische Show. Teamarbeit führt zum Erfolg, der Alleingang ins Abseits.“
Metzger selbst analysiert später seine erneute Niederlage […] als „Entscheidung zwischen Konservativen und Modernisierern“ […]. Letztlich war es wohl einfach so, dass die Riebsamen-Unterstützer aus dem ländlichen Raum und dem badischen Teil [des Wahlkreises] besser mobilisiert hatten als der Metzger-freundlichere württembergische Teil. „Der badische Teil hat das generalstabsmäßig vorbereitet“, analysiert Norbert Fröhlich, stellvertretender Vorsitzender der CDU in Friedrichshafen. „Wir Metzger-Anhänger sind dagegen einfach unschuldig in diese Versammlung gegangen.“

Aus: Roland Muschel: „Parteiwechsel ist zu gefährlich“, in: Badische Zeitung vom 22. 9. 2008, S. 6

Gustav Heinemann

Otto Schily

Oskar Lafontaine

Günter Verheugen

1 „Die CDU im Wahlkreis Biberach hat sich Unerhörtes geleistet“ (M 4, Z. 14 f.). Erläutern Sie diese Feststellung.

2 Vergleichen Sie Verlauf und Ergebnis der Kandidatenaufstellung in Biberach und am Bodensee (M 4 und M 5).

3 Untersuchen Sie die Texte dieser Doppelseite auf Hinweise nach Eigenschaften und Motivationen des Politikers Metzger.

4 „Eigentlich wünschen wir uns im Bundestag mehr solche Typen, unbequeme, eigensinnige Parlamentarier, denen Parteidisziplin nicht über alles geht“ (M 4, Z. 38 ff.). Führen Sie eine Pro- und Kontra-Diskussion zu diesem Statement.

5 Recherchieren Sie – ausgehend von den Fotos auf S. 55 – Informationen zu prominenten Parteiwechslern und vergleichen Sie Ihre Erkenntnisse mit der Äußerung Oswald Metzgers in M 3.

3.2.3 Innerparteiliche Demokratie – eine Illusion?

Zeichnung: Freimut Wössner

Eine Parteiendemokratie funktioniert nur, wenn die Parteimitglieder Einfluss auf wichtige politische Entscheidungen haben. Je weniger Demokratie in den Parteien praktiziert wird, desto weniger ist ihre herausgehobene Stellung in unserem politischen System zu rechtfertigen. Das Grundgesetz schreibt deshalb auch in seinem Artikel 21 vor, dass die innere Ordnung der Parteien demokratischen Grundsätzen entsprechen muss. Einzelheiten zu dem verfassungsrechtlichen Gebot der innerparteilichen Demokratie sind in den Statuten bzw. Satzungen der Parteien geregelt.

INFO

Votum
hier: rechtlich unverbindliche Willensbekundung der Parteibasis

Oligarchisierungstendenzen

Trotz solcher rechtlicher Vorkehrungen sind die Chancen der einfachen Parteimitglieder, der Parteibasis, den innerparteilichen Willensbildungsprozess entscheidend zu beeinflussen, eher mit Skepsis zu betrachten. Ganz abgesehen davon, dass rund 85 Prozent der Parteimitglieder nur so genannte „zahlende Mitglieder“ sind, die sich insgesamt wenig engagieren, stößt auch die aktive Minderheit oft genug an ihre Grenzen. Als Hauptproblem der innerparteilichen Demokratie gilt die Gefahr der Oligarchiebildung, also die Gefahr, dass kleine Führungszirkel die relevanten politischen Entscheidungen treffen. Schon vor einhundert Jahren hat der Parteisoziologe Robert Michels (1876–1936) diese Gefahren beschrieben. Er nannte drei Ursachenkomplexe:

1. In großen Organisationen sei eine Mitentscheidung aller nur in engen Grenzen möglich. Hinzu käme, dass Parteien als „Kampfverbände“ (R. Michels) bisweilen schnell entscheiden müssen.
2. Die Parteiführung verfüge über einen Informationsvorsprung, den sie auch ausnutze, um Entscheidungsprozesse in ihrem Sinne zu steuern.
3. Die Parteibasis sei zu unkritisch, weil sie dazu neige, ihre Parteiführer zu verehren.

Gegenläufige Tendenzen

In ihrem Kern sind diese Punkte sicherlich auch heute nicht völlig von der Hand zu weisen. Allerdings haben sich die Rahmenbedingungen inzwischen erheblich verändert. Zu erinnern ist etwa an die unendlich viel besseren Informations- und Kommunikationsmöglichkeiten im digitalen Zeitalter, an das deutlich gestiegene Bildungsniveau oder an die basisdemokratischen Bestrebungen der letzten Jahrzehnte. Die Parteien haben sich darauf eingestellt und sehen Mitgliederentscheide oder -voten in Sach- und Personalfragen vor.

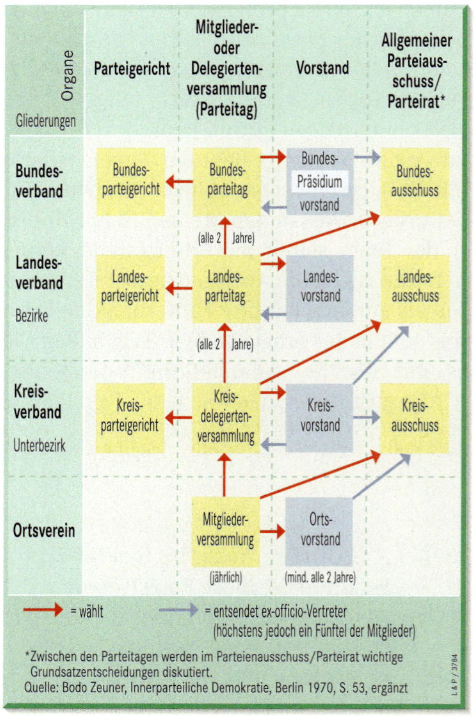

*Zwischen den Parteitagen werden im Parteienausschuss/Parteirat wichtige Grundsatzentscheidungen diskutiert.
Quelle: Bodo Zeuner, Innerparteiliche Demokratie, Berlin 1970, S. 53, ergänzt

PRO & KONTRA

1 Diskutieren Sie, ob Mitgliederbefragungen Parteitage ersetzen können. Beziehen Sie in Ihre Überlegungen auch die Aussageabsicht der Karikatur ein.

2 Führen Sie ausgehend von M 1 bis M 3 eine Pro- und Kontra-Diskussion zur Frage: Sind Mitgliederentscheide eine Bereicherung der Parteiendemokratie?

Aus der Satzung der FDP (2007)

MATERIAL 1

§ 21 (1) Über wichtige politische Fragen kann ein Mitgliederentscheid stattfinden. […]
(3) Haben sich mindestens ein Drittel der Mitglieder an dem Mitgliederentscheid beteiligt, so ist dessen Ergebnis die politische Beschlusslage der FDP und steht einer Entscheidung des Bundesparteitages gleich. […]

Guido Westerwelle: „Mitgliederentscheide sind sinnvoll“

MATERIAL 2

„Mitgliederentscheide bringen Parteiführung und Basis zu eng zusammen und sind deshalb Unfug“, schrieb eine große Tageszeitung […], nachdem sich beim Mitgliederentscheid der FDP nahezu zwei Drittel für die erweiterte Abhörmöglichkeit zur Verbrechensbekämpfung ausgesprochen hatten. […] Die Mitglieder könnten so komplizierte Fragen nicht beurteilen, wird gesagt. Als ob die Entscheidung über die Frage, wer in Deutschland regieren soll, so viel einfacher zu beantworten wäre. Die Mitglieder hätten nicht die Zeit, ausführlich die Argumente zu diskutieren, wird geschrieben. Ist es denn nicht gerade ein Problem der innerparteilichen Demokratie, dass bislang nur Zugang hat, wer sich auf Parteitagen die Nächte um die Ohren schlagen kann? […] Wenn Mitglieder nur noch nachbeten dürfen, was Parteiführungen beschlossen haben, ist das das Ende der innerparteilichen Demokratie. Mir hat die Entscheidung der Mehrheit der FDP-Mitglieder für die Zulassung des so genannten Großen Lauschangriffs auch nicht gelegen. […] Wenn sich zwei Drittel so entscheiden, obgleich auch die Gegner alles in die Waagschale geworfen haben, ist das Anlass zum Nachdenken. Mitgliederentscheide bringen Parteiführung und Basis enger zusammen und sind deshalb sinnvoll.

Aus: FAZ vom 20. 12. 1995, S. 12; der Autor ist Bundesaußenminister und seit 2001 Vorsitzender der FDP

INFO

Großer Lauschangriff
Nach Änderung von Art. 13 GG (Unverletzlichkeit der Wohnung) seit 1998 mögliche akustische Wohnraumüberwachung zum Zwecke der Strafverfolgung.

Das Votum der FDP-Mitglieder für den Großen Lauschangriff führte zum Rücktritt der Bundesjustizministerin Sabine Leutheusser-Schnarrenberger (FDP), die ihn abgelehnt hatte.

Joachim Raschke: Mitgliederentscheide eine „Illusion von Demokratie“

MATERIAL 3

Innerparteiliche Plebiszite sind […] ein großes Täuschungsmanöver. Tatsächlich können Mitglieder dabei nur extrem vereinfachte Antworten auf reduzierte Fragen geben. Führungsgruppen definieren die Entscheidungsalternative, und auch unmittelbar nach dem Votum sprechen wieder die Parteiführer. Mitgliederentscheide unterbrechen die Eliten-Medien-Spiele nur für einen winzigen Augenblick. Sie fördern statt Demokratie die Illusion von Demokratie.[1]
Politik erfordert Entscheidung, also muss man entscheiden, wer entscheiden soll: In Sachfragen sollte es auf die Fraktion, in Personalfragen auf Fraktion und Parteitag hinauslaufen. Die Fraktion taugt zum Entscheidungsträger besser als der Parteitag. Sie ist spezialisiert auf die Verbindung von Entscheidungskompetenz und Wählerlegitimität. Ihre Kompetenz erwächst aus ihrem hohen Informationsstand, ihren kontinuierlichen Wechselbeziehungen zu Regierung, Verwaltung, Verbänden, Wissenschaft und aus den für sie eigentümlichen Formen arbeitsteiliger Kooperation. […]
Was bleibt für Parteitage? Allgemeine Richtungsbestimmung, große Debatte, Auswahl von Parteirepräsentanten – das wäre auch eine legitime Verbindung von Leistungen, ohne sachverständiges Kleinarbeiten der Probleme. […] Von der Detailpolitik entlastete Debatten erschließen Zusammenhänge und Perspektiven. Sie ermöglichen Orientierungen durch Kontroversen.[2]

[1] Aus: Der Spiegel, Nr. 4/1996, S. 52
[2] Aus: Der Spiegel, Nr. 48/1997, S. 48 f.; der Autor ist ein deutscher Politologe und Parteienforscher

3.2.4 Wohin entwickelt sich das Parteiensystem?

Die Ursprünge unserer Parteien, sieht man einmal von den Grünen ab, liegen in der 2. Hälfte des 19. Jahrhunderts. Sie wurden als „politische Aktionsausschüsse“ bestimmter sozialer Milieus gegründet: Der protestantischen Führungselite aus Adel und Großgrundbesitz (Konservative), des protestantischen Besitz- und Bildungsbürgertums (Liberale), der Katholiken (Zentrum) und der eher kirchenfernen Arbeiterschaft (Sozialdemokratie).

„Ich würde Ihnen gerne helfen, aber ich kann doch meinen Standpunkt nicht verlassen.“; Zeichnung: Karl Arnold, in: Simplicissimus, 25. Jg., 1920/21, Heft 14, S. 207

Milieuparteien

Aus ihrem jeweiligen sozialen Milieu rekrutierten die einzelnen Parteien ihre Mitglieder und Stammwähler. Auf deren Unterstützung konnten sie sich verlassen. Besonders ausgeprägt war diese bei der sozialdemokratischen Industriearbeiterschaft und den Katholiken. Beide Bevölkerungsgruppen wurden im Kaiserreich zeitweise als „Reichsfeinde“ verfolgt. Die Folgen waren die Bildung geschlossener, sich scharf nach außen abgrenzender sozialer Milieus und eine enge Verbundenheit mit der jeweils „eigenen“ Partei. So war man, als Arbeiterkind geboren, „Sozialdemokrat von der Wiege bis zur Bahre“, als Katholik lebenslang dem Zentrum verbunden.

Mehrparteiensystem

Die Parteien brachten die Wertvorstellungen und Interessen ihres jeweiligen sozialen Milieus in die Politik ein. Es kam darauf an, diese klar und in Abgrenzung gegen andere Parteien zu artikulieren; mehrheitsfähig musste man im Obrigkeitsstaat des Kaiserreichs ja nicht werden, weil der Reichstag auf Bildung und Bestand der Regierung keinerlei Einfluss hatte. In der Weimarer Republik, nach deren Verfassung die Regierung vom Vertrauen des Reichstages abhängig war, setzte eine stabile Regierung stabile Mehrheiten im Parlament voraus. SPD und Zentrum versuchten daher, sich für andere Wählergruppen zu öffnen. Der Erfolg war jedoch gering, zu tief waren die Klassengegensätze, zu unüberwindlich die konfessionellen Barrieren. So blieb es bei dem der politischen Stabilität abträglichen Vielparteiensystem von Interessen- und Weltanschauungsparteien.

„Was heißt hier ein bisschen viel Flügel? – Ich geh’ als Partei!“; Zeichnung: Horst Haitzinger, 1981

Wandel des Parteiensystems

Erst nach 1945 gelang mit der CDU und (in Bayern) der CSU die Gründung überkonfessioneller Parteien. Sie konnten während der fünfziger und sechziger Jahre die Anhänger zahlreicher kleiner bürgerlichen Parteien an sich binden. Die SPD wurde erst nach 1959 mit ihrem Godesberger Programm, das die Abkehr vom Marxismus brachte, auch für diejenigen wählbar, die bislang bürgerlichen Parteien zuneigten. Insbesondere wurde sie für Katholiken eine mögliche Wahlalternative.

Volkspartei – ein neuer Parteitypus

Mit diesen Entwicklungen bildete sich in der Bundesrepublik Deutschland ein neuer Parteitypus heraus, die Volkspartei. Er bezeichnet Parteien, die unterschiedliche soziale Gruppen an sich binden, weltanschaulich weitgehend offen und deshalb auch kompromiss- und koalitionsfähig sind. Die beiden großen Volksparteien, CDU und SPD, verstehen sich nicht mehr als der verlängerte Arm eines sozialen Milieus, auch wenn sie nach wie vor in bestimmten Bevölkerungsgruppen Schwerpunkte haben.

Begünstigende Rahmenbedingungen

Die Bildung von Volksparteien wurden durch das politische, wirtschaftliche, soziale und kulturelle Umfeld begünstigt: Im parlamentarischen System der Bundesrepublik ist die Regierungsbildung Sache des Bundestages. Das zwang die Parteien dazu, alles zu tun, mehrheitsfähig zu werden und sich neuen Wählerschichten zu öffnen. In der säkularer werdenden Nachkriegsgesellschaft stellten konfessionelle Barrieren immer weniger ein unüberwindliches Hindernis dar. Der rasche wirtschaftliche Wiederaufstieg und die damit einher gehende soziale Befriedung trugen zur Überwindung der Klassengegensätze bei. Dank besserer Bildungschancen seit den 1970er Jahren konnten Arbeiterkinder sozial aufsteigen, was aber oft eine Entfremdung von ihrem traditionellen sozialen Milieu bedeuten konnte. Der Wandel von der Industrie- zur Dienstleistungsgesellschaft führte zu einem zahlenmäßigen Rückgang der Industriearbeiterschaft.

„Profilsuche"; Zeichnung: Burkhard Mohr, 2006

Fragmentierung des Parteiensystems?

Seit einiger Zeit ist zu beobachten, dass die Bindungskraft der beiden großen Volksparteien insgesamt abnimmt. Die Zahl ihrer Mitglieder und Stammwähler schrumpft rapide. Wechsel-, Protest- und Stimmungswähler bestimmen zunehmend den Ausgang von Wahlen. Vor allem: CDU und SPD profitieren kaum mehr von den Schwächen der jeweils anderen großen Partei. Inzwischen hat sich ein Fünf-Parteien-System etabliert. Entsprechend bunt sind die Koalitionsmöglichkeiten: schwarz-rot, schwarz-gelb, rot-grün, schwarz-gelb-grün („Jamaika"-Koalition), rot-gelb-grün („Ampel"-Koalition) und rot-rot-grün.

METHODE
Karikaturanalyse
S. 102–105

„SPD-Urschreitherapie"; Zeichnung: Heiko Sakurai, 2006

„Vorfahrt links"; Zeichnung: Burkhard Mohr, 2007

1 Die Karikaturen bilden Tendenzen im deutschen Parteiensystem seit 1920 ab. Erläutern Sie diese.

MATERIAL **1**

Aus einem SPD-Ortsverein

INFO

Wolfgang Clement
geb. 1940 in Bochum; 1998 bis 2002 Ministerpräsident von Nordrhein-Westfalen; als Wirtschafts- und Arbeitsminister in der Regierung Schröder für die Durchsetzung der als Hartz-Gesetze bekannten Arbeitsmarktreformen zuständig; stellv. SPD-Vorsitzender bis 2005; ab 2005 Aufsichtsrat u. a. beim Energiekonzern RWE; rät 2008 von der Wahl seiner Partei in Hessen wegen deren Energiepolitik und deren Nähe zur Partei „Die Linke“ ab, was ihm den Vorwurf parteischädigenden Verhaltens und ein Parteiausschlussverfahren einbringt; obwohl Clement schließlich nur gerügt wird, verlässt er die SPD.

INFO

Rettungsschirm
Ausdruck für Maßnahmen der Staaten zur Stützung der Banken in der Finanzkrise 2008

Es ist schon dunkel über Bochum, als im Vereinsheim des Schrebergartens Carolinenglück das Licht aufflammt. [...] Gleich tagt der Ortsverein der SPD Bochum-Hamme. Hier, an der Trasse des Ruhrschnellwegs, liegt ein sozialdemokratisches Idyll, wo scheinbar noch alles seine Ordnung hat [...]. Das Vereinsheim ist auch Wahllokal, 2005 machten fast 60 Prozent ihr Kreuz noch bei der SPD. Der Ortsverein von Hamme ist vor einem Jahr kurz in den Blick der Republik geraten. Damals beantragte Rudi Malzahn, der Vorsitzende, ein Parteiausschlussverfahren gegen Wolfgang Clement, der von der Wahl der SPD in Hessen abgeraten hatte. Nach Clements Arbeitsmarktreformen und Aufsichtsratsgeschichten, war das endgültig zu viel. Malzahn, 65, war Stahlwerker bei ThyssenKrupp und fünfzig Jahre lang Gewerkschafter. Er schrieb nun Brief um Brief, durchzogen von Enttäuschungen über all die Zumutungen der neuen Zeit. Und verbunden mit dem Rat an Clement, sich „eine von den neoliberalen Parteien als neue politische Heimat auszusuchen.“ [...]

Vorn am Tisch schlägt Rudi Malzahn an sein Glas [...]. 21 Genossinnen und Genossen habe der Ortsverein im letzten Jahr hinzugewonnen, sagt Malzahn, „damit liegen wir gegen den Bundestrend“. [...] Dann kommt die Frage auf [...], was der Ortsverein gegen die Wirtschaftskrise tun kann. Der Genosse Norbert Kriech schlägt einen Appell an die Regierung vor, dass die Kindergelderhöhung nicht auf den Hartz-IV-Satz angerechnet wird. „Es ist unerträglich, dass ausgerechnet Kinder von Hartz-IV-Empfängern von der Erhöhung keinen Euro mehr bekommen.“

„Und die Studiengebühren müssen weg.“

„Mindestlöhne.“

„Ausbildungsgarantie für jeden.“

Alle nicken.

„Aber wer soll das alles finanzieren?“, fragt ein Mann im roten Pulli zaghaft in die Stille. Uli. Arbeitet in der Stadtkämmerei.

„Uli“, ruft Schriftführer Rockel, „aus unserer Gesetzgebung resultiert Armut! Das müssen wir uns hinter die Ohren schreiben.“ [...]

„Uli! 500 Milliarden für den Rettungsschirm!“

„Das ist doch was anderes.“

„Oh nein! Für mich hängt das zusammen.“

Es wird immer lauter. Stühle knarzen. Sätze werden zu Kaskaden. Rudolf Malzahn schlägt mit der Faust auf den Tisch. Er bebt. „Ich kann mich an Zeiten erinnern, wie ich junger Sozialdemokrat war, da haben wir Forderungen aufgestellt! Dafür sind sich die Herren Sozialdemokraten heute wohl zu fein. Sitzen wir denn alle mit dem Arsch an der Heizung?!“

Was ist nur los? Überall ist jetzt mehr Staat, aber in seinem Ortsverein gibt es einen Finanzierungsvorbehalt. [...] Im Vereinsheim Carolinenglück sitzen die Genossen Rudi und Uli hinter verschränkten Armen und würdigen sich keines Blickes: Selbst in Bochum-Hamme hat die Welt jetzt Risse. [...]

SPD-Traditionsfahne von 1863

Aus: Henning Sussebach: Auf der Kippe, in: Die Zeit Nr. 6/2009, S. 13–17

1 „... damit liegen wir gegen den Bundestrend“ (M 1, Z. 29 f.). Belegen Sie mit M 2, dass diese auf die Entwicklung der Mitgliederzahlen gemünzte Äußerung des SPD-Ortsvorsitzenden von Bochum-Hamme auch auf andere innerparteiliche Entwicklungen zutrifft.

2 Die Transformation der Arbeiterpartei SPD zu einer Partei der „neuen Mitte“ (M 2): Simulieren Sie einen möglichen Diskussionsabend im SPD-Ortsverein Bochum-Hamme zu diesem Thema.

SPD – Eine Volkspartei implodiert

MATERIAL 2

Eine Partei mit großer historischer Tradition implodiert. Und die Verzweiflung darüber hält sich bei denen, die es angeht, in Grenzen. [...] Natürlich wird die SPD in den kommenden Jahren nicht gänzlich von der Bildfläche verschwinden. [...] Aber die imponierende Partei, die sie einmal war, wird sie nicht mehr werden. Es bleibt daher nur, den Nachruf auf eine bemerkenswerte soziale und politische Formation zu schreiben, die in Deutschland oft unglücklich agierte, überwiegend fern der Macht war – und doch in vielen historischen Momenten moralisch nicht so furchtbar versagt hat wie die Repräsentanten des deutschen Bürgertums. [...]
Die SPD des Jahres 2008 hat sich von sich selbst verabschiedet. [...] Da ist zuerst die Entkoppelung der SPD von der Arbeiterklasse. Seit den Bundestagswahlen 1998 verlor die SPD dort am stärksten überhaupt. [...]
Das ist zweifellos ein historischer Einschnitt für die SPD, da die industrielle Arbeiterklasse über mehrere Epochen hinweg [...] der ideologische Fixpunkt und das soziologische Fundament aller Parteiaktivitäten, ja der Parteistabilität schlechthin war. Der kühle, unsentimentale Exodus der Arbeiterklasse hat dem über ein Jahrhundert aufgeschichteten sozialdemokratischen Selbstverständnis den Kern genommen, mehr noch: hat der Partei ihre historische Voraussetzung und Zielsetzung – die Emanzipation der unteren Schichten – entzogen. Die signifikanten Identitätsunsicherheiten vieler Sozialdemokraten [...] sind darauf zurückzuführen. [...]
Seit ihren Anfängen war die SPD eine Mitglieder- und Organisationspartei, weit stärker als ihre bürgerlichen Pendants, die auf Sammlung von Menschen und Potenzierung von Organisationskraft nicht gleichermaßen angewiesen waren, weil sie über andere, materiell und kulturell wirksamere Ressourcen als eine Unterschichtenpartei verfügten. Aber zu Beginn des 21. Jahrhunderts versiegen auch bei den sozial nun avancierten Sozialdemokraten die Mitgliederquellen. [...] So mutiert die Sozialdemokratie zum Parteitypus der in ihren Reihen über viele Jahrzehnte nahezu verachteten bürgerlichen Honoratiorenpartei. [...] Der Partei rutscht mithin der organisatorische Unterbau weg, der die Partei auch in den schwierigsten Zeiten ihrer Geschichte, auch bei schlimmen Niederlagen auf der nationalen Ebene gestützt hatte. [...]
Schwer wiegt der Sinnverlust unter den Sozialdemokraten. [...] Im Grunde bestand darin die Krux der Agenda 2010. Niemand in der SPD wusste, welche Leitidee der Agenda eigentlich zu Grunde lag. War hier der Sozialstaat Kern und Wurzel des wirtschaftlichen Übels, da er die Staatsquote nach oben getrieben, Eigenverantwortung, Selbstbeteiligung, Investitionsbereitschaft, Wachstumspotentiale, ja den Raum für individuelle Freiheit begrenzt und beschränkt hatte? Oder war der Sozialstaat für die Betreiber der Agenda ein zwar sanierungs- und umbaubedürftiges, aber doch gelungenes, attraktives, erhaltungswürdiges Sozialmodell zum Abbau scharfer Klassengegensätze, zur Förderung von Lebenschancen, zur Integration komplexer Gesellschaften?
Eine gültige, verbindliche Antwort darauf haben die Sozialdemokraten bis heute nicht gegeben. Innerhalb der Parteielite stieß man, mindestens in Vieraugengesprächen, auf dezidierte Anhänger oder Protagonisten beider Alternativen. Und vor allem bei den jungen Netzwerkabgeordneten traf man deprimierend häufig auf solche, die in der einen Woche für diese, in der anderen für jene Haltung zum Sozialstaat eintraten. [...]
Die SPD ist tatsächlich zu einer Partei der allerdings schrumpfenden neuen Mitte in Deutschland geworden. Immerhin: Als Mittepartei hatte die SPD zunächst an Einfluss- und Koalitionsmöglichkeiten gewonnen, um das Land zu regieren. Doch die Politik der Mitte führte zu einer Ermattung der früher so hoch motivierten Aktivisten. [...] Dem überwiegend akademischen Nachwuchs, der in der SPD auf dem Sprung ist, fehlt die Erfahrung der Benachteiligung und Demütigung.
Die SPD des Jahres 2008 ist keine Emanzipationsbewegung mehr, befindet sich vielmehr im Herbst ihrer Geschichte als Partei der sozialen und ökonomischen Demokratie. Als Interessenformation der Neo-Arrivierten in der „neuen Mitte" wird sie im 21. Jahrhundert eine veränderte Rolle spielen.

Aus: Franz Walter: Eine Volkspartei implodiert, in: Spiegel Online vom 4. 6. 2008 (Zugriff am 2. 4. 2009)

GLOSSAR

Agenda 2010

INFO

Staatsquote
das Verhältnis der Summe der Ausgaben von Bund, Ländern und Gemeinden zum Bruttoinlandsprodukt (BIP); sie soll den Anteil der staatlichen und staatlich bedingten wirtschaftlichen Aktivität an der wirtschaftlichen Gesamtleistung einer Volkswirtschaft aufzeigen

INFO

Netzwerker
Zusammenschluss vorwiegend jüngerer SPD-Bundestagsabgeordneter, die sich als progressive Reformer verstehen und das alte „rechts-links" Schema überwinden wollen

INFO

neue Mitte
von der SPD im Bundestagswahlkampf 1998 erfolgreich umworbene Angehörige sozialer Aufsteigermilieus, vorwiegend selbstbewusste, kompetente und leistungsorientierte Arbeitnehmer mit eher skeptischer Distanz zu allen Ideologien, seien sie links, liberal oder konservativ

MATERIAL 3

Thesen zur Fragmentierung des Parteiensystems

Der Politikwissenschaftler Heinrich Oberreuter hat in fünf Punkten auf Ursachen der Fragmentierung des Parteiensystems hingewiesen. Der Autor des folgenden Textes hat die Thesen Oberreuters zusammengefasst und ergänzt.

Erstens setzt sich die Erosion von Parteibindungen und Loyalitäten fort. Die sozialen Milieus im westdeutschen Parteiensystem – im ostdeutschen waren sie kaum vorhanden –, die Parteiidentifikation gestiftet hatten, lösen sich seit Jahrzehnten auf. Durch Wandlungen der Erwerbsstrukturen, Bildungsexpansion und den Wertewandel haben sich diese Milieus mittlerweile auf ihren Kern reduziert. Auch wenn 2005 noch 60 Prozent der Arbeiter mit Gewerkschaftsbindung SPD und 75 Prozent der Katholiken mit Kirchenbindung CDU/CSU gewählt haben, so machen diese Kernmilieus nur noch wenig mehr als zehn Prozent der Gesamtwählerschaft beider Parteien aus. *Zweitens* hat der Wertewandel den Trend zur Individualisierung in der Gesellschaft verschärft. Parteien als kollektive Organisationen, die programmatisch auf den Gesamtnutzen abzielen, steht die individuelle Nutzenmaximierung entgegen. *Drittens* entspricht die Politikvermittlung in der Fernsehdemokratie keineswegs politischen Rationalitätskriterien. Denn die Politik hat sich längst den Eigengesetzlichkeiten dieser permanenten Show unterworfen, die nicht die Ratio, das Urteilsvermögen und die analytischen Fähigkeiten der Bürger anspricht, sondern ihre Affekte. Besorgniserregend ist *viertens* auch, wenn wir beobachten müssen, wie der Vorrang der öffentlichen Darstellung politischer Entscheidungen mittlerweile die Herstellung eben dieser Entscheidungen bestimmt. Wenn Politik verantwortlich handeln soll, dann muss sie ihre politischen Entscheidungen an der Sache und nicht an den „Verkaufschancen" in den Medien ausrichten. Schließlich müssen wir *fünftens* feststellen, dass die Bereitschaft zur Beteiligung an Politik bei den Bürgern gering ist.

Die Schwäche der beiden großen Volksparteien, [...] hat also vielfältige Ursachen. Sie hängt mit dem gesellschaftlichen Wandel zusammen. Die europäischen Parteiensysteme – nicht nur das deutsche – sind im Gefolge der Globalisierung im Umbruch. Sozialstaatsreform, Immigrationsdruck und die Bedrohungen der inneren Sicherheit durch den internationalen Terrorismus erzeugen Unruhe und Ängste bei den Wählern. In ganz Europa nutzen Links- und Rechtspopulisten, aber auch rassistisch-nationale Rechtsextremisten diese Situation mit demagogischen Kampagnen für ihre Zwecke und präsentieren sich als „neue Arbeitnehmerparteien" und „Anwälte der kleinen Leute". In Deutschland traf der Widerstand gegen Einschnitte in die sozialen Leistungssysteme die Sozialdemokratie am härtesten.

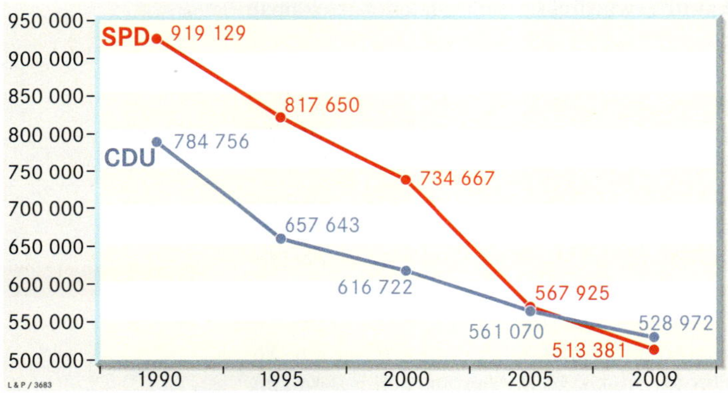

Mitgliederzahlen von CDU und SPD (1990–2009)

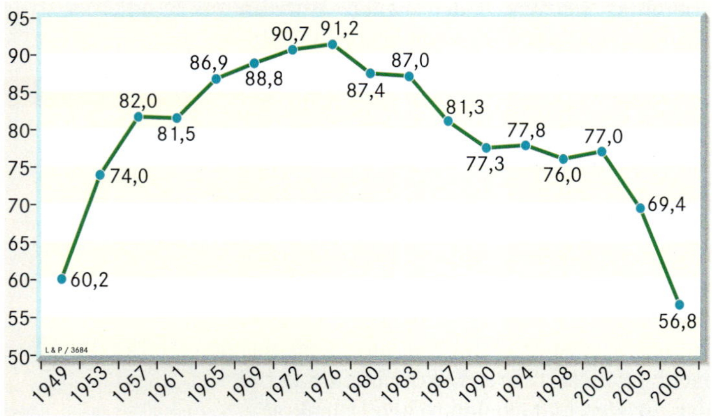

Stimmenanteile von CDU/CSU und SPD bei den Bundestagswahlen 1949–2009

Aus: Ralf Thomas Baus: Parteiensystem im Wandel, in: Konrad-Adenauer-Stiftung e. V. (Hrsg.): Die Zukunft der Volksparteien, St. Augustin/Berlin 2009, S. 9–16

Volksparteien: Wohin geht die Reise?

MATERIAL 4

Projiziert man die heute erkennbaren Entwicklungslinien in die Zukunft, dürfte ein ganz neuer Typ von Volkspartei entstehen, ohne dass die Volksparteien selbst an ihr Ende kämen. Sie wird eine Medienpartei sein, in der die Willensbildung und – so paradox dies klingen mag – die innerparteiliche Kommunikation über das Fernsehen, den Rundfunk, das Internet, die nationalen, regionalen und lokalen Zeitungen läuft. Die traditionelle Parteitagsregie hat ausgedient. [...] Die Mitglieder melden sich entweder direktdemokratisch in Urabstimmungen oder über Meinungsumfragen zu Wort. [...] Zudem wandeln die Volksparteien sich zu professionellen Dienstleistungsorganisationen: Sie rekrutieren die politische Elite und regieren. Profis, die „spin doctors", konzipieren und führen die Wahlkämpfe. [...] Die eigentlichen Leistungsträger in den Parteiorganisationen sind nicht mehr die Mitglieder, sondern die Mandatsträger, von der Kommune bis zum Bund. [...] Das Zeitalter der Mitglieder- und Funktionärspartei neigt sich seinem Ende zu. Die neuen Volksparteien werden weniger machtvoll sein, als es CDU und SPD [...] waren. Sie müssen ihre einst überragende politische Position mit anderen Parteien teilen, und sie dürften größte Mühe haben, zwischen Gesellschaft und Politik zu vermitteln. [...] Ihre Zukunft ist ablesbar in Ostdeutschland, wo CDU und SPD bereits heute professionalisierte Medien- und Fraktionsparteien sind, denen Mitglieder und Funktionäre, ja selbst Kandidaten für Wahlämter fehlen. [...]

Aus: Peter Lösche: Lose verkoppelte Anarchie, in: Der Spiegel, 11/1999, S. 79 ff.

INFO

Spin Doctor
engl. „spin" – drehen; Politikexperte und politischer Ideengeber, der speziell für Wahlkampfauftritte das Image eines Spitzenpolitikers für die Öffentlichkeit aufbaut und den Worten und Botschaften seines Auftraggebers den richtigen, positiven „Dreh" gibt. Im weiteren Sinne gehören dazu auch Pressesprecher von großen Unternehmen sowie Regierungs- und Parteisprecher.

Vorschläge für eine Reform der Parteiendemokratie

MATERIAL 5

- Organisationsreform: mehr Entscheidungsrechte für Mitglieder; professionelle Ausbildung der hauptamtlichen Mitarbeiter; stärkere Kontrolle der Mandatsträger.
- Urwahlen (Briefwahl, Internetwahl) bei Kandidaten für öffentliche Ämter, Urabstimmungen der Mitglieder bei wichtigen inhaltlichen Fragen.
- Zeitlich begrenzte Mitarbeit von Sympathisanten in thematischen Arbeitsgruppen.
- Veränderung des Bundestagswahlrechts sowie der Wahlgesetze der Länder und Gemeinden: In Vorwahlen („primaries") und auf offenen Parteilisten können einzelne Kandidaten gewählt werden.
- Öffnung der Parteien für Seiteneinsteiger, Anwendung moderner Personalberatung, Erleichterung des Wechsels zwischen Politik und sonstigen Berufen.
- Begrenzung der Ämterhäufung (max. drei), Offenlegung von Nebentätigkeiten.
- Amtszeitbegrenzung für öffentliche Ämter (max. drei Wahlperioden).
- Kostenbegrenzung bei Wahlkämpfen.
- Rückzug der Parteien aus Bereichen, die nicht ihren Verfassungsauftrag und ihre Kernkompetenzen berühren (Schule, öffentliche Unternehmen).

In Anlehnung an Ulrich von Alemann: Parteien, Reinbek bei Hamburg: Rowohlt, 1995, S. 121 ff.

1 Beschreiben Sie die aus den Abbildungen (S. 62) ersichtlichen Entwicklungen.
2 Erläutern Sie die Ursachen und Folgen dieser Entwicklungen (M 3, M 4).
3 Peter Lösche hat sich 1999 mit der Zukunft der Volksparteien auseinandergesetzt. Überprüfen Sie, inwieweit sich seine Thesen bewahrheitet haben. Welche Entwicklung wird sich Ihrer Meinung nach fortsetzen?
4 Angenommen, Sie würden in einer Partei Verantwortung übernehmen. Entwerfen Sie eine Rede für einen Parteitag, in der Sie Ihre Vorhaben zu einer Parteienreform vorstellen und für diese werben. Anregungen dazu finden Sie in M 5.

METHODE

Redeanalyse
S. 28–31

MATERIAL 6 Koalitionsperspektiven im Fünfparteiensystem

Für ein halbes Jahrhundert galt: Eine große und eine kleine Partei ergeben zusammen eine parlamentarische Mehrheit. Die Wahlen 2005 ließen aufgrund der Etablierung der Linkspartei erstmals keine klassische Zwei-Parteien-Regierung mehr zu. Eine Dreier-Koalition erwies sich als politisch nicht machbar, so dass Union und SPD eine große Koalition eingehen mussten. Mit der Wahl 2009 stellten sich zwar die alten Verhältnisse wieder ein, aber die Frage ist berechtigt, ob in einem Fünf-Parteien-System solche Konstellationen nicht eher eine Ausnahme sind.

Der politische Wettbewerb im deutschen Parteiensystem lässt sich seit rund zwei Jahrzehnten als Auseinandersetzung auf zwei grundsätzlichen Konfliktdimensionen abbilden. Der erste und wohl auch langfristig bedeutsamste politisch-ideologische Konflikt in der Bundesrepublik ist aus dem klassischen Gegensatz von Kapital und Arbeit hervor gegangen. Dieser Gegensatz verläuft heute zwischen politischen Positionen, die durch ein eher marktliberales, auf individuelle Leistung gründendes Gesellschaftsbild einerseits und eine eher auf wohlfahrtsstaatlichen Ausgleich und Verteilungsgerechtigkeit ausgerichtete Gesellschaftsordnung andererseits gekennzeichnet sind. Dabei lassen sich die verschiedenen Wählergruppen ihrem Sozialstatus entsprechend zwischen diesen beiden Polen einordnen. Bis weit in die Mittelschicht hinein dominiert eine Ausrichtung an den Normen des auf Verteilungsgerechtigkeit angelegten Wohlfahrtsstaats. Die nur von einer Minderheit getragene Orientierung am marktliberalen Gesellschaftsbild ist in der Bundesrepublik im Wesentlichen eine Sache der gehobenen Statusgruppen.
Dieser „harte", sozio-ökonomische Konflikt wird durch eine zweite, „weiche", kulturelle Konfliktdimension ergänzt. Hier stehen sie libertäre, auf individuelle Selbstverwirklichung ausgerichtete Positionen und autoritäre, auf traditionelle Ordnungsvorstellungen abzielende Einstellungen gegenüber. Im Unterschied zum sozio-ökonomischen Konflikt verläuft in der kulturellen Konfliktdimension keine eindeutige Trennlinie zwischen höheren und niedrigeren Statusgruppen. Vielmehr zieht sich der Gegensatz zwischen libertären und autoritären Orientierungen durch alle Ebenen der sozialen Pyramide. [...]
Vor diesem allgemeinen Hintergrund sind innerhalb der letzten beiden Legislaturperioden drei programmatisch-politische Entwicklungen in Gang gekommen, die einerseits erhebliche Auswirkungen auf die Wählerschaft haben und andererseits auch die anstehenden neuen Koalitionsoptionen nachhaltig prägen werden. [...]

Die Abkehr vom Wohlfahrtsstaat und der Aufstieg der Linkspartei

Die mit großem Abstand bedeutsamste Veränderung ist zweifellos die von Gerhard Schröder und der SPD forcierte, aber auch von den Grünen, der Union und den Liberalen mitgetragene Abkehr vom klassischen Modell des deutschen Wohlfahrtsstaats. [...]
Ein beträchtlicher Teil vormaliger SPD-Anhänger vor allem aus dem unteren Drittel der sozialen Pyramide wandte sich unter dem Eindruck der Agenda-Politik von der SPD ab. Schätzungen auf der Grundlage der absoluten Stimmen bei den Landtagswahlen seit 2003 und der Bundestagswahl 2005 deuten an, dass die Sozialdemokraten auf diese Weise rund ein Fünftel bis ein Viertel ihres Wählerpotentials von 1998 einbüßten.
Dieses von der SPD freigesetzte Wählersegment verhalf der Linkspartei – und das ist die zweite programmatische Veränderung – zu einer strategischen Neuorientierung. Ihr bot sich so [...] die „günstige Gelegenheit", das bis dahin eng umgrenzte Revier in den neuen Ländern zu verlassen und sich fortan auch als Fürsprecherin der westdeutschen Modernisierungsverlierer und als Verteidigerin des traditionellen Wohlfahrtsstaatsverständnisses zu etablieren. [...]

Die Kulturkämpfe innerhalb der Union

Die dritte bedeutsame, aber noch immer in den Anfängen steckende Veränderung im Verhältnis zwischen Parteien und den von ihnen anvisierten Wählersegmenten besteht in dem Versuch der CDU, durch eine Revision ihres traditionellen Frauen- und Familienbildes und den damit verbundenen Politikangeboten eine Erfolg verheißende Position auf der kulturellen, „weichen“ Konfliktachse zu gewinnen. Die Schlüsselspielerin auf diesem Politikfeld ist [...] die Bundesfamilienministerin. Ihr fällt die für künftige Wahlen und Koalitionsoptionen entscheidende Rolle zu, die ideologisch-programmatische Distanz der CDU zu allen anderen Parteien während des letzten Jahrzehnts auf diesem Politikfeld abzubauen. Dies ist ein schwieriges Unterfangen. Ähnlich wie bei anderen neokonservativen Parteien in westlichen Demokratien verbanden sich auch bei den deutschen Christdemokraten in der Vergangenheit Liberalisierungstendenzen auf wirtschafts- und arbeitsmarktpolitischen Feldern mit einem Festhalten an konservativen Gesellschaftsvorstellungen. So gab es nicht nur erhebliche Widerstände gegen die Reformbestrebungen Ursula von der Leyens aus dem katholisch-konservativen Lager in der CDU selbst, sondern vor allem auch aus der bayerischen Schwesterpartei. [...]

Lagerwahlkampf oder neue Dreierkonstellation

Für die zukünftige Entwicklung des deutschen Parteienwettbewerbs sind zwei grundsätzliche Koalitionsszenarien denkbar.

Das erste Szenario beruht auf der Annahme einer Verschärfung der gesellschaftlichen Gegensätze. Sein Kennzeichen ist die Neuauflage des bisherigen Lagerdenkens, die Polarisierung zwischen einem bürgerlichen und einem linken Lager. Dies bestens vertraute Muster schafft Übersichtlichkeit und erleichtert die Orientierung im komplexen politischen Wettbewerb. Im Wahlkampf wird sich die Auseinandersetzung dann auf die Frage nach dem Ausmaß der wohlfahrtsstaatlichen Umverteilung zuspitzen – und damit auf einen Gegensatz von bürgerlichem Marktliberalismus und linkem Staatsinterventionismus. Union und FDP können in diesem Fall damit rechnen, dass SPD und Linkspartei sehr schnell zu einem rot-roten Lager zusammenfinden. Diese zugespitzte, ideologische Konfrontation wird die Mobilisierung von Wählern erleichtern und die Wahlbeteiligung eher ansteigen lassen. Mittelfristig birgt die Polarisierung jedoch unkalkulierbare Risiken. Die Union muss darauf vertrauen, zusammen mit den Liberalen eine Mehrheit zu bekommen. Dies hat aber bereits bei den letzten drei Bundestagswahlen nicht geklappt. Die SPD hingegen begibt sich bei diesem Szenario in eine inhaltliche Abhängigkeit von der Linkspartei. Je stärker sich die politischen Auseinandersetzungen allein um die soziale Gerechtigkeit drehen, desto schwieriger wird es für die SPD, sich überzeugend von der Linkspartei abzugrenzen. Für die Grünen schließlich bedeutet diese Zuspitzung eine Zerreißprobe. In der Wirtschafts- und Finanzpolitik stehen sie dem bürgerlichen Lager näher, in gesellschaftspolitischen und kulturellen Fragen hingegen der SPD und der Linkspartei.

Kennzeichen des zweiten Szenarios auf der Grundlage einer allmählichen Abschwächung des sozio-ökonomischen Konflikts sind lagerübergreifende Dreier-Koalitionen unter Ausschluss der Linkspartei. Die Basis hierfür ist ein Konsens vor allem der etablierten Parteien, dass die politische Stabilität der Bundesrepublik auf den zwei Pfeilern der sozialen Marktwirtschaft beruht: der Förderung der Wirtschaftskraft und den Garantien des Wohlfahrtsstaates. Beide müssen immer wieder zu einem mehrheitsfähigen Ausgleich gebracht werden. Den beiden kleinen Parteien kommen bei dieser Konstellation zentrale Funktionen zu. Die FDP repräsentiert das marktwirtschaftliche Denken in einer Koalition mit SPD und Grünen, die Grünen hingegen die Ökologie und den sozialen Ausgleich im Verein mit Union und FDP.

Aus: Gerd Mielke/Ulrich Eith: Im Versuchslabor – Der Strukturwandel des deutschen Parteiensystems, in: Blätter für deutsche und internationale Politik, 4/2008, S. 94–103

GLOSSAR

Neokonservatismus

INFO

Ursula von der Leyen
Bundesministerin für Familie, Senioren, Frauen und Jugend von 2005 bis 2009

1 Legen Sie dar, worin die beiden Autoren (M 6) die grundsätzlichen Konfliktdimensionen in der deutschen Politik erblicken.

2 Erläutern Sie die drei wesentlichen politischen Veränderungen, die sich nach Auffassung der Autoren in den letzten Jahren vollzogen haben.

3 Erläutern Sie die im Text genannten Koalitionsszenarien und deren Beurteilung durch die Autoren.

3.3 Positionen politischen Denkens und Handelns

MATERIAL 1

Liberalismus

Liberalismus ist eine politische Weltanschauung, die die Freiheit des einzelnen Menschen in den Vordergrund stellt [...]. Die vier wichtigsten Prinzipien des Liberalismus sind:

a) das Recht auf Selbstbestimmung auf der Basis von Vernunft und Einsicht,
b) die Beschränkung politischer Macht,
c) die Freiheit gegenüber dem Staat,
d) die Selbstregulierung der Wirtschaft auf der Basis persönlichen Eigentums.

Als eine Hauptströmung der Moderne geht der Liberalismus auf zentrale Ideen der Aufklärung zurück. Zu unterscheiden sind politischer und wirtschaftlicher Liberalismus:

1. Der politische Liberalismus zielt auf die Förderung der Freiheit des Individuums (z. B. Glaubens-, Meinungsfreiheit) und auf die Beschränkung politischer Herrschaft [...] durch die Institutionen des Rechtsstaates (z. B. Grundrechte, Verfassung) sowie durch staatlich garantierte Rechtssicherheit. [...] Das Prinzip der Gewaltenteilung wurde zum zentralen Moment moderner Staatsverfassungen und Regierungsformen.
2. Der wirtschaftliche Liberalismus betrachtet seit den wegweisenden Arbeiten von Adam Smith (1776) das Privateigentum (insbesondere an den Produktionsmitteln), den freien Wettbewerb und den Freihandel als grundlegende Voraussetzungen für die Schaffung gesellschaftlichen Wohlstandes. [...]

Aus: Klaus Schubert/Martina Klein: Das Politik-Lexikon, Bonn 2006, S. 184–186

MATERIAL 2

Aktuelle Herausforderungen liberaler Ideen

INFO

staatliches Transferwesen
Gesamtheit staatlicher Finanzhilfen, meist für sozial Schwache, z. B. Wohn-, Kinder- und Arbeitslosengeld

In einem historischen Sinne trifft es zu, dass Rechtsstaat und Grundrechte, Freiheit und Demokratie zum Allgemeingut geworden sind. Aber die aktuellen Herausforderungen liberaler Ideen und Politik bleiben durchaus brisant. Bürokratische Bevormundung, Wucherungen im staatlichen Transferwesen, Überregulierung, dies alles sind gesellschaftliche und politische Versteinerungen, die jeden Liberalen auf den Plan rufen müssen. Dasselbe gilt für die immer wieder gegenwärtige Bereitschaft, rechtsstaatliche Garantien entweder zur Disposition zu stellen oder gar nicht erst zur Geltung zu bringen. In einer Zeit der Fremdenfeindlichkeit und des Fundamentalismus, wer wollte im Ernst behaupten, die liberale Sache sei überholt?

Aus: Robert Leicht: Was heißt heute noch liberal?, in: Die Zeit, Nr. 1/1995, S. 91 ff. (gekürzt)

MATERIAL 3

Was ist links? – eine Annäherung

Gibt es das, ein linkes Gefühl? Der Schauspieler Josef Bierbichler hat eine Ahnung davon einmal beschrieben. [...] Es war einer seiner ersten Jobs als Schauspieler, er sollte in einem Studio des Bayerischen Rundfunks ein paar Sätze auf Band sprechen. Alles dauerte höchstens zwei Stunden, er bekam ein paar Hundert Mark dafür. Danach verließ Bierbichler das Rundfunkgebäude, ging die Straße hinunter und kam an einer Baustelle vorbei, auf der ein paar Männer hart arbeiteten. Bierbichler sagte, er musste in diesem Moment daran denken, dass er für ein paar Worte mehr Geld bekomme als diese Arbeiter für mehrere Tage Knochenjob. Und dann war es da, dieses Gefühl: Das ist ungerecht,

das gehört sich nicht, da stimmt was nicht. Ein Gefühl von tiefem Unbehagen. Und ein Gefühl ohne Folgen, welche sollten das auch sein!
Das soll links sein? Kann ein Konservativer (oder ein Liberaler) nicht genau so fühlen? Erhöhen wir ein bisschen die Temperatur und sagen, nein, ein Konservativer (oder ein Liberaler) fühlt anders. Natürlich ist er ebenso zu Mitgefühl fähig, auch zur Hilfsbereitschaft. Aber dies wird gern mit dem Zusatz verbunden, man helfe vor allem Leuten, die unverschuldet in Not geraten sind, die es wirklich benötigen. Die Linken sind es, die sich grundsätzlich über dramatische Gehaltsunterschiede aufregen, die Rechten finden das im Prinzip in Ordnung und sogar wünschenswert. Gegensätze in einer Gesellschaft, auch tiefe, gehören dazu.

Aus: Stephan Lebert: Die rote Seele, in: Die Zeit, Nr. 30/2008, S. 3 f.

Sozialismus

MATERIAL **4**

QUERVERWEIS

Sozialismus
S. 126, M 3 / M 4

Im Mittelpunkt der sozialistischen Gesellschaftskritik steht die Eigentumsfrage. Der Kapitalismus wird als System der Ausbeutung verurteilt, in dem sich die Besitzenden auf Kosten und zu Lasten der arbeitenden Armen bereichern. Der Liberalismus wird als zynische Ideologie angegriffen: Die Freiheit sei den Besitzlosen ein Hohn, weil sie den Reichen ausgeliefert sind, solange sie sich an die Spielregeln des Marktes halten: Solidarität tue Not, um zunächst einmal die Konkurrenz unter den Besitzlosen abzustellen. [...]

[Über die Frage nach dem Ziel und dem Weg dahin kommt es zur Spaltung in zwei gegnerische Richtungen: den revolutionären Sozialismus der Kommunisten und den Reformsozialismus der Sozialdemokratie.]

Der Kommunismus strebt eine Ordnung an, in der allen Menschen alles gemein ist. Die Machtverhältnisse gelten als Spiegel der Besitzverhältnisse. Wenn es kein Mein und Dein mehr gebe, dann sei die Spaltung der Gesellschaft in Herrschende und Beherrschte hinfällig, es verschwinde die Unterdrückung und jede Benachteiligung; allen Menschen sei die freie und volle Entfaltung ihrer Anlagen möglich. Zentralistische Versionen des Kommunismus zielen darauf ab, die Unterschiede zwischen Reich und Arm auf politischem Wege einzuebnen. [...]
Die demokratischen Modelle des Sozialismus (sind) darauf angelegt, die Gesellschaft von unten heraus zu verändern. Dazu gehört der genossenschaftliche und gewerkschaftliche Zusammenschluss, insbesondere aber die Einforderung des allgemeinen und gleichen Wahlrechts. Dessen Verwirklichung nämlich gebe der Volksmasse die Mittel an die Hand, durch Wohlfahrtsgesetzte ihrem Elend abzuhelfen, ohne die Freiheit und die Selbstverantwortung des Einzelnen zu vernichten. [...]

GLOSSAR

Sozialismus
Kommunismus

Aus: Carsten Quesel: Sozialismus, in: Gerlinde Sommer/Raban Graf von Westphalen (Hrsg.): Staatsbürgerlexikon, München (u. a.) 1999, S. 822–826

1 Welche Vorstellungen verbinden Sie spontan mit den Begriffen „liberal" – „sozialistisch" – „konservativ"?

2 Erläutern Sie Menschen- und Gesellschaftsbild, Staatsverständnis und Wirtschaftsprinzipien des Liberalismus (M 1). Legen Sie dazu eine Tabelle an.

3 Konkretisieren Sie an Beispielen die in M 2 genannten aktuellen Herausforderungen des Liberalismus.

4 Setzen Sie sich in einem Leserbrief aus linker Sicht (M 3) kritisch mit den in M 2 zum Ausdruck kommenden Vorstellungen auseinander.

5 Grenzen Sie die beiden Hauptströmungen des Sozialismus (M 4) gegeneinander ab (Kriterien analog Aufgabe 2).

MATERIAL **5**

Konservatismus

QUERVERWEIS

Demokratietheorie
Kapitel 2.1

Ausgehend vom lateinischen Wortsinn - erhaltend, bewahrend - wird der Begriff „konservativ" häufig als universelle Kategorie ohne inhaltliche Substanz gebraucht, [...] als eine wie auch immer motivierte Ablehnung politischer und sozialer Innovation. In einer weniger wertfreien, kritischen Verwendung als universelle Kategorie, kennzeichnet er das politische Handeln, das auf die Bewahrung von sozialem Status quo und politischer Herrschaft zielt (sozialkonservativ).
Eine dem entgegen gesetzte Definitionsweise des Begriffs Konservatismus geht davon aus, dass es sich um ein historisches, d. h. zeitgebundenes Phänomen handelt. Diese Art der Definition ordnet dem Konservatismus der Moderne zu als geistig-politische Gegenbewegung zu Rationalismus, Aufklärung, Säkularisierung und Liberalismus sowie später auch zum Sozialismus. [...]
Edmund Burkes Buch „Reflections on the Revolution in France", entstanden 1790, stellt die Grundschrift des (klassischen) Konservatismus dar. [...] Burke kritisierte die Revolution vor allem deshalb, weil es ihr darum ging, für Frankreich eine auf abstrakten, rationalen Prinzipien gegründete neue Verfassung zu schaffen. Dagegen setzte er die Orientierung am konkret historisch Gewachsenen, das allein eine politische Ordnung begründen könne. Eine solche politische Ordnung müsse nicht starr bewahrt werden, dürfe aber nur in kleinen Schritten nach dem Maßstab der politischen Erfahrung verändert und reformiert werden. [...] Der Grund dafür, dass Veränderungen an einer historisch gewachsenen, mit göttlicher Legitimation versehenen Ordnung nur behutsam vorgenommen werden dürfen, lag in Burkes Verständnis des Staates. Wie sein geistesgeschichtlicher Antipode Rousseau ging auch Burke davon aus, dass Staaten ein Gesellschaftsvertrag zugrunde lag. Nur sah er diesen nicht als eine Vereinbarung von Individuen an, sondern als ein Band, das frühere ebenso wie zukünftige Generationen mit der gegenwärtigen verband. [...]
Mit der Durchsetzung von Demokratie und Volkssouveränität war die Epoche des klassischen Konservatismus, der auf einem ständisch-monarchischen Politikverständnis beruhte, [...] zu Ende. Seitdem stellt sich die Frage, was überhaupt noch als konservativ zu bezeichnen ist.

Aus: Torsten Oppelland: Konservatismus, in: Gerlinde Sommer/Raban Graf von Westphalen (Hrsg.): Staatsbürgerlexikon, München (u. a.) 1999, S. 494–497

MATERIAL **6**

Wert- und Strukturkonservatismus

INFO

Erhard Eppler
Bundesminister für wirtschaftliche Zusammenarbeit von 1968 bis 1974

INFO

Juso
Arbeitsgemeinschaft der Jungsozialistinnen und Jungsozialisten in der SPD; die Jugendorganisation der SPD

Aus einem Interview des Bayerischen Rundfunks mit Erhard Eppler am 11. 12. 2006.

BR: Herr Eppler, auf Sie geht die schöne Unterscheidung zwischen Strukturkonservatismus und Wertkonservatismus zurück. [...]
Eppler: Diese Unterscheidung habe ich vor 31 Jahren gemacht, und zwar im Zusammenhang mit der aufkommenden Ökologiediskussion. Ich habe damals als einen dieser Werte z. B. die unzerstörte Natur gesehen. Aber natürlich gibt es auch Werte wie Solidarität, Gerechtigkeit usw. Ich meine in der Tat, dass es ganz verschiedene Arten von Konservativen gibt. Es gibt Konservative, denen geht es vor allem darum, bestimmte Machtverhältnisse zu bewahren. Diese Menschen nenne ich die Strukturkonservativen. Ich hätte sie auch Machtkonservative nennen können. Auf der anderen Seite gibt es Leute, die geradezu revolutionär werden müssen, um bestimmte Werte bewahren zu können. Ich habe das damals exemplifiziert an dem Streit über die Autobahn, die den Hochschwarzwald überqueren sollte. Damals haben die Bergbauern im Schwarzwald rebelliert, aber auch die Jusos in Freiburg. Beide wollten sie diese herrliche Natur nicht zerstört wissen. Es gibt also auch eine gewisse Art von revolutionärem Wertkonservatismus.

Aus: www.br-online.de (Zugriff am 24. 3. 2009)

Warum Konservative nicht von gestern sein müssen

MATERIAL 7

Wie könnte konservatives Denken am Beginn des 21. Jahrhunderts aussehen und welche Politik könnte daraus folgen? An vier Kernpunkten soll dies beispielhaft verdeutlicht werden.

1. Religiöse Fundamente in einer postsäkularen Welt: Inzwischen ist [...] deutlich geworden, welche Rolle religiöse Potenziale [...] spielen: nicht nur im antimodernen Projekt des islamischen Fundamentalismus, sondern auch „mit der Moderne", [...] zum Beispiel im kritischen Diskurs über die Grenzen heutiger Naturwissenschaft. Es geht [...] darum, die Modernisierung durch Religion zu zivilisieren. Ein zukünftiger Konservatismus könnte [...] religiösen Begründungen unter den Spielregeln einer säkularen, einer liberalen Gesellschaft Gehör und Geltung [...] verschaffen.

2. Die Eindämmung der „Ego-Gesellschaft": Konservativismus kann nicht mehr das Bestreben sein, traditionelle, hierarchische Sozialverbände wiederherzustellen: die autoritär-patriarchalisch strukturierte Familie, den Betrieb, in dem der Chef bestimmt und die Mitarbeiter sich ducken. Konservativ ist aber auch nicht die Utopie der völligen Entgrenzung sozialer Beziehungen und Gemeinschaften im Sinne eines radikalisierten Individualismus. [...] Fraglos fördert die Modernisierung Tendenzen zur Individualisierung, aber sie mobilisiert auch Gegenkräfte, weil moderne Gesellschaften ohne soziale Gemeinschaft und soziale Verantwortung nicht lebensfähig sein können. Konservativ zu sein bedeutet also, an diese Gegenkräfte zu erinnern und ihre Mobilisierung zu unterstützen: in der Politik für Familie, für Nachbarschaften und Vereine und überhaupt in der klaren Stellungnahme gegen den Rückzug in den kultivierten Egoismus. [...]

3. Subsidiarität und Netzwerkstrukturen: In den beiden vergangenen Jahrzehnten ist [...] die Skepsis gegenüber der Allmacht und Allzuständigkeit des Staates gewachsen: im Blick auf die sozialen Sicherungssysteme, im Blick auf wirtschaftliches Handeln und Unternehmertätigkeit [...]. Konservative Politik könnte heißen, daran anzuknüpfen gemäß dem Prinzip der Subsidiarität: die jeweils höheren, zentraleren Instanzen greifen nur dann ein, wenn die untergeordneten überfordert sind. Politik kann sich viel stärker auch in lokalen und regionalen Netzwerkstrukturen bewegen. Sie kann den Prinzipien von „Verantwortung" und „Initiative" folgen: Nicht alles muss der Staat machen, nicht alles muss ausschließlich er machen. [...]

4. Maßhalten und Machbarkeitsskepsis: Es geht [...] um das Verhältnis zwischen dem, was möglich ist, und dem, was wir politisch wollen. Das ist besonders aktuell geworden, seit die Machbarkeit den Menschen selbst, im biologischen Sinne, erreicht hat. Der Konservativismus könnte in dieser Lage eine neue Ethik der Behutsamkeit für das 21. Jahrhundert vertreten. [...]

Aus: Paul Nolte: Kleiner Ratgeber für Merkel & Co., in: Die Zeit, Nr. 44/2002, S. 11; der Autor ist Professor für Neuere Geschichte an der Freien Universität in Berlin und bezeichnet sich selbst als „neokonservativ"

INFO

Subsidiarität
lat. „subsidium" – Hilfe, Reserve; Hilfe zur Selbsthilfe

GLOSSAR

Neokonservatismus

1 Historisch ist der Konservatismus eine Gegenbewegung zu Grundströmungen der Moderne. Zeigen Sie dies anhand der Unterschiede zu Liberalismus bzw. zu Sozialismus (M 1, M 4, M 5).

2 Erläutern Sie die Unterschiede im Gebrauch des Begriffs „konservativ" (M 5, M 6).

3 Untersuchen Sie M 7 auf wert- bzw. strukturkonservative Positionen. Diskutieren Sie auch, was „neu" an diesem „Neokonservatismus" ist.

4 Die politischen Strömungen der Neuzeit – Liberalismus, demokratischer Sozialismus und Konservatismus – haben sich im Grundgesetz niedergeschlagen. Untersuchen Sie Art. 1 bis 20 sowie 38 auf liberale, soziale und konservative Elemente.

3.4 Allmächtige Lobby?

QUERVERWEIS

Demokratietheorien
Kapitel 2.1

INFO

Lobbyist
Vertreter einer Interessengruppe, der in der Politik bestimmte Interessen zur Geltung bringen will.

INFO

NGO
Non-Governmental Organization

Kurz vor Weihnachten 2008 erhielt das Kanzleramt ein Schreiben, dessen Briefkopf die Logos des Verbandes der Automobilindustrie (VDA) und der Industriegewerkschaft Metall (IG-Metall) zierte. Beide Verbände sind sonst eher als Gegenspieler bekannt. In ihrem Schreiben wiesen sie auf die in der weltweiten Finanz- und Wirtschaftskrise massiv einbrechenden Absatzzahlen hin und forderten vom Staat rasche Hilfe für die Autobranche. Ihr gemeinsames Auftreten sollte dieser Forderung Nachdruck verleihen. Auch in der Diskussion um ein EU-weites gesetzliches CO_2-Limit für PKW haben beide Verbände im Interesse der deutschen Automobilindustrie an einem Strang gezogen.

Faktoren des Verbandseinflusses

Von den auf der Lobbyliste des Bundestages verzeichneten 2 050 Verbänden dürften die wenigsten einen ähnlich großen Einfluss haben wie die Autolobby. Der Einfluss eines Interessenverbandes hängt vor allem von seiner wirtschaftlichen und politischen Bedeutung, seiner Finanzkraft und seiner Konfliktfähigkeit ab, also davon, wie glaubhaft er mit Konsequenzen für den Fall drohen kann, dass die von ihm vertretenen Interessen nicht hinreichend berücksichtigt werden. Interessen, die kaum organisations- und konfliktfähig sind, etwa die sozialer Randgruppen, geraten demgegenüber leicht ins Hintertreffen. Auch ist es nicht einfach, langfristige und allgemeine Interessen wie etwa den Umweltschutz gegen eher kurzfristige ökonomische und soziale Interessen bestimmter Bevölkerungsgruppen ins Spiel zu bringen.
Angesichts solcher Ungleichgewichte ist es von besonderer Bedeutung, dass die Transparenz des Verbandseinflusses gewährleistet ist. Insbesondere müssen die von den Verbänden vorgebrachten Argumente und Daten überprüfbar und mögliche Verflechtungen mit politischen Entscheidungsträgern erkennbar sein.

Adressaten des Verbandseinflusses

Die wichtigsten Adressaten der Verbände sind der Bundestag und die Bundesregierung bzw. zunehmend das Europäische Parlament und die EU-Kommission. Parlamentarischen Einfluss gewinnen die Verbände am ehesten, wenn es ihnen gelingt, die Volksvertretungen personell zu durchsetzen und „ihre" Volksvertreter in den für sie relevanten Ausschüssen zu platzieren. Bedeutsamer noch ist ihr Einfluss im Bereich der Exekutive. Ihre Sachkenntnis ist bei der Vorbereitung von Gesetzen gefragt. Auch verspricht sich die Politik von ihrer Mitwirkung praxisgerechte Lösungen.

Legitimität des Verbandseinflusses

Verfassungsrechtliche Grundlage des Verbandswesens ist Artikel 9 GG, der das Recht auf Vereinigungsfreiheit gewährleistet. Im Selbstverständnis einer pluralistischen Demokratie gewinnen politische Entscheidungen durch die Einbeziehung jeweils betroffener gesellschaftlicher Gruppen zusätzlich an Legitimität, indem das Gemeinwohl durch den Ausgleich gegensätzlicher Interessen immer wieder aufs Neue bestimmt wird. Zugleich muss die Politik aber wegen des Machtungleichgewichts gesellschaftlicher Interessen aktiv zu deren Ausgleich beitragen. Sie muss dafür sorgen, dass die gefundenen Lösungen nachhaltig und zukunftsfähig sind, dass sie – wie in Rio de Janeiro 1992 gefundene „Zauberformel" einer nachhaltigen Politik lautet – wirtschaftlich tragbar, sozial verträglich und ökologisch verantwortbar sind.

Vielfalt der Verbände

Interessenverbände sind auf fünf zentralen Handlungsfeldern aktiv:
- *Wirtschaft und Arbeit* (z. B. BDI, DGB),
- *Soziales Leben und Gesundheit* (z. B. Caritas, Diakonie, Arbeiterwohlfahrt),
- *Freizeit und Erholung* (z. B. DFB, DSV),
- *Religion, Weltanschauung und gesellschaftliches Engagement* (z. B. Kirchen und sonstige Religionsgemeinschaften) sowie
- *Kultur, Bildung und Wissenschaft* (z. B. Verbände von Kultur- und Denkmalschutz).

Verbände unterscheiden sich von Vereinigungen (engl.: NGO), die zumeist aus den Neuen Sozialen Bewegungen der 1970er und 80er Jahre hervorgegangen sind und sich auf ganz bestimmte Themenfelder von allgemeinem Interesse konzentrieren, z. B. den Umweltschutz (Greenpeace), die Menschenrechte (amnesty international) oder den Tierschutz (World Wildlife Fund).

Zielkonflikte europäischer Umweltpolitik

MATERIAL 1

Seit Beginn der Industrialisierung ist der durch den Menschen verursachte CO_2-Ausstoß deutlich gestiegen. Der Anstieg des CO_2-Anteils in der Atmosphäre verursacht neben anderen so genannten Treibhausgasen eine Erwärmung der Erdatmosphäre mit schon jetzt spürbaren negativen Auswirkungen auf das Weltklima. Ein weiterer Temperaturanstieg auf der Erde - mit dem wegen der rasch fortschreitenden Motorisierung und Industrialisierung in Ländern wie China und Indien zu rechnen ist - hätte schwerwiegende Folgen für die Umwelt. Daher ist es wichtig, dass die Industrieländer nicht nur den Anstieg der Emissionen von klimaschädlichen Gasen stoppen, sondern diese in allen Bereichen auch senken. In der EU sollen nach einem Beschluss der EU-Staats- und Regierungschefs vom März 2007 die CO_2-Gesamtemissionen bis 2020 um ein Fünftel gegenüber 1990 gesenkt werden.

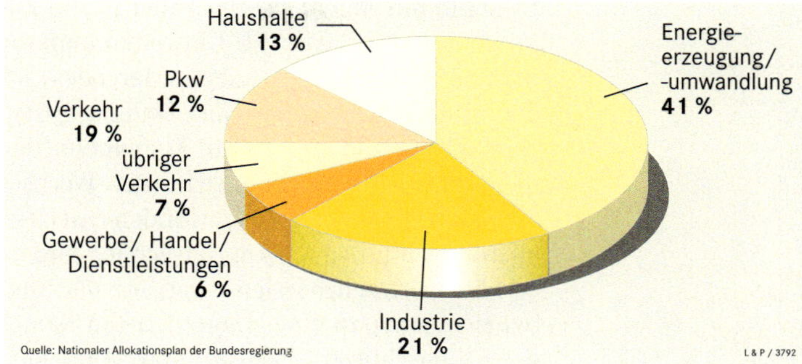

Anteil der CO_2-Emissionen in Deutschland 2008

Zeichnung: Klaus Stuttmann

Zwischen 1990 und 2004 stiegen in der EU die Emissionen des Straßenverkehrs um etwa 25 Prozent. Experten erwarten eine Zunahme um 50 Prozent bis zum Jahr 2020, wenn keine Gegenmaßnahmen getroffen werden.

In einem Abkommen zwischen der EU und dem europäischen Automobilverband ACEA von 1998 verpflichteten sich die Hersteller, bis 2008 den durchschnittlichen CO_2-Ausstoß der verkauften Neuwagen auf 140 g/km zu senken. Die Autos wurden in diesem Zeitraum zwar sparsamer, zugleich aber auch größer und schwerer. Deshalb konnten die Hersteller ihre Selbstverpflichtung nicht einhalten. Im Durchschnitt emittierten die Neuwagen im Jahre 2006 mehr als 160 g CO_2/km.

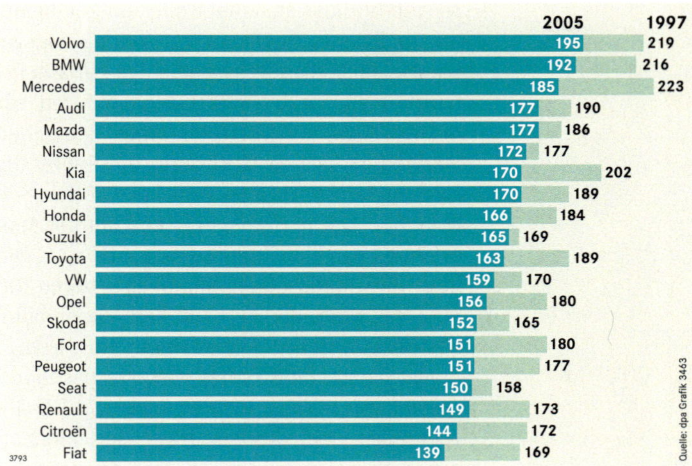

Durchschnittliche CO_2-Emissionen von Neuwagen in g/km

1 Erläutern Sie die Darstellungsabsicht der Karikatur. Berücksichtigen Sie auch die übrigen Informationen auf S. 71.

METHODE

Umgang mit Statistiken
S. 112–115

MATERIAL 2 Ein beispielloses Drama

QUERVERWEIS
EU-Richtlinien
S. 167

Es sollte ein Signal für die Fahrt in die Zukunft werden. Als EU-Umweltkommissar Stavros Dimas vom S-Klasse Mercedes auf den klimaschonenden Toyota Prius umstieg, war das alles andere als ein Kompliment für die europäische Autoindustrie. Der Wechsel seines Dienstfahrzeuges war für den Griechen allerdings nur der Anfang. Tatsächlich fordert er klimaverträgliche Neuwagen für alle und hat sich damit zu einer Hauptfigur im Kampf der Klimaschützer gegen Europas Autolobby gemacht. Sein Gegner ist so mächtig wie kaum eine andere Industrie. Die Autobranche ernährt in der EU mehr als zwölf Millionen Familien. Ihr Jahresumsatz beträgt 500 Milliarden Euro. Und sie baut jährlich 20 Millionen Autos. Die größten, mit denen auch das meiste Geld verdient wird, stammen zu 80 Prozent aus Deutschland.

Dimas fordert von 2012 an eine Begrenzung des CO_2-Ausstoßes von Neuwagen auf durchschnittlich 120 Gramm pro Kilometer. Schon bevor Dimas einen Richtlinienvorschlag vorgelegt hatte, bekam sein Chef, Kommissionspräsident José Manuel Barroso, Post von Angela Merkel. „Lieber José Manuel", schrieb die Kanzlerin, „eine Benachteiligung einzelner Hersteller oder einzelner Fahrzeugsegmente darf es nicht geben." Es ging ihr um große Autos. Nie habe die deutsche Regierung so früh Einfluss ausüben wollen auf die Beamten in Brüssel, heißt es im Kommissionsgebäude. Auch auf Abgeordnete des Parlaments wurde eingewirkt. „Natürlich lobbyieren wir heftig", sagt der Vertreter eines deutschen Herstellers. Schon bald hatte die Lobby die meisten konservativen Politiker auf ihre Seite ziehen können. Anschließend konnte man erleben, wie der Industrieausschuss gegen den Umweltausschuss kämpfte. Ersteren fütterte vor allem der Verband der Automobilindustrie (VDA) mit Argumenten. Nur wenige Monate, nach dem Dimas' Gesetzespaket vorgestellt war, schlug Werner Langen, CDU-Abgeordneter und wortgewaltiger Berichterstatter im Industrieausschuss, eine Quotenregel vor. 2012 sollten 25 Prozent der Neuwagen die EU-Vorgaben erfüllen, erst 2015 alle Neufahrzeuge. Das klingt ambitioniert, stammt aber ursprünglich vom VDA. Den Vorschlag hat Langen fast eins zu eins ins Parlament gebracht.

Eine schrittweise Einführung wirkt wie eine Verschiebung des Gesetzes. Solange der Berechnung der CO_2-Emissionen nicht die gesamte Flotte zugrunde gelegt wird, ändert sich für die meisten Hersteller gar nichts. Nach Erkenntnissen der EU-Kommission erfüllt nämlich bereits heute mehr als die Hälfte der europäischen Flotte den Zielwert. Außerdem wollten Abgeordnete wie Langen die Anrechnung von Ökoinnovationen durchsetzen. Die französische und die deutsche Regierung unterstützen diese Linie – ebenso wie die drastische Reduzierung der von Dimas vorgeschlagenen Strafzahlungen. Der Umweltausschuss stutzte Langens Vorschläge jedoch erheblich zurecht. Bundesumweltminister Sigmar Gabriel (SPD) kritisierte indes den vermeintlich kleinkarierten Umweltausschuss: „Es wird so getan, als ob das Weltklima davon abhängt, ob die Regelung drei Jahre früher oder später zu hundert Prozent gilt. Das halte ich für völlig absurd." Der IG-Metall-Vorsitzende Berthold Huber forderte gemeinsam mit VDA-Chef Mathias Wissmann eine Aufweichung der Ziele, auch weil sie eine „ernsthafte Gefährdung von Beschäftigung an einzelnen Standorten" befürchten.

Einem Team um den Aachener Professor Henning Wallentowitz ist es gelungen, die CO_2-Emissionen eines Golf 1,4 TSI (170 PS) von 173 auf 133 Gramm je Kilometer zu senken. Wallentowitz bekam dabei nur eine Vorgabe des Umweltbundesamtes. Er durfte nichts einbauen, was nicht in kürzester Zeit serientauglich sei. „Ich habe mich fast geschämt, so einfache Dinge zu machen", erinnert er sich. In Großserie, vermutet er, würde die Umsetzung nicht mehr als 1 000 Euro kosten. Diesen Betrag würden die Käufer anschließend beim Tanken sparen.

Axel Friedrich, bis 2008 Beamter im Dienste des Umweltbundesamtes: „Wenn das Gesetz in aller Schärfe in Kraft getreten wäre, dann hätten wir in Europa ein Feuerwerk an Innovationen erlebt." Jetzt drängt er, wenigstens ein Langfristziel von 95 Gramm bis 2020 zu vereinbaren. Sonst würden langfristig viele deutsche Arbeitsplätze verschwinden.

Nach: Claas Tatje: Eingemischt und ausgebremst, in: Die Zeit, Nr. 46/2008, S. 32 f.

EU zieht Daumenschrauben für PKW-Hersteller fest an

MATERIAL 3

Das EU-Parlament beschloss kurz vor Jahresende 2008 erstmals ein gesetzliches CO_2-Limit für Neuwagen. [...] Spätestens 2015 muss der Flottendurchschnitt aller neu zugelassenen PKW in der EU das Emissionslimit von 120 g CO_2/ km einhalten. Während das Ziel aus dem umstrittenen Entwurf von EU-Umweltkommissar Stavros Dimas beibehalten wurde, weicht der Parlamentsbeschluss insgesamt stark davon ab. In zähen Verhandlungen einigten sich Parlamentarier und Kommission im Vorfeld, die starren Vorgaben des Dimas-Entwurfs flexibler zu gestalten. Damit kommt die Verordnung Forderungen der europäischen und deutschen Autoverbände nach mehr Handlungsspielraum und Übergangsfristen nach.

Die Hersteller müssen auf Antriebsseite ihre PKW künftig auf den Zielwert von 130 g CO_2/ km trimmen, wobei es sich nicht um eine Obergrenze für einzelne Fahrzeuge handelt, sondern um den Durchschnitt der gesamten EU-Neuwagenflotte. Die 130 g CO_2/ km sind kein starrer Zielwert, der für alle Hersteller gilt. Vielmehr orientiert sich ihr jeweiliges Emissionsziel am Durchschnittsgewicht ihrer Flotte. [...] Während für den VW-Konzern ein CO_2-Zielwert von fast genau 130 g/km resultiert, werden es bei BMW und Daimler eher 135 g/km bis 138 g/km. Dagegen müssen die südeuropäischen Autohersteller mit ihren vielen Kleinwagen einen CO_2-Wert deutlich unter 130 g/km realisieren.

Allen Herstellern steht es offen, bis zu 7 g CO_2/ km ihres spezifischen Zielwertes über „Ökoinnovationen" zu erreichen [...], die den CO_2-Ausstoß zwar senken, in den standardisierten Verbrauchsmessungen [...] aber nicht zu Buche schlagen. [...] Die Südeuropäer konnten sich nicht für Ökoinnovationen erwärmen, die zunächst wohl nur in der Oberklasse bezahlbar sein werden. Dagegen stößt es bei allen Herstellern auf Zustimmung, dass sie nur 130 g CO_2/km des eigentlichen Ziels von 120 g CO_2/km über Motortechnik erreichen müssen. Der Rest soll jeweils zur Hälfte über höhere Quoten nachhaltiger Biokraftstoffe[1] sowie den Einsatz von Leichtlaufreifen, effizienten Klimaanlagen, Schaltpunktanzeigen und Reifendruck-Kontrollsystemen erreicht werden. Damit nimmt Brüssel auch die [...] Autofahrer in die Pflicht.[2] [...]

Eine zentrale Forderung der Autoindustrie im Vorfeld der Verordnung waren Übergangsfristen, die sich an den Entwicklungszyklen neuer Modelle orientieren. Denn für Modelle, die 2012 neu in den Markt kommen, laufen die Entwicklungsarbeiten längst.[3] Brüssel hatte ein Einsehen und erlaubt es den Herstellern, ihr Flottenziel stufenweise [bis 2015] zu erreichen. Überschreitungen werden teuer:[4] Während das Verfehlen des CO_2-Zielwertes um 1 g/km mit 5 Euro je verkauften Neuwagen vergleichsweise günstig erscheint, werden die Daumenschrauben bei größeren Differenzen immer fester angezogen: 2 g/km kosten schon 20 Euro je neu zugelassenen PKW, 3 g über dem Flottenziel 45 Euro je Auto und bei 4 g/km sind 140 Euro fällig. Darüber hinaus schlägt jedes weitere g/km mit 95 Euro pro Fahrzeug zu Buche. Ab 2019 kostet generell jedes g/km Differenz zum CO_2-Grenzwert 95 Euro.

Über das drohende drastische Strafmaß erzürnen sich die Gemüter in den Autoverbänden, zumal die EU schon für 2020 den als extrem angesehenen Zielwert[5] von 95 g CO_2/km festgelegt hat. [...]

Meinungen von Umweltverbänden:

[1] Vorbehalte gegen Biokraftstoffe

[2] korrektes Fahrerverhalten schwer nachprüfbar

[3] Verschleppung gefährdet EU-Klimaziel für 2020 (bei durchschnittlich 12-jähriger PKW-Laufzeit wird 130 / 120-Ziel erst 2027 vollständig realisiert)

[4] zu niedrig für schwere und luxuriöse Wagen, da Preisaufschläge in diesem Segment leichter zu realisieren; mindestens 150 Euro / g erforderlich

[5] anzustreben sind 80 g CO_2/km, d. h. das 3-Liter-Auto

Aus: Peter Trechow, EU zieht die Daumenschrauben für PKW-Hersteller fest an, in: www.vdi-nachrichten.com, 16. 1. 2009 (Zugriff am 4. 4. 2009)

1 Erarbeiten Sie aus M 2 und M 3 die Streitfragen.

2 Simulieren Sie eine mögliche Diskussion zwischen Vertretern der Autoindustrie und Klimaschützern zur EU-Verordnung über den CO_2-Ausstoß von PKW.

3 Der Brüsseler Kompromiss – Ausdruck einer zukunftsfähigen Politik? Nehmen Sie Stellung zu dieser Frage. Machen Sie sich zunächst Gedanken über Kriterien einer zukunftsfähigen Entscheidung.

MATERIAL 4 Adressaten und Methoden des Verbandseinflusses

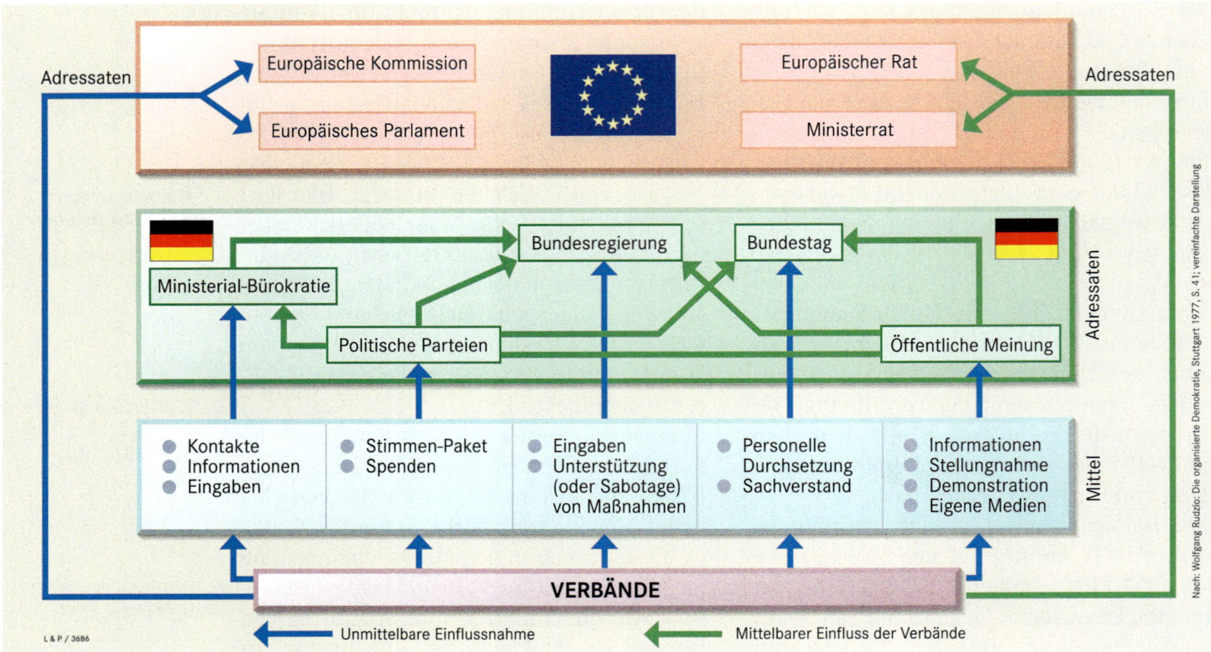

MATERIAL 5 Verbändestaat – oder was sonst?

Von der fortschreitenden Unregierbarkeit entwickelter Industriegesellschaften ist häufig die Rede, von „Gegenregierungen", „Nebenregierungen" in Gestalt machtvoller Verbände […]. Auf die Bundesrepublik bezogen […] ist zweierlei zu beachten: Einmal ist die vom Grundgesetz normierte freiheitlich-rechtstaatliche Demokratie, die einen grundrechtlich verbürgten Mitwirkungsanspruch der Bürger und ihrer Zusammenschlüsse an der Staatswillensbildung zur Voraussetzung hat, notwendigerweise ein Verbändestaat. Sie erst ermöglicht den dauerhaften Kommunikationsprozess zwischen Staat und Bürger, der für eine lebendige Demokratie unabdingbar ist. Dieser wechselseitige Vorgang, durch den staatliche Maßnahmen an individuelle Lebens- und Interessenlagen gebunden werden und der zugleich die Voraussetzung für deren Durchsetzbarkeit schafft, ist ein wichtiger Aspekt der Legitimation von Herrschaft.

Der zweite Punkt, den es zu beachten gilt […]: Die Demokratie der Bundesrepublik ist von den Verfassungsvätern zugleich als Sozialstaat konzipiert. Dies bedeutet, dass dem Staat in umfassender Weise Aufgaben der Daseinsvorsorge zufallen. Die Zeiten sind längst vorbei, in denen sich der Staat auf die Sicherung der Rechts- und Eigentumsordnung und die äußere Sicherheit der Bürger im wesentlichen beschränkte, Wirtschaft und Gesellschaft weitgehend aber sich selbst überließ. Die […] Entwicklung des Staates zum umfassenden Leistungsträger ist die primäre Ursache für Existenz und Aktivitäten jener gewaltigen Zahl von Interessengruppen, die den politischen Entscheidungsprozess unserer Demokratie so nachhaltig beeinflussen. Je umfassender der Staat ordnend, regelnd, steuernd, Leistungen erbringend, fördernd, stützend und ausgleichend in Wirtschaft und Gesellschaft eingreift, umso mehr Gruppen melden sich zu Wort, formulieren ihre Bedürfnisse und Belange, versuchen, sich ihre Anteile am Sozialprodukt zu sichern.

Aus: Jürgen Weber, Verbändestaat – oder was sonst?, München 1986, S. 7–9

Collage

MATERIAL 6

1 Entwerfen Sie nach dem Vorbild von M 4 ein Schaubild für Bürgerinitiativen und NGO's.

2 Erläutern Sie die in M 5 angedeutete Kritik an der Tätigkeit organisierter Interessen und die Gegenargumentation des Verfassers.

3 Erörtern Sie, welche Sachverhalte und Probleme des Verbandseinflusses in M 5 nicht angesprochen werden.

4 Projektvorschlag: Recherchieren Sie – ausgehend von den Fotos in M 6 – Berichte über Aktivitäten von Verbänden, Bürgerinitiativen und NGO's und vergleichen Sie diese unter folgenden Aspekten: a) Ziele, b) Interessen, c) Adressaten, d) Aktionsformen, e) Erfolge.

3.5 Medien – die „vierte Gewalt" im Staat?

INFO

Ephraim Kishon (1924–2005)
israelischer Satiriker

Information und Kontrolle – Aufgaben der Medien

Die Medien nehmen in der modernen Demokratie eine unverzichtbare Schlüsselstellung ein. Sie informieren über Ereignisse, Sachverhalte und Probleme und stellen so nicht nur eine öffentliche Plattform für unterschiedlichste Meinungen dar, sondern sind, indem sie berichten und kommentieren, selbst unverzichtbarer Bestandteil der Meinungsbildung. Die Medien sollen Politik verständlich machen, den Einzelnen in die Lage versetzen, sich ein politisches Urteil zu bilden, und ihn zur vernünftigen Teilhabe am politischen Prozess befähigen. Dabei soll ihre Berichterstattung objektiv und kritisch sein. Wenn die „Wachhunde der Demokratie" (Ephraim Kishon) den politischen Prozess transparent machen und Missstände („Skandale") aufdecken, dann üben sie eine wichtige Kontrollfunktion aus. In Anlehnung an die Lehre von der Gewaltenteilung werden die Medien daher oft als „vierte Gewalt" im Staat bezeichnet.

Medien als Vermittlungsinstanzen

Sowohl intermediäre Organisationen wie Parteien oder Interessenverbände als auch einzelne Politiker sind auf die Berichterstattung der Massenmedien angewiesen, wenn sie ihre Adressaten in großer Zahl erreichen wollen. Die Medien sind aber nicht nur Sprachrohre der Politik. Umgekehrt nämlich werden durch sie auch Meinungen, Erwartungen und gesellschaftliche Entwicklungen an die Politik herangetragen und damit neue politische Prozesse angestoßen. Die Medien sind folglich wichtige Vermittlungsinstanzen zwischen Bürgern und politischem System.

Das Grundgesetz schützt die Medien

Das Grundgesetz garantiert in Art. 5 die freie Meinungsäußerung sowie die Presse- und Informationsfreiheit als Grundrecht. Die Freiheit der Berichterstattung wird gewährleistet, eine Zensur ist unzulässig. Es steht jedem Bürger frei, seine Meinung in Wort und Schrift zu äußern und zu verbreiten oder sich aus Quellen eigener Wahl zu informieren. Schranken finden diese Rechte jedoch „in den Vorschriften der allgemeinen Gesetze, den gesetzlichen Bestimmungen zum Schutze der Jugend und in dem Recht der persönlichen Ehre" (Art. 5 Abs. 2 GG).

Ökonomische Zwänge

Es ist wichtig, dass es verschiedene, voneinander unabhängige Medien gibt, die aus unterschiedlichen Blickwinkeln berichten und kommentieren. Nur so spiegelt sich die Vielfalt der in der Gesellschaft vertretenen Auffassungen wider. Und nur so kann es zu offenen Diskussionsprozessen kommen, auf die die Demokratie angewiesen ist. Entgegen dieser Vorstellung ist besonders die Zeitungslandschaft in Deutschland von einer zunehmenden Pressekonzentration gekennzeichnet. In manchen Städten und Regionen gibt es nur noch eine maßgebliche Tageszeitung, die gleichsam eine Monopolstellung innehat. Zudem sind viele Zeitungen und die privaten Fernseh- oder Radiosender im Gegensatz zu den öffentlich-rechtlichen Rundfunk- und Fernsehanstalten ARD und ZDF wirtschaftlich abhängig von Werbeinseraten bzw. Werbespots. Die Politik hat es daher zunehmend mit Medien zu tun, die aufgrund ihrer kommerziellen Ausrichtung vor allem den Wünschen des breiten Publikums nach Unterhaltung („Infotainment") Rechnung tragen. Und sie passt sich den vom Markt bestimmten Gesetzen der modernen Mediengesellschaft an. Wissenschaftler sprechen von einer „Medialisierung und Personalisierung" der Politik.

Wandel der Medienlandschaft durch das Internet

Das Internet hat die Medienlandschaft in den letzten Jahren enorm verändert. Es ist in der Lage, die klassischen Medientypen Presse, Hörfunk und Fernsehen zu integrieren und miteinander zu kombinieren. Das Internet hat dabei den höchsten Aktualitätsgrad, denn die Zeit zwischen Ereignis und Nachricht lässt sich auf ein Minimum reduzieren. In Blogs (Online-Tagebüchern) oder Open-Source-Anwendungen (z. B. *www.wikipedia.de*) können Bürger Informationen konsumieren und zugleich selbst produzieren. Viele Nutzer sind aber mit dem riesigen Informationsangebot überfordert, denn im Internet muss jeder selbst die wichtigen von den (völlig) unwichtigen Nachrichten unterscheiden.

Entwicklung der Mediennutzung

MATERIAL 1

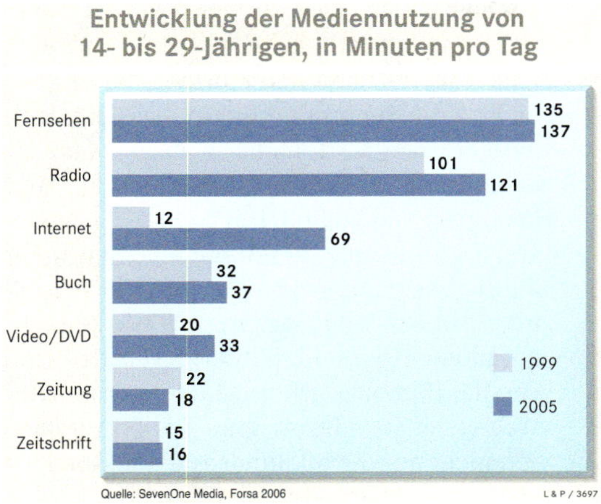

Zeichnung: Jan Tomaschoff

Vom Ereignis zur Nachricht

MATERIAL 2

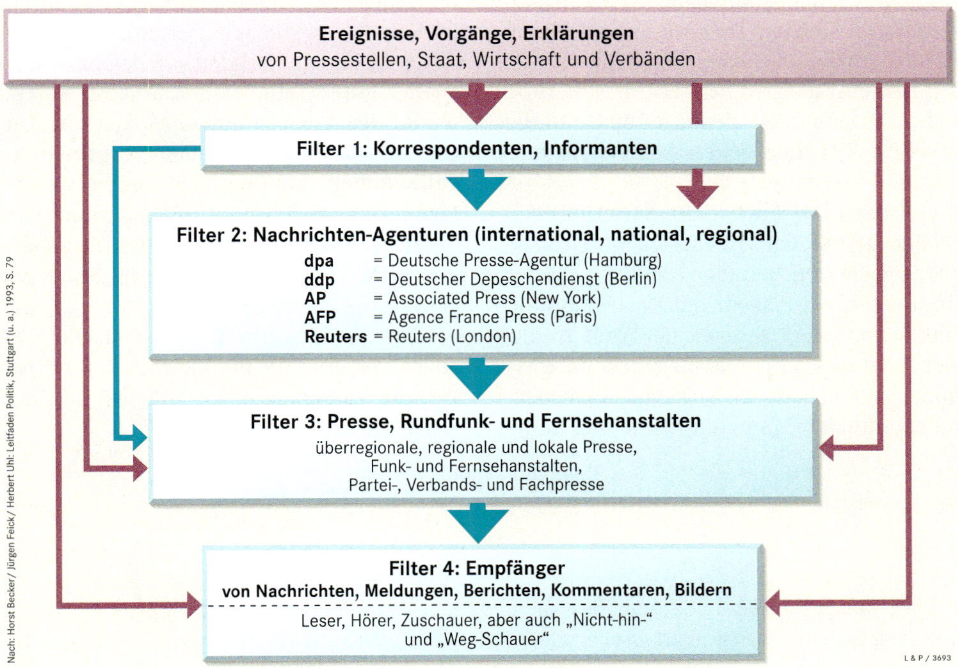

1 Analysieren Sie die Grafik (M 1) und vergleichen Sie Ihre Ergebnisse mit der Aussage der Karikatur.

2 Erläutern das Schema (M 2) mit eigenen Worten.

3 Setzten Sie sich mit der These auseinander „Worüber nicht berichtet wird, das findet auch nicht statt.“ Diskutieren Sie in diesem Zusammenhang die Vor- und Nachteile von Blogs.

METHODE

Umgang mit Statistiken
S. 112–115

PRO & KONTRA

MATERIAL 3

Schnelle Kanäle – Das Geschäft mit den Informationen

QUERVERWEIS
Barack Obama
S. 28–31

Wer die Menschen [...] mit Informationen versorgt, beeinflusst deren Gedankenwelt. Ein Blick in die internationale Presse vom 21. Februar 2008: Der New York Globe portraitiert den demokratischen Präsidentschaftskandidaten Barack Obama, die Seoul Times ebenfalls [...]. In Surinam bringt eine Tageszeitung einen Beitrag über die Reise des US-Präsidenten Bush nach Westafrika. In der Elfenbeinküste berichtet die Dar-Al-Hayat über die Wahlen zur Unabhängigkeit des Kosovo. Diese Ähnlichkeit in den Themen ist nicht verwunderlich. Fast alle Massenmedien der Welt greifen auf Material zurück, das sie von wenigen Nachrichtenagenturen bekommen [...]. Fast jedes Land der Welt will im Geschäft mit dem Nachrichtenhandel mitmischen. Fast jede Nation hat mindestens eine Nachrichtenagentur. Selbst ein armes Land wie die Mongolei leistet sich eine Agentur namens Monogolyn Tsakhilgaan medee. Von globaler Bedeutung sind jedoch nur die großen Drei: Agence France Press, AFP, Paris; Associated Press (AP), New York; Reuters, London. Die deutsche dpa und die russische ITAR-Tass gelten daneben als mittelgroße Unternehmen.

Ist es Zufall, dass die berichtenswerten Neuigkeiten gerade dort passieren, wo sich die Korrespondenten befinden? Weil es sie mit journalistischem Gespür nahe an die Brennpunkte und Machtzentren der Welt treibt? Oder kann es auch andersherum sein? Dass hauptsächlich dort, wo sich die Korrespondenten aufhalten, Ereignisse den Weg in die Medien finden. Weil die Vertreter der Nachrichtenagenturen als Gate-Keeper wirken, kafkaeske Torhüter und Pförtner, die beileibe nicht jede Neuigkeit hindurchlassen. Dann wird der Weg für Ereignisse abseits der Korrespondentenbüros in die Medien der Welt lang, hart und steinig. [...]

Wer sich nur aus den Massenmedien informiert, bekommt bald eine bizarre Vorstellung von der Welt, sagt Irene Neverla, Kommunikationswissenschaftlerin von der Universität Hamburg. Die mächtigen Staaten der Welt erscheinen bizarr groß. Die USA umfassen nicht nur die 50 Bundesstaaten, sondern auch die amerikanischen Interessensregionen wie zum Beispiel Pakistan, Afghanistan, Irak. Etwas weniger groß wirkt die europäische Union, inklusive solcher Länder wie den neuen Balkanstaaten und der Schweiz. Als eigenständige Regionen erscheinen noch Russland mit der Ukraine sowie China und Indien. Die restlichen Regionen der Welt, wie z. B. Lateinamerika mit Ausnahme Venezuelas, große Teile Asiens und Afrikas sowie einige Staaten des europäischen Kontinents wie etwa Moldawien verschwinden vollkommen aus dem Blick einer sich informierenden Bevölkerung. Von dort wird derartig wenig berichtet, dass niemand vermutet, dort würde überhaupt etwas passieren. [...] Die Welt ist kompliziert geworden. Die Verantwortung wächst, sich kritisch zu informieren. Die Bevölkerung soll kritisch Zeitung lesen, Radio hören oder fern sehen. Doch wer hat die Zeit? [...]

Aus: SWR 2 Wissen- Manuskriptdienst: Kommunikation – Die schnellen Kanäle zwischen den Köpfen; Autor: Uwe Springfeld; Radio Akademie Planet Erde – Die Versorgung der Welt, Sendung am 5. 7. 2008

1 Erläutern Sie die Bedeutung der Nachrichtenagenturen unter politischen, wirtschaftlichen und kulturellen Gesichtspunkten (M 3). Welchen Einfluss kann die zunehmende Globalisierung haben?

2 Recherchieren Sie in den Medien zum Stand der Pressefreiheit weltweit (Tipp: *www.reporter-ohne-grenzen.de*).

3 Erörtern Sie die These, die Talkshow-Demokratie sei „transparenter als die Parlamentsdemokratie“ (M 4).

4 Sehen Sie sich im Fernsehen eine politische Talkshow und eine Parlamentsdebatte an (Tipp: Fernsehsender PHOENIX). Vergleichen Sie. Führen Sie anschließend in Ihrem Kurs eine Pro- und Kontra-Debatte über die Frage der Stärkung der demokratischen Strukturen durch Talkshows.

INTERNET

www.reporter-ohne-grenzen.de

PRO & KONTRA

Talkshows – Hilfsparlamente der Demokratie?

MATERIAL 4

Talkshows sind so etwas wie Seismographen für das, was die Deutschen beschäftigt, empört, belustigt. In den vergangenen Monaten hat sich ein Thema nach vorn geschoben, das in großen Wellen kommt und geht wie Ebbe und Flut. Soziale Gerechtigkeit beschäftigt nach Jahren, in denen es mehr um die Notwendigkeit sozialer Zumutungen ging, wieder die deutsche Öffentlichkeit. „Gierig, maßlos, arrogant – die Elite am Pranger“, „Die Rentner-Republik – die Alten übernehmen die Macht“, „Kinder als Armutsrisiko“, „Gibt es gute Schulen nur für Reiche?“, „Wer kann sich das Leben noch leisten?“, „Willkommen im Zwei-Klassen-Land“, alles Themen aus den vergangenen Wochen bei „Anne Will“, „Hart aber fair“, „Maybrit Illner“.
Über diesen Gleichklang der öffentlichen Debatte kann man sich lustig machen; man kann aber auch staunen über die Ausdauer, mit der Millionen Deutsche – statt Krimis, Volksmusik und Arztserien zu gucken – Politikern, Soziologen und Lebenskünstlern dabei zuschauen, wie die ihnen die Welt und das Leben erklären. Die Talkshows sind im 21. Jahrhundert das Hilfsparlament der Demokratie, sie bestimmen die Agenda der politischen Debatte im Land. Die Talkshow-Demokratie ist transparenter als die Parlamentsdemokratie des 20. Jahrhunderts, aber sie ist auch hysterischer, oberflächlicher, launischer. [...]
Das Problem der Talkshow-Demokratie sind nicht die Talkshows, wir sind das Problem, die Zuschauer, die 60 Minuten Fernsehstreit möglicherweise für politische Auseinandersetzung halten. Hinter den Kulissen der Show lauern die unbequemen Einsichten, der Wille zur Veränderung, die Mühen der Demokratie. [...]

Aus: Cordt Schnibben: Die 60-Minuten-Demokratie, in: Der Spiegel 22/2008, S. 74–81; hier: S. 75, 81

QUERVERWEIS
Talkshows
S. 38

Virtueller Wahlkampf: Revolution per Mausklick?

MATERIAL 5

QUERVERWEIS
US-Präsidentschaftswahlen
S. 26/27, M 6/M 7

Der US-Wahlkampf 2008 war stärker vom neuen Medium geprägt als jede Abstimmung zuvor. „In den vergangenen vier Jahren haben wir einen Quotensprung gesehen“, sagt Joe Trippi. Er hatte 2003/04 den Wahlkampf des damaligen demokratischen Präsidentschaftsbewerbers Howard Dean gemanagt – und wurde als Internet-Pionier verehrt, weil er für Dean rund 100 Millionen Dollar Spenden vor allem online sammelte und weil er Deans junge Anhänger per Mausklick koordinierte. „Im Vergleich zu heute lebten wir damals in der Steinzeit“, sagt Trippi im Rückblick. YouTube stand seinerzeit noch nicht zur Verfügung – das Internetportal, auf dem jedermann Filme und Spots ins Web stellen oder bequem herunterladen kann. [...]
Doch der Online-Hype schafft auch neue Probleme für die Wahlkampfmanager, zum Beispiel bei der Kontrolle einer einheitlichen Botschaft. [...] Auf die Vertraulichkeit nichtöffentlicher Kommentare konnten sich die Spitzenkandidaten 2008 nicht mehr verlassen. Als Obama und Clinton nach dem Ende ihres Duells erstmals gemeinsam vor Parteifreunden auftraten, sollten die Journalisten auch draußen bleiben. Doch wenige Stunden später kursierten Bilder von ihrer Ansprache online, aufgezeichnet per Handykamera. [...]

Aus: Das Parlament – Nr. 37/38, 15. 9. 2008, S. 11; Autor: Gregor Peter Schmitz

1 Stellen Sie den Einfluss dar, den das Internet in Wahlkampfzeiten auf die Berichterstattung, die Kandidaten und die Gestaltung des Wahlkampfs hat (M 5). Überprüfen Sie Ihre Ergebnisse an einem aktuellen Wahlkampf in Deutschland.

2 Diskutieren Sie die Frage, ob das Internet die Qualität der Demokratie verbessert oder nicht.

GFS
Internet und Demokratie

MATERIAL 6 Berlusconi-Sender muss Strafe zahlen

Zeichnung: Heiko Sakurai

Rom – Ein Fernsehsender von Ministerpräsident Silvio Berlusconi muss eine hohe Geldstrafe zahlen, weil Berlusconis Partei deutlich mehr Sendezeit erhalten hat als die Mitte-Links-Opposition. Zuvor wurden bereits andere Sender, die im Besitz von Berlusconi sind, zu Strafzahlungen verurteilt.

Der Kanal Rete 4 sei zur Zahlung von 250 000 Euro verurteilt worden, teilte die Medienregulierungsbehörde am Montag [Stand: 3. 4. 2006; Red.] mit. Die Behörde hatte den Sender vor wenigen Wochen verwarnt und aufgefordert, der Mitte-Links-Opposition in der Nachrichtensendung TG4 zwischen dem 22. und dem 28. März mehr Platz einzuräumen, weil dort bis dahin die Mitte-Rechts-Regierung von Berlusconi häufiger zu Wort gekommen war. Weil der Sender dem nicht nachgekommen war, wurde er jetzt zu der Geldbuße verurteilt. TG4-Chefredakteur Emilio Fede hat aus seiner Vorliebe für das Berlusconi-Lager bisher niemals einen Hehl gemacht. Bereits am 22. März war TG4 zur Zahlung von 200 000 Euro, die Magazin-Sendung „Studio Aperto" des Berlusconi-Senders Italia 1 zu 100 000 Euro verurteilt worden. Berlusconi besitzt über seine Mediaset-Gruppe fast alle wichtigen privaten TV-Sender in Italien. Die Opposition wirft ihm vor, sich der Sender für seinen Wahlkampf zu bedienen. Der Regierungschef stellt sich dagegen gerne als Opfer der ihn mit Hass und Häme verfolgenden Medien dar. [...]

Aus: Rheinische Post vom 3. 4. 2006

MATERIAL 7 Medienkonzerne in Deutschland

MATERIAL 8 Die größten Medienkonzerne 2008

	International (Jahresumsatz in Mrd. Euro)	
1.	Time Warner *Inc.* (New York/USA)	31,946
4.	News Corp. *Ltd.* (New York/USA)	22,434
5.	Viacom *Inc.*/CBS Corp. (New York/USA)	19,428
6.	Sony Entertainment (Tokyo/Japan)	16,536
7.	Bertelsmann AG (Gütersloh/Deutschland)	16,118
8.	NBC Universal Inc. (New York/USA)	11,537
9.	Vivendi *S. A.* (Paris/Frankreich)	11,295
12.	Lagardère Media (Paris/Frankreich)	8,214
17.	ARD (Berlin/Deutschland)	6,131
28.	Mediaset SpA (Mailand/Italien)	4,251

	Deutschland (Jahresumsatz in Mrd. Euro)	
1.	Bertelsmann AG (Gütersloh)	16,118
2.	ARD (München/Berlin)	6,131
3.	ProSiebenSat.1 (Unterföhring)	3,054
4.	Axel Springer AG (Berlin/Hamburg)	2,720
5.	Georg von Holtzbrinck GmbH (Stuttgart)	2,500
6.	Hubert Burda Media GmbH & Co. (Offenburg)	2,214
7.	ZDF (Mainz)	1,993
8.	Verlagsgruppe Weltbild GmbH (Augsburg)	1,940
9.	Bauer Media Group (Hamburg)	1,790
10.	WAZ Mediengruppe (Essen)	1,741

Aus: Institut für Medien- und Kommunikationspolitik, Stand: Mai 2009

Die Bedeutsamkeit freier Medien in der Demokratie

MATERIAL 9

*Auszug aus einem Verfassungskommentar zu Art. 5 GG - **Pressefreiheit**:*

Nach Auffassung des Bundesverfassungsgerichts sind das Recht der freien Meinungsäußerung, die Presse-, Rundfunk- und Filmfreiheit wie auch das Grundrecht der Informationsfreiheit für eine freiheitliche demokratische Staatsordnung „schlechthin konstituierend". [...] Wegen der großen Bedeutung, die der öffentlichen Meinung in der modernen Demokratie zukommt, wird die freie Bildung der öffentlichen Meinung als durch Abs. 1 mitgarantiert angesehen. [...] Abs. 1 Satz 2 gewährleistet die Pressefreiheit [...]. Eine freie, nicht von der öffentlichen Gewalt gelenkte und keiner Zensur unterworfene Presse ist ein Wesenselement des freiheitlichen Staates. [...] Die Freiheit der Presse stellt eine wesentliche Voraussetzung für eine freie politische Willensbildung des Volkes dar. [...] Zu den von der Pressefreiheit umfassten Einzelgewährleistungen gehören etwa die freie Gründung von Presseorganen [...], der freie Zugang zu den Presseberufen, die Freiheit, die Tendenz eines Presseorgans zu bestimmen, und die freie Verbreitung von Nachrichten und Meinungen. [...] Der Rundfunk ist wie die Presse ein wichtiger Faktor im Prozess der öffentlichen Meinungs- und Willensbildung. [...] Die Rundfunkfreiheit unterscheidet sich in ihrer Funktion nicht von der Pressefreiheit. [...] Als Sache der Allgemeinheit muss der Rundfunk in voller Unabhängigkeit überparteilich betrieben und von jeder einseitigen Beeinflussung freigehalten werden. [...] Vor allem die öffentlich-rechtlichen Rundfunkanstalten müssen in ihrem Gesamtprogramm umfassende Informationen bieten, der vollen Meinungsvielfalt Raum geben und dürfen, anders als z. B. die Parteien, die öffentliche Meinung nicht mit bestimmter Tendenz beeinflussen. [...] Es müssen vielmehr alle in Betracht kommenden gesellschaftlichen Kräfte auf die Rundfunktätigkeit Einfluss haben und in dem von einem „Mindestmaß von inhaltlicher Ausgewogenheit, Sachlichkeit und gegenseitiger Achtung" bestimmten Gesamtprogramm zu Worte kommen können [...].

Aus: Karl-Heinz Seifert/Dieter Hornig: Grundgesetz für die Bundesrepublik Deutschland. Taschenkommentar, Baden-Baden, 7. Auflage 2003, S. 94 ff.

FILMTIPP

Wag the Dog
USA 1998; Regie: Barry Levinson; in den Hauptrollen: Dustin Hoffman und Robert de Niro

1 Ein italienisches Gericht verurteilte verschiedene Sender des italienischen Ministerpräsidenten Silvio Berlusconi zu Strafen zwischen 100 000 und 250 000 Euro für die Benachteiligung politischer Gegner (M 6). „Peanuts" oder eine gerechte Strafe? Setzen Sie sich kritisch mit dieser Frage auseinander.

2 Recherchieren Sie unter Einbezug der Karikatur auf S. 80 nähere Informationen zu den Medienkonzernen Mediaset und News Corporation und entwerfen Sie jeweils ein Plakat mit den wichtigsten Firmen bzw. Beteiligungen.

3 Erörtern Sie die Gefahren, die durch die Bündelung von politischer Macht und Medienmacht für eine Demokratie entstehen können.

4 Vergleichen Sie die Medienlandschaft in Italien mit der in Deutschland (M 7) (Tipp: Institut für Medien- und Kommunikationspolitik: *www.mediadb.eu*).

5 Ausgehend von den in M 7 abgebildeten Logos deutscher Medienkonzerne, recherchieren Sie arbeitsteilig, welche Fernsehsender bzw. Printmedien zu den in M 8 aufgelisteten deutschen Medienkonzernen gehören.

6 Bis Anfang der 1980er Jahre gab es in Deutschland nur die beiden öffentlich-rechtlichen Fernsehanstalten ARD und ZDF. Diskutieren Sie die Behauptung, mit dem Aufkommen privater Fernsehsender habe sich nicht nur das Programmangebot vergrößert, sondern auch die politische Berichterstattung.

7 Das BVerfG hat wiederholt zu Art. 5 GG Stellung genommen. Untersuchen Sie mithilfe von M 9, inwieweit seine Rechtsprechung italienische Verhältnisse in der Bundesrepublik Deutschland verhindert.

INTERNET

www.mediadb.eu

METHODE

Umgang mit Texten

Politik kommt nicht ohne gesprochene oder geschriebene Texte aus. Viele Sachtexte sind aber auch nach der ersten Lektüre noch schwer zu verstehen. Es ist daher sinnvoll, sich einem Text systematisch zu nähern und seine Inhalte zu „erarbeiten", denn das Textverständnis ist für die spätere Textdeutung unerlässlich.
Die folgenden Fragen sollen Ihnen helfen, formale und inhaltliche Kriterien eines Textes besser erfassen zu können.

1. Welche Textart liegt vor? (Textart)
Handelt es sich um einen Bericht, Kommentar, Brief, Leserbrief, Aufruf, Gesetzestext, eine Rede, eine wissenschaftliche Abhandlung, eine Reportage oder ein Interview? Oft lässt bereits die Textart erste Schlüsse auf die Intention des Autors/der Autorin zu.

2. Wer soll angesprochen werden? An wen richtet sich der Text? (Adressatenkreis)
Es ist ein Unterschied, ob sich ein Brief z. B. an Parteifreunde richtet, oder ob ein Leserbrief an eine Zeitung geschrieben wird. Während sich eine wissenschaftliche Abhandlung an ein interessiertes Fachpublikum richtet, richtet sich ein Zeitungsbericht an die gesamte Öffentlichkeit. Der Adressatenkreis gibt häufig Aufschluss über die Intention des Autors/der Autorin.

3. Welche Kernaussage enthält der Text? (Textgegenstand)
Wichtig für das Textverständnis ist insbesondere die Erfassung des Inhalts bzw. der Hauptaussage eines Textes: Welches Problem, welche Kernfrage wird behandelt oder diskutiert? Ist ein roter Faden, z. B. in Form einer Leitfrage, erkennbar? Welches sind die Hauptaussagen bzw. Hauptargumente des Autors/der Autorin? Werden Thesen aufgestellt? Textart und Textgegenstand weisen dabei häufig auf den Adressatenkreis hin.

4. Welche Absicht verfolgt der Autor/die Autorin? (Intention)
Texte können objektiv gehalten sein (z. B. Berichte) oder eine subjektive Meinung wiedergeben (z. B. Kommentare). Möchte der Text lediglich informieren (Bericht, Reportage) oder will er den Leser beeinflussen oder von etwas argumentativ überzeugen (Leserbrief, Kommentar)? Wirbt der Text um Unterstützung (Aufruf) oder möchte er eine Person und ihre Überzeugung vorstellen, hinterfragen, kritisieren (Interview)? Oft geben auch die im Text verwendeten sprachlichen Mittel wichtige Hinweise zur Intention des Autors/der Autorin.

5. Welche sprachlichen Mittel werden verwendet? (Sprachstil)
Ist der Text allgemeinverständlich geschrieben oder werden viele Fremdwörter bzw. Fachbegriffe verwendet? Wie ist das Vokabular einzuordnen, wie der Satzbau? Werden rhetorische Mittel verwendet? Gerade an politischen Schlüsselbegriffen werden häufig inhaltliche Absichten erkennbar. Für die Textdeutung ist aber weiteres Wissen erforderlich.

6. Wie steht es um die Glaubwürdigkeit des Textes? (Quellenkritik)
Der Aussagewert einer Zeitung, die in einem Staat ohne Pressefreiheit erscheint, ist gewiss anders zu bewerten als die Berichterstattung in einem freiheitlich-demokratischen Land. Um die Glaubwürdigkeit eines Textes beurteilen zu können, ist daher Hintergrundwissen notwendig: Woher hat der Autor/die Autorin seine/ihre Informationen bezogen? Wie ist sein/ihr politischer (oder ideologischer) Standpunkt einzuschätzen? Gehört er/sie z. B. einer Partei an oder schreibt im Auftrag einer Institution bzw. steht in einer bestimmten Abhängigkeit? In welchem Umfeld und unter welchen Zeitumständen ist der Text entstanden? Sind die Aussagen des Textes allgemein überprüfbar? Existieren weitere Quellen, mithilfe derer sich die Aussagen des Textes überprüfen ließen (z. B. Gegendarstellungen, Lexika, Sach- und Fachbücher, Informationen im Internet)?

METHODE

Text 1: „Es war hundertprozentig richtig, die Spiele nach Peking zu vergeben"

Willi Lemke, früher Schul- und Innensenator von Bremen sowie Manager des Fußballklubs Werder Bremen und heute UN-Sonderberater für Sport, ist beeindruckt vom Olympia-Gastgeber Peking. Kritik an China müsse im Stillen geäußert werden.

Frankfurter Allgemeine Zeitung (FAZ): Krieg in Georgien, Diskussion um Menschenrechtsverletzungen in China: Haben Sie nach fünf Monaten bei den Vereinten Nationen schon die Lust an der internationalen Sportpolitik verloren?

Lemke: Überhaupt nicht. Die Lust ist riesig gesteigert worden durch diese Olympischen Spiele, denn die waren grandios. [...]

FAZ: Mit den Spielen in China verbanden sich Hoffnungen auf eine innenpolitische Entwicklung des Landes. Sie waren gerade zwölf Tage in Peking, haben sich die Hoffnungen aus ihrer Sicht erfüllt?

Lemke: Die Spiele haben eine immense innenpolitische Wirkung. Ich konnte jeden Tag erleben, wie stolz die Chinesen waren. Es gab eine ungeheure Zahl an freiwilligen Helfern, deren Stolz ich gespürt habe. Alles war fast perfekt organisiert. Diese Spiele haben das Selbstbewusstsein Chinas unheimlich gesteigert.

FAZ: Es ging aber nicht nur um das Selbstbewusstsein Chinas, sondern man erhoffte sich auch Reformen in Bezug auf Menschenrechte und eine stärkere Öffnung des Landes.

Lemke: Also, ich war vor 22 Jahren das letzte Mal in China mit Werder Bremen. Ich habe dieses Land nicht wiedererkannt. Damals war es das graue China Mao Tse-tungs und überhaupt nicht geöffnet. Jetzt war ich an den verschiedensten Orten, in Stadtteilen und auf Märkten, wo man nur Chinesen trifft, habe mit chinesischen Studenten diskutiert, die mir frei ihre Meinung gesagt haben - auch zu schwierigen politischen Fragen. Jeder von denen hatte Internetzugang und auch Kontakte ins Ausland. Ich sehe die Entwicklung absolut positiv und sie wird auch nicht mehr gestoppt werden können. Deswegen stehe ich ganz klar hinter dem IOC und sage, es war hundertprozentig richtig, die Spiele dorthin zu vergeben.

FAZ: Sie haben vor den Spielen gesagt, Sie könnten die negativen Hintergrundberichte nicht mehr ertragen. Ist der Westen ungerecht zu China?

Lemke: Viele überfordern die Chinesen und ich finde das häufig unangemessen. Auch die Sportler waren ja mit den kritischen Ansprüchen, die an sie gestellt wurden überfordert. Hier findet ein gewaltiger Prozess der Demokratisierung aber auch der Entwicklung auf anderen Gebieten statt. Die Säuglingssterblichkeit nimmt ab, die Ernährungslage wird besser, der Wohlstand wird größer.

FAZ: Die wirtschaftliche Entwicklung bestreitet niemand. Muss man die Einschränkung in der Freiheit in Kauf nehmen, um den Sportmarkt China erschließen zu können?

Lemke: In Kauf nehmen steht für mich nicht zur Debatte. Kritik an der chinesischen Führung ist natürlich erlaubt, aber ich meine, sie muss in einer angemessenen Weise stattfinden. Meine Aufgabe ist es, die Dinge in stiller Diplomatie anzusprechen. Ich bin fünfmal mit chinesischen Botschaftern in New York und Genf zusammengekommen, um mir mein eigenes Bild zu machen. Offene Kritik wird in China schnell als Gesichtsverlust empfunden und man erntet harsche Gegenreaktionen. Als der Fackellauf so angegriffen wurde, hat es in China eine riesige Solidarisierung mit der Regierung in der Bevölkerung gegeben. Stille Diplomatie hilft den Menschen vor Ort viel mehr. [...]

Aus: Frankfurter Allgemeine Zeitung vom 23. 8. 2008, S. 35; das Gespräch führte Til Huber

INFO

Georgien-Krieg
fünftägige Militäroperation der russischen Regierung im August 2008 gegen Georgien, das zuvor die autonome georgische Teilrepublik Südossetien angegriffen hatte. Die militärische Auseinandersetzung fand während der Olympischen Spiele in Peking statt, obwohl die UN-Generalversammlung noch im Jahr 2007 auf Antrag Chinas die übliche Resolution zur Waffenruhe während der Spiele verabschiedet hatte.

1 Informieren Sie sich über die olympische Idee und die Geschichte der Olympischen Spiele in der Neuzeit, insbesondere über Boykotte der Spiele.

2 Untersuchen Sie obigen Text nach der auf S. 82 dargestellten Methode zur Texterschließung.

METHODE

Textanalyse am Beispiel von Text 1 (S. 83)

1. Textart
Es handelt sich um ein Interview mit Willi Lemke, das in der Frankfurter Allgemeinen Zeitung, einer überregionalen deutschen Tageszeitung, am 23. August 2008 erschienen ist.

2. Adressatenkreis
Das Interview erscheint in einer Tageszeitung, die als eine der renommiertesten in Deutschland gilt. Der Leserkreis ist entsprechend groß und besteht vor allem aus dem sogenannten Bildungsbürgertum. Darüber hinaus ist die FAZ im Ausland erhältlich und taucht in vielen internationalen Presseschauen auf, wenn deutsche Zeitungen zitiert werden.

3. Textgegenstand
Die Kernaussage ist bereits der Zusammenfassung zu entnehmen: Lemke ist von den Olympischen Spielen begeistert und bejaht die Entscheidung des Olympischen Komitees, die Spiele nach Peking zu vergeben. Diese uneingeschränkte Befürwortung ist gleichsam der „rote Faden", der sich durch das gesamte Interview zieht. Folgende Thesen werden aufgestellt:
- „Die Spiele haben eine immense innenpolitische Wirkung."
- Die Sommerspiele 2008 haben das Selbstbewusstsein Chinas enorm gesteigert.
- In China gibt es eine rasante wirtschaftliche und soziale Entwicklung; es findet ein gewaltiger Demokratisierungsprozess statt.
- „Stille Diplomatie" ist hilfreicher für die Menschen in China als offene Kritik.

4. Intention
Der Text ist subjektiv. Als Mitarbeiter der UNO hat Lemke ein Interesse an ungetrübten Beziehungen sowohl zu China (einem ständigen Mitglied im Weltsicherheitsrat) als auch zum Internationalen Olympischen Komitee (IOC). Jedwede öffentliche Kritik an China oder am IOC brächte Lemke in seiner Position als UN-Sonderbeauftragter in Erklärungsnot. Daher rührt möglicherweise sein Plädoyer für die „stille Diplomatie" (Z. 42 ff.). Lemke möchte den Leser insoweit beeinflussen, als er die Olympiade in Peking in einem durchweg positiven Licht darstellt.

5. Sprachstil
Einem Interview gemäß sind Satzbau und Vokabular relativ einfach, teils umgangssprachlich. Es kommen kaum Fremdwörter vor; rhetorische Mittel werden spärlich verwendet.

6. Quellenkritik
Willi Lemke wurde am 7. April 2008 zum Sonderberater der UNO für Sport bestellt und trat damit von seinem bisherigen Amt als Schul- und Innensenator (SPD) in Bremen zurück. Aufgabe des Sonderberaters für Sport ist es u. a., den Generalsekretär der Vereinten Nationen bei den internationalen Sportorganisationen zu vertreten. Die Olympischen Sommerspiele 2008 (offiziell „Spiele der XXIX. Olympiade") wurden vom 8. bis zum 24. August 2008 in der Volksrepublik China abgehalten. Im Vorfeld und während der Spiele wurde von westlichen Medien und Menschrechtsorganisationen immer wieder auf die Menschrechtsverletzungen in China hingewiesen. Viele Staats- und Regierungschefs, darunter Bundeskanzlerin Angela Merkel, blieben seinerzeit den Feierlichkeiten zur Eröffnung der Spiele in Peking fern. Der Präsident des IOC, Jacques Rogge, musste z. B. auf seiner ersten Pressekonferenz in Peking von seinem Versprechen abrücken, Journalisten hätten einen freien und unzensierten Zugang zum Internet: Den 25 000 ausländischen Journalisten in China konnte für die Zeit der Olympiade nur ein „größtmöglicher" Zugang versprochen werden. Die Aussage Lemkes, er habe mit chinesischen Studenten diskutiert, die ihre Meinung „frei" und „auch zu schwierigen politischen Fragen" geäußert hätten bzw. über freien Internetzugang verfügten, muss daher kritisch gesehen werden.

METHODE

Text 2: Olympische Spiele katastrophal für Meinungsfreiheit in China

Zwei Tage vor der offiziellen Abschlusszeremonie in Peking, zieht Reporter ohne Grenzen (ROG) eine negative Bilanz für die Lage der Menschenrechte während der Spiele in China. Medien konnten zwar frei von den Wettkämpfen berichten. Doch bei Demonstrationen und Recherchen zu heiklen Themen kam es wiederholt zu Behinderungen durch Sicherheitskräfte in Uniform und Zivil. „Wir hatten es befürchtet. Die Olympischen Spiele in Peking waren überschattet von Festnahmen, Verurteilungen, Zensur, Überwachung und Schikanen. Über 100 Journalisten, Blogger und Dissidenten waren davon betroffen“, sagte Robert Ménard, Generalsekretär von Reporter ohne Grenzen [...].

„An diese Unterdrückung wird man sich erinnern, wenn man an die Olympischen Spiele in Peking denkt. Und für dieses Versagen muss auch das Internationale Olympische Komitee (IOC) Verantwortung übernehmen. Die Mitglieder des IOC müssen die richtigen Schlüsse aus diesen Erfahrungen ziehen und sie umsetzen, wenn sie im nächsten Jahr den Nachfolger von Jacques Rogge wählen.“

„Wir fordern weiter, dass die Achtung der Meinungsfreiheit eines der Auswahlkriterien wird, nach denen olympische Austragungsstätten ausgesucht werden. Die Olympische Bewegung wiederholte bereits den Peking-Fehler bei der Vergabe der Winterspiele 2014 an Sotchi in Russland. Reporter ohne Grenzen wird sich daher auch weiterhin für Pressefreiheit während großer Sportereignisse einsetzen.“ „Wir grüßen diejenigen in China und im Ausland, die nicht aufgehört haben, mehr Meinungsfreiheit bei den Olympischen Spielen einzufordern“, fügte Ménard hinzu und kündigte an: „Wir bleiben wachsam für den Fall, dass es nach den Spielen zu einer neuen Welle der Repression kommt.“

Seit dem Beginn der Spiele am 8. August ist kein politischer Gefangener frei gelassen worden. Die Haftbedingungen und der Gesundheitszustand bei einigen der Inhaftierten, wie etwa Sun Lin, Huang Qi und Hu Jia, verschlechterten sich im Laufe der Spiele. [...] Die Überwachung ausländischer Journalisten wurde im Vorfeld der Spiele verschärft. „Sie folgen mir ständig, machen Fotos und filmen mich“, sagte eine Journalistin, die in Peking für eine ausländische Nachrichtenagentur arbeitet. „Ich denke zweimal darüber nach, ob ich Chinesen zu heiklen Themen interviewe, denn ich fürchte, sie könnten festgenommen werden.“

Versprechen bezüglich der Pressefreiheit kamen von höchster chinesischer Stelle. China werde die Arbeit ausländischer Journalisten „erleichtern [...], sowohl vor als auch nach den Olympischen Spielen in Peking“, sagte Präsident Hu Jintao am 1. August im Beisein der ausländischen Presse. Liu Binjie, zuständig für die Verwaltung der Presse und der Publikationen, kündigte an, die „offene Tür“ für die ausländische Presse werde sich auch nach den Spielen nicht schließen.

Bilanz in Zahlen: Mindestens 22 ausländische Journalisten wurden Opfer von Übergriffen, festgenommen, oder anderweitig in ihrer Arbeit behindert. Zwei US Video-Blogger, Brian Conley und Jeffrey Rae, sind momentan in Haft [Stand: 22. 8. 2008; Red.], weil sie über Pro Tibet-Aktivitäten berichtet hatten. Wegen „Störung der öffentlichen Ordnung“ wurden sie gemeinsam mit vier [weiteren] Tibetaktivisten zu zehn Tagen Gefängnis verurteilt. Reporter ohne Grenzen fordert ihre umgehende Freilassung. [...]

Aus: Reporter ohne Grenzen: Pressemitteilung vom 22. 8. 2008; online abrufbar unter www.reporter-ohne-grenzen.de; Zugriff am 23. 2. 2009

GFS

Sport und Politik – die Olympischen Spiele im Brennpunkt politischer Interessen

INFO

Tibet-Frage
Tibet ist eine Region zwischen China und Nepal. Die Frage nach der völkerrechtlichen Autonomie Tibets ist umstritten: Während die Tibeter kulturell unabhängig sein möchten, betrachtet die chinesische Regierung Tibet als zu China gehörig und hat diesen Anspruch bislang – notfalls auch mit Gewalt – durchgesetzt. Es gibt derzeit allerdings weltweit keinen Staat, der sich auf diplomatischer oder politischer Ebene aktiv für Veränderungen einsetzt.

1 Untersuchen und vergleichen Sie die Texte von S. 83 und S. 85 gemäß der Methode zur Texterschließung (S. 82) und präsentieren Sie Ihr Ergebnis im Kurs.

3.6 Hängt das Heil der Demokratie vom Wahlrecht ab?

Nach dem Wahlerfolg der Partei „Die Linke" bei mehreren Landtagswahlen empfahl der frühere Präsident des Bundesverfassungsgerichts und ehemalige Bundespräsident Roman Herzog (CDU) im Frühjahr 2008 eine ausführliche Debatte über grundlegende Änderungen im deutschen Wahlrecht. In einem Fünf-Parteien-System würde die Bildung stabiler Zweiparteienkoalitionen auch auf Bundesebene künftig unsicherer, das Regieren erheblich schwieriger werden. Als Heilmittel schlug Herzog an Stelle der bestehenden personalisierten Verhältniswahl das französische Wahlsystem vor und eröffnete damit einmal wieder die Diskussion über Wahlsysteme, die schon Mitte der 1960er-Jahre intensiv geführt worden war.
Damals wie heute zitierte man den spanischen Kulturphilosophen José Ortegay Gasset (1883–1955), der die Auffassung vertrat, „das Heil der Demokratie" hinge „vom Wahlrecht" ab. In der Tat ist die Entscheidung für ein bestimmtes Wahlsystem von großer Bedeutung für die politische Kultur und die politische Stabilität eines Landes. Das Wahlrecht beeinflusst die Wähler, deren Wahlverhalten, die Zusammensetzung des Parlaments, das Parteienspektrum, den Wahlkampf der Parteien und somit die gesamte Wahl. Mehr noch: Das Wahlrecht kann eine Wahl nicht nur beeinflussen, sondern sogar entscheiden.

Was leisten Wahlen?

Wahlen bündeln die Meinungen und Interessen der Wähler und machen sie sichtbar. Die Bürger entscheiden sich für Personen sowie für gesellschaftliche Werte, politische Ziele und Programme. Konflikte werden mittels Wahlen strukturiert und friedlich beigelegt. Wahlen sind – auf den Grundlagen von Kandidaten und deren Aussagen – ein geregelter Konkurrenzkampf um die politische Macht. Vertreter bestimmter Richtungen und Interessen stehen „zur Wahl" und werden bei Erfolg entweder dazu berechtigt (legitimiert), Herrschaft auf Zeit auszuüben oder bei Misserfolg die Regierenden als Opposition zu kontrollieren. Wahlen sollen eine handlungs- und funktionsfähige Regierung und Opposition herbeiführen. Es genügt somit nicht, die verschiedenen politischen Richtungen in der Wählerschaft wie einen Spiegel abzubilden. Vielmehr müssen Wahlen den Wählern die Möglichkeit geben, zwischen verschiedenen Führungsgruppen und Programmen auszuwählen und, was besonders wichtig ist, einen geordneten Machtwechsel herbeizuführen.

Mehrheitswahl und Verhältniswahl

Die beiden Grundformen des Wahlrechts – die Mehrheitswahl und die Verhältniswahl – erfüllen diese Funktionen auf unterschiedliche Weise.
Mehrheitswahlsysteme sollen zu einer klaren Mehrheitsbildung im Parlament und in der Folge zu einer Einparteienregierung führen. Sie haben das Ziel, einer Partei eine absolute Parlamentsmehrheit zu sichern, auch wenn diese keine absolute Mehrheit der Wählerstimmen erzielt hat. Beim Mehrheitswahlrecht ist das gesamte Wahlgebiet in so viele Wahlkreise eingeteilt, wie Mandate zu vergeben sind. In den Wahlkreisen stellen sich jeweils mehrere Kandidaten zur Wahl. Gewählt ist, wer die Stimmenmehrheit auf sich vereinigt. Die Stärke einer Partei im Parlament ergibt sich aus der Zahl der von ihren Kandidaten gewonnenen Wahlkreise. Zu unterscheiden ist dabei zwischen relativer und absoluter Mehrheitswahl. Bei der klassischen Variante – der relativen Mehrheitswahl in Einerwahlkreisen, wie sie z. B. in Großbritannien Anwendung findet – ist derjenige Kandidat gewählt, der eine

einfache Mehrheit der Stimmen auf sich vereinigt („the winner takes all"). Die absolute Mehrheitswahl wird z. B. in Frankreich bei der Wahl zur Nationalversammlung praktiziert.
Verhältniswahlsysteme sollen zu einer gerechten Repräsentation der Parteien im Parlament führen und haben das Ziel, die Wählerstimmen der einzelnen Parteien möglichst exakt (proportional) in Parlamentsmandate der Parteien zu übersetzen. Da der Wähler seine Stimme einer von den Parteien aufgestellten Kandidatenliste gibt, und nicht einem einzigen Kandidaten, wird die Verhältniswahl auch Listenwahl genannt. Die Position der Kandidaten auf der Liste bestimmt ihre Chance auf ein Mandat. Die klassische Form dieses Wahlrechts – die reine Verhältniswahl, bei der sämtliche Parlamentsmandate über Parteilisten vergeben werden – fand in der Weimarer Republik Anwendung. Ohne Hürden (z. B. einen Stimmenanteil von mindestens 5 %) führte dieses Wahlrecht zu einer Zersplitterung des Parteienspektrums und begünstigte eine Vielzahl an (Kleinst-)Parteien im Reichstag.

Wie wird der Deutsche Bundestag gewählt?

In der Bundesrepublik Deutschland hat man sich weder für das relative Mehrheitswahlrecht noch für das reine Verhältniswahlrecht entschieden. Deutschland wählt den Bundestag nach dem personalisierten Verhältniswahlrecht. Jeder Wähler hat dabei zwei Stimmen, die Erststimme und die Zweitstimme. Mit der Erststimme wählt er den Wahlkreisabgeordneten. Die relative Mehrheit der Erststimme entscheidet darüber, welcher Kandidat ein Direktmandat erringt und den Wahlkreis in Berlin vertritt. Derzeit gibt es in Deutschland 299 Wahlkreise. Entscheidend für die Sitzverteilung im Bundestag und damit für die Größe der Fraktionen ist aber die Zweitstimme, die die Wählerinnen und Wähler nicht einem Kandidaten, sondern einer Partei geben. Zu diesem Zweck gibt es in jedem Bundesland eigene Parteilisten. Erhält eine Partei in einem Bundesland mehr Direktmandate, als ihr nach dem Ergebnis der Zweitstimmen zustehen, so darf sie diese als Überhangmandate in den Bundestag einbringen. Die Wähler können ihre beiden Stimmen auch „splitten", d. h. einen Kandidaten einer bestimmten Partei wählen, die Zweitstimme aber einer anderen Partei geben. Scheidet ein Abgeordneter während der Legislaturperiode aus, so rückt ein Kandidat der jeweiligen Landesliste nach. Seit 2002 besteht der Bundestag – soweit keine Abweichungen durch Überhangmandate eintreten – aus 598 Abgeordneten. Das in Grundzügen seit 1956 geltende Bundeswahlgesetz kann mit einfacher Mehrheit geändert werden.

Das Bundesverfassungsgericht verlangt Korrekturen

Im Juli 2008 hat das Bundesverfassungsgericht eine Regelung des Bundeswahlgesetzes für grundgesetzwidrig erklärt. In ihrem Urteil zum sogenannten „negativen Stimmgewicht" gaben die Karlsruher Richter einer Klage gegen die Wahl zum Deutschen Bundestag 2005 statt und stellten fest, dass damals die Grundsätze der Gleichheit und der Unmittelbarkeit der Wahl verletzt worden seien. Der „Effekt des negativen Stimmgewichts" der Überhangmandate kann zur Folge haben, dass für eine Partei ein Gewinn an Zweitstimmen zum Verlust eines Mandats führt und umgekehrt. Diese „Verfassungswidrigkeit des geltenden Wahlsystems" muss vom Gesetzgeber bis zum 30. Juni 2011 behoben werden. Das Bundesverfassungsgericht hat mit seiner Vorgabe zur Wahlrechtsreform die Diskussion um die Form und Ausgestaltung des deutschen Wahlrechts weiter angefacht und den Gesetzgeber vor die schwierige Aufgabe gestellt, die möglichen Auswirkungen der einzelnen, teils radikalen Reformvorschläge gegeneinander abzuwägen.

- Wer sind die Verlierer, wer die Gewinner der Wahlrechtsreform?
- Wie sollte sich der Gesetzgeber entscheiden?

QUERVERWEIS

Bundesverfassungsgericht
Kapitel 5.7

INFO

negatives Stimmgewicht
Wenn in einem Bundesland Überhangmandate möglich sind oder auftreten, können Zweitstimmen der gewählten Partei schaden bzw. eine nicht erhaltene Zweitstimme der Partei Zusatzmandate bescheren. Für die Wähler bedeutet dies, dass es in den betroffenen Bundesländern keinen Sinn macht, dieser Partei die Zweitstimme zu geben.

Zeichnung: Dieter Hanitzsch

MATERIAL 1

Roman Herzog für französisches Wahlrecht in Deutschland

Roman Herzog

QUERVERWEIS
Koalitionsperspektiven
S. 64/65, M 6

Wenn der Wähler den Politikern in Deutschland das Regieren schwer macht, zieht das eine Debatte über das deutsche Wahlrecht nach sich. So auch dieses Mal: Der frühere Bundespräsident Roman Herzog fordert wegen des Aufstiegs der Linken ein neues Wahlsystem. [...]

Um wieder klare Mehrheitsverhältnisse zu haben, will Herzog das französische Wahlrecht nach Deutschland importieren. Beim sogenannten romanischen Mehrheitswahlrecht gewinnt ein Kandidat ein Mandat, wenn er im ersten Wahlgang über 50 Prozent der Stimmen auf sich vereinigt. Erreicht keiner der Wahlkreiskandidaten in der ersten Runde die absolute Mehrheit, findet eine Stichwahl unter den Bewerbern statt, die mehr als 12,5 Prozent auf sich vereinigt haben. Im zweiten Wahlgang reicht die einfache Mehrheit, um in die französische Nationalversammlung einzuziehen. In Frankreich sorgt das System in der Regel für klare Mehrheiten im Parlament. Kleinere Parteien haben nur eine Chance, wenn sie Bündnisse mit anderen Parteien eingehen.

Schon häufig wurde in Deutschland über die Einführung des Mehrheitswahlrechts diskutiert. Einen ernsthaften Anlauf nahmen Union und SPD, als sie von 1966 bis 1969 gemeinsam regierten. Vor allem die CDU wollte mit einer Wahlrechtsreform die FDP als Machtfaktor im damaligen Dreiparteien-System ausschalten. Die SPD nahm schließlich Abstand von den Plänen und ging mit den Liberalen eine Koalition ein. Um die FDP geht es in der aktuellen Debatte aber nicht mehr. Der Aufstieg der Linken verhindert derzeit klare Mehrheiten: Schwarz-gelbe Bündnisse erreichen nur noch in Ausnahmefällen eine Mehrheit, und Rot-Grün ist noch weiter von einer regierungsfähigen Mehrheit entfernt.

Ex-Bundespräsident Herzog fürchtet, dass ein Kanzler, der sich auf ein Dreiparteien-Bündnis stützt, unsinnige Kompromisse und Kompensationsgeschäfte akzeptieren müsste. Nur so komme er halbwegs über die Runden. Das Grundgesetz sei in seiner geltenden Fassung nicht geeignet, diese Probleme zu lösen. [...] Roman Herzog will die kleinen Parteien nicht „eliminieren". Er sieht aber auch die Gefahren einer Wahlrechtsreform und warnt vor einer „künstlichen Verringerung der Parteienzahl" durch das Mehrheitswahlrecht. Da die FDP, Linke und Grüne „ihrer faktischen Eliminierung" kaum zustimmen dürften, müssten Union und SPD sich alleine durchsetzen. Das wiederum sähe so aus, „als ob die beiden Großen sich durch einen legislativen Trick nur unliebsamer Kritiker und Konkurrenten entledigen wollten", schreibt Herzog.

Daher zieht er das französische System vor, bei dem die kleineren Parteien eine reale Überlebenschance hätten. Vor allem auf Länderebene sieht Herzog die Gefahr von Mehrparteienregierungen. Seine Lösung ist eine „schlichte Verfassungsänderung", um zu klaren Mehrheiten zu kommen: Die Länderkammer solle Beschlüsse künftig mit der einfachen Mehrheit fassen. Koalitionsregierungen könnten mit Enthaltungen, die nach geltendem Recht wie Nein-Stimmen gewertet werden, Beschlüsse nicht mehr blockieren.

Aus: Kai Beller: Herzog für französisches Wahlrecht in Deutschland, in: Financial Times Deutschland, 6. 3. 2008

1 Nennen Sie die Gründe, die Roman Herzog bewogen haben, ein anderes Wahlrecht vorzuschlagen (M 1).

2 Erläutern Sie die Vorzüge, die das absolute Mehrheitswahlrecht nach Ansicht von Roman Herzog (M 1) gegenüber a) dem relativen Mehrheitswahlrecht und b) dem bisherigen Wahlrecht zum Deutschen Bundestag hat. Nehmen Sie dazu Stellung.

3 Entwerfen Sie zum Vorschlag Herzogs (M 1) eine Presseerklärung der FDP, der Bündnis90/Grünen oder der Partei „Die Linke" und tragen Sie deren Argumente in einer „Pressekonferenz" im Klassenverband vor.

Tyrannei der Mehrheit

MATERIAL 2

Im neuen Vielparteiensystem sortiert es sich koalitionär nicht mehr nach den alten, erprobten Mustern. Alles ist plötzlich komplex. Und wo die Komplexität wächst, schlägt zuverlässig die große Stunde der Moralisierer, die gegen „Wortbrüche“ und „Verrat“ eifern. Da ist gewiss der Vorschlag, eine Reform des Wahlrechts, gar des Regierungssystems ins Auge zu fassen, schon etwas rationaler. Das Mehrheitswahlrecht nach britischer Art sorgt in der Tat für klare Verhältnisse. Selbst ein kleiner Koalitionspartner, der oft als Zünglein an der Waage über ungebührlich viel Erpressungs- und Machtpotential verfügt, wird innerhalb eines solchen Systems nicht mehr benötigt. Und am Ende der jeweiligen Legislaturperiode steht die Verantwortlichkeit für die Politik der vorangegangenen Jahre unzweifelhaft fest. […] Doch man kann es auch ganz anders sehen.

Abgeordnete in Parlamenten des Mehrheitswahlrechts verstehen sich zuallererst als eisenharte Lobbyisten von Wahlkreisinteressen. Das gerade gegenwärtig vielbeschworene Allgemeinwohl schert sie dagegen weitaus weniger. Die Kultur der sowieso schon ziemlich lädierten Parteien, die aber weiterhin unverzichtbar für Willensbildung und Transfers zwischen Gesellschaft und Staat sind, wird in einem neuen Wahlsystem noch zusätzlich veröden. In den Hochburgen der beiden Volksparteien würde es sich für die jeweils anderen politischen Formationen erst gar nicht lohnen, Strukturen aufzubauen, Alternativen zu entwickeln. So aber verfestigen sich starre regionale Machtbastionen.

Auch wäre politisch und innerparteilich die Regel des Proporzes außer Kraft gesetzt. Nun ist der Proporz Lieblingsfeind etlicher Medienkommentatoren. Aber der Proporz sorgt doch für Ausgleich, für die Berücksichtigung von Minderheiten, hier und da selbst für die Mitnahme von Individualisten, Intellektuellen, Originalen. […] Überhaupt spielt der Faktor des Ausgleichs und der Balance im Mehrheitswahlrecht britischer Observanz keine Rolle mehr. Hier herrscht die Majorität wirklich. Es ist schwer vorstellbar, dass Deutschland mit seiner langen, fest etablierten Tradition von Arrangements, Kooperation und Konsens die „Tyrannei der Majorität“ erträgt. Denn dann würde sich die Opposition unmittelbar und rigide in den Bereich der Gesellschaft verlegen, nicht selten in Form von Demonstrationen, auch Streiks, wie wir es bezeichnenderweise in schöner Regelmäßigkeit in Frankreich erleben, dessen Wahlsystem Roman Herzog den Deutschen ans Herz legt. […] Und schließlich: Selbst wenn man in dieser Republik das Mehrheitswahlrecht installieren könnte, alle hier erwähnten Vorzüge jenes Systems würden sich dennoch weiterhin an der föderalen Struktur des Landes brechen. Denn es gäbe weiterhin den Bundesrat, somit wohl weiterhin Mehrheiten unterschiedlicher Couleur im Bundesparlament hier, in der Länderkammer dort. Die Situation des Frühjahrs 2005, als Schröder in seiner Not zu Neuwahlen flüchtete, wäre fortan nahezu permanent. […]

Insofern wird die Diskussion über die Wahlrechtsreform rasch wieder verebben. Ganz traurig muss man darüber nicht sein, denn überall dort, wo in dieser Welt das Mehrheitswahlrecht bereits existiert, wird gegenwärtig lebhaft darüber debattiert, ob man das eigenen System nicht reformieren sollte – genau: in Richtung eines Verhältniswahlrechts.

Aus: Franz Walter: Tyrannei der Mehrheit, in: Spiegel Online vom 6. 3. 2008 (Zugriff am 12. 12. 2008)

INFO

Die SPD hatte am 22. Mai 2005 die Landtagswahlen in Nordrhein-Westfalen verloren. Infolgedessen wurde die dortige rot-grüne Regierungskoalition von einer Koalition aus CDU und FDP abgelöst. Damit wiederum veränderten sich auch die Mehrheitsverhältnisse im Bundesrat, in dem die sechs Stimmen des Landes Nordrhein-Westfalen fortan von der schwarz-gelben Regierungskoalition abgegeben wurden.

1 Analysieren Sie die Argumentation Franz Walters (M 2) vor dem Hintergrund der Reformvorschläge Roman Herzogs (M 1) und führen Sie eine Pro- und Kontra-Diskussion über die Einführung der Mehrheitswahl hierzulande.

PRO & KONTRA

2 Erörtern Sie, welche Auswirkungen das (relative) Mehrheits- und das personalisierte Verhältniswahlrecht auf folgende Punkte haben: a) Parteiensystem, b) Zusammensetzung des Parlaments, c) Bildung und Stabilität der Regierung, d) Repräsentation des Wählerwillens, e) Stellung der Abgeordneten gegenüber der eigenen Partei.

MATERIAL **3**

Mehrheitswahl oder Verhältniswahl?

Ordnen Sie folgende Feststellungen der Mehrheitswahl (MW) bzw. der Verhältniswahl (VW) zu. Geben Sie jeweils eine Begründung für Ihre Zuordnung.

1. Sie fördert die Bildung stabiler Regierungen.
2. Sie ist gerecht und spiegelt die Meinungen und Interessen innerhalb der Wählerschaft im Parlament wider.
3. Sie verhindert ein starres Parteiensystem (Kartell), da sie neue politische Strömungen und Minderheiten berücksichtigt.
4. Sie verhütet Parteienzersplitterung.
5. Sie fördert die Parteienkonzentration in Richtung eines Zweiparteiensystems.
6. Sie trägt zur politischen Mäßigung bei, da die größeren Parteien um die Wählerschaft in der Mitte kämpfen und ihre Aussagen am Machbaren ausrichten müssen.
7. Sie erleichtert radikalen Parteien, Mandate zu erringen. Extremismus hat mehr Chancen.
8. Sie führt die Entscheidung über die Regierungsverantwortung durch den Wähler herbei und nicht erst durch die Parteien in Koalitionsverhandlungen.
9. Sie schwächt den Einfluss der Parteiführung bei der Kandidatenaufstellung und stärkt den Einfluss der Wählerschaft.
10. Sie fördert den Machtwechsel, da geringe Veränderungen in der Wählerschaft große Veränderungen in der Mandatszahl auslösen können.
11. Sie trägt zu einem stärkeren Kontakt zwischen dem Abgeordneten und seinem Wahlkreis bei.
12. Konflikte über den räumlichen Zuschnitt von Wahlkreisen nach Bevölkerungsveränderungen sind ausgeschlossen *(gerrymandering)*.

MATERIAL **4**

Die Verrechnung von Wählerstimmen in Parlamentsmandate

L&P / 3680

nach d'Hondt

Es sind 11 Sitze zu vergeben

	Partei A		Partei B		Partei C	
Stimmenzahl	**6 000**		**3 100**		**2 950**	
geteilt durch 1	6 000	1	3 100	2	2 950	4
2	3 000	3	1 550	6	1 475	8
3	2 000	5	1 033	10	983	
4	1 500	7	775		738	
5	1 200	9	620		590	
6	1 000	11	517		492	
Sitze	**6**		**3**		**2**	

Die zu vergebenden Sitze 1 bis 11 werden in der Reihenfolge der Höchstzahlen auf die Parteien verteilt.

Partei A erhält die Sitze 1, 3, 5, 7, 9 und 11 insgesamt 6 der 11 Sitze

Partei B erhält die Sitze 2, 6 und 10 insgesamt 3 der 11 Sitze

Partei C erhält die Sitze 4 und 8 insgesamt 2 der 11 Sitze

Vereinfachte Modellrechnung

nach Sainte-Laguë / Schepers

Es sind 11 Sitze zu vergeben

	Partei A		Partei B		Partei C	
Stimmenzahl	**6 000**		**3 100**		**2 950**	
geteilt durch 0,5	12 000	1	6 200	2	5 900	3
1,5	4 000	4	2 066,66	6	1 966,66	7
2,5	2 400	5	1 240	10	1 180	11
3,5	1 714,28	8	885,71		842,85	
4,5	1 333,33	9	688,88		655,55	
Sitze	**5**		**3**		**3**	

Die zu vergebenden Sitze 1 bis 11 werden in der Reihenfolge der Höchstzahlen auf die Parteien verteilt.

Partei A erhält die Sitze 1, 4, 5, 8 und 9 insgesamt 5 der 11 Sitze

Partei B erhält die Sitze 2, 6 und 10 insgesamt 3 der 11 Sitze

Partei C erhält die Sitze 3, 7 und 11 insgesamt 3 der 11 Sitze

Vereinfachte Modellrechnung

1 Vergleichen Sie tabellarisch Mehrheitswahl und Verhältniswahl (M 3) unter den Gesichtspunkten: a) der Gerechtigkeit, b) der Verständlichkeit, c) der Beziehung von Wählern und Abgeordneten, d) der Bildung und Stabilität der Regierung, e) der Dynamik der Parteienlandschaft und f) der Tendenz zum Extremen.

Modellrechnung: Vereinfachtes Beispiel einer Bundestagswahl

MATERIAL 5

Ergebnisse in den 8 Wahlkreisen (Erststimmen):

I			II			III			IV		
Bund	A	2261	Fach	A	2730	Hager	A	3016	Kessel	A	2870
Dörffler	B	1878	Geißler	B	2732	Härri	B	1370	Klimsch	B	2202
Doll	C	506	Glaser	C	1112	Heinz	C	1146	Mitter	C	1223
Eumer	D	102	Graner	D	104	Hellmer	D	200	Otteny	D	36
V			**VI**			**VII**			**VIII**		
Schieler	A	2999	Trapp	A	2628	Schneil	A	2628	Ecke	A	3092
Schupp	B	1368	Uhlen	B	2700	Jäger	B	2700	Feder	B	1566
Seidler	C	1123	Voss	C	1506	Mau	C	1506	Gebel	C	1202
Seiler	D	200	Schuh	D	117	Schoch	D	117	Ripp	D	104

Die Parteien erhielten an Erststimmen:

Partei A	22224	Partei B	16516	Partei C	9324	Partei D	980

Die Parteien stellen folgende Listen auf:

A	B	C	D
1. Fach	1. Geißler	1. Mau	1. Schoch
2. Schieler	2. Härri	2. Voss	2. Schuh
3. Ecke	3. Jäger	3. Seidler	3. Eumer
4. Bund	4. Klimsch	4. Doll	4. Graner
5. Kessel	5. Dörffler	5. Mitter	5. Hellmer
6. Hager	6. Uhlen	6. Glaser	6. Otteney
7. Schneil	7. Schupp	7. Heinz	7. Seiler
8. Trapp	8. Feder	8. Gebel	8. Ripp

Gesamtergebnis der Wahl:

		Von den gültigen Zweitstimmen entfielen auf:		
Wahlberechtigte	54044	Partei A	21024	42,867 %
Wähler	49998	Partei B	15012	30,609 %
Ungültige Zweitstimmen	954	Partei C	12048	24,565 %
Gültige Zweitstimmen	49044	Partei D	960	1,957 %
Wahlbeteiligung	92,51 %			

1 Vergleichen Sie das Verrechnungsverfahren nach d'Hondt mit dem neuen Verrechnungsverfahren nach Sainte-Laguë / Schepers (M 4). Worin liegt der wesentliche Unterschied?

2 Modellrechnung (M 5): Es werden 16 Mitglieder gewählt, 8 über Listen, 8 in Wahlkreisen.
a) Wie viele Wahlkreise hat Partei A, B, C, D gewonnen?
b) Wie viele Listensitze erhält Partei A, B, C, D?
c) Schreiben Sie die Namen der Kandidaten nach Parteien geordnet auf, die einen Sitz erhalten; geben Sie Wahlkreissitz (WKS) oder Listensitz (LS) in Klammern an.
d) Welche Sitzverteilung ergibt sich im Parlament?
e) Welche Besonderheiten sind bei diesem Wahlergebnis festzustellen?

MATERIAL 6

Artikel 38 GG

(1) Die Abgeordneten des Deutschen Bundestages werden in allgemeiner, unmittelbarer, freier, gleicher und geheimer Wahl gewählt. Sie sind Vertreter des ganzen Volkes, an Aufträge und Weisungen nicht gebunden und nur ihrem Gewissen unterworfen.

(2) Wahlberechtigt ist, wer das achtzehnte Lebensjahr vollendet hat; wählbar ist, wer das Alter erreicht hat, mit dem die Volljährigkeit eintritt.

(3) Das Nähere bestimmt ein Bundesgesetz.

MATERIAL 7

Der Zukunft eine Stimme geben: Für ein Wahlrecht von Geburt an

Zeichnung: Barbara Henniger

46 Bundestagsabgeordnete aus Union, SPD und FDP fordern in ihrem Gesetzesantrag vom 27. 6. 2008 erneut, dem Nachwuchs eine Wählerstimme zu geben. 2003 war ein ähnlicher Antrag im Parlament gescheitert. Die Altersgrenze für Wahlberechtigte im Grundgesetz müsse wegfallen. Das Wahlrecht von Kindern sei längst überfällig. 14 Millionen deutsche Staatsbürger, 17 Prozent des deutschen Volkes, sind vom Wahlrecht ausgeschlossen. Weil der Anteil älterer Menschen immer weiter zunimmt, würden die Anliegen jüngerer Generationen aus dem politischen Handlungsfeld verdrängt.

Diese Ungerechtigkeit müsse abgeschafft werden. In Art. 38 Abs. 2 GG, in dem bisher das Wahlrecht ab 18 verankert ist, sollte das Wahlrecht für Kinder eingeführt werden. Er stehe in seiner bisherigen Fassung im Gegensatz zu Art. 20 Abs. 2 GG. Hiernach geht alle Staatsgewalt vom Volke aus (Volkssouveränität), und dazu gehörten alle Deutsche von Geburt, auch die Kinder. Bis zu deren Volljährigkeit sollten die Eltern treuhänderisch im Rahmen des grundgesetzlich legitimierten Elternrechts das Wahlrecht wahrnehmen.

Eine hin und wieder auftretende Uneinigkeit der Eltern über die Stimmabgabe werfe zwar praktische Fragen auf; diese seien aber wie bei Uneinigkeiten in Erziehungsfragen lösbar. „Mit einem Kinderwahlrecht von Geburt an bekämen Familien – und damit die Betroffenen – schlagartig mehr Gewicht in der Politik“, argumentiert Markus Löning (FDP), einer der Unterzeichner des Antrags. „Ihre Wahlstimmen würden das gesamte politische Gefüge neu ordnen.“

METHODE

Karikaturanalyse
S. 102–105

1 Interpretieren Sie obige Karikatur.

2 Formulieren Sie Art. 38 GG (M 6) im Sinne der Befürworter eines Wahlrechts für Kinder um (M 7).

3 Entwerfen Sie ein Manuskript für einen Redner, der den in M 7 beschriebenen Antrag ablehnt. Gehen Sie darin auf die Ihrer Meinung nach verletzten Grundsätze einer unmittelbaren, freien, gleichen und geheimen Wahl ein.

PRO & KONTRA

4 Führen Sie eine Pro- und Kontra-Diskussion über das Wahlrecht für Kinder durch.

Wahlrechtskorrektur – Hausaufgabe für den Bundestag bis 2011

MATERIAL **8**

Nach dem Urteil des Bundesverfassungsgerichtes vom Juli 2008 muss der Bundestag bis 2011 ein verfassungskonformes Wahlrecht beschließen. Unterschiedliche Interessen der Parteien erschweren dabei die Einigung. Da das Wahlrechtsgesetz zwar verfassungsgemäß sein muss, aber nicht Bestandteil des Grundgesetzes ist, benötigt der Gesetzgeber zur Änderung nur eine einfache Mehrheit. Folgende Alternativen des Wahlsystems werden diskutiert:

Augsburger Zuteilungsverfahren: Die Direktmandate werden innerhalb einer Partei bundesweit verrechnet. Eine Partei bekommt wie bisher ihre Direktmandate. Dafür erhält sie aber auf Bundesebene entsprechend weniger Listenplätze. Die Parteien stellen eine Bundesliste auf.

Grabensystem: Echte Trennung in Direktwahl per Erststimme und Listenwahl per Zweitstimme. Der Bundestag wird nur noch zur Hälfte nach Verhältniswahl, zur anderen nach Mehrheitswahl gewählt.

System mit Ausgleichsmandaten: Ausgleichsmandate stellen bei Überhangmandaten den Proporz wieder her, indem sie die Sitzzahl der anderen Parteien entsprechend erhöhen.

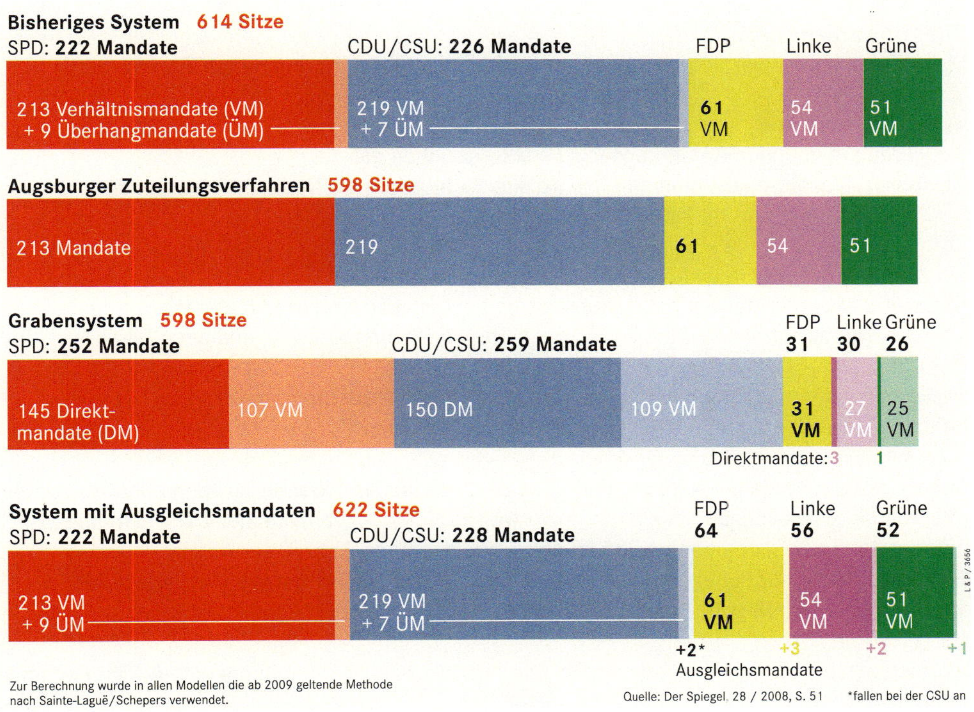

Alternativen des Wahlsystems am Beispiel der Bundestagswahl 2005

REFERAT

1 Erläutern Sie die in M 8 gezeigten Reformvorschläge des Wahlsystems in einem Kurzvortrag.

2 Geben Sie die Ergebnisse der Bundestagswahl 2009 wieder und prüfen Sie, welche der fünf Parteien an welchem der in M 8 gezeigten Reformvorschläge ein jeweils hohes / geringes Interesse hat.

3 Entscheiden Sie sich als Abgeordneter der FDP, der Grünen oder der Linken für einen Vorschlag und begründen Sie Ihren Standpunkt.

METHODE Zitate statt Plagiate

Das Internet ist für die Erstellung von Referaten, Seminar- und Zulassungsarbeiten in Schule und Hochschule eine große Hilfe. Kommt es aber schon bei der Benutzung von Büchern immer wieder zur unrechtmäßigen Aneignung fremder Ideen oder Textstellen ohne Angabe des Autors (Plagiarismus), so sind Plagiate durch das Internet noch einfacher und häufiger geworden. Eine derartige Arbeitsweise ist durch das Urheberrechtsgesetz (UrhG) verboten und auch in Schule und Universität nicht zulässig. Mithilfe einer bestimmten Software, z. B. „Turnitin", oder durch die Eingabe von Zitaten in die Suchmaschine „Google" kann das Internet relativ leicht auf markante Textstellen hin untersucht werden; Plagiate lassen sich damit nachweisen. Viele Schulen und Universitäten ahnden plagiatorisches Arbeiten. Die Strafen reichen von der Herabsetzung von Noten über die Nichtanrechnung eines Kurses bis hin zum Ausschluss aus der Universität (Exmatrikulation).
Ordentliches Zitieren ist dagegen durch das Urheberrechtsgesetz geschützt und beim Umgang mit Literatur unverzichtbar. Jede Arbeit baut auf den Ergebnissen anderer auf und kann so wiederum zu neuen Erkenntnissen führen. Ein Zitat verweist auf die verwendeten Quellen, aus denen Gedanken und Erkenntnisse wörtlich oder sinngemäß übernommen wurden. Zitate geben an, mit welcher Literatur der Verfasser einer Arbeit sich befasst hat. So kann der Leser die Aussage überprüfen und u. U. selbst tiefer in das bearbeitete Gebiet vordringen.

Wie zitiert man richtig?
Man unterscheidet wörtliche bzw. direkte von sinngemäßen bzw. indirekten Zitaten.

a) Wörtliche Zitate
Sie werden in doppelte Anführungs- bzw. Schlusszeichen gesetzt.
Beispiel: „Eine europäische Identität wird sich nicht gegen die Nationen herausbilden, sondern nur mit ihnen und durch sie."

Ein Zitat im Zitat wird in einfache Anführungszeichen gesetzt.
Beispiel: „Das Ministerium für Staatssicherheit sprach von ‚verschärften Klassenkampfformen des Imperialismus seit Helsinki' und forderte eine neue Taktik."

Hervorhebungen und Rechtschreibung des Autors werden übernommen.
Beispiel: „Die Deutschen hatten *ihren* Nationalstaat ruiniert."

Auf die genaue Fundstelle wird am Ende des Zitats entweder mit einer fortlaufenden Hochzahl oder mit einer Quellengabe in Klammern verwiesen. Die Hochzahl erscheint als Fußnote am unteren Rand der Seite oder als Endnote am Ende des Kapitels bzw. der Arbeit.
Beispiel: „Nicht nur Politiker und Historiker, Dichter und Denker hatten Schwierigkeiten mit dem Begriff ‚deutsche Nation'."[1]

Wörtliche Zitate können verkürzt werden. Die Auslassungen werden durch eine eckige Klammer gekennzeichnet.
Beispiel: „In den achtziger Jahren [...] eignete sich die DDR zwar große Teile der deutschen Nationalgeschichte [...] an, aber so gut wie nichts von der deutschen Demokratiegeschichte" (Winkler 2002, S. 621).

b) Sinngemäße Zitate
Da es sich nicht um wörtliche Übernahmen von Gedanken handelt, werden hier keine Anführungszeichen gesetzt, sondern nur eine Hochzahl mit dem Zusatz „vgl." (vergleiche). Sinngemäße Zitate werden dort verwendet, wo größere Zusammenhänge unter Benutzung von Literatur zusammengefasst werden.

---

[1] Winkler 2002, S. 480.

Beispiel: Wissenschaftler haben den Nachweis erbracht, dass strukturiertes Material besser behalten wird als unstrukturiertes.[1]

c) Was enthält die Fußnote?

Sie enthält den Vor- und Zunamen des Autors/der Autoren, den vollständigen Titel des zitierten Werks (evtl. mit Untertitel), den Erscheinungsort und das Erscheinungsjahr, die Auflage (als Hochzahl, falls nicht aus der ersten Auflage zitiert wird), die Seitenangabe, mit dem Zusatz „f." bei zwei Seiten (S. 84 f.) und „ff." bei mehr als zwei Seiten (S. 96 ff.).

Beispiel: Baring, Arnulf: Machtwechsel, Die Ära Brandt-Scheel, Stuttgart 1983^4, S. 260 ff.

Hat ein Titel mehr als drei Autoren, so wird nur der erste Name genannt. Auf weitere Autoren wird mit dem Zusatz „u. a." (und andere) oder „et al." (et alii) hingewiesen.

Beispiel: Kurz, Heike u. a.: Richtig Zitieren. Ein Leitfaden, München 1965, S. 45.

Zitiert man aus einem Sammelband, so müssen neben dem Autor des Einzelbeitrags auch der/die Herausgeber (Abkürzung: Hrsg.) und der Umfang des Beitrags (S. 54 - 58) angegeben werden.

Beispiel: Radtke, Bernd: Der sunnitische Islam, in: Ende, Werner/Steinbach, Udo (Hrsg.): Der Islam in der Gegenwart, München 2005, S. 55–67, hier S. 57.

Stammt das Zitat aus einem Zeitschriftenaufsatz, werden auch der Titel der Zeitschrift, Heft, Jahrgang und Seitenumfang des Beitrags angegeben.

Beispiel: Schulze-Marmeling, Dietrich: Die Geschichte der FIFA-Fußballweltmeisterschaft, in: Der Bürger im Staat, Heft 1 (2006) S. 4–13, hier S. 5.

Bei Zeitungsartikeln werden der Titel der Zeitung, die Nummer der Ausgabe, das Datum und die Seite angegeben.

Beispiel: Kersting, Wolfgang: Sozialstaatliche Freiheitsgefährdung, in: Frankfurter Allgemeine Zeitung vom 7. 6. 2008, S. 15.

Stammt ein Zitat aus einem bereits zitierten Buch, so genügt ein Hinweis mit der Abkürzung „a. a. O." (am angegebenen Ort). Wird direkt hintereinander auf dieselbe Quelle Bezug genommen, so schreibt man „ebd." (ebenda).

Beispiel: Vgl. Winkler, Heinrich A.: Der lange Weg nach Westen, a. a. O., S. 117.

Beispiel: Ebd., S. 318.

d) Zitieren aus dem Internet

Internetquellen sind problematisch, da sie binnen kurzer Zeit ihren Inhalt oder Standort ändern können. Eine einheitliche Zitierweise gibt es nicht. Es empfiehlt sich, die Angabe von Verfasser (Vor- und Zuname), Titel/Untertitel, URL (www.url.de) sowie den Stand (Tag/Monat/Jahr) und die (falls möglich) die Seite anzugeben.

QUERVERWEIS
Internet
S. 76

Beispiel: Leitner, Hans: Russisches Theater, in: www.rutheater/einleitung.pdf, S. 12–14 (Zugriff am 16. 11. 2004).

e) Quellenverzeichnis

Alle verwendeten und im Text zitierten Quellen werden (ohne Seitenangaben) am Ende der Arbeit im Quellenverzeichnis in alphabetischer Reihenfolge der Autoren bzw. der Herausgeber zusammengestellt. Bei umfangreichen Arbeiten wird das Quellenverzeichnis oft in „Monographien", „Beiträge in Sammelwerken", „Zeitungsartikel" und „Veröffentlichungen im Internet" gegliedert.

[1] Vgl. Hülshoff, Friedhelm/Kaldewey, Rüdiger: Mit Erfolg studieren, München 1984, S. 88.

3.7 Ehrenamt und bürgerschaftliches Engagement – Stabilisatoren der Demokratie?

Wenn man über politische Partizipation in der Bundesrepublik spricht, so genügt es nicht, sich auf die Möglichkeiten der direkten Partizipation zu beschränken, die uns das Grundgesetz eröffnet. Die Bürgerinnen und Bürgern haben hierzulande zahlreiche weitere Möglichkeiten, sich durch ehrenamtliche Tätigkeiten und bürgerschaftliches Engagement für das Wohl der Gesellschaft einzubringen. Als „Ehrenamt" bezeichnet man das freiwillige, meist dauerhafte Engagement in einem gesellschaftlich relevanten Bereich. Ein Entgelt wird für die Übernahme eines Ehrenamts nicht bezahlt, wohl aber in vielen Fällen eine Aufwandsentschädigung (z. B. ein Wegegeld).

Formen des Engagements

Ehrenamtlich tätig sein kann man auf ganz unterschiedliche Art und Weise, z. B. als Trainer in einem Sportverein, als Schöffe bei Gericht, als Mitarbeiter in der Jugendarbeit oder als Mitglied in einer Bürgerinitiative. Auch das Freiwillige Soziale Jahr und das Freiwillige Ökologische Jahr gelten als ehrenamtliches Engagement. Die Gründe für ein solches Engagement sind ganz unterschiedlicher Natur – während manche es ganz einfach als ihre Pflicht sehen, sich dort einzubringen, wo es sonst niemand tun würde, wollen andere politische Mitgestaltungsmöglichkeiten nutzen, soziale Kontakte knüpfen oder sich selbst verwirklichen. Studien zufolge sind sehr viele Menschen in Deutschland bürgerschaftlich engagiert, man spricht von 23 Millionen Bundesbürgern, die sich betätigen. In manchen

Zeichnung: Burkhard Mohr

Bereichen lässt sich hier ein Trend erkennen von einer eher wohlfahrtsstaatlichen Organisationsform, in der der Staat in wesentliche Lebensbereiche der Bürger eingreift, um sie gegen Risiken wie Krankheit oder Armut abzusichern, hin zu einer Bürgergesellschaft, in der die Bürger aktiv werden und sich um eigene Belange selbst kümmern (müssen). Ein Beispiel hierfür sind die „Tafeln", die in vielen Städten eingerichtet wurden, damit arme Menschen verbilligte Lebensmittel kaufen können oder zumindest einmal am Tag eine warme Mahlzeit bekommen.

Lob und Kritik für das Ehrenamt

Kritiker merken denn auch an, dass bürgerschaftliches Engagement vom Staat nicht ausgenutzt werden dürfe, um sich aus wichtigen sozialen Bereichen zurückzuziehen. Damit seien diejenigen, die freiwillige Dienste leisteten, längerfristig überfordert. Gleichzeitig können aber die positiven Aspekte von Ehrenamt und bürgerschaftlichem Engagement für eine solidarische demokratische Gesellschaft kaum überbewertet werden.

Zeichnung: Burkhard Mohr

Teilnahme und Verantwortung

Ehrenamtliches Engagement bedeutet aktive Teilnahme an der Gesellschaft und bewusste Übernahme von Verantwortung. Auch deswegen existieren vielerlei Bemühungen, öffentlichkeitswirksam solches Engagement zu fördern: vom „Tag des Ehrenamts" über verschiedene Preise für ehrenamtlich Tätige bis hin zur Verleihung einer „Ehrenamtscard", die verschiedene Vergünstigungen bietet.

Umfrage

MATERIAL 1

		Könnte mir die Mitarbeit vorstellen	Habe tatsächlich schon mitgearbeitet
1.	Sportverein		
2.	Kulturelle Einrichtung (z. B. Laientheater, Musikverein)		
3.	Soziale Einrichtung (z. B. Behindertenheim)		
4.	Feuerwehr / Technisches Hilfswerk (THW)		
5.	Partei		
6.	Kirche		
7.	Umwelt- / Tierschutz (z. B. Greenpeace)		
8.	Schule / Kindergarten (z. B. Hausaufgabenbetreuung)		
9.	Freizeiteinrichtung (z. B. Jugendtreff)		
10.	Lokale Bürgerinitiative		

Ehrenamt - Motive, Wirkungsfelder, Verbesserungsvorschläge

MATERIAL 2

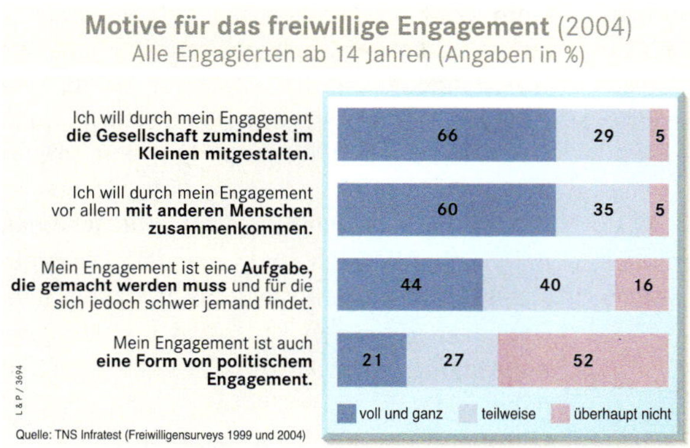

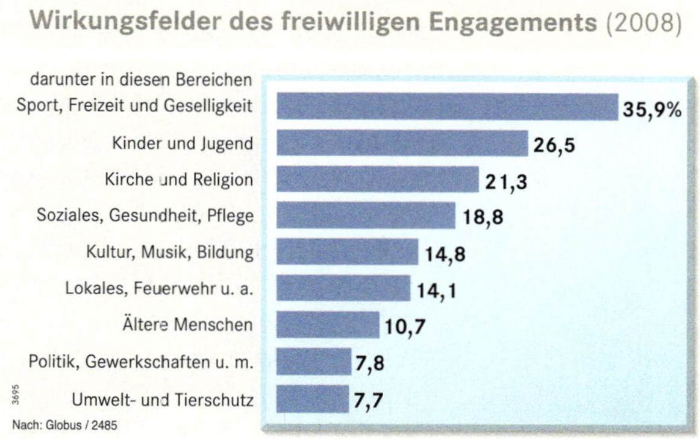

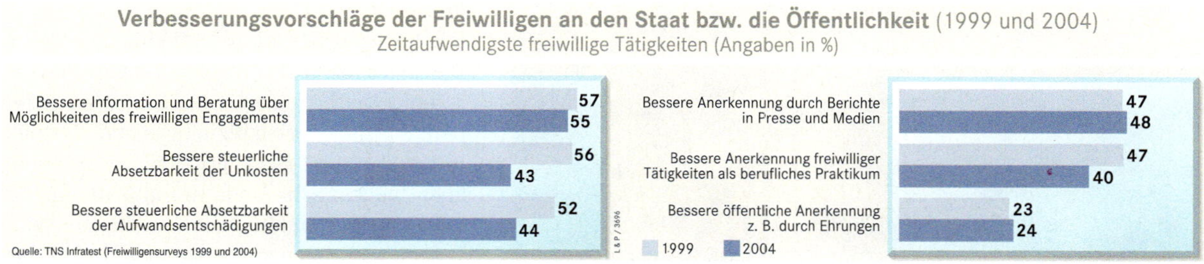

1 Interpretieren Sie die beiden Karikaturen auf S. 96.

2 Übertragen Sie die Tabelle (M 1) in Ihr Heft und füllen Sie sie aus. Überlegen Sie:
a) Falls Sie sich nicht ehrenamtlich engagieren – was hindert Sie daran bzw. was müsste geändert werden, damit Sie sich engagieren würden?
b) Falls Sie sich engagieren – was sind Ihre Motive und wo sehen Sie Probleme bzw. Verbesserungsmöglichkeiten?

3 Analysieren und interpretieren Sie die Schaubilder (M 2) und vergleichen Sie die Ergebnisse mit Ihren eigenen Umfrageergebnissen (M 1).

METHODE
Karikaturanalyse
S. 102–105

METHODE
Umgang mit Statistiken
S. 112–115

MATERIAL 3

„Verantwortung übernehmen"

Interview mit Manuel, 20 Jahre, Freiwilliges Soziales Jahr (FSJ) im Asylbewerberheim:

Was machst du konkret als FSJ'ler im Asylbewerberheim?
Ich bin in der Sprechstunde und wenn die Asylbewerber kleine Probleme haben, dann kommen sie halt zu mir, wie Arzttermine ausmachen, wenn sie was im Internet recherchieren müssen, Formulare ausfüllen oder wegschicken. Ich hab aber auch viel mit den Kindern zu tun. Ich gebe Schülerhilfe und leite eine Jugendgruppe, bei der ich mit den Kindern spiele, Kickern etc., sie halt beschäftige. Ansonsten erledige ich irgendwelche Botengänge, hänge Nachrichten in den Gebäuden auf. Für E-Mails und Post bin ich auch zuständig. Dann haben wir Länderinfo-Ordner, in denen ich dann sog. Länderinfos über die ganzen Herkunftsländer aus E-Mails oder aus irgendwelchen Internetseiten raussuche und die Ordner aktualisiere. Ab und zu gibt es dann besondere Veranstaltungen in der Stadt. Wir hatten Stände mit Trommeln, afrikanische Frauen haben Rastas geflochten oder eine Familie von uns hat gekocht. Da helfe ich bei der Organisation und beim Auf- und Abbau.

Wie lange bist du schon dabei und was hält dich bei der Stange?
Ich bin jetzt ein Jahr dabei gewesen. Ich hab einfach gemerkt, dass man gebraucht wird und es kommt ganz viel zurück. Bei der Schülerhilfe z. B. kommen die Kinder, natürlich nicht alle, immer wieder und machen auch Fortschritte. Die Leute sind super nett und es gibt mir selber ein gutes Gefühl, helfen zu können, nützlich zu sein.

Was war bisher deine größte Herausforderung?
Das Schwierigste war vor allem, bei den Kindern Respekt zu bekommen, das ist gar nicht so leicht! Und ja, Vertrauen aufzubauen, weil die Leute verständlicherweise misstrauisch sind. Die Kinder wollen immer wieder schauen, wo deine Grenzen sind, auch körperlich. Aber ich hab mich nicht darauf eingelassen und [...] es gab deshalb nie Stress.

Andere gehen in der Zeit jobben oder treffen sich mit Freunden. Warum engagierst du dich ehrenamtlich? Spielt Geld keine Rolle?
Es war nicht wirklich geplant von mir. Ich wusste nicht, was ich studieren sollte, und das eine Jahr Auszeit war genau richtig. Auch wenn ich nach dem einen Jahr FSJ immer noch vor der gleichen Frage stehe. Da ich etwas Soziales studieren wollte, wollte ich auch im sozialen Bereich etwas machen. Dann bin ich durch Zufall an diese Stelle gekommen. Geld war auf jeden Fall nicht ausschlaggebend dafür, dass ich die Tätigkeit gemacht habe. [...]

Glaubst du von deinen Erfahrungen später bei der Jobsuche profitieren zu können?
Ich habe vorher nie 8 Stunden gearbeitet. Das kann ich jetzt. Außerdem muss man mit seiner Chefin, seinem Chef auskommen lernen. Für Bio oder Medizin, was mich fachlich interessiert, hat es sicherlich nichts gebracht, aber menschlich. Und, wenn man ein FSJ macht, bekommt man Sozialpunkte, die dann helfen, wenn man an die Uni will und es dort Wartezeiten gibt. Für die Bewerbung bringt es sicher nicht so viel, da fast jeder schon so etwas im Lebenslauf stehen hat, aber es macht sich auf jeden Fall gut. Als Arbeitgeber kann man vielleicht herauslesen, dass jemand Verantwortung übernehmen kann. [...]

Aus: Jugendstiftung Baden-Württemberg (Hrsg.): Qualipass; Stand: 6. 4. 2009; online abrufbar unter www.qualipass.info (Zugriff am 6. 4. 2009)

„Ein ganz neues Bewusstsein für Umwelt und Naturschutz“

MATERIAL 4

Interview mit Catharina, 21 Jahre, Schule abgeschlossen, FÖJ (Freiwilliges Ökologisches Jahr) bei der Ökostation Freiburg:

Was machst du konkret als FÖJ'lerin?
Meine Hauptaufgabe besteht in der Betreuung von Schulklassen. Mit ihnen führe ich „grüne Klassenzimmer“ zu unterschiedlichen Natur- und Umweltschutzthemen durch. Sie bekommen erstmal eine Einführung ins Haus, lernen etwas über die Ökostation, über die besondere Bauweise, über das Naturhaus. Dann teilen wir die Kinder in zwei Gruppen auf und gehen mit ihnen in den Garten, wo sie selber etwas machen dürfen. Als Themen gibt es z. B. Wiese, Insekten, Papierschöpfen, Vögel. Ab und zu arbeite ich auch im Garten oder betreue Kinder in Ferienfreizeiten.

Wie lange bist du schon dabei und was hält dich bei der Stange?
Ich bin jetzt seit September dabei. Was mich nicht davon abhält aufzuhören, denn einige haben tatsächlich abgebrochen, ist, dass es mir einfach total Spaß macht. Ich finde, ich bekomme viel zurück, einmal von den Kindern und einfach von der Arbeit hier. Ich habe für die Umwelt und den Naturschutz ein ganz neues Bewusstsein bekommen.

Was war bisher deine größte Herausforderung?
Also in der Schule ist es mir schwer gefallen vor einer Gruppe zu stehen und ein Referat zu halten oder mich im Unterricht zu melden. Und jetzt stehe ich hier öfters vor Gruppen mit 15 Kindern. Zu wissen, dass jetzt alle Kinder mir zuhören, das war am Anfang schon so eine Herausforderung. Dann bekommt man aber so eine Routine rein.

Andere gehen in der Zeit jobben oder treffen sich mit Freunden. Warum engagierst du dich ehrenamtlich? Spielt Geld keine Rolle?
Ich wollte etwas Besonderes machen, nicht gleich studieren oder irgendwie nur in der Welt herumreisen. Ich wollte gerne eine Orientierung haben, was ich denn nach der Schule machen könnte, da ich davor keine Ahnung hatte, was ich studieren wollte. Die Zeit als FÖJ'lerin hat mich jetzt in meinen Zukunftsperspektiven ziemlich weitergebracht. Außerdem sind die vielen Erfahrungen eine private Bereicherung.

Glaubst du von deinen Erfahrungen später bei der Jobsuche profitieren zu können?
Ja, sehr. Als ich mich kürzlich für das Forststudium beworben hatte, wollten die wissen, ob ich schon ein FÖJ oder ähnliches gemacht habe. Dann wird es noch als zwei Wartesemester angerechnet. Also für die Bewerbung bringt's auf jeden Fall etwas. Und auch so sammelt man Erfahrungen in dem Bereich Natur- und Umweltschutz. [...]

Aus: Jugendstiftung Baden-Württemberg (Hrsg.): Qualipass; Stand: 6. 4. 2009; online abrufbar unter www.qualipass.info (Zugriff am 6. 4. 2009)

1 Informieren Sie sich im Internet über die Möglichkeiten, ein Freiwilliges Soziales oder Ökologisches Jahr zu absolvieren.

2 Lesen Sie die Interviews (M 3, M 4) und stellen Sie dar, welche Vorteile Manuel und Catharina in ihrem bürgerschaftlichen Engagement sehen.

3 Was halten Sie von einem verpflichtenden sozialen Jahr für alle? Sammeln Sie Pro- und Kontra-Argumente und führen Sie eine Debatte.

4 Führen Sie ein Interview mit jemandem, der sich ehrenamtlich engagiert, und stellen Sie das Ergebnis im Plenum vor.

INTERNET

www.pro-fsj.de
www.foej.de

PRO & KONTRA

MATERIAL 5

Wie kann man bürgerschaftliches Engagement fördern?

Beispiel 1: Compassion – ein Schulprojekt

Compassion ist der programmatische Name eines Projekts sozialen Lernens. Es geht zurück auf eine Initiative der Deutschen Bischofskonferenz und von Dr. Adolf Weisbrod (Freiburg), die erstmals an Freien Katholischen Schulen in Baden-Württemberg umgesetzt wurde. Während des Schuljahres verrichten Schülerinnen und Schüler zwei Wochen lang Dienste in einer sozialen Einrichtung wie z. B. Altenheimen, Behinderteneinrichtungen usw. Das Wichtige ist, dass die Praktika mit dem Schulunterricht thematisch verbunden werden. [...]

Ziel des Projekts ist es, in der Begegnung mit Menschen, die aus welchen Gründen auch immer auf die Hilfe anderer angewiesen sind, das Empfinden von Sozialverpflichtung und die Bereitschaft zur Solidarität reifen und wachsen zu lassen. Es geht um die Fähigkeit, die Welt mit den Augen anderer sehen zu lernen, um Empathie als der Grundlage für Respekt und Wohlwollen. Diese Werte gewinnen in einer zunehmend individualisierten Gesellschaft eine immer größere Bedeutung, weil sie der Entwicklung von Ressentiment, Abwehr und Hass vor allem gegen schwächere Menschen entgegensteuern.

Beispiel 2: Die Ehrenamtscard

Die Ehrenamtscard ist eine Vorteilskarte für Ehrenamtliche, mit der Städte, Gemeinden und Firmen ihre Anerkennung für die Übernahme eines Ehrenamtes ausdrücken können. [...] Sie wird von der Arbeitsgemeinschaft Deutschland herausgegeben und kann durch die Städte, Gemeinden und Firmen an Ehrenamtliche in Anerkennung ihrer Dienste verliehen werden. Die Arbeitsgemeinschaft Deutschland ist eine Freiwilligenorganisation, die vielfältige soziale Projekte durchführt. [...]

Die Ehrenamtscard können alle die erhalten, die ehrenamtlich in einem Verein oder Verband aktiv sind. Auf Antrag können auch Ehrenamtliche, die eine besondere Tätigkeit durchführen und nicht einem Verein angehören, die Ehrenamtscard bekommen. [...]

Zudem müssen folgende Bedingungen eingehalten werden: mindestens drei Stunden ehrenamtliche Tätigkeit pro Woche; es wird keine Aufwandsentschädigung gezahlt, die über die Erstattung von Kosten hinausgeht; man ist in einem Verein oder Verband tätig; Mindestalter 16 Jahre. [...]

Die Ehrenamtscard ist für die Ehrenamtlichen kostenlos. Städte, Gemeinden und Firmen zahlen, wenn sie die Karte verleihen möchten, einen Kostenbeitrag. [...] Unabhängig von ihrem Wohnort bekommen die Inhaber der Ehrenamtscard Vergünstigungen in vielen Bereichen. Dazu gehören kulturelle und sportliche Veranstaltungen ebenso wie z. B. Produkte und Dienstleistungen aus den Bereichen Auto, Bildung, Computer, Eintrittskarten, Elektronik, Finanzen, Internet, Reisen und vieles mehr. Es werden mehr als 1 000 Firmen als Sponsoren teilnehmen.

Beispiel 3: Der Bürgerpreis „für mich, für uns, für alle"

Sie sorgen dafür, dass Kinder Sport treiben können, Chöre erklingen, Spielplätze entstehen und Feuer gelöscht werden. Sie arbeiten freiwillig in ihrer Freizeit, ohne dafür Geld zu bekommen.

Die Rede ist von Menschen, die ein Ehrenamt ausführen, Freiwilligenarbeit leisten oder sich bürgerschaftlich engagieren. Die Begriffe sind vielfältig, gemeint ist dasselbe. Diese freiwilligen Helfer sind unersetzbar für Deutschland. Dennoch finden ihre Taten meist im Verborgenen statt. Aber Ehrenamt braucht Öffentlichkeit. Und Dank. Daher riefen die Gründer der Initiative „für mich, für uns, für alle" – Bundestagsabgeordnete, die Städte, Landkreise, Gemeinden Deutschlands und die Sparkassen – den Bürgerpreis ins Leben. Er wird jährlich für herausragende Arbeit, Projekte, Initiativen und Unternehmen im Bereich des Ehrenamts verliehen. Um möglichst viele Menschen zu erreichen und zum Mitmachen zu bewegen, beginnt der Wettbewerb auf der lokalen Ebene. Die nationalen Bürgerpreise werden Ende des Jahres feierlich in Berlin verliehen.

Aus: www.schulstiftung-freiburg.de (Beispiel 1), www.ehrenamtscard.info (Beispiel 2), www.buergerengagement.de (Beispiel 3); Zugriff am 6. 4. 2009

„Sich zu engagieren, tut gut“

MATERIAL 6

Aus der Ansprache von Bundespräsident Horst Köhler bei der Ordensverleihung aus Anlass des Tages des Ehrenamtes, Berlin, 7.12. 2007:

Sich zu engagieren, tut gut - weil man anderen Menschen etwas geben kann, weil man daraus selbst Stärke und Lebenssinn beziehen kann und weil man, oft jedenfalls, auch erleben kann, wie man die Welt durch eigenes Handeln ein Stückchen besser machen kann. [...]

Sie haben sich ganz konkreten Dingen gewidmet. Sie geben Lebensnotwendiges: medizinische Versorgung, Pflege, vor allem, was vielleicht das Wichtigste in unserer Gesellschaft ist, Zuwendung für andere. Sie haben ein Ehrenamt übernommen, weil es mit Aufgaben verbunden war, die Ihnen wichtig sind. Sie geben Rat, Sicherheit oder Hilfe im Notfall. Sie haben dort angepackt, wo Sie Handlungsbedarf gesehen haben. Sie schaffen Orte des Zusammenseins; [...]. Sie haben etwas, von dem Sie selbst begeistert waren, weitergegeben. Sie haben sich nicht damit abgefunden, dass es etwas nicht gab, was Sie für nötig halten - Sie haben es selbst auf die Beine gestellt. Stellvertretend für unser ganzes Land möchte ich Ihnen heute dafür „danke“ sagen und Sie mit dem Verdienstorden der Bundesrepublik Deutschland auszeichnen. [...]

Über dreiundzwanzig Millionen Menschen in unserem Land sind bürgerschaftlich engagiert. Ohne ihre täglich in eine gute Sache investierte Zeit, Mühe und Sorge würde vieles, was wir ganz selbstverständlich in Anspruch nehmen, nicht funktionieren. Der Wert Ihres Tuns, meine Damen und Herren, ist in Geld nicht zu bemessen - ich danke Ihnen für Ihren Beitrag zu einer achtsamen, hilfsbereiten und solidarischen Gesellschaft.

Wir stehen in Deutschland vor großen Herausforderungen - ob es um gerechte Bildungschancen für Kinder aus bildungsfernen Elternhäusern geht oder um Integration und Teilhabe derjenigen, die aus anderen Ländern nach Deutschland gekommen sind und jetzt zu uns gehören. Oder denken Sie etwa an die Frage, wie eine würdige Pflege der Kranken und Alten gesichert werden kann. All dies wird nur dann gelingen, wenn jeder Einzelne - im Rahmen seiner Möglichkeiten und Fähigkeiten natürlich - das Seinige dazu beiträgt.

Es geht nicht darum, den Staat aus seiner Verantwortung zu entlassen. Bürgerschaftliches Engagement ist kein beliebig abrufbares Sozialkapital, es kann nicht einfach dort beschworen werden, wo das Geld für bezahlte Dienstleistungen fehlt, ob in den Gemeinden, Schulen oder auch in der Kirche. Es geht vielmehr darum, an einem Strang zu ziehen, anstatt auf andere zu warten und zu sagen: „Das ist nicht meine Aufgabe“. [...]

Es gibt schon viele Orte in unserem Land, wo die alten Antagonismen - hier Staat, dort Gesellschaft; hier Haupt-, dort Ehrenamtliche - ihre Bedeutung verlieren; wo Bürgerinnen und Bürger und öffentliche Hand sich auf kluge Art und Weise ergänzen. Öffentliche Verwaltungen unterstützen Initiativen und bieten Beratung über gesetzliche Rahmenbedingungen und Fördermöglichkeiten, Freiwilligenagenturen vermitteln Engagementwillige in Einsatzfelder, die zu ihnen passen. [...]

Eines ist auch klar, meine Damen und Herren: Der Staat kann Bürgersinn nicht verordnen. Er kann und muss ihn aber fördern - durch gute Rahmenbedingungen, durch Bildung und nicht zuletzt durch eine Kultur der Anerkennung. [...]

Aus: www.bundespraesident.de (Zugriff am 6.4. 2009)

QUERVERWEIS
Bundespräsident
Kapitel 5.8

1 Beurteilen Sie die Möglichkeiten zur Förderung bürgerschaftlichen Engagements (M 5): Wo sehen Sie Chancen, wo Schwierigkeiten?

2 Analysieren Sie die Rede des Bundespräsidenten (M 6). Arbeiten Sie heraus, welche Bedeutung er Ehrenamt und bürgerschaftlichem Engagement für die Demokratie und die Funktionsfähigkeit der Gesellschaft beimisst. Nehmen Sie Stellung zu seiner Meinung.

METHODE
Redeanalyse
S. 28–31

METHODE Karikaturen zum Sprechen bringen

a) Was ist eine Karikatur?

Die Karikatur (italienisch „caricare“: überladen) ist eine visuelle Satire, die in überspitzter Art und Weise auf ein aktuelles Problem aus Politik, Wirtschaft oder Gesellschaft hinweist, Stellung bezieht oder bewusst provoziert. Kennzeichnend für eine Karikatur ist dabei, dass sie übertreibt, verzerrt, verkürzt und direkt oder indirekt Kritik an Personen, Organisationen, Zuständen oder Ereignissen übt. Sie fordert zu einer Stellungnahme des Betrachters heraus und ergreift zumeist Partei für die Schwächeren.

b) Stilmittel der Karikatur (Auswahl)

- **Allegorie:** Sinnbild; Verbildlichung eines abstrakten Begriffs oder Vorgangs, oft durch Verkörperung als Person. Im Unterschied zum Symbol bedeutet die Allegorie nicht nur das Gemeinte, sondern sie stellt es selbst dar (z. B. der Tod als Sensenmann oder Justitia als Frau mit verbundenen Augen, Schwert und Waage).

- **Ironie:** Verstellung; Redeweise, bei der das Gegenteil des Geäußerten gemeint und - für den intelligenten Leser, Hörer oder Betrachter - auch erkennbar ist; die Lächerlichmachung unter dem Schein der Ernsthaftigkeit.

- **Metapher:** verkürzter Vergleich; ein bildhafter Ausdruck, bei dem ein Wort oder eine Redewendung aus dem eigentlichen Bedeutungszusammenhang herausgelöst und auf einen anderen, im entscheidenden Punkt vergleichbaren, aber ursprünglichen fremden Bedeutungszusammenhang übertragen wird - allerdings ohne besondere Kenntlichmachung des Vergleichs (z. B. Haupt der Familie, Mauer des Schweigens, das Recht „mit Füßen treten“).

- **Personifikation:** Vermenschlichung; die Einführung abstrakter Begriffe, konkreter Gegenstände oder auch Tiere in Gestalt von sprechenden und handelnden Personen (der „Michel“ für Deutschland, „Uncle Sam“ für die USA oder die „Marianne“ für Frankreich).

- **Provokation:** Bewusste Herausforderung, um eine Person, eine politische Bewegung oder Gruppe zu (unbedachten) Aussagen oder Handlungen zu bewegen. In den Beziehungen zwischen Staaten können Provokationen (z. B. Grenzverletzungen, Verletzungen des Luftraums, Embargos u. a.) zu Spannungen und Kriegen führen.

- **Satire:** Spott- oder Strafgedicht, in dem Missstände, Ereignisse, Personen oder Anschauungen verspottet und der Verachtung, Entrüstung und Lächerlichkeit preisgegeben werden.

- **Symbol:** Wahrzeichen, Merkmal; ein wahrnehmbares, fassbares Zeichen, das veranschaulichend und verdeutlichend für etwas nicht Wahrnehmbares, Abstraktes steht (z. B. das Kreuz für das Christentum; die Taube für den Frieden).

c) Grenzen von Karikaturen

Die Interpretation von Karikaturen setzt Vorwissen über den dargestellten Sachverhalt voraus. Für den Erwerb von Informationen eignet sich eine Karikatur nur begrenzt, da das Dargestellte meist eine subjektive Meinung wiedergibt. Sie vereinfacht komplexe Probleme, und der Betrachter läuft u. U. Gefahr, in seinen Vorurteilen bestätigt zu werden.

METHODE

d) Typen von Karikaturen

1. Sachkarikatur

ENDLICH WIEDER VEREINT

Sie bezieht sich auf politisches Handeln; es werden jedoch keine Personen abgebildet, sondern nur Objekte, Gegenstände etc., die der Betrachter personal übersetzen muss.

2. Typenkarikatur

Hier werden Personen (z. B. der „Michel" für Deutschland) für Staaten, Organisationen, Nationen, Institutionen etc. dargestellt.

3. Individualkarikatur

Alte Bekannte

Sie ist heute der gebräuchlichste Karikatur-Typus. Meist werden bestimmte äußerliche Merkmale einer (bekannten) Person karikiert.

4. Ereigniskarikatur

Sie geht von einem aktuellen Tagesthema aus. Zeitlich ist sie in der Regel nur begrenzt verwendbar.

5. Prozesskarikatur

Jugendträume

Sie gliedert sich oftmals in mehrere Teilkarikaturen. Dargestellt wird z. B. ein zeitlicher Prozess, ein Vorher-Nachher, Intention und Ergebnis oder Idee und Wirklichkeit.

6. Zustandskarikatur

Tropenarzt Dr. Köhler...

Sie geht oft von aktuellen Ereignissen aus und zeigt dauerhafte Strukturen auf, die sich über einen längeren Zeitraum hin entwickelt haben und sich nicht in kurzer Zeit ändern werden.

METHODE

e) Interpretation von Karikaturen

Quellenangabe: Von wem stammt die Karikatur?
Wo und wann ist sie veröffentlicht worden?

Beschreibung: Was wird in der Karikatur dargestellt? Was fällt Ihnen besonders auf?
Wie ist die Karikatur aufgebaut (Anordnung der Personen etc.)?
Beschreiben Sie die bildlichen Details (Mimik, Gestik, Aussehen etc.)!

Interpretation: Auf welchen politischen Zusammenhang bezieht sich die Karikatur?
Ordnen Sie die Karikatur in den Gesamtzusammenhang ein!
Entschlüsseln Sie die verwendeten Stilmittel!
Worin besteht die „Botschaft" der Karikatur?
Was möchte der Karikaturist erreichen?
Wie wirkt die Karikatur auf Sie?
Formulieren Sie stichpunktartig die Kernaussagen der Karikatur!

Wertung: Worin stimmen Sie mit dem Karikaturisten überein, worin nicht?
Ist die überspitzte Darstellung des Karikaturisten gerechtfertigt?
Formulieren Sie Ihre eigene Meinung zu der dargestellten Problematik!

f) Die Hot-Spots-Methode zur Vorbereitung der Karikaturanalyse

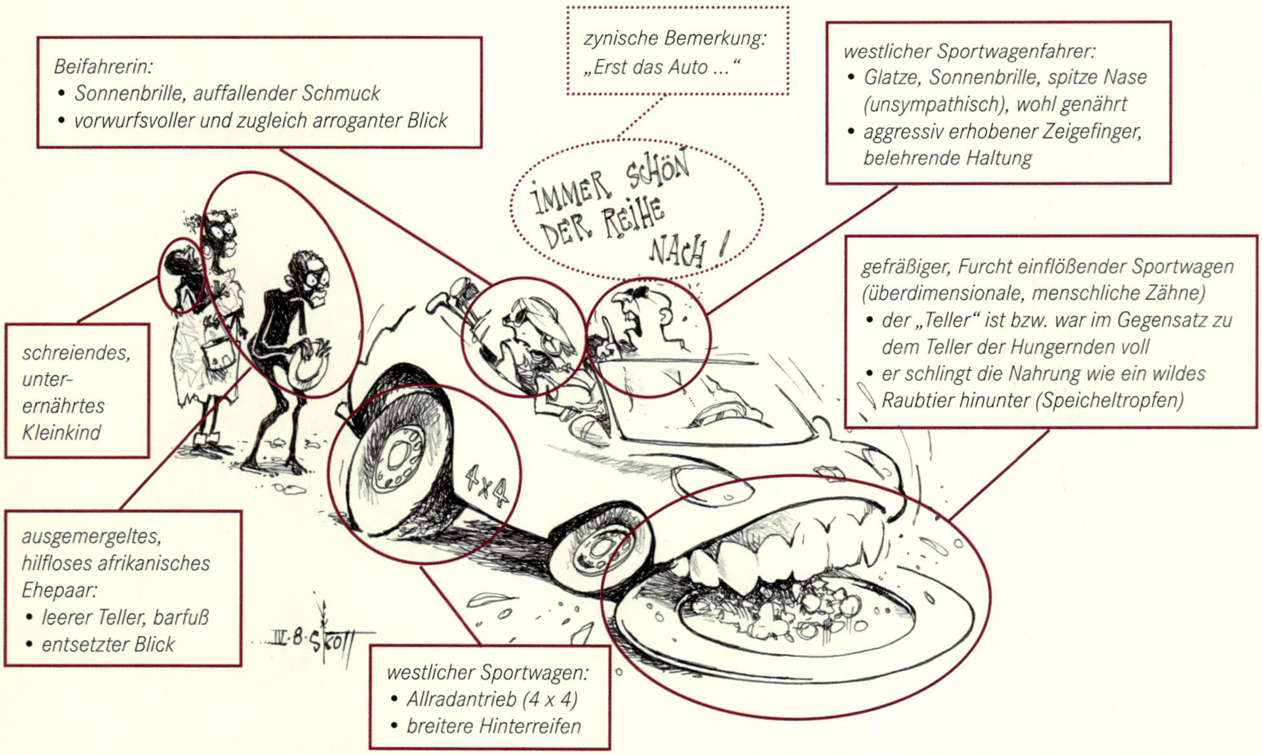

METHODE

g) Die Karikaturanalyse

Quellenangabe: Zeichnung: Berndt A. Skott; Datum: 14. April 2008

Beschreibung: Im Zentrum der Karikatur steht ein Sportwagen mit Allradantrieb, der mit einem übergroßen, Furcht einflößenden Gebiss von einem überdimensionalem Teller „frisst". Die hellhäutigen Insassen machen einen wohlhabenden Eindruck (Statussymbole: Sonnenbrillen, Schmuck, Golfschläger, Sportwagen). Beide – der Fahrer sogar mit erhobenem Zeigefinger – wenden sich gereizt und rechthaberisch an ein ausgemergeltes dunkelhäutiges Ehepaar, das direkt hinter dem Sportwagen steht. Die Mutter hält ein unterernährtes Kleinkind im Arm, der gänzlich unbekleidete Vater einen leeren Teller in den Händen. Sie müssen sich von den Fahrzeuginsassen belehren lassen: „Immer schön der Reihe nach!"

Interpretation: Der Karikaturist prangert zunächst allgemein den Gegensatz zwischen Arm und Reich in der heutigen Zeit und den Egoismus der wohlhabenden Staaten an. Dann aber könnte es um die Mitte 2008 drastisch gestiegenen Lebensmittelpreise infolge der vermehrten Produktion von Biokraftstoffen aus Nahrungsmitteln in der westlichen Welt gehen. Energieträger, die aus Raps, Mais, Zuckerrohr u. Ä. gewonnen werden, verteuern die Grundnahrungsmittel in den Entwicklungsländern drastisch! Aufstände von Hungernden wie in Haiti (2008) sind mitunter die Folge. In den westlichen Industrienationen hingegen wird die Gewinnung von Biosprit staatlich gefördert, um die Abhängigkeit von den Ölproduzenten zu verringern. In diesem Sinne zerstört der verschwenderische Lebenswandel in den Industriestaaten die Lebensgrundlage in den Entwicklungsländern.
Die zynische Bemerkung „Immer schön der Reihe nach!" könnte verdeutlichen, dass billiges Benzin für die Autoinsassen wichtiger sei als die Versorgung hungernder Menschen mit Grundnahrungsmitteln und Entwicklungshilfe. Die Moral jedenfalls scheint hier an zweiter Stelle zu stehen.

Wertung: Stimmen Sie mit den Aussagen der Karikatur überein?

GLOSSAR

Armut

GLOSSAR

Energieträger

h) Karikaturen im Internet (Stand: 19. 6. 2009)

- Burkhard Mohr: *www.burkhard-mohr.de*
- Paolo Calleri: *www.paolo-calleri.de*
- Kostas Koufogiorgos: *www.koufogiorgos.de*
- Christiane Pfohlmann: *www.pfohlmann.de*
- Thomas Plaßmann: *www.thomasplassmann.de*
- Heiko Sakurai: *www.sakurai-cartoons.de*
- Roger Schmidt: *www.karikatur-cartoon.de*
- Klaus Stuttmann: *www.stuttmann-karikaturen.de*
- Jürgen Tomicek: *www.tomicek.de*

4. Herausforderungen für die Demokratie

Plakat-Motiv der Aktion „Mut gegen rechte Gewalt" des Magazin „Stern" und der Amadeu Antonio Stiftung; online abrufbar unter www.mut-gegen-rechte-gewalt.de; Stand: 11. 5. 2008

Art. 9 GG

(1) Alle Deutschen haben das Recht, Vereine und Gesellschaften zu bilden.

(2) Vereinigungen, deren Zwecke oder deren Tätigkeit den Strafgesetzen zuwiderlaufen oder die sich gegen die verfassungsmäßige Ordnung oder gegen den Gedanken der Völkerverständigung richten, sind verboten. […]

Zeichnung: Burkhard Mohr

Wer Hilfe ruft, meint Dich.
Wir wollen Anstoß geben

- Gleichgültigkeit und Untätigkeit zu überwinden,
- Weggucken zu vermeiden,
- Couragiertes Verhalten zu unterstützen,
- Zeichen zu setzen für mehr Mut und Zivilcourage,
- Mutiges Verhalten zu loben.

Aus dem Aufruf „Zivilcourage in Bus und Bahn“ des Vereins zur Förderung der Kriminalitätsverhütung „Sicheres Freiburg e. V.“, Jacob-Burckhardt-Str. 1, 79098 Freiburg; August 2007

4.1 Politikverdrossenheit – Gefährdung der Demokratie?

In Zusammenhang mit Parteien und Politikern fällt immer wieder das Schlagwort der Politikverdrossenheit. Seit der Begriff 1992 zum „Wort des Jahres“ gewählt wurde, steht er für die Unzufriedenheit von Bürgern mit der Politik. Tatsächlich ist in den letzten Jahren die Zahl der Bürger gestiegen, die bezweifeln, dass die etablierten Parteien die Zukunftsfragen des Wirtschaftsstandorts Deutschland, die Herausforderungen des gesellschaftlichen Wandels oder die Probleme des Sozialstaats bewältigen können.

Wie wird Politikverdrossenheit sichtbar?

Als Anzeichen für Politikverdrossenheit in Deutschland gelten

QUERVERWEIS
Bundestagswahlen
Kapitel 3.6

- die zurückgehende Wahlbeteiligung, vor allem auf kommunaler und auf Landesebene sowie bei den Wahlen zum Europäischen Parlament,
- die Zunahme der Wechsel- und Protestwähler,

QUERVERWEIS
Volksparteien
Kapitel 3.2.4

- der dramatische Mitgliederschwund in den großen Volksparteien,
- der Stimmenzuwachs extremer Parteien und ihr Einzug in deutsche Landtage,
- der Erfolg populistischer Politiker.

Das Phänomen der Politikverdrossenheit ist dabei kein rein deutsches, sondern tritt in nahezu allen westlichen Demokratien in Erscheinung. Es ist daher fraglich, ob die zurückgehende Wahlbeteiligung in Deutschland ein echtes Krisenphänomen ist oder nur eine Angleichung an andere Demokratien darstellt.

Welches sind die Ursachen von Politikverdrossenheit?

Als Ursachen der Politikverdrossenheit lassen sich zum einen gesamtgesellschaftliche Entwicklungen anführen, wie etwa

GLOSSAR
Prekariat

- Individualisierungstendenzen,
- das Abschmelzen der Mittelschicht,
- die Verfestigung des Prekariats,
- die Angst vor einem Abbau des Sozialstaats und vor Arbeitslosigkeit,
- die Auflösung sozialer Bindungen v. a. im kirchlichen und gewerkschaftlichen Bereich,
- Ängste vor den sozialen und wirtschaftlichen Folgen der Globalisierung.

Schließlich seien es aber auch die Parteien und Politiker selbst, die eine Mitschuld an der Politikverdrossenheit trügen. Fragwürdige Auftritte einzelner Spitzenpolitiker in Talkshows, politische Skandale, der Vorwurf der Ämterpatronage oder gebrochene Wahlversprechen sind hier nur einige Aspekte.

Mittel und Wege gegen die Politikverdrossenheit

Als Maßnahmen gegen die durch Parteien und Politiker verursachte Politikverdrossenheit werden immer wieder dieselben Vorschläge unterbreitet. Ob sie aber wirksam sind, ist strittig.

- Mitgliederbefragungen und Mitgliederentscheide innerhalb der Parteien,
- die Senkung des Wahlalters,
- die Direktwahl des Bundespräsidenten und
- die Einführung direktdemokratischer Elemente in das Grundgesetz.

Es ist aber auch kritisch zu fragen, ob manche Gründe für Politikverdrossenheit am Ende beim Bürger selbst liegen:

- Stellen die Bürger zu hohe Anforderungen an den Staat, indem sie ihn nur als „Daseinsvorsorgestaat“ verstehen, daher zuviel von ihm erwarten und sich im Grunde scheuen, die Verantwortung für eigenes Handeln selbst zu übernehmen?
- Neigt der Bürger nicht dazu, sich in die Privatsphäre zurückzuziehen, anstatt sich mit politischen Problemen auch in der Öffentlichkeit auseinanderzusetzen?

Demokratie erhalten und gestalten

Angesichts der Tatsachen, dass die Demokratie in Deutschland sechs Jahrzehnte lang erfolgreich war, den Deutschen die längste Friedensperiode in ihrer Geschichte bescherte, sich in vielen Krisen bewährte und gestärkt aus ihnen hervorging, ist Pessimismus unangebracht. Politik setzt immer beim Menschen an. Mit passiven oder desinteressierten Bürgern steigt aber die Gefahr, dass Politikverdrossenheit zu Demokratieverdrossenheit führt. Aktive und teilnahmefähige Bürger hingegen füllen die Demokratie mit Leben und schaffen damit die Möglichkeit, dass die Demokratie heute und morgen ihre volle Funktions- und Leistungsfähigkeit entfalten kann.

Meinungen über die Politik

MATERIAL 1

1. „Die wichtigste Funktion der Politik besteht darin, die Bevölkerung ruhigzustellen." –
Charles Maurice de Talleyrand, französischer Staatsmann und Diplomat (1754–1838)

2. „In der Politik geht es nicht darum, Recht zu haben, sondern Recht zu behalten." –
Konrad Adenauer (CDU), erster deutscher Bundeskanzler (1876–1967)

3. „Politik bedeutet ein starkes, langsames Durchbohren von harten Brettern mit Leidenschaft und Augenmaß zugleich." –
Max Weber, deutscher Jurist, Nationalökonom und Soziologe (1864–1920)

4. „Politik ist der stets neu zu schaffende Kompromiss von Macht und Vernunft."–
Carl Friedrich von Weizsäcker, deutscher Physiker (1912–2007)

5. „Politik ist die Kunst des Möglichen." –
Otto von Bismarck, deutscher Reichskanzler (1815–1898)

6. „Beliebtheit sollte kein Maßstab für die Wahl von Politikern sein. Wenn es auf die Popularität ankäme, säßen Donald Duck und die Muppets längst im amerikanischen Senat." –
Orson Welles, US-amerikanischer Regisseur, Schauspieler und Autor (1915–1985)

7. „Ein Fürst braucht nur zu siegen und seine Herrschaft zu behaupten, so werden die Mittel dazu stets für ehrenvoll gelten und von jedem gepriesen werden." –
Niccolò Machiavelli, italienischer Politiker und Staatstheoretiker (1469–1527)

Zeichnung: Burkhard Mohr

Die Allensbacher Berufsprestige-Skala 2008

MATERIAL 2

Frage:
„Hier sind einige Berufe aufgeschrieben. Könnten Sie bitte die fünf davon heraussuchen, die Sie am meisten schätzen, vor denen Sie am meisten Achtung haben?"
(Vorlage einer Liste)

+ / – im Vergleich zur vorhergehenden Umfrage von 2003

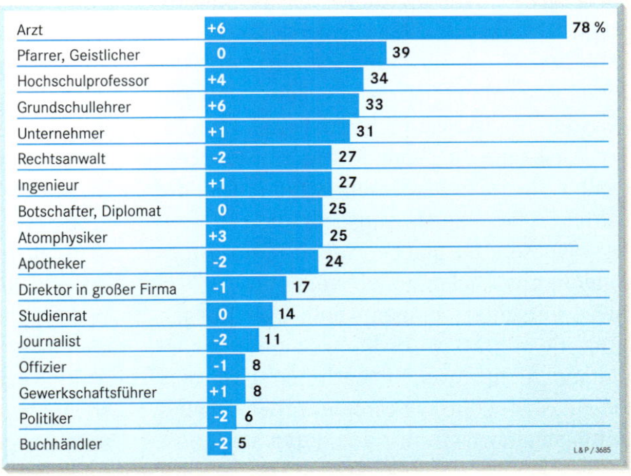

– Deutsche Bevölkerung ab 16 Jahren –

Quelle: Allensbacher Archiv, IfD-Umfragen 7040 (2003) und 10015 (2008)

1 Setzen Sie sich in Gruppen mit den in M 1 abgedruckten Zitaten über Politik kritisch auseinander.

2 Sammeln Sie Gründe für Politikverdrossenheit in Deutschland und bewerten Sie diese. Vergleichen Sie Ihre Ergebnisse mit dem Info-Text (S. 108).

3 Erstellen Sie Plakate zu den vier am häufigsten genannten Gründen für Politikverdrossenheit und erläutern Sie diese Gründe aus Ihrer Sicht.

4 Erörtern Sie, warum gerade der Beruf des Politikers in der Allensbacher Berufsprestige-Skala 2008 (M 2) derart schlecht abschneidet.

METHODE

Umgang mit Statistiken
S. 112–115

MATERIAL 3

Norbert Lammert (CDU): „Weniger ist mehr!“

QUERVERWEIS

Volksparteien
S. 62/63, M 3/M 4

Nur noch jeweils 26 % der Wahlberechtigten haben sich bei der Bundestagswahl 2005 für eine der beiden Volksparteien entschieden. Es steht nicht gut um das Verhältnis zwischen Bürgern und ihrem Staat, meldete das Meinungsforschungsinstitut dimap Ende 2006. Weniger als die Hälfte der Bevölkerung sei damit zufrieden, wie das politische System der Bundesrepublik in der Praxis funktioniere, die Kluft zwischen Wählern und Volksvertretern werde immer größer. [...]

Deshalb empfehle ich sehr, die beklagten Befunde ernst zu nehmen, zumal es sich nicht um aktuelle Stimmungen handelt, sondern um einen seit langem beobachteten Trend. Aber man sollte sie auch nicht dramatisieren. Bei genauer Betrachtung ergibt sich, dass es wohl eine starke, weiter wachsende Skepsis gegenüber der Politik und der Leistungs- und Lösungsfähigkeit der politischen Institutionen gibt. Aber die Demokratie als konstitutives Prinzip genießt weiterhin hohe Zustimmung. Selbst die frustriertesten Beobachter, die mit Parteien, Regierungen und Parlamenten hadern, kommen glücklicherweise nicht auf die Idee, andere als demokratische Strukturen allen Ernstes für besser zu halten. Laut der dimap-Studie wird die Demokratie als politisches System von rund 90 % der Menschen nicht in Frage gestellt. Der Aussage, die Demokratie sei die beste aller Herrschaftsformen, stimmt fast die Hälfte der Bevölkerung ausdrücklich zu, weitere vier Zehntel machen leichte Einschränkungen, nur 4 % lehnen sie völlig ab.

Die Deutschen mögen politikverdrossen sein, demokratieverdrossen sind sie jedenfalls nicht. Was Bürgerinnen und Bürger an der Politik besonders nervt, sind politischer Zwist und zähe Entscheidungsprozesse. Beides müssen Wähler wie Gewählte allerdings aushalten. Denn Demokratie ist kein Verfahren zur Vermeidung von Streit, sondern zur Herbeiführung mehrheitlich getragener Lösungen. Und solche demokratischen Lösungen sind nicht im Hau-Ruck-Verfahren zu haben. Schon gar nicht angesichts der meist komplexen und komplizierten Probleme, um die es geht. Die Wahrung von Wohlstand und sozialer Sicherheit bei rückläufiger Bevölkerung und steigender Lebenserwartung ist unter den Wettbewerbsbedingungen der Globalisierung erheblich schwieriger, beinahe aussichtslos ist es geworden, die über Jahrzehnte gewohnten Zuwächse zu wiederholen. Was heute politisch entschieden werden muss, hat deswegen von vornherein eine hohe Aussicht auf Skepsis, Zweifel, Widerstand, was wiederum bei Politikern die Neigung befördert, solche Entscheidungen – z. B. unvermeidbare Sozialreformen – eher vor sich herzuschieben. [...]

Politik muss kontinuierliche Überzeugungsarbeit leisten, und das tut sie am besten durch den Nachweis des Erfolgs. Dass in einer etwas längeren Legislaturperiode die Aussicht wächst, diese Nachweise erbringen zu können, liegt auf der Hand. Ich plädiere deshalb dafür, die Legislaturperiode des Bundestages auf fünf Jahre zu verlängern. Damit würde man der Bundesregierung wie in vielen anderen europäischen Ländern einen etwas größeren Zeitraum schaffen, in dem Vorhaben so auf den Weg gebracht werden können, dass sie bis zur nächsten Wahl Wirkung entfalten. Dabei müssen sich die Parteien allerdings an den Absichten und Ankündigungen messen lassen, mit denen sie im letzten Wahlkampf um Wählerstimmen geworben haben. [...]

Aus: Norbert Lammert: Weniger ist mehr!, in: Cicero, Februar 2007; der Autor ist Präsident des 17. Deutschen Bundestages

1 Arbeiten Sie aus M 3 heraus, a) warum es der politischen Elite heute immer schwerer fällt, den Bürgern politische Entscheidungen zu vermitteln, b) inwieweit der Autor die Parteien von einer Schuld an der Politikverdrossenheit frei spricht. Nehmen Sie dazu Stellung.

2 Nehmen Sie zu den Aussagen Johannes Raus (M 4) Stellung und überprüfen Sie, wer sich in Ihrem eigenen Umfeld politisch engagiert.

Johannes Rau (SPD): „Lasst es Euch nicht verdrießen!"

MATERIAL 4

Aus einer Rede von Bundespräsident Johannes Rau (1931–2006) bei der Konferenz „Bürgernaher Bundesstaat", Berlin, 31. 3. 2004:

[D]ie Formen direkter Demokratie [können in Wahrheit] die Arbeit der Parteien überhaupt nicht ersetzen, auch und gerade unter dem Aspekt der Bürgernähe nicht. Nur die Parteien sind zu mehr als punktuellem Engagement in der Lage; nur sie können landes- und bundesweit die Fülle der Themen erfassen und ordnen. Nur sie können widerstreitende Ziele und Interessen abwägen, Gegensätze überbrücken und Kompromisse finden und schließen. Auch für die Parlamente ist die Arbeit der Parteien unverzichtbar – übrigens hat sich das schon in der Paulskirchenversammlung sehr eindrucksvoll erwiesen. Gäbe es die Parteien nicht, man müsste sie erfinden, nein: Sie würden von selbst entstehen, denn schon bald würden engagierte Demokraten über ihre Einzelinitiativen hinaus nach den größeren politischen Zusammenhängen und nach dauerhaften Verbündeten streben. Es gibt Parteienverdrossenheit, ich weiß, und es gibt auch manchen Grund dazu; aber meine Antwort an alle Verdrossenen lautet: Lasst es Euch nicht verdrießen – engagiert Euch, organisiert Euch, tretet ein und macht es besser! [...]

Aus: www.bundespraesident.de (Zugriff am 8. 4. 2009)

INFO

Paulskirchenversammlung
Versammlungsort der ersten deutschen Nationalversammlung in Frankfurt 1848

Alois Glück (CSU): „Aktive Bürgergesellschaft"

MATERIAL 5

Wir sind nicht nur für uns, für das Hier und Heute geboren. Wir haben Verantwortung auch für die kommenden Generationen, für Familie und Land. Das ist innerer Antrieb und Herzensanliegen und eben nicht nur Pflichtbewusstsein konservativ denkender Menschen. [...] Die Führungskräfte in der Politik und in allen anderen gesellschaftlichen Gruppen einschließlich der Medien haben gegenüber der Bevölkerung die Bringschuld, die gegenwärtige Lage und die notwendigen Konsequenzen daraus verständlich zu machen. [...] Die Menschen suchen nach Orientierung, finden sie zu wenig und werden dann verführbar durch gefährliche Vereinfacher und Demagogen. Das ist gegenwärtig eine der größten Gefahren, vor allem für diejenigen, die für sich keine positive Perspektive mehr sehen, die glauben, sie hätten nichts mehr zu verlieren und könnten deshalb alles wagen, auch Zerstörerisches. [...]
Die Bürger sind als Akteure in einer „Aktiven Bürgergesellschaft", in der die Verantwortungsgemeinschaft von Bürger und Staat das Leitbild ist, mitverantwortlich für den gemeinsamen Weg in die Zukunft. Das ist das Gegenbild zum Anspruchsdenken des Staatsbürgers als Kunde beim „Dienstleistungsbetrieb Staat". Dieser Bürger ist selbstständig, selbstbewusst [...] und engagiert. [...]
Mit dem auch über die neuen Medien gut informierten, selbstverantwortlichen und im positiven Sinne kritischen Bürger tun sich Politik und Verwaltung gegenwärtig oft schwer. Ein Miteinander auf Augenhöhe erfordert entsprechende Regeln und Strukturen, verlangt in Politik und Staat einen partnerschaftlichen und teamorientierten Führungsstil, der gleichwohl zielbewusst zu Entscheidungen führt und dabei die Letztverantwortung der rechenschaftspflichtigen Mandatsträger respektiert. [...]

Aus: Alois Glück: Wie können wir morgen leben?, 30. 6. 2008; online abrufbar unter www.csu-landtag.de (Zugriff am 8. 4. 2009); der Autor ist Vorsitzender der Grundsatzkommission der CSU

1 Erläutern Sie den Begriff der „Aktiven Bürgergesellschaft" (M 5) mit eigenen Worten. Ermitteln Sie die Möglichkeiten, die Ihnen persönlich zur Verfügung stehen, um Demokratie und Soziale Marktwirtschaft mit Leben zu füllen.

METHODE

Umgang mit Texten
S. 82–85

METHODE Umgang mit Statistiken

„Statistik ist für mich das Informationsmittel der Mündigen. Wer mit ihr umgehen kann, kann weniger leicht manipuliert werden.“

Elisabeth Noelle-Neumann (geb. 1916)

Statistische Daten spielen heute in jeder Tageszeitung, an der Universität und im Unterricht bei den verschiedensten Themen eine bedeutende Rolle. Sie helfen, Entwicklungen und Fakten in einen Gesamtzusammenhang einzuordnen oder Annahmen und Aussagen zu belegen. Obwohl Statistiken den Eindruck objektiver Tatsachen erwecken, spiegeln sie nur einen begrenzten Teil der Realität wider und können den Betrachter somit manipulieren.
Die *beschreibende* oder *deskriptive Statistik* dient dazu, umfangreiche Datensätze einerseits möglichst übersichtlich und anschaulich darzustellen, sie andererseits durch möglichst wenige, einfache Maßzahlen zu ersetzen („Datenreduktion“). Dadurch sollen die Verallgemeinerbarkeit von Aussagen einsichtig gemacht und Forderungen oder Entscheidungen legitimiert werden.
Heute sind die Sozialwissenschaften ohne statistische Erhebungen gar nicht mehr denkbar. Dabei zeigt die Auswertung grafischer Darstellungen, dass diese immer häufiger auch emotionale Botschaften enthalten: Die Dramatik im Geschehen an der Aktienbörse spiegelt sich im Verlauf der „Fieberkurve“ eines Aktienkurses oder des Aktienindexes wider. Ähnliches gilt für den „dramatisch gestiegenen“ Ölpreis. Die emotionale Wirkung der statistischen Aussage lässt sich durch geschickte Wahl der Darstellungsform - z. B. kurze Abstände auf der x-Achse, lange Abstände auf der y-Achse - oder durch die Einbettung von Text- und Bildelementen steigern. Statistische Aussagen sind damit zu wirksamen Elementen der politischen Rhetorik geworden und konkurrieren darin mit Texten und Bildern. Die Beherrschung des aktiven und passiven Umgangs mit statistischem Material wird damit zur Voraussetzung für die erfolgreiche Teilnahme am politischen und wirtschaftlichen Leben. Statistiken lassen sich in *Tabellen* und *Diagramme* unterscheiden.

1. Die Tabelle

Soziale und demographische Daten in Europa (2007) → *Tabellenüberschrift (Bezugsjahr)*

Tabellenkopf

Staaten	Bevölkerung Mitte 2007 (in Mio.)	Geburten pro 1 000 EW [1]	Todesfälle pro 1 000 EW	Natürliche Wachstumsrate (in %) [3]	Bevölkerungsprojektion (in Mio.)	
					2025	**2050**
Großbritannien [2]	61,0	12	10	0,3	65,8	69,2
Norwegen	4,7	13	9	0,4	5,2	5,8
Deutschland	82,3	8	10	−0,2	79,6	71,4
Frankreich	61,7	13	9	0,4	66,1	70,0
Niederlande	16,4	11	8	0,3	16,9	16,8
Österreich	8,3	9	9	0,0	8,8	9,0
Polen	38,1	10	10	0,0	36,7	30,5
Europa [4]	**733,0**	**10**		**−0,1**	**719,0**	**669,0**

Zeilen

Vor- bzw. Randspalte

Fach

Fußnoten (Erläuterungen)

[1] EW = Einwohner [2] Großbritannien mit Nordirland

[3] Die Geburtenrate minus der Sterberate ergibt die jährliche Wachstumsrate der Bevölkerung, ohne die Auswirkungen der Migration mit einzubeziehen. Sie wird in Prozent ausgedrückt.

[4] Länder der EU sowie Moldawien, Russische Föderation, Ukraine, Weißrussland, Albanien, Andorra, Bosnien-Herzegowina, Kroatien, Mazedonien, Montenegro und Serbien

Quelle: Deutsche Stiftung Weltbevölkerung (DSW): DSW-Datenreport. Soziale und demographische Daten zur Weltbevölkerung 2007, Hannover 2008, S. 10f.

Nach: Jochen Schwarze: Grundlagen der Statistik I. Beschreibende Verfahren, Herne/Berlin 2005

2. Die wichtigsten Diagrammtypen

METHODE

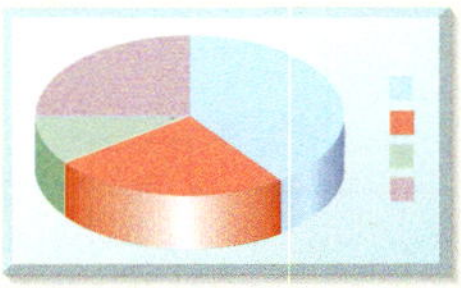	Wenn Anteile einer 100-prozentigen Menge im Verhältnis zueinander dargestellt werden sollen (z. B. Wahlergebnisse, Marktanteile), dann eignet sich v. a. das Kreis- oder Tortendiagramm. Die wichtigste Teilmenge beginnt dabei i. d. R. mit der 12-Uhr-Position. Visualisiert werden meist Strukturvergleiche und Mengenverhältnisse (z. B. prozentuale Anteile, Zusammensetzungen).
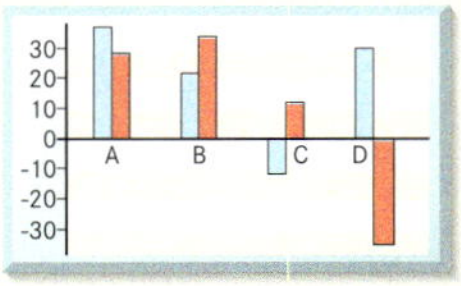	Mit dem Säulendiagramm lassen sich Vergleiche, Unterschiede und auch Trends über einen bestimmten Zeitraum darstellen (z. B. die Entwicklung des Ölpreises im Verhältnis zum Gaspreis). Teilmengen können anschaulich miteinander verglichen werden. Von Vorteil ist diese Darstellungsform zudem, weil sich auch negative Daten darstellen lassen. Im Gegensatz zum Balkendiagramm können mit dem Säulendiagramm Mengen in einer zeitlichen Abfolge dargestellt werden (Zeitreihe), die x-Achse dient dabei als Zeitachse.
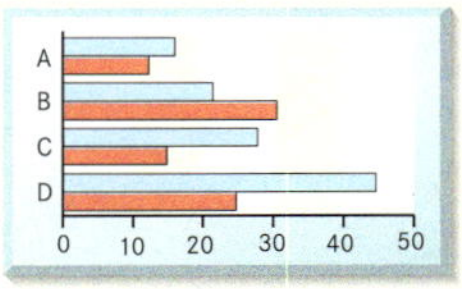	Sollen verschiedene Mengen miteinander verglichen werden (z. B. die Anzahl der Schulformen in den verschiedenen Bundesländern), dann eignet sich dazu das Balkendiagramm. Dieser Diagrammtyp betont das Verhältnis der Teilmengen untereinander. Oft werden Balkendiagramme dazu verwendet, um eine Rangfolge oder einen Vergleich zu visualisieren, und es werden dabei entweder prozentuale Werte oder absolute Zahlen angegeben.
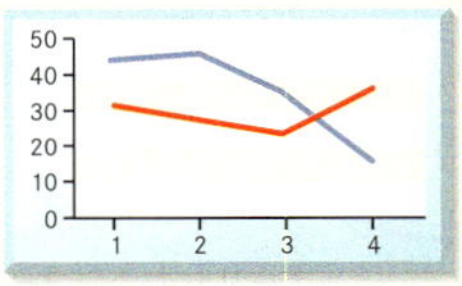	Das Linien- oder Kurvendiagramm findet v. a. Verwendung zur Darstellung einer Entwicklung, eines Verlaufs oder einer Zeitreihe (z. B. bei Wahlergebnissen oder Preisentwicklungen). In einem Liniendiagramm können aber auch Abhängigkeiten und Brüche (z. B. der Pillenknick bei der demographischen Entwicklung) dargestellt werden. Dieser Diagrammtyp eignet sich ideal, um Extremata (Höchstwerte/Tiefstwerte) miteinander zu vergleichen.
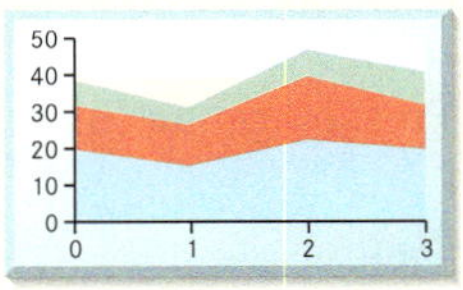	Das Flächendiagramm zeigt an, wie sich Daten im Lauf der Zeit verändern (z. B. die Entwicklung der Wirtschaftssektoren zueinander). Auch lässt sich die Beziehung von Teilen zum Ganzen darstellen.

3. Auswertung einer Statistik

Beschreibung

- Was ist das Thema der Tabelle oder des Diagramms?
- Von wem und von wann stammt die Statistik?
- Wo ist die Statistik erschienen (Zeitung, Internet, Statistisches Bundesamt etc.)?
- Welche Darstellungsform ist gewählt, Tabelle oder Diagramm (Diagrammart)?
- Welche Bezugsgrößen sind genannt (z. B. „Beschäftigte pro Jahr")?
- Wie sind die Begriffe, zu denen Aussagen gemacht werden, definiert?
- Welche Zahlenarten (absolute Zahlen, Prozentzahlen) werden verwendet?

Inhalt

- Was ist die Hauptaussage (Trend)? Welche Teilaussagen (Einzelaspekte) lassen sich ableiten? (Verbalisierung der statistischen Aussage)
- Auf welche Fragen antwortet das Material, auf welche nicht?
- Welche Entwicklungen sind erkennbar? Welche Auffälligkeiten zeigen sich?
- Welche Thesen werden gestützt oder in Frage gestellt?

Kritische Bewertung

- Wie aktuell ist das Datenmaterial?
- Welcher Maßstab/welche Proportionen sind verwendet (Einteilungen, Verhältnis der Maßstäbe der beiden Achsen)?
- Wie wurden die Daten gewonnen bzw. von wem wurden sie bezogen? Welche mögliche Intention hatte der Verfasser?
- Stellungnahme zu der Aussageabsicht der Statistik!

METHODE

4. Beispiel für die Auswertung einer Statistik

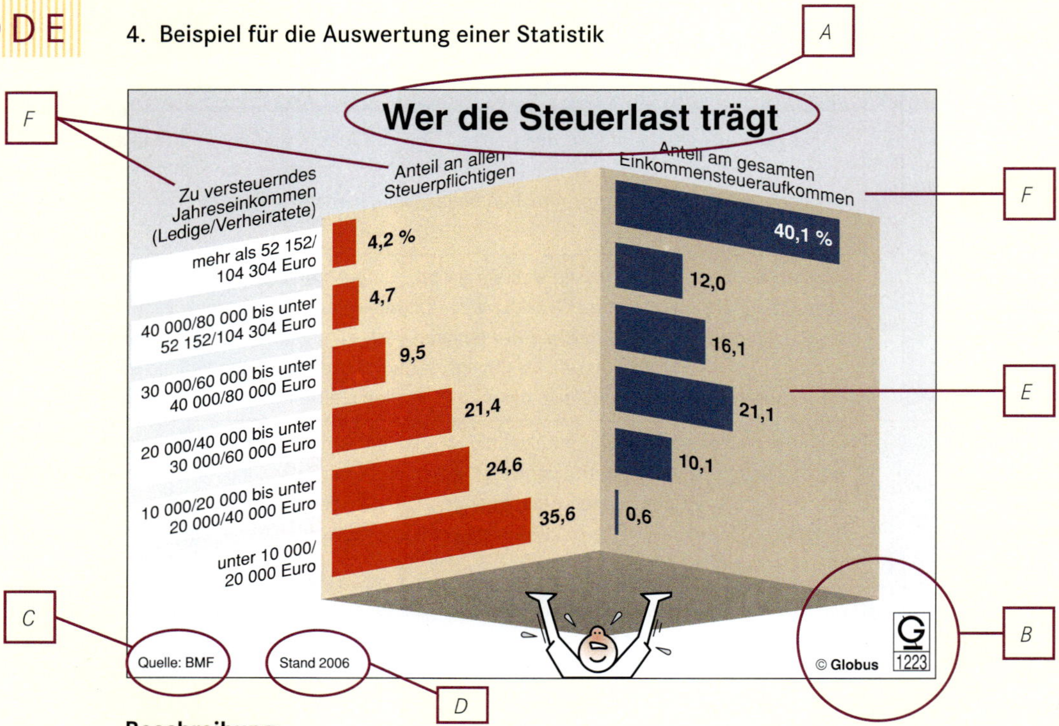

Beschreibung

- Thema ist die Verteilung der Einkommensteuerlast in Deutschland auf die steuerpflichtige Bevölkerung: „Wer die Steuerlast trägt“ (A).
- Die Statistik stammt von „Globus“, einem Unternehmen der Deutschen Presse Agentur (B).
- Als Quelle wird das Bundesfinanzministerium (BMF) angegeben (C).
- Stand der Daten ist 2006 (veröffentlicht wurde die Statistik im März 2007) (D).
- Als Darstellungsform wurde ein Balkendiagramm gewählt (E).
- Die Bezugsgrößen sind „zu versteuerndes Jahreseinkommen“ nach Einkommensgruppen (Ledige oder Verheiratete), deren „Anteil an allen Steuerpflichtigen in Prozent“ sowie deren „Anteil am gesamten Einkommensteueraufkommen in Prozent“ (F).

Inhalt

Aussagen der Statistik (*Verbalisierung*):

- Titel sowohl positiv als auch negativ interpretierbar;
- Steuerpflichtige mit mehr als 40 000 / 80 000 Euro Jahreseinkommen machen 8,9 % aller Steuerpflichtigen aus, und ihr Anteil an der Einkommensteuer betrug im Jahr 2006 52,1 %;
- Steuerpflichtige zwischen 20 000 / 40 000 und 40 000 / 80 000 Euro Jahreseinkommen machen 30,9 % aller Steuerpflichtigen aus; ihr Anteil an der Einkommensteuer betrug 2006 37,2 %;
- Steuerpflichtige mit weniger als 20 000 / 40 000 Euro Jahreseinkommen machen 60,2 % aller Steuerpflichtigen aus, und ihr Anteil an der Einkommensteuer betrug im Jahr 2006 10,7 %

Hauptaussage: Wenige „Besserverdienende“ tragen die Hauptlast der Einkommensteuer, wohingegen das unterste „Drittel“ der Steuerpflichtigen praktisch keinen Beitrag dazu leistet.

Kritische Bewertung

Dass die „Besserverdienenden“ einen größeren Anteil am Steueraufkommen leisten, wird verstärkt durch die Progression im Steuertarif: Mit steigendem Einkommen steigt der Steuersatz bis zum Spitzensteuersatz von 42 Prozent. Auffallend ist aber auch, dass die Zahl der Steuerpflichtigen, die mit weniger als 10 000 / 20 000 Euro im Jahr auskommen müssen, mit über 35,5 % sehr hoch ist. Ihnen gewährt der Staat durch Steuerfreibeträge ein „Existenzminimum“.

5. Manipulation von Statistiken

Viele Statistiken werden bewusst im Sinne des Verfassers oder Auftraggebers manipuliert oder gar gefälscht. Bei unseriösen oder schlecht ausgebildeten Statistikern können Unkenntnis, unvollständige Datenerhebungen oder falsche Fragetechniken zur Verzerrung von Ergebnissen führen; unkorrekte Ergebnisse stellen sich beispielsweise bei Suggestivfragen ein („Sie sind doch auch dafür, dass die Löhne steigen, oder?"). Die Art von Manipulation, die den Betrachter / die Betrachterin am stärksten irritieren kann, besteht jedoch in der bewussten grafischen „Verzerrung" von Ergebnissen:

a) Manipulation am Beispiel der Arbeitslosenstatistik

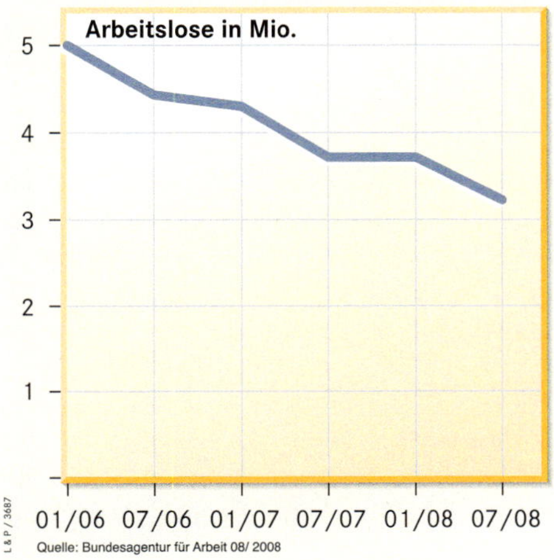

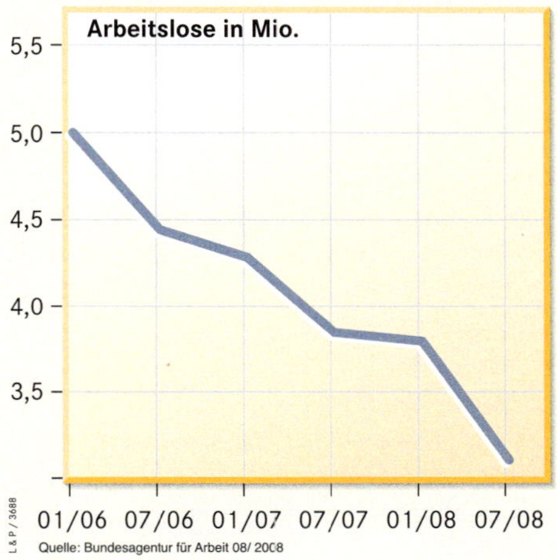

b) Die bewusste Verfälschung einer Statistik

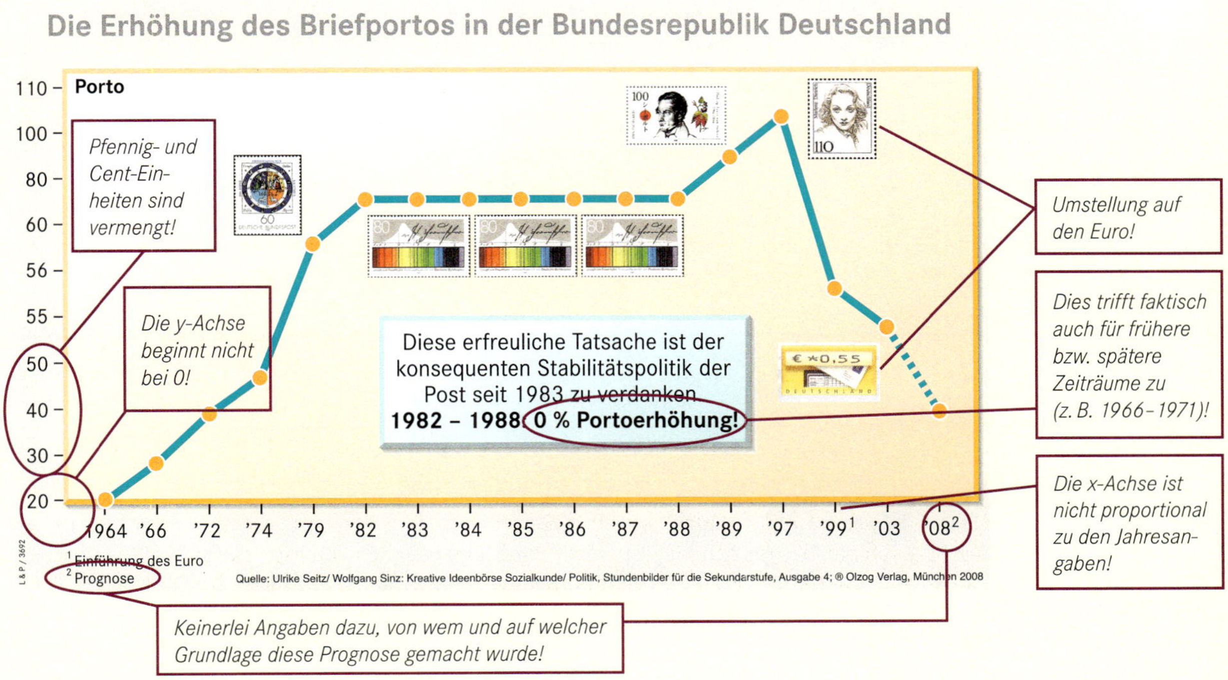

4.2 Wer gefährdet die Freiheitliche Demokratische Grundordnung?

Definition der FDGO

Das Bundesverfassungsgericht hat in seinem Urteil zum Verbot der Sozialistischen Reichspartei (SRP) im Jahr 1952 die Freiheitliche Demokratische Grundordnung (FDGO) wie folgt definiert:

„Die Freiheitliche Demokratische Grundordnung im Sinne des Art. 21 Abs. 2 GG ist eine Ordnung, die unter Ausschluss jeglicher Gewalt und Willkürherrschaft eine rechtsstaatliche Herrschaftsordnung auf der Grundlage der Selbstbestimmung des Volkes nach dem Willen der jeweiligen Mehrheit und der Freiheit und Gleichheit darstellt. Zu den grundlegenden Prinzipien dieser Ordnung sind mindestens zu rechnen:

- *Die Achtung vor den im Grundgesetz konkretisierten Menschenrechten, vor allem vor dem Recht der Persönlichkeit auf Leben und freie Entfaltung,*
- *die Volkssouveränität,*
- *die Gewaltenteilung,*
- *die Verantwortlichkeit der Regierung,*
- *die Gesetzmäßigkeit der Verwaltung,*
- *die Unabhängigkeit der Gerichte,*
- *das Mehrparteienprinzip*
- *und die Chancengleichheit für alle politischen Parteien mit dem Recht auf verfassungsmäßige Bildung und Ausübung einer Opposition.*

Ziele und Formen von Extremismus

Die FDGO zählt zum unabänderlichen Kern der Verfassung und kann daher – auf legale Weise – nicht abgeschafft werden. Aktivitäten, die sich zielgerichtet gegen diesen Kernbestand unserer Verfassung richten, werden als „extremistisch“ bezeichnet. Während „radikale“ Bestrebungen die obersten Wertprinzipien des Grundgesetzes und die durch sie definierten Grenzen (jedenfalls noch) anerkennen, sind extremistische, also verfassungsfeindliche Bestrebungen ausdrücklich gegen die FDGO gerichtet. Die Formen des Extremismus lassen sich in die drei Kategorien „rechts“, „links“ und „religiös“ unterteilen.

Rechtsextremismus

Der Rechtsextremismus leugnet die Idee, alle Menschen hätten gleiche Rechte. Nation oder

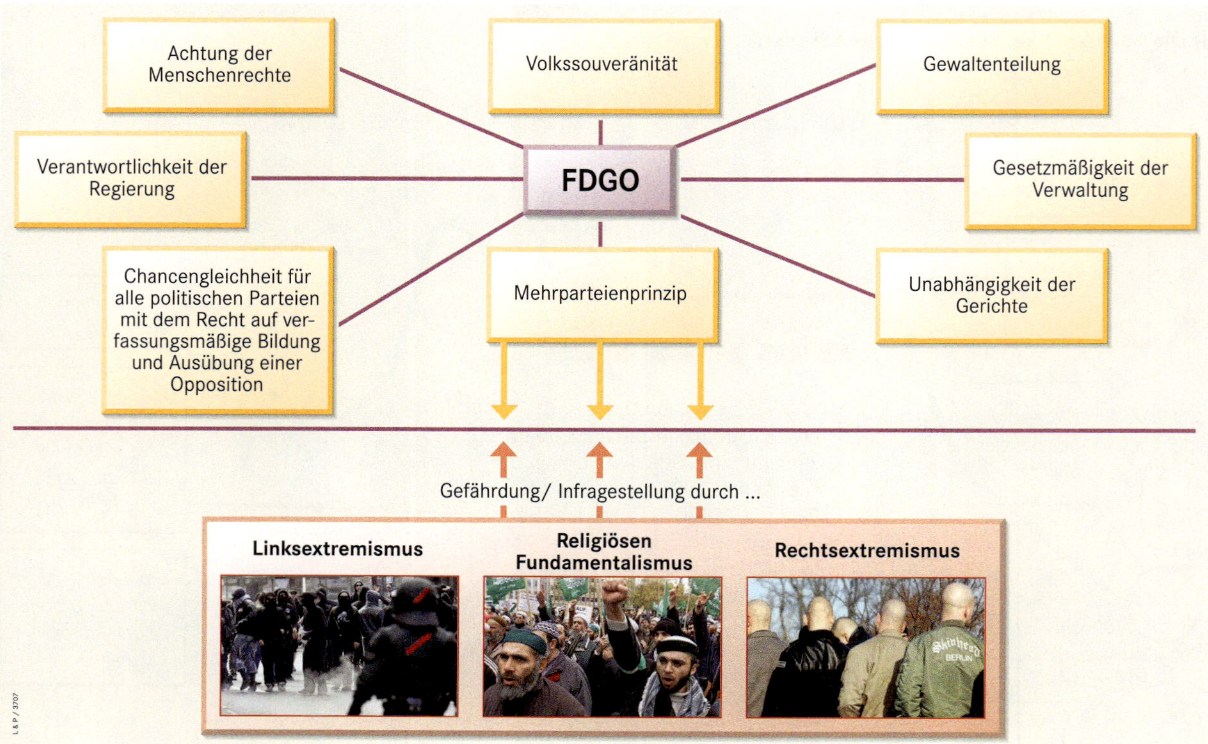

Rasse gelten als biologisch bestimmt. Zugehörige einer anderen Nation oder Rasse haben eine minderwertige Stellung, für sie gelten keine Grund- oder Menschenrechte. Die Bezeichnung des Faschismus bezieht sich vor allem auf das Regime Benito Mussolinis (1883–1945) in Italien. Wer von einem „deutschen Faschismus" spricht, könnte den Nationalsozialismus verharmlosen, da die Unterschiede verwischt werden. Der Nationalsozialismus unter Adolf Hitler (1889–1945) ging von einem ständigen Kampf der Rassen und Völker aus. Ziel dieser Ideologie war es, „ethnische Reinheit" herzustellen und eine totalitäre Herrschaft zu begründen. Hitlers Macht aber war absolut. Heute behält der Rechtsextremismus den Grundsatz der nationalen Abschottung bei und lehnt die Zusammenarbeit von Nationen ab. Allen rechtsextremistischen Parteien und Personen gemein ist die Ideologie der Fremdenfeindlichkeit. Sie glauben, den „wahren Volkswillen" zu vertreten. In ihrem Geschichtsbild verharmlosen sie den Nationalsozialismus bis hin zur Leugnung des Völkermords an den europäischen Juden im Dritten Reich.

Linksextremismus

Der Linksextremismus gibt vor, über absolute Gewissheiten zu verfügen. Er will den Einzelnen aus gesellschaftlichen, wirtschaftlichen und politischen Fesseln lösen und verfolgt das Ziel eines völlig neuartigen, jedoch utopischen Zustands von Gleichheit und Harmonie. Die bestehende Staats- und Gesellschaftsordnung gilt als „kapitalistisch", „imperialistisch" oder „faschistisch". Insbesondere die kapitalistische Klassengesellschaft betrachtet der Linksextremismus als Wurzel allen Übels. Karl Marx (1818–1883) und Friedrich Engels (1820–1885) hatten Mitte des 19. Jahrhunderts eine Gesellschafts-, Wirtschafts- und Staatstheorie entwickelt, nach der die kapitalistische Klassengesellschaft wegen ihrer Ungerechtigkeit bei der Verteilung wirtschaftlicher Güter zwangsläufig durch eine „Diktatur des Proletariats" und schließlich eine kommunistische, klassenlose Gesellschaft abgelöst würde. Die Vorstellung von der „Expropriation der Expropriateure" (Marx), d. h. von der Umschichtung des Eigentums von den reichen „Kapitalisten" zu den armen „Proletariern", spielt im Linksextremismus auch heute noch eine große Rolle. Eine andere Form des

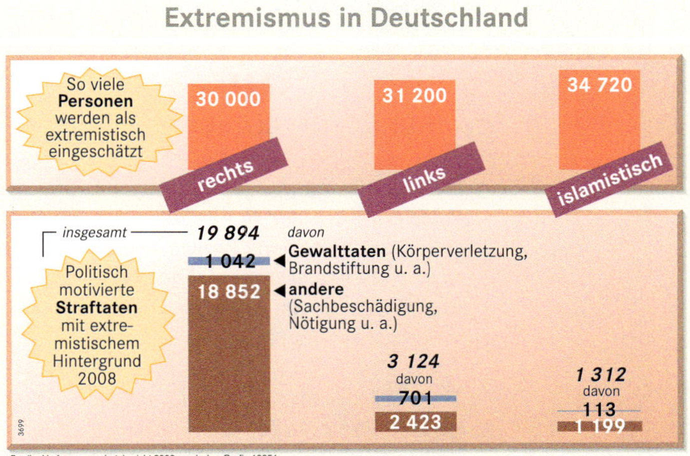

Quelle: Verfassungsschutzbericht 2008; nach dpa-Grafik 10851

Linksextremismus ist der Anarchismus. In einer anarchischen Gesellschaft gibt es weder Hierarchie noch Herrschaft. Zwar ist der Anarchismus in den heutigen Demokratien kaum mehr verbreitet, er taucht aber immer noch bei gesellschaftlichen Randgruppen auf. Er verachtet das bürgerliche „Establishment", wendet sich vom Staat ab und betont die Selbstentfaltung des Einzelnen. Seine Feindbilder sind die bestehenden Gesetze, Normen und Ordnungen.

GLOSSAR
Anarchismus

Religiöser Fundamentalismus

Mit Fundamentalismus werden ganz unterschiedliche, meist religiös motivierte Ideologien und Strömungen bezeichnet. Der Fundamentalismus gibt den Pluralismusgedanken auf und stellt eine Glaubensgemeinschaft in den Mittelpunkt, die den Anspruch erhebt, das absolut Richtige zu denken und zu tun. Seit der Revolution im Iran 1979 unter der geistigen Führung des Ayatollah Khomeini (1902–1989) findet vor allem der islamistische Fundamentalismus mit seiner stark antiwestlichen Einstellung Aufmerksamkeit. Der islamistische Fundamentalismus strebt eine Theokratie an, d. h. eine Diktatur, in der die Machthaber ihre Herrschaft und alle Gesetze ausschließlich religiös begründen. Andersgläubige müssen mit Unterdrückung und Verfolgung rechnen. Solche Bedrohungen gehen aber nicht nur von staatlicher Seite aus. Die Selbstmordattentate fanatischer Islamisten am 11. September 2001 haben gezeigt, dass heute auch fundamentalistische Einzelpersonen und Gruppen zu einer globalen Bedrohung werden können.

GLOSSAR
Fundamentalismus
Ideologie

GLOSSAR
Theokratie

4.2.1 Rechtsextremismus

MATERIAL 1

Ziele der Rechtsextremisten: Das Beispiel NPD

Die Bundeszentrale für politische Bildung (bpb) hat allen zur Bundestagswahl 2005 zugelassenen Parteien 7 Fragen gestellt. Die Parteien mussten sich kurz und knapp fassen. Hier finden Sie die Antworten der Nationaldemokratischen Partei Deutschlands (NPD):

Thema Zukunft: *Was sind die drei wichtigsten Ziele Ihrer Partei?*
Völlige Souveränität – Starker Nationalstaat – Gerechter Sozialstaat. Kern jeder deutschen Politik muss die völlige Souveränität sein, die das wichtigste politische Mittel eines starken deutschen Nationalstaats ist. Ohne einen starken Nationalstaat ist ein gerechter Sozialstaat unmöglich. Der deutsche Nationalstaat darf sich nur dann an inter- oder multinationalen Einrichtungen und Abkommen beteiligen, wenn dies nicht mit Souveränitätsverlusten verbunden ist. [...]
Thema Arbeit: *Wie würde Ihre Partei die Arbeitslosigkeit bekämpfen?*
Globalisierung schafft Arbeitslosigkeit, weil hiesige Unternehmen mit solchen konkurrieren, die im Ausland mit niedrigen oder ohne Sozial- und Umweltstandards produzieren. [...] Ausländer besetzen Arbeitsplätze zur Lohndrückerei in einigen Branchen, die nur schwer ins Ausland verlagern können. Eindämmung der Globalisierung und Heimführung der Ausländer schafft Arbeit für Deutsche.
Thema soziale Sicherungssysteme: *Welche Reformen sind in der Renten-, Pflege- und Krankenversicherung Ihrer Meinung nach notwendig?*
Errichtung einer staatlichen Bürgerversicherung ohne Beitragsbemessungsgrenze zur Erfassung aller Deutschen und Dämpfung der Verwaltungs- und Betriebskosten. Die Ausländer versichern sich privat, ihr Arbeitgeberanteil fließt in die deutsche Bürgerversicherung. [...]
Thema Familie: *Was soll Ihrer Meinung nach grundlegend in der Familienpolitik geändert werden?*
Um den Lobbyisten der Globalisierung und Masseneinwanderung das Handwerk zu legen, ist eine demographische Wende durch aktive Volkspolitik einzuleiten. Jedes deutsche Kind wird mit 500 Euro Kindergeld monatlich staatlich gefördert. Das Bildungswesen wird an Haupt und Gliedern reformiert, insbesondere von antiautoritären Idiotien der 68er befreit. [...]
Thema Innenpolitik: *Mit welchen Mitteln würde Ihre Partei die innere Sicherheit gewährleisten?*
Kriminalität und Terrorismus sind vor allem Folgen der Globalisierung. Fast 30 % der ermittelten Tatverdächtigen sind Ausländer. Die Ausländerheimführung wird einen dramatischen Rückgang der Kriminalität und eine deutliche Entspannung der Terrorismusgefahr nach sich ziehen.
Thema Außenpolitik: *Welche Ziele würde Ihre Partei in Europa und weltweit verfolgen?*
Ethnophobie, inter- und multinationale Einrichtungen und Abkommen, sowie absurd kaschierter Imperialismus sind die hauptsächlichen weltweiten Probleme. Ziel deutscher Außenpolitik muss die Herstellung der deutschen Souveränität, die Transformation der EU in einen Europäischen Bund und die weltweite Verwirklichung des antiimperialistischen Prinzips der Selbstbestimmung der Völker und Nationen sein. Eine NPD-Regierung wird sich nicht an den imperialistischen Kriegen der USA beteiligen und aus der NATO austreten.
Thema Haushalt: *Wie würde Ihre Partei – in Zeiten knapper Kassen – Ihre Pläne finanziell durchsetzen?*
Deutsches Geld für deutsche Aufgaben. [...] Die alleinige Verwendung deutscher Gelder für deutsche Aufgaben und die Herstellung der Steuergerechtigkeit durch Beseitigung der Privilegien und Steuerrechtsstraffung wird die Haushalte konsolidieren, sowie Mittel erwirtschaften zur Beseitigung der Verschuldung und eine aktive Wirtschaftspolitik.

Aus: Bundeszentrale für politische Bildung, Stand: 22. 8. 2005; www.bpb.de (Zugriff am 3. 4. 2009)

Rollenspiel: Vom Umgang mit Stammtischparolen

METHODE

Mit einem Menschen zu diskutieren, dessen Überzeugung man überhaupt nicht teilt, ist nur begrenzt möglich. Kann zum Beispiel ein Gespräch mit jemanden geführt werden, der laut verkündet: „Alle Ausländer neigen zu Kriminalität“?

Der Philosoph Hubert Schleicher hält dies für möglich und schlägt für solche Themen subversives Argumentieren vor. Er meint damit das Ansprechen und Benennen von *Problemen*, *Seltsamkeiten* und *Abstrusitäten*, die in derartigen Grundüberzeugungen enthalten sind. Damit könne man fanatische Überzeugungen durchaus „erschüttern“, „unterminieren“ und „untergraben“. Ein derartiges Vorgehen lockere auf, entspanne und lege oft nahe, dass manches auch anders sein kann und anders gesehen werden könne. Der verengte Blick werde dabei u. U. erweitert.

Klaus-Peter Hufer erprobte „subversives Argumentieren“ mit dem Gespräch über die Parole: „Wir haben zu viele Ausländer hier“ und schlägt vor:

- Fragen, die auf *Probleme* bei dieser Position aufmerksam machen, könnten sein: Was passierte, wenn wir weniger Ausländer hätten? Wer würde den Müll wegräumen? Wer misst mit welchen Mitteln ab, wann die Ausländer „zu viele“ sind? Was geschieht, wenn unsere Wirtschaft plötzlich boomt und wir zu wenige Arbeitskräfte haben?
- Fragen, die auf *Seltsamkeiten* hinweisen: Sind die in den Grenzbereichen lebenden Dänen, Holländer, Belgier, Franzosen, Österreicher auch Ausländer? Sollte man protestieren, dass zu viele Ausländer hier sind, wenn der Spezialist, der an einem eine lebensnotwendige Operation durchführt, aus Griechenland kommt?
- Fragen, die *Abstrusitäten* belegen: Wie viele echte Münchner spielen noch beim FC Bayern München? Träfe – aus der Sicht der jeweiligen Einheimischen – die Parole, es seien zu viele Ausländer da, auch auf Deutsche zu, die auf Mallorca ein Haus besitzen oder in der Steueroase Monaco leben?

Aus: Klaus-Peter Hufer: Argumentationstraining gegen Stammtischparolen, Schwalbach/Ts. 2001, S. 95

Zeichnung: Burkhard Mohr

1 Erörtern Sie die Gefahren für die Freiheitliche Demokratische Grundordnung (FDGO), die von den im Info-Text auf S. 116 f. beschriebenen verfassungsfeindlichen Gruppierungen ausgehen.

2 Führen Sie ein Rollenspiel durch: Einige Personen diskutieren miteinander am Stammtisch. Ein oder zwei Personen vertreten die Thesen der NPD (M 1), die anderen wenden die Technik des „subversiven Argumentierens“ (Methode, S. 119) an.

3 Interpretieren Sie obige Karikatur. Finden Sie einen passenden Untertitel!

METHODE

Karikaturanalyse
S. 102–105

MATERIAL **2**

Wie wird man zum Rechtsradikalen?

Die Leipziger Forscher Elmar Brähler und Oliver Decker suchten nach Ursachen für rechtsextreme Einstellungen:

„Wir wollten die politischen Aussagen mit den Lebensläufen in Verbindung bringen", sagt Oliver Decker. Zwar lässt ihre neue Studie „keine Verallgemeinerung im statistischen Sinne" zu. Sie erlaubt aber auf rund 500 Seiten einen „Blick in die Mitte" (Titel der Untersuchung) der deutschen Gesellschaft – wo rechtsextreme Einstellungen nicht selten auf fruchtbaren Boden stoßen. Als zentrale Ergebnisse ihrer Interviews nennen die Leipziger Forscher:

- Mit „besorgniserregender Selbstverständlichkeit" lassen Gesprächsteilnehmer ausländerfeindlichen Ressentiments freien Lauf. Die Abneigung gegen alles, was vermeintlich fremd ist, wird in den Diskussionen schnell zum Gruppenkonsens.
- Viele Menschen empfinden einen hohen Druck, sich einer gefühlten gesellschaftlichen Norm anzupassen. Sanktionen gegenüber vermeintlichen Abweichlern werden akzeptiert. Die Folge: Die Ausgrenzung von Ausländern, aber auch sozial Schwächeren wie etwa Arbeitslosen wird gesellschaftsfähig.
- Mit dem Begriff „Demokratie" können viele nichts anfangen. Die meisten beschränken ihr Demokratieverständnis auf Wahlen – die wiederum finden viele erschreckend unbedeutend. Konsequenz: eine „alarmierende Geringschätzung des demokratischen Systems". Demokratie gilt nur so lange etwas wert, wie sie individuellen Wohlstand garantiert.
- Wer autoritär denkt oder solches Denken etwa durch Gewaltanwendung im Elternhaus vermittelt bekommt, ist anfällig für rechtsextreme Einstellungen. Andersherum gilt aber auch: Wer sich in andere Menschen hineinfühlen kann, ist für radikale Denkmuster weniger empfänglich.
- Noch immer spielt die Zeit des Nationalsozialismus eine große Rolle. Der Beschäftigung mit dieser Vergangenheit messen die Autoren eine „Schlüsselposition" zu. Eine inhaltliche und emotionale Auseinandersetzung hemmt rechtsextreme Tendenzen.

Die Anfälligkeit der Menschen für rechtsextreme Gesinnung auch mehr als ein halbes Jahrhundert nach dem Zweiten Weltkrieg erklären die Leipziger Forscher mit dem Bild einer „narzistischen Plombe". So habe das Wirtschaftswunder und der damit rasch einhergehende Wohlstand im Westen des Landes „weder für Nachdenklichkeit noch für Scham Raum und Zeit gelassen".

Immer wenn dann der Wohlstand wie eine Plombe bröckele, „steigen aus dem Hohlraum wieder antidemokratische Traditionen auf", sagt Decker. Ähnlich sei es in Ostdeutschland nach der Wende gewesen, als Hoffnungen enttäuscht wurden.

Aus: Philipp Wittrock: Demokratiefrust bereitet Nährboden für Neonazis, in: Spiegel Online vom 18. 6. 2008 (Zugriff am 3. 4. 2009)

MATERIAL **3**

Wie erkennt man Rechtsradikale?

Kann man Rechtsradikale schon an ihrer Kleidung erkennen? Folgende Beispiele zeigen, welche Marken sie gerne benutzen:

CONSDAPLE: Die Marke CONSDAPLE ist bei Neonazis aufgrund der im Wort enthaltenen Buchstabenkombination NSDAP äußerst beliebt. Der Begriff ist eine Ableitung von dem englischen Wort Constable, das übersetzt „Schutzmann" bedeutet. Der Schriftzug ist angelehnt an den von LONSDALE. Angeboten wird dieser auf T-Shirts, Base-Caps, als Aufnäher und als Bomberjackenaufdruck. Die von Neonazis entworfene CONSDAPLE-Bekleidung wird nur in neonazistischen Läden verkauft.

Thor Steinar: Eine Bekleidungsmarke, die, ausgehend vom brandenburgischen Königs-Wusterhausen, mittlerweile bundesweit in der neofaschistischen Szene […] über deren Versande verbreitet wird. Bezüge zum Ger-

manisch/Heidnischen bestehen durch die Verwendung von Namen wie Asgard (Sitz der Götter) und Thor. [Zum Markenzeichen des Labels gehört bisweilen auch eine Flagge, die der norwegischen stark ähnelt.]

Doc Martens/Dr. Martens: Doc Martens ist eine englische Schuhmarke, die traditionell schwere Arbeiterschuhe mit Stahlkappen produziert. Die Schuhe werden in der gesamten Skinhead-Szene getragen. Maßgeblich dafür sind sowohl Kult-Gründe als auch die Stahlkappen, die als Waffen eingesetzt werden können.

Fred Perry: Der aus einfachen Verhältnissen stammende Tennisspieler Fred Perry, der als Erster das Tennisturnier von Wimbledon dreimal hintereinander gewann, avancierte zur Kultfigur der englischen Arbeiterklasse. Der Lorbeerkranz dient als Symbol des Siegers und wurde stilbildendes Modefragment der extremen Rechten (wie auch Doc Martens oder „88“). […] Die Popularität unter neonazistischen Skinheads und Neonazis erklärt sich aus der Verwurzelung der Marke in der Skinhead-Szene und daraus, dass die T-Shirts z. T. mit Kragen in den Farben schwarz-weiß-rot angeboten werden. Von Neonazis wird die Marke oft in Unkenntnis dessen getragen, dass Fred Perry jüdischen Glaubens war. Die Firma distanziert sich ausdrücklich von Neonazis und unterstützt antirassistische Aktionen. Dennoch wird Fred Perry auch über neonazistische Versande und Läden verkauft.

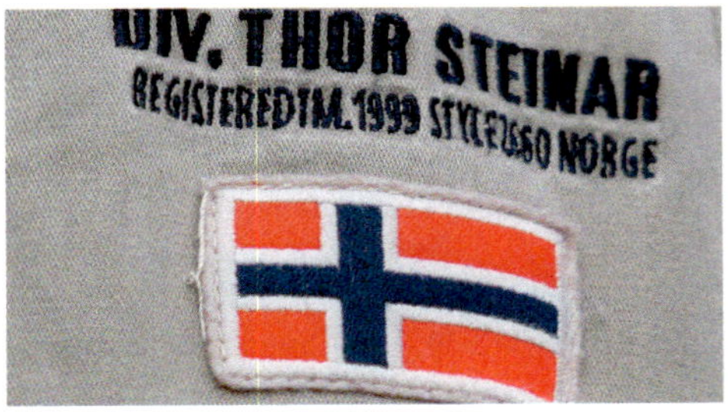

Aus: Agentur für soziale Perspektiven (Hrsg.): Das Versteckspiel – Dresscodes und Bekleidungsmarken; online abrufbar unter www.dasversteckspiel.de (Zugriff am 3. 4. 2009)

INFO

88
Die Zahl steht in rechtsextremen Kreisen für „Heil Hitler“ (H = achter Buchstabe im Alphabet); entsprechend steht 28 als Abkürzung für die verbotene Skinhead-Organisation „Blood & Honour“.

INFO

schwarz-weiß-rot
die Farben der Reichskriegsflagge, d. h. der offiziellen Kriegsflagge der Streitkräfte des Deutschen Reiches in der Zeit von 1871 bis 1933 sowie der Wehrmacht

1 Führen Sie ein „Kugellager“ durch: Die Hälfte der Gruppe bildet einen Innenkreis, die andere einen Außenkreis, so dass jeder Schüler ein Gegenüber hat, mit dem er die erste Frage diskutieren kann. Danach dreht sich der Außenkreis um eine Position nach rechts, sodass jeder Schüler ein neues Gegenüber für die zweite Frage hat usw. Spielen Sie drei Runden mit folgenden Fragen:
a) Warum werden Jugendliche rechtsradikal / rechtsextrem?
b) Wie kann ich erkennen, dass jemand der rechten Szene angehört?
c) Wie versuchen Rechtsradikale, andere von ihrer Meinung zu überzeugen?
Besprechen Sie Ihre Ergebnisse im Plenum.

2 Lesen und exzerpieren Sie die Texte M 2, M 3 und M 4 und vergleichen Sie das, was Sie herausgefunden haben, mit den Ergebnissen des Kugellagers.

MATERIAL 4

Kinderfeste, Heimatabende und Ferienfreizeiten: Wie arbeiten Rechtsradikale?

INFO

Freie Kameradschaften
Selbstbezeichnung rechtsextremer Gruppen, die keine gesetzlich definierte Organisationsform wie eine Partei oder ein eingetragener Verein haben

INFO

JN
Junge Nationaldemokraten; die offizielle Jugendorganisation der NPD

Musik als Einstieg

Im „Kampf um die Schulen" setzen NPD und „Freie Kameradschaften" seit den frühen 1990er Jahren auf Musik. „Musik ist das ideale Mittel, Jugendlichen den Nationalsozialismus näher zu bringen. Besser als dies in politischen Veranstaltungen gemacht werden kann, kann damit die Ideologie transportiert werden", beschrieb Ian Stuart Donaldson, verstorbener Sänger der britischen Neonazikultband „Skrewdriver" und Gründer des Neonazi-Netzwerks „Blood & Honour", die zentrale Säule der Neonaziszene bei der Jugendarbeit. Mittlerweile lassen sich rechtsextreme Tendenzen in beinahe jeder Musikszene und -stilrichtung finden: sei es mit „Hatecore" im Hardcore-Bereich oder „nationalen Liedermachern" im Folk-Segment. Auch in Musikstilen, die aus interkulturellen Subkulturen entstanden sind, wie beispielsweise dem Hip Hop, gibt es vereinzelte Bands, die explizit rassistische und antisemitische Botschaften verbreiten und sich politisch rechtsextrem einordnen. Mit den sog. Schulhof-CDs und einem parteieigenen Musik-Versand wendet sich die NPD explizit mit eigenen rechtsextremen Musikangeboten an Jugendliche und junge Erwachsene. Zudem propagiert die NPD „Schülerhilfen" in Form von Nachhilfeangeboten sowie „Jugendhilfen" – beispielsweise Drogenberatung oder Hilfe bei der Suche nach Lehrstellen – durch ihre Mandatsträger und deren Büros. Inwieweit hierbei [...] vor Ort entsprechend reale Angebote existieren, ist umstritten.

Neonazis besetzen Lücken

In ländlichen Regionen in alten und neuen Bundesländern, in denen Kommunen oder Gemeinden Jugendarbeit aus finanziellen Gründen nicht mehr leisten können oder auf ein Minimum reduziert haben, drängen die „Freien Kameradschaften" sowie die NPD und ihre Jugendorganisationen in die Lücken. Sie übernehmen beispielsweise in Sachsen oder Mecklenburg-Vorpommern gezielt kommunale Jugendräume, in denen es keine oder wenig Aufsicht durch Pädagogen oder Sozialarbeiter gibt. In Niederbayern hingegen sind informelle Jugendtreffs wie Bauwägen, in denen sich Jugendcliquen treffen, Orte rechtsextremer Anwerbe- und Dominanzversuche. Andernorts stellen Neonazis eigene Räume zur Verfügung, in denen sich Jugendliche treffen können. Das rechtsextreme Angebot an Jugendliche ist dabei breit ausgefächert und orientiert sich an unterschiedlichen Jugendkulturen: Es beginnt bei „nationalen Kinderfesten", mit denen insbesondere sozial benachteiligte Eltern und Kinder gleichermaßen angesprochen werden sollen. Ebenfalls im Angebot: Gemeinsame „Fahrten" zu nationalsozialistischen Wallfahrtsorten wie beispielsweise der ehemaligen SS-Schulungsstätte Wewelsburg in Nordrhein-Westfalen; sog. „Wehrmärsche" – mehrtägige Wanderungen mit paramilitärischen Elementen; Wehrsportübungen; der gemeinsame Besuche von Aufmärschen und rechtsextremen Konzerten oder Liederabenden sowie „nationale Fußballturniere". Explizit an Schüler richtete sich die Aktion „Schulfrei" mehrerer JN-Stützpunkte mit dem Angebot eines Ferienprogramms mit „Wanderungen, Zeltlagern, Fußballturnieren und Liederabenden". [...]

Völkische Jugendarbeit

Extrem rechte völkische Jugendarbeit im gesamten Bundesgebiet betreibt insbesondere die „Heimattreue Deutsche Jugend" (HDJ). Mit Zeltlagern, Sommersonnenwendfeiern und uniformähnlicher Kleidung organisiert sie den Nachwuchs für neonazistische Organisationen und Parteien. [...] So verteilt beispielsweise der „Heimatbund Pommern" eine Sonderbeilage für Kinder mit Rätseln, Tipps bei Liebeskummer und Spielen, tritt bei Gemeindefesten auf und organisiert Fußballturniere. Erfolgreich sind HDJ und andere Neonazis in der Jugendarbeit immer dort, wo es an Alternativen und kommunalen Jugendangeboten fehlt.

Aus: Netz gegen Nazis – Mit Rat und Tat gegen Rechtsextremismus, 23. 4. 2008; online abrufbar unter www.netz-gegen-nazis.de (Zugriff am 3. 4. 2009)

„Ansonsten wäre ich abgestürzt“

MATERIAL 5

Maximilian heißt in Wirklichkeit nicht Maximilian: Er will seinen Namen nicht in der Zeitung lesen, um nicht erkannt zu werden. Denn der junge Mann war einige Zeit Mitglied einer rechtsradikalen Gruppierung. Er hat Straftaten begangen, war gewalttätig und landete schließlich im Gefängnis, wo er Beamten des Landeskriminalamts (LKA) begegnete. Sie halfen ihm beim Ausstieg. Heute ist Maximilian froh, den Absprung geschafft zu haben. Keine Selbstverständlichkeit, wie er findet, sondern harte Arbeit.

Die Vergangenheit ist ihm noch immer auf den Fersen. Doch er läuft nicht weg: „Ich arbeite meine Biografie auf.“ In Gesprächen mit Journalisten, aber auch auf Pausenhöfen und in Klassenzimmern spricht jener Mann, der die Springerstiefel gegen feinlederne Slipper tauschte, ungezwungen über seine Erfahrungen und Erlebnisse. „Die Schüler kleben an meinen Lippen, wenn ich erzähle“, beschreibt er die Reaktion der Jugendlichen, deren Fragen er sich stellt. Maximilian engagiert sich für das Programm der Beratungs- und Interventionsgruppe „Ausstiegshilfe Rechts“ des Landeskriminalamts (BIG Rex). Ihm geht es um Prävention: „Das Einstiegsalter in die rechtsextreme Szene liegt meiner Beobachtung nach zwischenzeitlich bei 14 Jahren.“ Der junge Mann spricht mit fester Stimme, er weiß genau, wovon er redet. „Nur weil über rechtsextremistische Gewalt- und Straftaten so gut wie nichts mehr zu lesen und zu hören ist, bedeutet das nicht, dass die Problematik damit vom Tisch ist“, sagt er. [...]

Wie viele andere auch, kam Maximilian über die Musik zur rechten Szene. Unbefangen hörte er mit einem Freund, den er damals schon als rechtsstehend einstufte, Skinheadmusik. Heute weiß er, dass sie von Rechtsextremisten und Neonazis gezielt zur Nachwuchsgewinnung eingesetzt wird. „Die Stilrichtungen sind breit gefächert. Genau abgestimmt auf die Zielgruppe“, sagt der junge Mann. [...]

Zwar habe er wieder und wieder aussteigen wollen, doch ihm habe die Kraft gefehlt: „Ich wusste ja, wie andere unter Druck gesetzt wurden, die nicht mitzogen.“ Maximilian steckte in einem Zwiespalt, er wollte nicht als Feigling und Verräter dastehen und machte deshalb weiter mit: „Ich schmierte Hakenkreuze an Wände. Anfangs fand ich diesen Nervenkitzel und diesen Hauch von Abenteuer toll. Doch dann zündeten wir ein Asylbewerberheim an.“ Eine Aktion, die spontan erfolgte – wie so viele. Schließlich sollte niemand über die Folgen nachdenken können. Betäubt vom Alkohol, griff Maximilian zu Feuerzeug und Brandbeschleuniger, schlug Scheiben ein und rief im Schein der Flammen Parolen. Was folgte, als die Handschellen sich um seine Gelenke schlossen, war Erleichterung. „Alles hatte ein Ende: die Lügen, der Druck und das permanente Vor-sich-selbst-Davonlaufen. Ich war froh“, sagt er. Und das, obwohl er zwei Jahre hinter Gitter musste und die Haft ein Spießrutenlauf für ihn war. Auf der einen Seite die Rechten, zu denen er nicht mehr gehören wollte, auf der anderen die ausländischen Jugendlichen, die ihn nicht wollten. [...]

Maximilian hat in seinem jungen Leben viele unschöne Erfahrungen gemacht, für die er selbst die Verantwortung trägt. Und doch hatte er noch eine Menge Glück: „Meine Familie fing mich nach der Haft auf. Ansonsten wäre ich abgestürzt.“ Mit einem Beamten des LKA macht sich Maximilian auf den Weg zu einem weiteren Gespräch über die rechte Szene. Eines hat er sich fest vorgenommen: Anderen das zu ersparen, was ihm selbst widerfahren ist.

Aus: „Ich wollte dazu gehören“, in: bw Woche (Staatsanzeiger für Baden-Württemberg) vom 4. 12. 2006; Autorin: Daniela Haußmann

INFO

BIG Rex
Die „Beratungs- und Interventionsgruppe gegen Rechtsextremismus“, die bei der Staatsschutzabteilung des LKA Baden-Württemberg eingerichtet wurde und sich vor allem um rechtsextremistische Gewalt- und Wiederholungstäter kümmert sowie Ausstiegswillige betreut.

1 Stellen Sie dar, welche Faktoren dazu beigetragen haben, dass Maximilian (M 5) den Ausstieg aus der rechten Szene geschafft hat.

2 Informieren Sie sich im Internet über Projekte zur Prävention (z. B. *www.netz-gegen-nazis.de*). Diskutieren Sie die Chancen und Grenzen von Präventionsmaßnahmen und Ausstiegshilfen.

INTERNET

www.netz-gegen-nazis.de

4.2.2 Linksextremismus

MATERIAL 1 „Freiräume-Tage“ in Berlin

Sprühender Antikapitalist; im Vordergrund weitere Hausbesetzer am Michaelkirchplatz in Berlin, Mai 2008

Die „Freiräume-Tage“ der linken Szene sind in eine Orgie der Gewalt gegen Sachen ausgeartet. Einen Millionenschaden registrierte die Polizei bei Anschlägen in der Nacht zu Donnerstag. So wurden beim Autovermieter „Robben & Wientjes“ in Neukölln 29 Lastwagen beschädigt, in der Pappelallee brannte ein hochwertiger Porsche. In der Rosenthaler Straße in Mitte wurde die Berliner Filiale des Software-Konzerns SAP angegriffen, auch bei Aldi am Kottbusser Tor und bei Schlecker in der Manitiusstraße (Neukölln) wurden Scheiben zerstört. [...] In der Nacht zuvor waren 14 Pkw, überwiegend Audi, BMW, Mercedes und Porsche angezündet worden.

Wie berichtet, hatte die Polizei am Dienstagabend ein besetztes Haus – das ehemalige DDR-Gewerkschaftshaus – am Michaelkirchplatz gewaltsam geräumt. Anschließend hatten sich einige hundert Menschen an einer Spontandemo beteiligt, [es] brannten dann Autos und Container, 29 Randalierer wurden festgenommen. Innensenator Ehrhart Körting (SPD) hatte anschließend von „Rache“ der Besetzer und ihrer Sympathisanten gesprochen.

Ausufernde Proteste zum NATO-Gipfel in Straßburg, April 2009

Die so genannten „Freiräume-Tage“ sollen noch bis Sonntag dauern. Das Motto lautet: „Freiräume erkämpfen und verteidigen“. Zum Abschluss soll es am Sonntagmittag eine „Party“ im Mauerpark „gegen Umstrukturierung“ geben. Diese ist jedoch vom Bezirksamt verboten worden, die Szene hat bereits eine Verlegung „in die Nähe“ angekündigt. [...]

Auch in den vergangenen Jahren hatten sich linke Aktivisten in Berlin versammelt und dabei versucht, leer stehende Gebäude zu besetzen. [...] Die Polizei hat ihre Präsenz in den kritischen Stadtteilen verstärkt. Nachdem das Feuer auf dem Robben & Wientjes-Parkplatz entdeckt worden war, hatten sich Streifenwagen sofort vor den anderen Filialen der Traditionsautovermietung postiert. Firmengründer Dietmar Robben glaubt indes nicht an einen politischen Hintergrund. „Ich kann mir da keinen Reim drauf machen“, sagte Robben und spricht von „Trittbrettfahrern“ oder „Spinnern“. Die Ermittlungen hat jedoch der für politische Delikte zuständige Staatsschutz übernommen, die Vorgehensweise spreche für einen gezielten Anschlag aus dem linksextremistischen Milieu. Zudem sei ein Anarchie-„A“ an eine Tür gesprüht worden. [...]

Aus: Linksextreme rufen Krawalle aus, in: Der Tagesspiel vom 30. 5. 2008

Linksextremismus – im Visier des Verfassungsschutzes

MATERIAL 2

Linksextremisten sind erklärte Gegner der Staats- und Gesellschaftsordnung der Bundesrepublik Deutschland, die sie als von Rassismus und Faschismus geprägten Kapitalismus diffamieren. Je nach ideologisch-politischer Orientierung wollen sie stattdessen eine sozialistische bzw. kommunistische oder eine „herrschaftsfreie“ Gesellschaft etablieren und orientieren ihr politisches Handeln an revolutionär-marxistischen oder anarchistischen Ideologien. Revolutionär-marxistische Organisationen setzen auf traditionelle Konzepte eines langfristig betriebenen „Klassenkampfes“. Das anarchistisch geprägte Selbstverständnis der sogenannten Autonomen ist getragen von der Vorstellung eines freien, selbstbestimmten Lebens in „herrschaftsfreien Räumen“; entsprechend wird jede Form staatlicher und gesellschaftlicher Normen abgelehnt.

Die Aktionsformen von Linksextremisten sind vielfältig. Sie umfassen öffentliche Kundgebungen und offene Agitation (in Flugblättern, Plakataufrufen, periodischen Schriften, elektronischen Kommunikationsmedien) ebenso wie die Beteiligung an Wahlen und Versuche der verdeckten Einflussnahme auf nicht extremistische Zusammenschlüsse. Einzelne linksextremistische Zusammenhänge sehen in der Anwendung von Gewalt einschließlich offen oder verdeckt begangener Straftaten wie Sachbeschädigungen, Massenmilitanz und auch Körperverletzungen einen Weg zur Durchsetzung ihrer politischen Ziele. Seit Jahren bedrohen insbesondere diese gewaltbereiten Linksextremisten, vor allem aus der autonomen Szene, die innere Sicherheit Deutschlands. Dieses Spektrum umfasste Ende 2008 rund 6 300 Personen, darunter bis zu 5 800, die sich selbst als Autonome bezeichnen. Einzelne autonome Zusammenhänge überschreiten mit ihren vor allem gegen Sachen gerichteten Anschlagsaktivitäten die Grenze zu schweren Gewalttaten, darunter insbesondere Brandanschläge. Es ist dabei nie ganz auszuschließen, dass auch Menschen zu Schaden kommen auch wenn dies nicht beabsichtigt ist.

Das Potenzial revolutionär-marxistischer Zusammenschlüsse umfasst derzeit etwa 25 200 Personen. Dazu gehören die marxistisch-leninistische „Deutsche Kommunistische Partei” (DKP), die maoistisch-stalinistisch orientierte „Marxistisch-Leninistische Partei Deutschlands” (MLPD), sowie auch die Anhänger der „Kommunistischen Plattform in der Partei DIE LINKE” (KPF) und diverse trotzkistische Gruppierungen.

Traditionelle Aktionsfelder von Linksextremisten wie „Anti-Faschismus”, „Anti-Repression”, „Anti-Militarismus” oder „Anti-Rassismus” rückten – nachdem sie im Jahr 2007 von der Mobilisierung gegen das G8-Treffen in Heiligendamm (Aktionsfeld „Anti-Globalisierung“) überlagert worden waren – wieder in den Vordergrund.

Aus: Bundesamt für Verfassungsschutz (Hrsg.): Linksextremismus; Stand: Mai 2009; online abrufbar unter www.verfassungsschutz.de (Zugriff am 25. 10. 2009)

INFO

Autonome
politische Gruppierungen in der Bundesrepublik Deutschland aus dem linken Spektrum, meist locker organisiert; sie streben eine herrschaftsfreie Gesellschaft an, auch unter Anwendung von Gewalt

GLOSSAR

Anarchismus

GLOSSAR

Rassismus
Globalisierung

1 Arbeiten Sie heraus, *wer* bei den „Freiräume-Tagen“ (M 1) *für wen* Freiräume erkämpfen will und *wessen* Freiräume damit eingeschränkt werden.

2 Stellen Sie dar, welche Berührungspunkte es zwischen Rechts- und Linksextremismus gibt.

3 Erörtern Sie ausgehend von M 1 und M 2 die Frage, ob der Linksextremismus als genauso gefährlich einzustufen ist wie der Rechtsextremismus.

MATERIAL 3 „Rotwein für alle“

Katja Kipping

Noch einmal gefragt, diesmal eine junge Frau mit roten Haaren, geboren in Dresden: Gibt es so etwas wie ein linkes Gefühl? Katja Kipping, 30 Jahre alt, sitzt im Bundestag und ist stellvertretende Vorsitzende der Partei „Die Linke“. Sie war gerade 18, so erzählt sie, als sie beschloss, ein soziales Jahr im tiefen Russland zu machen, in der Stadt Gatschina als Erzieherin in einem katholischen Internat, geführt von italienischen Mönchen. Sie sagt, es sei eine tolle Erfahrung gewesen, und sie sagt auch, sie habe frühzeitig begriffen, dass zwei Dinge in ihrem Leben zusammengehören, die eigene Individualität und das Engagement für die Gemeinschaft [...].

Elf war sie, als die Mauer fiel, als die DDR stürzte. Zu jung, um wirklich schlechte Erfahrungen mit dem System gemacht zu haben, sagt sie. Geblieben sind Kindheitserinnerungen, sie erzählt von Lernpatenschaften in den ersten Schuljahren: Stärkere unterstützen Schwächere, „und beide profitieren“. So hat sie es in Erinnerung, und wenn man so will, hat sie bis heute daraus ihr politisches Credo gezogen, dass nämlich alle profitieren, wenn es den Schwachen besser geht. Deshalb fordert sie ein bedingungsloses Grundeinkommen für alle [...]. Man merkt, dass in ihrem Leben unterschiedliche Pole eine große Rolle spielen, aber darüber will sie nicht reden. Sie kommt aus dem Osten und hält das für ihre linke Überzeugung nicht für bedeutsam, erst nach einiger Zeit räumt sie ein, das stärkere Gemeinschaftsgefühl sei vielleicht doch „etwas Spezifisches für den Osten“. Sie hat in Russland gearbeitet und Slawistik studiert, sie hat in den USA gelebt und Amerikanistik studiert. Welches Land ihr besser gefalle? Literaturmäßig Russland, politisch keines davon, zu schroff seien die Gegensätze, „eher Skandinavien“.

Und dann redet sie selbst noch von einem Kontrast, die alte Linke und die neue Linke. Alte Linke heiße für sie: viele alte Schlachten und oft große Freudlosigkeit. Die neue Linke: Neue Wege und ein bisschen Lust, dazu könne ein guter Rotwein gehören, „aber verstehen Sie, ich möchte diesen Rotwein nicht heimlich trinken, ich möchte sozusagen Wein für alle“. [...]

Aus: Stephan Lebert: Die rote Seele, in: Die Zeit, Nr. 30/2008

MATERIAL 4 „Marx ist viel aktueller als die moderne Mainstream-Ökonomie“

Sahra Wagenknecht leitet mit anderen Genossen die Kommunistische Plattform der Partei „Die Linke“ und war von 2004 bis 2009 Abgeordnete im Europäischen Parlament.

Sahra Wagenknecht

Süddeutsche Zeitung (SZ): Setzt überhaupt ein Staat die Politik um, die Ihrem Ideal entspricht?

Wagenknecht: Kein Staat ist ideal. Aber Länder wie Venezuela zeigen, dass die von den Neoliberalen gepredigte Alternativlosigkeit eine Lüge ist, dass der Staat sich von den Konzernen nicht alles gefallen lassen muss. Heute wird die Rendite oft durch eine regelrechte Zerstörung von Produktion gesteigert. Der Kuchen für die Mehrheit wird kleiner, nur die Reichsten bekommen ein wachsendes Stück.

SZ: Nur noch Reiche? Der deutsche Kuchen ist größer, als er in sozialistischen Ländern je war.

Wagenknecht: Aber er schmeckt nicht, wenn selbst im Aufschwung Löhne und Renten fallen. [...]

SZ: Was bedeutet der Fall der Mauer für Sie?

Wagenknecht: Mit der Mauer wurde auch die DDR weggefegt. Der Osten bekam den Anschluss und den Kapitalismus, der sich in Ost wie West von seinen alten sozialstaatlichen Zugeständnissen löste. Das war nicht die Perspektive, die ich wollte.

SZ: Für andere bedeutet das Ende der DDR das Scheitern einer Diktatur, die seine Bürger bespitzelte und an der Mauer erschoss.

Wagenknecht: Das wollte ich nicht. Aber wirkliche Demokratie gibt es im Kapitalismus so wenig wie in der DDR. Dafür ist die Macht der Wirtschaftslobbys viel zu groß. Viele Freiheitsrechte setzen voraus, dass man sie sich leisten kann.

SZ: Sie halten die Bundesrepublik nicht für demokratisch?
Wagenknecht: Sie können heute das Parlament wählen, aber die Entscheidungen, die in den Zentralen der Dax-Konzerne fallen, sind von ungleich größerer Relevanz. Und wie groß ist die Freiheit eines Hartz-IV-Empfängers, der damit rechnen muss, dass überprüft wird, ob er um 18 Uhr am Abend auch zu Hause ist? [...]

SZ: Vielleicht ist der Marxismus eine Illusion. Hatten Sie nie Zweifel?
Wagenknecht: Nein. Die Welt von heute zeigt doch, wie aktuell Marx ist. Auch die Finanzmarktkrise wurzelt letztlich in Widersprüchen des Kapitalismus. Eine Illusion ist, dass entfesselte Märkte zum Gleichgewicht führen. Hier ist Marx viel aktueller als die moderne Mainstream-Ökonomie. [...]

Aus: „Ich habe schon öfter mal Hummer gegessen"; Interview mit S. Wagenknecht, in: SZ, 25.4. 2008

FILMTIPP

Das Leben der Anderen
BRD 2006; Regie: Florian Henckel v. Donnersmarck; Hauptrolle: Ulrich Mühe

Ist „Die Linke" extremistisch?

MATERIAL **5**

In den „Programmatischen Eckpunkten" [...] vom 24./25. März 2007 ist vom „entfesselten Kapitalismus" die Rede: Es werde „immer ungehemmter auch zu barbarischen Methoden der Herrschaft gegriffen." Der Kampf gegen den „Neoliberalismus" steht im Vordergrund. Die Linke kann schwerlich als eine Partei der Westbindung gelten, wenn sie mit folgenden Worten über die USA herzieht: „Die imperiale Politik unter Führung der Vereinigten Staaten von Amerika zielt auf eine ganz der Kapitalverwertung untergeordnete Welt, auf die ungehinderte Verfügung über Rohstoffe und Energieträger, auf Ausweitung von Herrschaft und Einflusssphären." [...]
Die Auseinandersetzung mit der DDR (das auf sie gemünzte Wort Diktatur unterbleibt) erfolgt halbherzig. Die Partei will an das Engagement jener anknüpfen, die „sich für die Beseitigung der Ursachen des Faschismus eingesetzt haben und einsetzen." [...] Es gibt keinen Repräsentanten der Partei, der die DDR als „Unrechtsstaat" bezeichnet. Dadurch werde das Leben der Menschen delegitimiert, als hätten diese hinter dem „Arbeiter- und Bauernstaat" gestanden. [...]
In der praktischen Politik, und dies steht in einem gewissen Spannungsverhältnis zu ihrer Ideologie, legt die Partei ein hohes Maß an Pragmatismus an den Tag. Vor allem in den neuen Bundesländern übernimmt die Partei Verantwortung. [...] Das Dilemma für die Linke besteht darin: In der Opposition kann sie populistisch Stimmung machen und viele Wähler an sich ziehen, als Regierungspartei ist ihr dieser Weg jedoch verbaut. [...]
Die meisten Verfassungsschutzämter [...] sehen die Partei wegen verfassungsfeindlicher Bestrebungen weiterhin als Beobachtungsobjekt an. Die Verfassungsschutzberichte erwähnen offen extremistische Strukturen innerhalb der Partei, etwa der „Kommunistischen Plattform" oder dem „Marxistischen Forum". [...] Oskar Lafontaine, neben Bisky der andere Vorsitzende, formuliert erfolgreich eher populistischen als extremistischen Protest gegen „die da oben". Damit heimst die Partei Stimmen aus allen Richtungen ein, auch von bisherigen Rechtsaußenwählern. [...] Im Vergleich zur NPD, die einen harten Rechtsextremismus verficht, ist Die Linke eine Partei, die dem demokratischen Verfassungsstaat näher steht. In ihr befinden sich allerdings Kräfte, für die die parlamentarische Demokratie kein geeigneter Rahmen zur Überwindung des Kapitalismus bildet. Insofern verkörpert die Partei insgesamt einen weichen Linksextremismus.

GLOSSAR
Neoliberalismus

GLOSSAR
Kommunismus

Aus: Eckhard Jesse: Die Linke, Stand: 12.3. 2008; www.bpb.de/themen/YF29J6.html (Zugriff: 3.4. 2009)

1 Stellen Sie in eigenen Worten dar, was es für Katja Kipping (M 3) und Sahra Wagenknecht (M 4) bedeutet, „links" zu denken.

2 Arbeiten Sie heraus, wie der Autor in M 5 zu dem Urteil kommt, die Partei „Die Linke" verkörpere „einen weichen Linksextremismus". Stimmen Sie seinen Thesen zu?

3 Diskutieren Sie, ob nach Eckhard Jesse eher Katja Kipping oder Sahra Wagenknecht das „wahre Gesicht der neuen Linken" verkörpert.

4.2.3 Religiöser Fundamentalismus

MATERIAL 1

„Wie'n zweiter 11. September“

Zweihundert Kilogramm mit Splittern, inschallah, das macht 'nen Riesenbums“, sagt der eine. Und sein Mitfahrer stimmt ihm freudig zu: „Ja, inschallah, das wäre wie'n zweiter 11. September.“ Die amerikanische Airbase Ramstein könnte ein Ziel sein oder eine Diskothek, die von amerikanischen Soldaten besucht wird. Aber auch die Deutschen „sollten eins in die Fresse kriegen“, weil sie in Afghanistan dabei sind.

Es ist Anfang September 2007. In vier Wochen soll der Bundestag über das ISAF-Mandat der Bundeswehr entscheiden, und eine Gruppe junger Islamisten – zwei deutsche Konvertiten und hier aufgewachsene Türken – will mit mindestens drei gleichzeitig ausgeführten Bombenanschlägen Dschihad-Geschichte schreiben. […]

Die beiden jungen Männer, die so reden und planen, sind unterwegs in einem Mietwagen und halten sich für Herren über Leben und Tod. Das deutsche Scheidungskind Fritz Gelowicz, achtundzwanzig Jahre alt, und sein sieben Jahre jüngerer Freund Daniel Schneider aus Neunkirchen fühlen sich als „Gotteskrieger“. „Bis jetzt hat Gott alles perfekt gemacht, fast alles perfekt. Wir haben richtig Power“, glaubt Fritz, der am Morgen in Dortmund allerlei Zubehör für den Bombenbau gekauft hat – Platinen, Schalter, Kabel, 33,5 Kilo Mehl, Edelstahl-Kochtöpfe.

Während sie über die Sauerländer Landstraßen kurven, malen sie sich aus, wie das Land auf ihre Donnerschläge reagieren wird: „Wenn der Schäuble vor die Presse tritt, hey, das wird supergeil“, sagt einer von ihnen. „Vor ganz Deutschland muss er Stellung nehmen, so zwei, drei Stunden später.“ […]

Dass man sie noch stoppen könnte, halten Gelowicz, Schneider und ein Dritter im Bunde, Adem Yilmaz, inzwischen für ausgeschlossen. 720 Liter Wasserstoffperoxid-Lösung in zwölf 60-Liter-Kanistern hat Gelowicz besorgt und in einer gemieteten Garage im Schwarzwald versteckt. Ein vierter Komplize hat – so die Bundesanwaltschaft in ihrer Anklageschrift – sechsundzwanzig militärische Zünder beschafft und über die Türkei nach Deutschland schmuggeln lassen.

Gelowicz erhielt von der Islamischen Dschihad Union (IJU) in Pakistan und Usbekistan per Mail eine Bauanleitung, wie man damit möglichst viele Menschen tötet. Denn das ist ihr Ziel. „Der Schäuble“, sagt er, „der lässt uns hier machen. Der Rollstuhl-Eierkopf, der.“ Schneider entgegnet: „Der Schäuble hasst uns. Und ich hasse ihn.“ […]

Hass gibt Kraft. Seit vielen Monaten arbeiten Gelowicz und seine mutmaßlichen Komplizen fieberhaft an den Vorbereitungen für ihren ganz großen Anschlag. In einem Ferienhaus in Medebach-Oberschledorn, das sie unter falschem Namen für 280 Euro pro Woche von einem Mitarbeiter der Dortmunder Uni gemietet haben, wollen sie heute und morgen die erste Bombe herstellen. Im halben Orient – Syrien, Pakistan, Saudi-Arabien und Afghanistan – haben sie in den zwei Jahren zuvor Arabisch gelernt und den Koran studiert, haben in Terrorlagern die Kalaschnikow geschultert und sich im Bau von Sprengsätzen unterweisen lassen. 2005 ist

INFO

ISAF
International Security Assistance Force; von den Vereinten Nationen 2001 mandatierte und von der NATO seit 2003 geführte internationale Friedenstruppe für Afghanistan; die ISAF unterstützt die afghanische Regierung bei der Bekämpfung von Terroristen und Aufständischen sowie beim zivilen Wiederaufbau

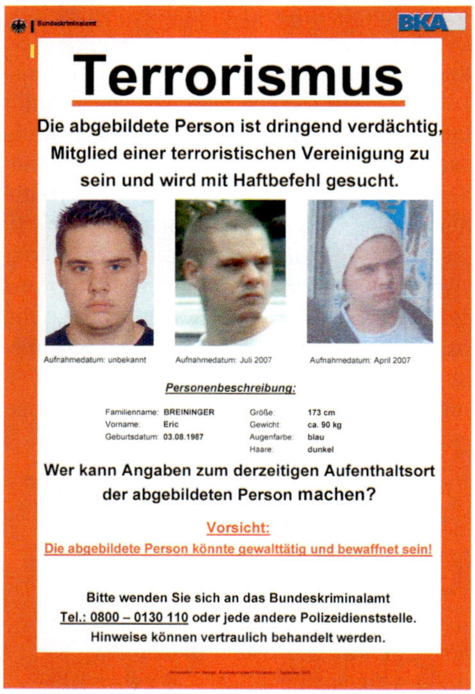

BKA-Fahndungsplakat des Terrorverdächtigen Eric Breininger, einem mutmaßlichen Mitglied der „Sauerland-Gruppe“

Fritz Gelowicz, der in Neu-Ulm in einer Sackgasse wohnt, nach Mekka gepilgert. [...]
Hass macht erfinderisch. Tütenweise tragen die Verschwörer Handys und Prepaid-Karten von Saturn nach Hause, um die Telefone nach wenigen Gesprächen zu wechseln. Manchmal fährt Gelowicz anderthalb Stunden, bloß um irgendwo in einem Internet-Café eine E-Mail zu hinterlegen oder einen ungesicherten W-Lan-Anschluss anzuzapfen.
Hass macht aber auch blind. Zum Beispiel sehen die Möchtegern-Terroristen nicht, dass rund um ihr Sauerland-Häuschen ein riesiges Polizeiaufgebot zusammengezogen wird. Um das Dorf haben etwa dreihundert Observationsspezialisten, Abhörexperten und Beamte von Sondereinsatzkommandos Position bezogen. Es ist die „Operation Alberich". Sie verfolgen jede Bewegung, jedes Wort, jedes Geräusch in der 88-Quadratmeter-Wohnung. [...]
Was hat Gelowicz, Schneider und Yilmaz dorthin gebracht – woher kommen ihre Verachtung, ihre Wut? Wieso ließ Gelowicz, das Akademikerkind, sein Wirtschaftsingenieurstudium sausen? Warum kündigt Yilmaz seinen Job am Frankfurter Flughafen? Warum hat der beinahe noch Jugendliche Daniel Schneider nach seiner Bundeswehrzeit bei den Luftlandepionieren plötzlich angefangen, seine Nachbarn im saarländischen Neunkirchen mit lauten Allah-Gebeten zu nerven?
Darüber rätseln die Experten nach wie vor. Verrückt sind die drei nicht, jedenfalls nicht im konventionellen Sinne, das haben psychiatrische Gutachten ergeben, die ihnen Intelligenz und Zurechnungsfähigkeit bescheinigen. Andererseits haben sie Hinweise ignoriert, dass sie längst fest im Griff von Polizei und Staatsschutz waren. [...]
Sucht man nach den Anfängen der Radikalisierung der Sauerland-Gruppe und ihres Umfeldes, gelangt man nach Neu-Ulm. Dort, im Multikulti-Haus, haben sie Dr. Yehia Yousif alias „Scheich Abu Omar" kennengelernt, einen Prediger und Verführer, der inzwischen als der einflussreichste Rekrutierer in Deutschland für den Heiligen Krieg gilt. Der Ägypter, der einige Zeit auch für den Verfassungsschutz gearbeitet haben soll, war der Hirnwäscher für etliche Angehörige der Sauerland-Gruppe und für deren Dunstkreis von vierzig, fünfzig jungen Leuten. Viele von ihnen waren inzwischen in Terrorcamps im afghanisch-pakistanischen Grenzgebiet. Manche haben bereits den Tod gefunden, so wie vermutlich Sedullah K. aus Langen. Yousif selbst hat sich kurz vor dem Verbot des Multikulti-Hauses 2005 nach Ägypten abgesetzt. [...] Da waren Gelowicz, Schneider und Yilmaz längst auf ihrem Weg. [...]
Am 4. September, es ist kurz nach Mittag, will die Polizei nicht mehr länger zusehen. Immer wieder hatten LKA-Beamte und BKA-Präsident Ziercke die zuständigen Innenminister der Länder und Staatssekretär Hanning informiert. Innenminister Schäuble hatte den Fall im Sommer 2007 bei sich daheim im Badischen mit dem amerikanischen Heimatschutzminister Minister Chertoff erörtert. Beim G-8-Gipfel in Heiligendamm fragte der amerikanische Präsident Bush die Kanzlerin nach dem Stand der Ermittlungen. Nun waren die Tatvorbereitungen dokumentiert, der Anschlag stand unmittelbar bevor, jetzt konnte der Zugriff erfolgen. [...]
Über ihre Festnahme und das, was dann passieren könnte, haben sich die drei mutmaßlichen Attentäter Gedanken gemacht. Sie wollen nichts sagen. Yilmaz erklärte feierlich: „Ich sage, nein, ich bereue gar nichts. Ich bereue nur, dass wir das nicht hingekriegt haben." [...] Gegen Gelowicz, Schneider und Yilmaz, die drei Hauptverdächtigen der Sauerland-Gruppe, soll spätestens Anfang 2009 der Prozess beginnen.

Aus: Peter Carstens: Wie'n zweiter 11. September, in: FAZ vom 11. 10. 2008, S. 3

INFO

Wolfgang Schäuble
Bundesminister des Innern von 2005 bis 2009

1 Recherchieren Sie im Internet nähere Informationen über die sogenannte „Sauerlandgruppe" (M 1) und den Ausgang des Prozesses gegen die Hauptangeklagten. Präsentieren Sie Ihre Ergebnisse im Klassenplenum.

2 Entwickeln Sie ein Szenario zu möglichen Folgen eines terroristischen Anschlags in Deutschland.

3 Diskutieren Sie nationale und internationale Möglichkeiten der Terrorismusbekämpfung.

METHODE

Szenarioentwicklung
S. 184–186

MATERIAL 2

Schäubles Muslim-Studie: 500 Seiten politischer Sprengstoff

INFO
Wolfgang Schäuble
Bundesminister des Innern von 2005 bis 2009

INFO
islamismusaffin
dem Islamismus zuneigend

INFO
Scharia
das im Koran festgelegte Gesetz, das das islamische Leben regelt

Im Herbst dieses Jahres wurden in Deutschland im Sauerland drei Terrorverdächtige festgenommen. Sie stehen unter dem dringenden Verdacht, verheerende Anschläge in Deutschland geplant zu haben. Bevölkerung und Sicherheitsbehörden sind alarmiert ob der islamistischen Bedrohung aus dem eigenen Land. Jetzt hat das Bundesinnenministerium eine neue Studie vorgelegt. Das Ziel: den Nährboden für extremistische Gruppen und potentielle Täter politisch motivierter Gewalt auszuloten. [...] 1 750 Gläubige wurden in Telefoninterviews befragt, so viel wie noch nie in einer deutschlandweiten Untersuchung zu Muslimen. [...] Zwar bekennt sich in der Befragung eine klare Mehrheit der befragten zu Demokratie und Rechtsstaat, die Ergebnisse der Studie sind dennoch erschreckend [...].

40 Prozent aller befragten Muslime in Deutschland sind „fundamental orientiert". Merkmale dafür sind: eine enge religiöse Bindung, hohe Alltagsrelevanz der Religion, die starke Ausrichtung an religiösen Regeln und Ritualen verbunden mit einer Tendenz, „Muslime, die dem nicht folgen, auszugrenzen sowie den Islam pauschal auf- und westliche, christlich geprägte Kulturen abzuwerten". Dies ist der Studie zufolge aber bei weitem nicht gleichzusetzen mit dem Umfang des Potenzials demokratieskeptischer, intoleranter oder gar islamismusaffiner Haltungen unter Muslimen.

14 Prozent aller Befragten haben „problematische Einstellungsmuster" – das bedeutet laut Studie, dass sie entweder eine hohe Distanz zu Demokratie, und/oder eine hohe Akzeptanz zu politisch-religiös motivierter Gewalt zeigen. 6 Prozent aller Befragten (hochgerechnet auf alle drei Millionen Muslime in Deutschland 180 000) sind der Studie zufolge „gewaltaffin", sie sind also theoretisch mobilisierbar. Das bedeute, dass sie massive Formen politisch-religiös motivierter Gewalt akzeptierten. Die Verfasser der Studie wiesen aber zugleich darauf hin, dass Distanz zu Demokratie und Rechtsstaat sowie autoritäre Einstellungen bei Muslimen nicht häufiger vorkommen würden als bei einheimischen Nichtmuslimen.

Sehr viele Muslime fühlen sich der Studie zufolge in Deutschland diskriminiert – besonders viele jugendliche Muslime sind mit Ausgrenzung konfrontiert. So kennzeichnet die Untersuchung etwa 14 Prozent der einheimischen Jugendlichen als „stark ausländerablehnend bis -feindlich". Knapp 40 Prozent der muslimischen Befragten halten „physische Gewalt als Reaktion auf die Bedrohung des Islams durch den Westen für legitim". Hier komme es laut Studie letztlich darauf an, was als Bedrohung aufgefasst wird und was hier im Einzelfall „dem Westen" zugeschrieben, mit diesem identifiziert wird.

Fast 9 Prozent halten die Formulierung, dass Selbstmordattentate feige seien und der Sache des Islam Schaden zufügen, für falsch. Ähnlich sind auch die Angaben zur Bezeichnung terroristischer Gewaltakte als aus Sicht des Islam zu verurteilender Taten (schlimme Sünde; Beleidigung Gottes). 7,4 Prozent der Befragten akzeptieren diese Aussage nicht. Die Studie unterscheidet zwischen jungen Muslimen und der älteren Bevölkerungsgruppe. So seien Jugendliche und junge Erwachsene eine besondere Risikogruppe bezüglich Radikalisierung oder Gewalt. Unter den potentiellen Radikalen und Gewalttätern sind nicht nur sozial benachteiligte Muslime. Auch muslimische Studenten in Deutschland haben problematische Einstellungen und sind skeptisch gegenüber der Demokratie, so die Studie.

Mehr als 8 Prozent der muslimischen Studenten gehen demnach auf Distanz zur Demokratie, etwa 6 Prozent von ihnen sind gleichzeitig demokratieskeptisch und befürworten die Scharia. Dieser Risikogruppe aus hoch gebildeten jungen Muslimen schreibt die Studie weitere Merkmale zu: Sie würden sich oft in der Opferrolle sehen, fühlten sich seit dem 11. September 2001 unter Generalverdacht. [...]

Kristina Köhler, Islamexpertin der CDU, überrascht der hohe Anteil an fundamental oder gewaltbereit eingestellten Befragten nicht: Die Zahlen, sagte sie „Spiegel Online", entsprächen ihren Beobachtungen, wonach Andersgläubige von strengreligiösen Muslimen abgewertet oder ausgegrenzt würden – absurderweise auch gemäßigte Muslime. „Wir müssen die verfassungstreue Mehrheit

der Muslime in Deutschland stärken - denn es sind die gemäßigten Muslime, die unter den Radikalen am meisten leiden.“ Die Minderheit sei allerdings stark und wirkungsmächtig, weil sie in der Regel besser organisiert sei und sich in der Öffentlichkeit äußere. [...]
Die Islambeauftragte der SPD im Bundestag, Lale Akgün, fordert nach der Veröffentlichung des Berichts durch das Innenministerium die Auflösung der Islamkonferenz von Wolfgang Schäuble (CDU). Der Bundesinnenminister könne nicht solche Ergebnisse an die Öffentlichkeit geben und dann weiter mit den fundamental eingestellten Muslimen aus den großen islamischen Verbänden an einem Tisch sitzen. Zwar seien die Verbandsvertreter nicht gewaltbereit, aber islamisch-autoritär. „Sie verführen junge Muslime“, so Akgün. Wenn Schäuble die Islamkonferenz aufrecht erhalten will, müsse er sich auch mit rechtsradikalen Parteien wie den Republikanern an einen Tisch setzen, um über Extremismus zu diskutieren. Das Problem Rechtsextremismus weise im Übrigen ähnliche Strukturen auf wie radikaler Islamismus, urteilt Akgün. „Die Studie zu Muslimen in Deutschland sagt ja, dass wir zwei Risikogruppen haben. Erstens die benachteiligten Menschen, die sozial am Rande der Gesellschaft stehen und dann die hoch Gebildeten.“ Im Rechtsextremismus sei diese Struktur genauso.
Unionsfraktionsvize Wolfgang Bosbach fordert nach der Studie konkrete Schritte: Wir müssen Imame in Deutschland ausbilden, Islamunterricht an deutschen Schulen anbieten.“ Außerdem müsse auf Integration und

Zeichnung: Burkhard Mohr

nicht zuerst auf Zuwanderung gesetzt werden. „Aber natürlich ist auch das kein Patentrezept, wir können nicht die Gedanken der Menschen kontrollieren.“ Der Grünen-Politiker Omid Nouripour erklärt: „Wir haben ein Demokratieproblem auf allen Seiten“ - das zeige die Studie. Es sei an der Zeit, dass sich Demokraten, egal welchen Glaubens, zusammenschließen.
Die großen muslimischen Verbände in Deutschland fordern „einen behutsamen und nicht einseitigen Umgang mit den Ergebnissen dieser Studie“. Die Einstellung von jungen Muslimen zu Demokratie und Rechtsstaat unterscheide sich nicht signifikant von Nichtmuslimen. Dies sei eines der wichtigsten Ergebnisse dieser Arbeit, sagte der Sprecher des Koordinierungsrats der Muslime, Bekir Alboga.
Man sei weiterhin davon überzeugt, dass das richtige Verständnis vom Islam den Muslim gegenüber Extremismus immun mache. Der Islam lehne Radikalität ab und sein richtiges Verständnis stärke und fördere das Vertrauen, sagte Alboga.

GLOSSAR
Extremismus

Aus: Anna Reimann: Schäubles Muslim-Studie, in: Spiegel Online vom 20. 12. 2007 (Zugriff am 3. 4. 2009)

1 Fassen Sie die zentralen Aussagen der Studie (M 2) in eigenen Worten zusammen und interpretieren Sie die Karikatur.

2 Vergleichen Sie die Aussagen der Studie zu den Ursachen islamistischer Einstellungen mit den Ursachen des Rechtsextremismus (S. 120, M 2).

3 Informieren Sie sich über Ausstiegsprogramme für extremistische Muslime in Deutschland und Europa.

4 Entwickeln Sie gemeinsam - ausgehend von den in M 2 genannten Vorschlägen - ein Konzept zu der Frage, wie sich der Rechtsstaat in Deutschland mit dem religiösen Fundamentalismus auseinandersetzen sollte. Berücksichtigen Sie dabei insbesondere den Gegensatz zwischen friedliebenden Muslimen und gewaltbereiten Islamisten.

METHODE
Karikaturanalyse
S. 102-105

4.3 Die Demokratie setzt sich zur Wehr

„Für den Triumph des Bösen genügt es, wenn die Guten nichts tun.“
Edmund Burke (1729–1797)

Die Väter des Grundgesetzes zogen aus den Erfahrungen der Weimarer Republik die Konsequenz, und schufen eine wehrhafte oder streitbare Verfassung für die Bundesrepublik Deutschland. Im Kern bedeutet dies, dass das Grundgesetz den Feinden der freiheitlichen demokratischen Grundordnung nicht die Freiheit einräumt, diese zu zerstören. Wesentliche Eckpunkte sind dabei:

- die mögliche *Verwirkung von Grundrechten* (z. B. der Freiheit der Meinungsäußerung), wenn diese zum Kampf gegen die Freiheitliche Demokratische Grundordnung missbraucht werden (Art. 18 GG). Dieses Mittel – bei dem etwa an Demagogen wie Adolf Hitler und Josef Goebbels zu denken war – ist bisher noch nie angewandt worden; vier entsprechende Anträge scheiterten vor dem Bundesverfassungsgericht.
- der *Einsatz bewaffneter Macht* der Polizei mehrerer Bundesländer (Art. 91 GG) sowie der Bundeswehr im Falle „einer drohenden Gefahr für den Bestand oder die freiheitliche demokratische Grundordnung des Bundes oder eines Landes“ (Art. 87a Abs. 4 GG).
- die Möglichkeit des *Verbots verfassungswidriger Parteien* durch das Bundesverfassungsgericht (Art. 21 Abs. 2 GG), so geschehen 1952 mit dem Verbot der rechtsextremistischen Sozialistischen Reichspartei (SRP) und 1956 mit dem Verbot der linksextremistischen Kommunistischen Partei Deutschlands (KPD). Auch ein Parteiverbot der NPD ist immer wieder im Gespräch. Allerdings sind die Hürden dafür sehr hoch, nachdem ein 2001 eingeleitetes Verbotsverfahren nicht aus Mangel an Beweisen, sondern aus formalen Gründen gescheitert war. Das BVerfG stellte im März 2003 das Verfahren wegen des Einsatzes von V-Leuten in der Führung der Partei ein.
- die Möglichkeit des Verbots sonstiger verfassungswidriger Vereinigungen (Art. 9 Abs. 2 GG). In der Geschichte der Bundesrepublik wurden bis 2009 weit über hundert Vereinigungen verboten.
- das *„Recht zum Widerstand“* gegen jeden, der es unternimmt, die verfassungsmäßige Ordnung zu beseitigen (Art. 20 Abs. 4 GG).

Wehrhafte Demokratie und Legitimität

Das Arsenal der Instrumente der wehrhaften Demokratie hat seine Wirksamkeit in einer Stunde akuter Gefahr bisher nicht unter Beweis stellen müssen. Ungewiss ist daher, wie viel die Instrumente gegenüber einer bereits zu einer Mehrheit angewachsenen antidemokratischen Massenbewegung tatsächlich auszurichten vermögen.

Das Konzept der wehrhaften Demokratie muss sich mit einem zentralen Legitimationsproblem auseinander setzen: Stellt es nicht einen im Grunde prinzipienwidrigen Versuch dar, die Demokratie auch gegen den Volkswillen zu sichern? Das Konzept erscheint außerdem vielen Menschen nach sechzig Jahren ungefährdeter Demokratie bedenklich oder überflüssig. Vergessen darf man aber nicht, dass Verfassungen nicht nur für Schönwetterperioden gemacht sind. Ihre Bewährungsprobe legen sie in Situationen politisch-existenzieller Herausforderungen ab.

Wehrhafte Demokratie und Toleranz

Zu wenig Schutz kann die Demokratie ebenso gefährden wie zu viel Schutz. Ein wichtiges demokratisches Grundprinzip heißt daher Toleranz. Dieser Wert ermöglicht einen gewaltfreien Interessenausgleich zwischen unterschiedlichen gesellschaftlichen Gruppen. Nur wenn die Toleranz offen missbraucht wird, darf und soll der Staat einschreiten. „Keine Freiheit den Feinden der Freiheit“ ist kein demokratischer Grundsatz.

Aus diesem Grund ist nicht nur der Staat, sondern vor allem auch die Gesellschaft gefordert. Die Auseinandersetzung mit dem Extremismus spielt sich in erster Linie mit sachlichen Argumenten, weniger mit Verboten ab. Die wehrhafte Demokratie darf nur letztes Mittel im Umgang mit Verfassungsfeinden sein. Die freie Gesellschaft muss den Wettbewerb der Ideen zulassen.

„Der Zweck des Staates ist die Wahrung der Freiheit“

MATERIAL 1

„Der letzte Zweck des Staates ist nicht, zu herrschen noch die Menschen in Furcht zu halten oder sie fremder Gewalt zu unterwerfen, sondern vielmehr den Einzelnen von der Furcht zu befreien, damit er so sicher als möglich leben und sein natürliches Recht, zu sein und zu wirken, ohne Schaden für sich und andere vollkommen behaupten kann. [...] Der Zweck des Staates ist in Wahrheit die Freiheit.“ [Baruch de Spinoza, 1670] [...] Neue Gefahren- und Bedrohungsszenarien werfen neue Fragen beim Ausgleich zwischen Freiheit und Sicherheit auf. Der Gesetzgeber ist bei der Gestaltung von Eingriffsbefugnissen nicht zwingend an die mit dem überkommenen Gefahrenbegriff verbundenen polizeirechtlichen Eingriffsgrenzen gebunden. Das Grundgesetz hindert ihn nicht daran, die traditionellen rechtsstaatlichen Bindungen auf der Grundlage einer seiner Prärogative unterliegenden Feststellung neuartiger oder veränderter Gefahrenlagen und Bedrohungssituationen fortzuentwickeln. Die Balance zwischen Freiheit und Sicherheit darf vom Gesetzgeber neu justiert, die Gewichte dürfen allerdings von ihm nicht grundlegend verschoben werden. [...] Dabei hat sich das Grundgesetz dagegen entschieden, sämtliche verbürgten Rechte abwägbar oder gar „wegwägbar“ zu machen. Die Menschenwürdegarantie sowie der Menschenwürdegehalt der speziellen Freiheitsrechte gehören zu diesem absolut geschützten Kernbestand. [...]

Nicht alles, was technisch machbar ist, muss auch rechtlich erlaubt sein. [...] Die Lösungen müssen vielmehr unter Wahrung des Grundsatzes der Verhältnismäßigkeit durch Abwägung herausgearbeitet werden. Dies geschieht in einer parlamentarischen Demokratie wie der unsrigen zuvörderst im Verfahren der parlamentarischen Gesetzgebung. [...] Das Grundgesetz stellt hierbei – nicht zuletzt auch aufgrund historischer Erfahrungen – hohe Anforderungen. Dabei wäre ein Konzept, Menschen – auch wenn sie Täter oder Tatverdächtige sind – einfach aus der Rechtsgemeinschaft auszuschließen und als Feinde der Rechtsgemeinschaft rechtlos zu stellen, eine Kapitulation des Rechtsstaats. Gefahren für den Rechtsstaat und Beeinträchtigungen der Grundlagen einer freiheitlichen demokratischen Ordnung muss mit Mitteln des Rechtsstaats begegnet werden. Diesem hohen Anspruch der Verfassung müssen wir uns auch in Zukunft stellen, sonst bedroht man selbst genau das, was es zu schützen gilt. Der Gesetzgeber ist insoweit der Erstinterpret der Verfassung. Aber zu unserer Verfassungsstaatlichkeit gehört eben auch, dass die dem Gesetzgeber dabei von Verfassungswegen vorgegebenen Grenzen letztverbindlich vom Bundesverfassungsgericht interpretiert und deren Wahrung gegebenenfalls durchgesetzt werden. [...]

Zeichnung: Thomas Plaßmann

Aus: Hans-Jürgen Papier: Wie der Staat Freiheit und Sicherheit vereint, in: Welt Online vom 1. Juni 2008; (Zugriff am 4. 4. 2009); der Autor ist Präsident des Bundesverfassungsgerichts

INFO

Baruch de Spinoza (1632–1677)
niederländischer Philosoph und Mathematiker jüdischer Herkunft; er gilt als einer der Begründer der modernen Bibelkritik

INFO

Prärogative
Vorrecht

1 Hans-Jürgen Papier befasst sich mit dem Spannungsverhältnis von Freiheit und Sicherheit. Erarbeiten Sie aus M 1 seine Auffassung zu der Frage, wie sich der Gesetzgeber gegenüber verfassungsfeindlichen Bestrebungen verhalten sollte.

2 Interpretieren Sie obige Karikatur.

3 Setzen Sie sich mit der Frage auseinander, was jeder Bundesbürger dazu beitragen kann, die Freiheitliche Demokratische Grundordnung zu schützen.

4 „Nicht alles was technisch machbar ist, muss auch rechtlich erlaubt sein“ (M 1, Z. 35 f). Erörtern Sie Vor- und Nachteile, wenn der Staat das Abhören bzw. die Online-Durchsuchung seiner Bürger zulässt.

METHODE

Karikaturanalyse
S. 102–105

MATERIAL 2

Das BKA-Gesetz

GLOSSAR

BKA-Gesetz

Gefahrenabwehr: Zur Terror-Abwehr soll das BKA erstmals zur Abwehr von Gefahr durch den internationalen Terrorismus vorbeugende Aufgaben übernehmen dürfen, wenn eine länderübergreifende Gefahr vorliegt, die Zuständigkeit einer Landespolizeibehörde nicht erkennbar ist oder die oberste Landesbehörde eine Übernahme wünscht.

Privater Kernbereich: Eine Überwachung muss unterbrochen werden, wenn der Kernbereich des Privatlebens betroffen ist. [...] Welche Daten zum unmittelbaren Kernbereich gehören und deshalb nicht ausgewertet werden dürfen, entscheidet ein Richter. Zwei BKA-Beamte und der BKA-Datenschutzbeauftragte müssen sicherstellen, dass der Kernbereich privater Lebensgestaltung nicht verletzt wird.

Akustische und optische Überwachung: Zur Abwehr einer Gefahr für den Bestand oder die Sicherheit des Staates, für Leib, Leben und Freiheit einer Person oder Sachen von bedeutendem Wert darf das BKA verdeckt Personen abhören und auch Bildaufnahmen machen. Dabei dürfen BKA-Ermittler auch in Kauf nehmen, dass Unschuldige ausgespäht werden.

Eilkompetenz: Diese Maßnahmen dürfen nur auf Antrag des BKA-Präsidenten, seinem Vertreter oder einem Gericht angeordnet werden. Ist Gefahr im Verzug, darf sofort gehandelt werden. Die gerichtliche Entscheidung ist unverzüglich nachzuholen.

Rasterfahndung: Das BKA kann von öffentlichen oder nichtöffentlichen Stellen die Übermittlung von personenbezogenen Daten aus Dateien verlangen. Voraussetzung ist wiederum die Abwehr schwerwiegender Gefahren.

Online-Durchsuchung: Das BKA darf ohne Wissen des Betroffenen in informationstechnische Systeme greifen und aus ihnen Daten erheben. Die Durchsuchung muss durch einen Richter angeordnet werden. Dies gilt auch in Eilfällen. Die Online-Durchsuchung ist bis 2020 befristet.

Telekommunikation: Das BKA darf ohne Wissen des Betroffenen dessen Telekommunikation überwachen. Es darf Daten über Verbindungen erheben und bei Mobilfunk den Standort des Gerätes ermitteln.

Wohnungsdurchsuchung: Unter bestimmten Voraussetzungen darf das BKA ohne Einwilligung des Inhabers dessen Wohnung durchsuchen.

Geheimnisträger: Das Zeugnisverweigerungsrecht wird eingeschränkt. So werden Journalisten, Ärzte und Rechtsanwälte mit Ausnahme von Strafverteidigern vom Zeugnisverweigerungsrecht weitgehend ausgenommen. Dagegen behalten Abgeordnete, Geistliche und Strafverteidiger das volle Zeugnisverweigerungsrecht.

V-Leute: Das BKA darf künftig auch V-Leute für seine Ermittlungen einsetzen. Solche Methoden wurden bisher vor allem von den Geheimdiensten genutzt.

Aus: Tagesschau.de; Stand: 3. 12. 2008; (Zugriff am 4. 4. 2009)

MATERIAL 3

Soll die NPD verboten werden?

INFO

Exit
EXIT-Deutschland ist eine Initiative, die Menschen hilft, die mit dem Rechtsextremismus brechen und sich ein neues Leben aufbauen wollen

Pro: Wie kann es gelingen, die NPD zu verbieten? Als Erstes [...] müsste die Innenministerkonferenz beschließen, alle V-Leute aus den Gremien der Partei abzuziehen. Von den Ortsvorständen bis zum Bundesvorstand. Das geht innerhalb von 24 Stunden. Es betrifft nicht die sogenannten freien Kameradschaften und andere verdeckte Strukturen. Die werden weiter observiert: aus Gründen der Gefahrenabwehr, nicht wegen ihres politischen Verhaltens. [...]

Dann sollten wir ein gesellschaftliches Bündnis gründen: Profis im Kampf gegen rechts, Vertreter aus der Politik, der Wirtschaft, der Kirche und Jugendinitiativen. Auf diese Weise wird die Teilnahme der Bürger an einem solchen Geschehen als sinnhaft erlebt und so manches Gefühl der strukturellen Ohnmacht vermieden. Die Definition des Extremismus wäre nicht nur auf Gerichte, Behörden und Wissenschaftler begrenzt. Ein breites Bündnis kann geduldig den Verbotsantrag vorbereiten. Das wird dauern, ich denke, zwischen drei und fünf Jahre. Aber es lohnt sich. Ein Teil der NPD-Strategie ist der Kampf um die Parlamente. Und da nimmt sie alle Privilegien des von ihr bekämpften Rechtsstaates in Anspruch: Meinungsfreiheit, Parteienfinanzierung, Verwaltungsrecht. Dies darf sich eine wehrhafte Demokratie nicht gefallen lassen. Wie sagte Goebbels? „Das wird immer einer der besten Witze der Demokratie bleiben, dass sie ihren Todfeinden die Mittel selbst stellte, durch die sie vernichtet wurde."

Bernd Wagner, Gründer des Neonazi-Aussteiger-Projekts „Exit"

Kontra: Kann mit einem Verbot wirklich erreicht werden, dass Inder, Ägypter, Afrikaner nicht beleidigt, verfolgt und geprügelt werden? Und das unter Duldung oder gar dem Jubel der umstehenden Bevölkerung? Bestimmt nicht. Im Gegenteil. Die NPD ist eher ein Symptom als die Krankheit selbst. Kein vernünftiger Mensch wird annehmen, dass die Bürger von Mügeln mutiger das Pogrom vereitelt hätten, wenn die NPD verboten gewesen wäre. Die Erfahrung zeigt leider, dass Politik und Gesellschaft nur dann bereit sind, auf die rechtsextreme Bedrohung zu reagieren, wenn sie es in die Parlamente schafft. [...]

Dann nämlich ist da eine andauernde Erinnerung, ein Menetekel, dass etwas nicht stimmt in Deutschland. Seit die NPD in die Landtage einzieht, wird der Rechtsextremismus endlich als ernsthafte gesellschaftspolitische Gefahr wahrgenommen. Und dort, wo sie es nicht schafft, entwarnen die Politiker so, als ob es bei niedrigen Wahlergebnissen auch kein Problem mit Neonazis mehr gäbe. Nach einem Verbot wird das Gleiche passieren. Nach dem Motto „Keine NPD – kein Problem" wenden sich Politik, Gesellschaft und Medien ab.

Den Nazis nicht das Feld zu überlassen heißt: sich selbst kümmern. Um Demokratie im Alltag, um gute Beratung gegen Rechtsextremismus, um gute Schulen oder um kluge statt bürokratische Lösungen bei Strukturproblemen. Das alles ginge natürlich auch wunderbar ohne die NPD. Wenn Deutschland aus sich selbst heraus dazu bereit wäre – und nicht immer ein Menetekel brauchte, das vielleicht auch andere sehen können!

Anetta Kahane, Vorsitzende der Amadeu Antonio Stiftung

Aus: Der Stern, Nr. 36/2007

INFO

Mügeln
Kleinstadt in Sachsen; bei Ausschreitungen am Rande eines Stadtfests hatte dort im Jahr 2007 ein Mob aus rund 50 Menschen Ausländer durch die Straßen gejagt und ausländerfeindliche Parolen gebrüllt. Die Verfolgten flüchteten in eine Pizzeria. Bei der Attacke wurden 14 Menschen verletzt, darunter auch zwei Polizisten.

INFO

Menetekel
Unheil verkündende Warnung

GLOSSAR

Amadeu Antonio Stiftung

„Kein Problem, wir sägen ihn um!"; Zeichnung: Horst Haitzinger

1 Recherchieren Sie im Internet zu dem nach dem 11. September in den USA in Kraft getretenen „Patriot Act" und vergleichen Sie es mit dem BKA-Gesetz (M 2). Stellen Sie Unterschiede und Gemeinsamkeiten tabellarisch zusammen.

2 Verfolgen Sie die Medienberichterstattung über die beim Bundesverfassungsgericht eingereichten Verfassungsbeschwerden zum BKA-Gesetz.

3 Bereiten Sie eine Fishbowl-Diskussion vor und führen Sie sie durch: Sollte die NPD verboten werden? Sammeln Sie dazu zunächst in Kleingruppen eigene Argumente. Bearbeiten Sie dann die Materialien in M 3 und ergänzen Sie Ihre Sammlung um neue Aspekte.

4 Verfassen Sie – nachdem Sie sie interpretiert haben – einen zustimmenden oder ablehnenden Kommentar zur obigen Karikatur.

METHODE In sieben Schritten zur Präsentationsprüfung

In der Kursstufe müssen Sie sich entscheiden, in welchem Fach Sie Ihre Präsentationsprüfung im Abitur ablegen möchte. Die Prüfung besteht aus einer zehnminütigen Präsentation und einem darauf folgenden zehnminütigen Kolloquium. Im Vorfeld müssen Sie vier mögliche Themen für die Präsentation angeben, aus denen der/die Prüfungsvorsitzende dann ein Thema auswählt.

1. Themensuche: Wenn Sie sich entschieden haben, in Gemeinschaftskunde Ihre mündliche Prüfung zu absolvieren, sollten Sie frühzeitig mit Ihrer Gk-Lehrerin/Ihrem Gk-Lehrer sprechen und sich nach ihren/seinen Erwartungen erkundigen. Am besten überlegen Sie sich selbst Themen, die Sie interessieren. Diese sollten einen Bezug zum Bildungsplan aufweisen, jedoch nicht völlig deckungsgleich sein. Halten sie während der gesamten Vorbereitungszeit Kontakt zu Ihrer Lehrerin/Ihrem Lehrer, um aufkommende Probleme schnell zu beseitigen. Eventuell hat Ihre Lehrerin/Ihr Lehrer weitere Tipps für Sie.
Wichtig ist, dass Sie „machbare" Themen wählen – Sie müssen, erstens, in der Lage sein, die Themen in angemessener Zeit zu bearbeiten, und, zweitens, müssen Ihre Themen in einer zehnminütigen Präsentation darstellbar sein. (Wählen Sie also nicht „Die NPD" als Thema, sondern vielleicht „Bedroht die NPD die Freiheitliche Demokratische Grundordnung in Deutschland?").

2. Themenformulierung: Suche und Formulierung des Themas hängen eng zusammen. Es ist sehr wichtig, dass in der Formulierung eine Problemstellung ersichtlich wird. Gerade in Gemeinschaftskunde ist es wichtig, dass Sie eine Fragestellung bzw. eine Leitfrage haben, die es Ihnen ermöglicht, zu problematisieren und kontroverse Meinungen aufzuzeigen. Also nicht: „Die NPD und Rechtsextremismus", sondern vielleicht „Hilft das Verbot der NPD gegen Rechtsextremismus?". Schließlich ist es kein Muss, aber positiv, wenn sich aktuelle Bezüge herstellen lassen.

QUERVERWEIS
Rechtsextremismus
Kapitel 4.2.1

Beurteilen Sie folgende Präsentationsthemen. Formulieren Sie gegebenenfalls bessere Titel.
- Der Aufstieg der Partei „Die Grünen"
- Das Scheitern der UN in Ruanda – Die Zukunft internationaler Konfliktbewältigung
- Untersuchungsausschüsse als Möglichkeit parlamentarischer Kontrolle
- Auslandseinsätze der Bundeswehr am Beispiel des Kongo-Einsatzes
- Plebiszitäre Elemente: Mittel zur Verringerung der Politikverdrossenheit in Deutschland?

3. Recherche: Überlegen Sie, wo Sie zu Ihrem Thema am besten Informationen bekommen: in Büchern, Zeitschriften oder Zeitungen, im Internet, vielleicht sogar durch ein Interview bzw. ein Expertengespräch?
Wichtig ist, dass Sie die Seriosität Ihrer Quellen überprüfen und eine kritische Distanz wahren. Wenn Sie z. B. eine politische Partei vorstellen möchten, kann Ihnen der Internetauftritt der Partei wertvolle Dienste leisten – es muss Ihnen aber klar sein, dass ein solcher Auftritt vor allem dazu dient, die Partei in einem guten Licht darzustellen. Verlassen Sie sich nicht nur auf *eine* Quelle und überprüfen Sie ihre Sachlichkeit und Neutralität. Und vor allem: Geben Sie Ihre Quellen an! Die Überprüfbarkeit der Ergebnisse ist Grundlage jeder seriösen wissenschaftlichen Arbeit. Dazu sollten Sie schon beim Exzerpieren von Literatur jeweils die genauen Herkunftsdaten notieren, sonst fehlen sie Ihnen nachher und Sie müssen ihre Angaben mühevoll nachrecherchieren.

METHODE
Zitate statt Plagiate
S. 94/95

4. Gliederung: Die Gliederung Ihrer Präsentation muss zunächst eine *Einleitung* beinhalten, die zum Thema hinführt und die Fragestellung benennt. Darauf folgt ein *Hauptteil*, in dem Sie die Fragestellung bearbeiten. Hier ist es ganz wichtig, dass ein „roter Faden" erkennbar wird und Ihre Präsentation zielgerichtet ist. Verwenden Sie nicht zu viele Unterpunkte! In zehn Minuten können Sie die gar nicht alle „abarbeiten", Ihre Präsentation wirkt dann zerstückelt. Im *Schlussteil* sollten Sie Ihre Ergebnisse zusammenfassen und auf Ihre in der Einleitung genannte Fragestellung zurückkommen. Sprechen Sie auch offen gebliebene Punkte an. Zudem kann hier ein Blick in die Zukunft gewagt werden. Außerdem ist am Ende Ihrer Präsentation eine persönliche Stellungnahme möglich.

Bewerten Sie den Aufbau der folgenden Grobgliederung. Ändern Sie sie gegebenenfalls ab.

Präsentation „Deutschland als ständiges Mitglied im UN-Sicherheitsrat?“

I. *Einleitung* (Bild des Sicherheitsrates; Hinführung zur Fragestellung)
II. *Hauptteil* Deutschland als ständiges Mitglied im UN-Sicherheitsrat?
1. Entstehung und Aufbau des UN-Sicherheitsrates
2. Reformvorschläge
3. Chancen und Probleme für Deutschland als ständiges Mitglied

III. *Schluss* (Zitat; Prognose)

5. Visualisierung: Es wichtig, dass Sie Ihren Vortrag anschaulich halten und medial unterstützen. Ob Sie dazu Overheadprojektoren- oder Powerpoint-Folien, Poster, die Tafel o. Ä. wählen, hängt vom Thema, von der Ausstattung Ihrer Schule und von Ihren eigenen Präferenzen ab. Eine Präsentation ist zwar nicht unbedingt besser, wenn Sie mit enormem technischem Aufwand gehalten wird - nutzen Sie aber ruhig die Ihnen zur Verfügung stehenden Möglichkeiten. Bei der Visualisierung sollten Sie folgende „goldene Regeln“ beachten:

- Überfrachten Sie Folien, Poster etc. nicht. Ein unruhiger Hintergrund lenkt z. B. zu stark ab, genauso wie zu viele Bilder auf einer Seite oder zu viel Animation.
- Auch sollte nicht zu viel Text auf einer Folie stehen - am besten nur Stichpunkte, die Sätze formulieren dann Sie. Lesen Sie auf keinen Fall einfach Sätze von der Folie ab!
- Achten Sie auf eine (auch aus der Entfernung) gut lesbare, kontrastive Schrift.
- Fotos, Schaubilder etc. werden nur eingesetzt, wenn auch mit ihnen gearbeitet wird - ein Foto muss erklärt, ein Schaubild analysiert, der Zusammenhang zum Thema deutlich gemacht werden. Und auch hier gilt: Die Quellen müssen angegeben werden.

6. Probe des Vortrags: Wenn Sie nun Ihren Vortrag inhaltlich und medial vorbereitet haben, sollten Sie ihn unbedingt mehrfach proben - zunächst eventuell alleine (vor dem Spiegel), dann aber auch vor Eltern oder Geschwistern. Diese werden Sie vielleicht auf inhaltliche Schwierigkeiten aufmerksam machen, die Ihnen - als Experten - noch gar nicht aufgefallen sind. Schließlich wächst mit jeder Probe auch die Sicherheit, und Sie entwickeln ein besseres Zeitgefühl. Bitten Sie Ihre Zuhörer, bei Ihrem Probevortrag auf folgende Punkte besonders zu achten und Ihnen eine *ehrliche* Rückmeldung zu geben:

Du hast ...	sehr gut	gut	verbesserungsfähig
... laut, deutlich und nicht zu schnell gesprochen.			
... Blickkontakt gehalten.			
... frei vorgetragen.			
... den Umgang mit der Technik beherrscht.			
... die Vortragszeit eingehalten.			

7. Vorbereitung auf das Kolloquium: Die Präsentation ist „nur“ der erste Teil der Prüfung. Im zweiten Teil bekommen Sie Fragen zu Ihrem Thema gestellt, die meistens direkt von der Präsentation ausgehen, jedoch auch darüber hinausgehen. So können zunächst Unklarheiten ausgeräumt und einzelne Punkte aus dem Vortrag vertieft werden. Stellen Sie sich also darauf ein, dass Sie mehr wissen müssen, als Sie in der zehnminütigen Präsentationszeit referieren! Machen Sie sich daher schon im Vorfeld Gedanken darüber, welche weitergehenden Fragen in Bezug zum Präsentationsthema gestellt werden könnten.

5. Politische Macht und Kontrolle

Art. 20 Abs. 2 GG

Alle Staatsgewalt geht vom Volke aus. Sie wird vom Volke in Wahlen und Abstimmungen und durch besondere Organe der Gesetzgebung, der vollziehenden Gewalt und der Rechtsprechung ausgeübt.

Gewaltenteilung
ist ein Grundprinzip politisch-demokratischer Herrschaft und der Organisation staatlicher Gewalt mit dem Ziel,

- die Konzentration und den Missbrauch politischer Macht zu verhindern,
- die Ausübung politischer Herrschaft zu begrenzen und zu mäßigen und damit
- die bürgerlichen Freiheiten zu sichern.

Funktional wird zwischen der gesetzgebenden Gewalt (Legislative), der ausführenden Gewalt (Exekutive) und der Recht sprechenden Gewalt (Judikative) unterschieden. Diese Funktionen werden unabhängigen Staatsorganen (Parlamenten, Regierung, Gerichten) zugewiesen.
Politisch-theoretisch wurde die Lehre von der Gewaltenteilung von John Locke (1632–1704) und Charles de Montesquieu (1689–1755) im Sinne aufgeklärter Herrschaft entwickelt und als Ordnungs- und Strukturprinzip erstmals in der Verfassung der USA von 1787 / 88 umgesetzt. [...]
In einem weiteren Sinne wird das Prinzip der Gewaltenteilung auch durch territoriale Untergliederungen verwirklicht, insbesondere wenn sie mit einer entsprechenden Aufgaben-, Kompetenz- und Verantwortungsverteilung wie z. B. in föderalistischen Systemen verbunden ist.

Aus: Klaus Schubert/Martina Klein: Das Politiklexikon, 4., aktualisierte Auflage, Bonn 2006

5.1 Gesetzgebung – Hauptaufgabe des Bundestages

METHODE
Politik-Zyklus
S. 8/9

GLOSSAR
BKA-Gesetz

Mehr als 6 000 Gesetze – nur wenige umstritten

Seit Gründung der Bundesrepublik Deutschland 1949 sind über 6 000 neue Gesetze mit der Unterschrift des Bundespräsidenten in Kraft getreten. Hinzugezählt werden müssen auch die „alten" Gesetze, wie das Strafgesetzbuch (StGB) und das Bürgerliche Gesetzbuch (BGB), die mehrfach angepasst wurden. Mehr als 90 % dieser Gesetze erhielten eine breite Zustimmung im Parlament. Äußerst kontrovers ging es dagegen bei der Debatte um die Wiederbewaffnung in den frühen Fünfzigerjahren zu. Auch die Auseinandersetzung um die Veränderung des Paragrafen 218 StGB (Schwangerschaftsabbruch) war hoch umstritten, da hier grundlegende Werte und politische Grundsatzentscheidungen berührt waren. Eine ähnliche Qualität haben heute die Diskussionen über die Ausweitung der staatlichen Befugnisse bei der Terrorismusbekämpfung durch das sogenannte BKA-Gesetz oder über die Forschung auf dem Gebiet der Biomedizin, etwa der Stammzellenforschung.

Vom Recht der Gesetzesinitiative

Nach Art. 76 Abs. 1 GG teilt der Bundestag das Recht, Gesetzentwürfe einzubringen, mit der Bundesregierung und dem Bundesrat. Statistische Angaben über den Ursprung der Gesetzentwürfe zeigen aber, dass die Bundesregierung in jeder Legislaturperiode weit mehr Vorlagen einbringt als der Bundestag. Regierungsvorlagen sind überdies erfolgreicher als die Initiativen aus dem Bundestag. Bei der Bewertung dieses in allen westlichen Demokratien eingetretenen Machtübergewichts der Regierung ist jedoch zu berücksichtigen, dass die Entwicklung vom liberalen „Nachtwächterstaat" des 19. Jahrhunderts zum modernen Daseinsvorsorge- und Leistungsstaat zu einer enormen Ausweitung staatlicher Aufgaben geführt hat. Hinzu kommt, dass Regierung und Parlamentsmehrheit in der parlamentarischen Demokratie eine Interesseneinheit darstellen. Diese ist an die Stelle des Dualismus von Parlament und Regierung des 19. Jahrhunderts getreten. Freie Abstimmungen, bei denen kein Fraktionszwang besteht, sondern der Abgeordnete allein nach seinem Gewissen entscheidet, sind selten.

Wege zu einer Gesetzesinitiative

Für Abgeordnete der Parlamentsmehrheit ist es naheliegend, nur Anstöße zu Gesetzesinitiativen zu geben und die Prüfung und Ausarbeitung dem Regierungsapparat zu überlassen. Gesetzesinitiativen der Regierung können auf Anregungen von Beamten in Ministerien und Behörden, auf Vorstöße einzelner Abgeordneter, auf Parteitagsbeschlüsse, Koalitionsabsprachen, parlamentarische Anfragen oder auf Forderungen von Verbänden zurückgehen. Gesetzesinitiativen der Bundesregierung müssen zuerst dem Bundesrat zugeleitet werden, der anschließend bis zu sechs Wochen lang darüber berät. Dringliche Gesetzentwürfe lässt die Bundesregierung deshalb durch die Mehrheitsfraktion bzw. durch die Koalitionsfraktionen einbringen. Der Bundestag kann sich unter diesen Umständen sofort damit befassen. Grundsätzlich aber gilt, dass die wenigsten Gesetzentwürfe das Parlament unverändert verlassen.

Die Opposition im Gesetzgebungsprozess

Die Voraussetzungen der Opposition, eigene Gesetzesinitiativen zu ergreifen, sind im Vergleich zur Regierung und zur Parlamentsmehrheit schlecht. Ihr stehen zwar persönliche Referenten und wissenschaftliche Mitarbeiter zur Verfügung, nicht jedoch der Beamtenapparat in den Ministerien, der die aufwändige Vorbereitung und Ausarbeitung der Gesetzentwürfe begleitet. Deshalb greift die Opposition vielfach auf Fachleute in den Ländern zurück, in denen sie regiert.

Der Bundestag – ein Arbeitsparlament

Wird ein Gesetz eingebracht, durchläuft es im Bundestag mehrere „Stationen". Besonders wichtig ist dabei die Beratung in den Ausschüssen und in den Fraktionen der Parteien, in denen u. a. geklärt wird, wie sich die Abgeordneten bei Abstimmungen im Bundestag verhalten sollen.

Der Deutsche Bundestag gilt als Arbeitsparlament. Im Gegensatz zu einem Redeparlament (z. B. dem britischen Unterhaus) findet hier die wesentliche Arbeit in den Ausschüssen statt. Dort spiegeln sich die Mehrheitsverhältnisse des Bundestages wider. Folglich haben die Regierungsparteien auch in den Ausschüssen die Mehrheit. Zu den wichtigsten Ausschüssen des 16. Bundestages zählen

- der Ausschuss für Arbeit und Soziales,
- der Ausschuss für Auswärtige Angelegenheiten
- der Haushaltsausschuss,
- der Ausschuss für Inneres und
- der Ausschuss für Wirtschaft und Technologie.

Die Gesetzgebungskompetenzen von Bund und Ländern

Art. 30 GG lautet: „Die Ausübung der staatlichen Befugnisse und die Erfüllung der staatlichen Aufgaben ist Sache der Länder, soweit dieses Grundgesetz keine andere Regelung trifft oder zulässt." Dies heißt mit anderen Worten: Der Bund darf nur dann gesetzgeberisch aktiv werden, wenn das Grundgesetz ihn ausdrücklich dazu ermächtigt, ihm also eine „Kompetenz" verleiht. Diese Regelung steht im Einklang mit dem Prinzip der Subsidiarität, demzufolge übergeordnete Gemeinschaften nur solche Aufgaben wahrnehmen sollen, die nachgeordnete Gemeinschaften nicht ebenso gut oder besser erfüllen können.

Es gibt also Aufgaben, die reine Ländersachen sind. Dazu gehören z. B. das Bildungswesen (Schule, Universitäten) oder die Polizei. Andere Aufgaben fallen in die alleinige Zuständigkeit des Bundes, etwa die auswärtigen Angelegenheiten, die Verteidigung oder der Luftverkehr. Man spricht hier von der ausschließlichen Gesetzgebungskompetenz des Bundes (Art. 73 GG). Daneben existieren Aufgaben, die nur solange und soweit von den Ländern ausgeführt werden dürfen, wie der Bund von seiner Zuständigkeit keinen Gebrauch macht. Zu den Bereichen dieser konkurrierenden Gesetzgebung gehören z. B. das bürgerliche Recht oder die öffentliche Fürsorge. Als wichtigste Begründung für eine bundesgesetzliche Regelung in diesen Bereichen gilt „die Herstellung gleichwertiger Lebensverhältnisse im Bundesgebiet oder die Wahrung der Rechts- oder Wirtschaftseinheit im gesamtstaatlichen Interesse" nach Art. 72 Abs. 2 GG.

Der Bundesrat im Gesetzgebungsprozess

Neben der unterschiedlichen Regelung der Gesetzgebungskompetenzen von Bund und Ländern ist auch die legislative Mitwirkung des Bundesrates unterschiedlich geregelt. Das Grundgesetz unterscheidet zwischen zustimmungspflichtigen Gesetzen und nicht zustimmungspflichtigen Einspruchsgesetzen. Zu den zustimmungspflichtigen Gesetzen gehören alle verfassungsändernden Gesetze sowie Gesetze, welche die Beziehungen zwischen Bund und Ländern berühren. Bei den Einspruchsgesetzen ist der Bundesrat zwar auch mitbefasst, doch kann sein Einspruch durch den Bundestag mit gleicher Mehrheit überstimmt werden.

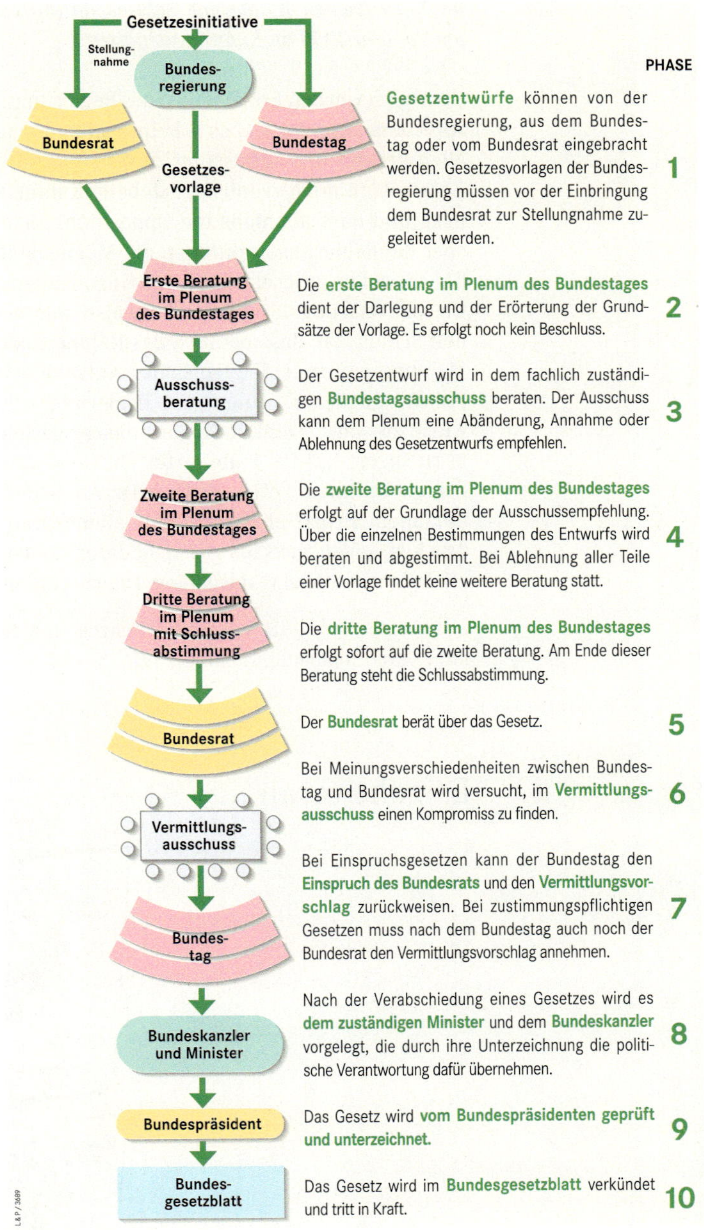

Der Gang der Gesetzgebung

MATERIAL 1 Wer hat das Recht zur Gesetzesinitiative?

Nachdem die Fraktion der CDU/CSU am 17. Mai 1950 den „Entwurf eines Gesetzes über die Mitbestimmung der Arbeitnehmer im Betrieb“ im Bundestag eingebracht hatte, äußerte sich ein Regierungssprecher im Namen von Bundeskanzler Konrad Adenauer (CDU) kritisch darüber, dass die Fraktion eigenständig einen Gesetzentwurf zur Diskussion gestellt hatte. Heinrich von Brentano, Fraktionsvorsitzender der CDU/CSU im 1. Deutschen Bundestag, schrieb daraufhin am 26. Mai 1950 an Konrad Adenauer:

„Wenn ich von den Erklärungen des Regierungssprechers ausgehe, [...] so scheint das Kabinett allen Ernstes der Auffassung zu sein, dass die Gesetzesinitiative grundsätzlich beim Kabinett liege und dass allenfalls die Opposition, nicht aber die Regierungsfraktionen die Möglichkeit haben sollen, Gesetzentwürfe einzubringen. Diese Erklärung lässt logischerweise nur einen Schluss zu: dass nämlich das Kabinett der Meinung ist, es sei letzten Endes Aufgabe der Fraktionen der Koalition, auf Regierungsentwürfe zu warten und zu Regierungsentwürfen Ja zu sagen. [...] Ich halte es für ein Gebot der Offenheit, Ihnen, verehrter Herr Dr. Adenauer, mit allem Ernst, aber auch mit allem Nachdruck zu sagen, dass ich gar nicht daran denke, mich einer solchen abwegigen Interpretation anzuschließen oder gar in Zukunft danach zu handeln.
Ich glaube, dass Sie, verehrter Herr Dr. Adenauer, und die übrigen Mitglieder des Kabinetts keinen berechtigten Anlass haben, sich über mangelnde Loyalität ausgerechnet unserer Fraktion zu beschweren. Vielmehr hat die Fraktion der CDU/CSU immer wieder und häufig natürlich auch unter Zurückstellung schwerwiegender persönlicher Bedenken einer kleineren oder größeren Anzahl ihrer Mitglieder die Vorlage der Regierung abgewartet und in der Sachbehandlung unterstützt. Ebenso haben wir es für selbstverständlich gehalten, Ihre politische Gesamtkonzeption in allen Fällen aufzunehmen, um niemals auch nur den Eindruck aufkommen zu lassen, als bestünden in der einen oder anderen Frage Meinungsverschiedenheiten zwischen Ihnen als dem verantwortlichen Leiter der deutschen Politik und Ihrer Fraktion. Die Vorstellung aber, als sei die stärkste Fraktion des Deutschen Bundestages mit 140 Abgeordneten, von denen jeder einzelne vielen Tausenden von Wählern im Worte steht, letztlich nur ein ausführendes Organ der Exekutive und müsse auf eigene Willensbildung und auf eine eigene Initiative [...] verzichten [...], erscheint mir, offen gesagt, absurd. [...]“

Aus: Arnulf Baring (Hrsg.): Sehr verehrter Herr Bundeskanzler! Heinrich von Brentano im Briefwechsel mit Konrad Adenauer, Hamburg 1976, S. 45 ff.

MATERIAL 2 Es geht voran ...

Zeichnung: Klaus Stuttmann

Die Gesetzgebung von 1949 bis 2009

MATERIAL 3

Wahlperiode	1. 49-53	2. 53-57	3. 57-61	4. 61-65	5. 65-69	6. 69-72	7. 72-76	8. 76-80	9. 80-83	10. 83-87	11. 87-90	12. 90-94	13. 94-98	14. 98-02	15. 02-05	16. 05-09
Gesetzesentwürfe	805	877	613	635	665	577	670	485	242	522	595	800	923	864	643	972
davon Regierungsentwürfe	472	446	401	378	417	362	461	322	146	280	321	407	443	443	320	540
davon Bundestagsentwürfe	301	414	207	245	227	171	136	111	58	183	227	297	329	328	211	264
davon Bundesratsentwürfe	32	17	5	12	21	44	73	52	38	59	47	96	151	93	112	168
Verabschiedete Gesetze[1]	545	507	424	427	453	335	516	354	139	320	369	507	566	559	400	616
davon Regierungsentwürfe	392	368	348	329	368	259	427	288	104	237	267	346	403	394	281	488
davon Bundestagsentwürfe	141	132	74	96	76	58	62	39	16	42	68	92	102	108	85	89
davon Bundesratsentwürfe	12	7	2	2	9	13	17	15	8	32	15	28	36	22	17	19
Verkündete Gesetze[*2]	–	–	–	–	–	–	506	339	136	320	366	493	551	549	384	611
Zustimmungsgesetze (%)	41,8	49,8	55,7	53,4	49,4	51,7	53,2	53,7	52,2	60,6	55,2	56,6	59,2	54,8	50,5	41,7
Einspruchsgesetze (%)	58,2	50,2	44,3	46,6	50,6	48,3	46,8	46,3	47,8	39,4	44,8	43,4	40,8	45,2	49,5	58,3

[1] Verabschiedet: Vom Bundestag (mit jeweils vorgeschriebener Mehrheit) beschlossen.

[2] Verkündet: Abschluss des Gesetzgebungsverfahrens: Der Bundespräsident fertigt das Gesetz nach Gegenzeichnung durch die Bundesregierung aus und verkündet es im Bundesgesetzblatt. Zuvor hat der Bundestag das Gesetz beschlossen, und das Gesetz hat den Bundesrat passiert.

[*] Für 1. bis 6. Wahlperiode keine Daten vorhanden.

Quelle: 1.–12. WP: Peter Schindler, Datenhandbuch zur Geschichte des Deutschen Bundestages 1949–1999. Band II, Baden-Baden 2000, S. 2388 ff.; 13.–14. WP: Michael F. Feldkamp, Datenhandbuch zur Geschichte des Deutschen Bundestages 1994–2003, Baden-Baden 2005, S. 573 ff.; 15. WP: dip.bundestag.de/gesta/GESTA.online.15.pdf (Stand: 16. November 2005); 16. WP: Deutscher Bundestag – Referat Parlamentsdokumentation (Stand: 15. Oktober 2009)

1 Wie entsteht ein Gesetz? Skizzieren Sie unter Verwendung der Grafik auf S. 141 die wesentlichen Schritte des Gesetzgebungsverfahrens in der Bundesrepublik Deutschland.

2 Überlegen Sie, welche Gremien und Institutionen wirklich für den *Inhalt* der Gesetze verantwortlich sind.

3 Erläutern Sie den Vorgang, der Heinrich von Brentano veranlasste, Bundeskanzler Adenauer den Brief in M 1 zu schreiben und nennen Sie die Argumente, mit denen von Brentano versucht, die Auffassung des Bundeskanzlers bzw. seines Regierungssprechers zu widerlegen.

4 Überprüfen Sie anhand von M 1 und M 3 die Verfassungswirklichkeit bei Gesetzesinitiativen und geben Sie Gründe für Ihre Feststellungen an.

5 Warum leisten wir uns ein so kompliziertes Gesetzgebungsverfahren? Lesen Sie Art. 77 GG und nehmen Sie vor dem Hintergrund der Karikatur (M 2) Stellung.

MATERIAL 4

Medizin auf neuen Wegen – ein harter Brocken für den Gesetzgeber

GLOSSAR
Präimplantationsdiagnostik (PID)

GLOSSAR
embryonale/adulte Stammzellen

Über Chancen und Risiken der Gen-Technologie wird seit Mitte der 1980 er Jahre leidenschaftlich diskutiert. Die Gegensätze sind krass. Die einen hoffen mit der Präimplantationstechnik (PID) auf gesunde Kinder oder auf wirksame Medikamente gegen Krebs, Alzheimer oder Diabetes. Die andern sehen in der Stammzellenforschung eine Verletzung der Menschenwürde, warnen vor einer grausamen Selektion behinderter oder ungewünschter Menschen und entwerfen ein Schreckensszenario aus geklonten Menschen und Organismen mit nachwachsenden „Ersatzteilen". Bereits im November 1989 hatten die Evangelische und Katholische Kirche in einer gemeinsamen Erklärung zum Lebensschutz vor der künstlichen Befruchtung und der vorgeburtlichen Diagnostik gewarnt. Beide lehnten darin die Forschung an Embryonen auch bei „noch so hochrangigen Forschungszielen" ab.

Um Empfehlungen für sein gesetzgeberisches Handeln zu erhalten, hat der Bundestag im März 2000 die Enquête-Kommission „Recht und Ethik der modernen Medizin" eingesetzt. Die Bundesregierung ihrerseits hat im Herbst 2001 einen Nationalen Ethikrat zur Ausarbeitung von Entscheidungshilfen einberufen. Der damalige Bundeskanzler Gerhard Schröder (SPD) berief 25 Wissenschaftler, Kirchenvertreter und Politiker als Mitglieder. Im Wesentlichen ging es in beiden Kommissionen um die Stammzellenforschung.

Allen Beteiligten ist klar, dass es in diesem Grenzbereich menschlicher Existenz keine gesetzgeberischen Entscheidungen streng entlang der Fraktionslinien geben kann. Bei Fragen um Leben und Tod ist das Gewissen nach Art. 38 GG jedes einzelnen Abgeordneten entscheidend. Die Abgeordneten müssen sich daran orientieren, was moralisch verantwortbar ist und was mit den Mitteln des Rechts geregelt werden kann. Zwei Grundsatzpositionen stehen sich hier gegenüber:

- Ein klares Nein, weil das Recht auf Leben von Anfang an geschützt werden muss. Dies entsteht nicht irgendwann, sondern mit der Vereinigung von Ei- und Samenzelle.
- Das Ja zu einer mittels des Rechts gesteuerten neuartigen medizinischen Forschung wird ebenfalls aus humanitärer Perspektive (lebensrettende Organspenden), aber auch mit wirtschaftlichen Argumenten begründet. Das am 1. Januar 1991 in Kraft getretene Embryonenschutzgesetz, das Experimente an Embryonen, Manipulationen am Erbgut und Leihmutterschaft in Deutschland verbietet, verhindere die seither möglich gewordene Zellforschung. Vieles, was in anderen europäischen Ländern erlaubt sei, ist in Deutschland nach diesem Gesetz verboten.

Während sich die Enquête-Kommission im November 2001 mehrheitlich gegen den Import von embryonalen Stammzellen aussprach, befürwortete der Nationale Ethikrat wenig später mehrheitlich einen kontrollierten Import. Am 25. April 2002 verabschiedete der Bundestag ein im internationalen Vergleich strenges Gesetz (Stammzellgesetz; StZG), demzufolge der Import embryonaler Stammzellen grundsätzlich verboten ist. Verwendet werden durften ausschließlich Zelllinien, die vor einem Stichtag, dem 1. Januar 2002, gewonnen wurden und aus dem Ausland stammten.

Fünf Jahre nach Inkrafttreten des Legislativakts forderte der Nationale Ethikrat 2007 eine Gesetzesnovelle, nachdem die Kritik am Stammzellgesetz nie verstummt war. Am 11. April 2008 beschloss der Bundestag daraufhin eine Lockerung der Regelungen zur Stammzellenforschung in Deutschland: Um eine Forschung mit frischeren Stammzellen zu ermöglichen, wurde der bisherige Stichtag für freigegebene Zellen auf den 1. Mai 2007 verschoben. In namentlicher Abstimmung votierten seinerzeit 346 Abgeordnete für eine einmalige Verschiebung des Stichtags. Dagegen stimmten 228 Parlamentarier, sechs Abgeordnete enthielten sich.

1 Fassen Sie die in M 4 genannten Ereignisabläufe chronologisch zusammen.

Bundestagsabgeordnete als Stammzellenforscher ...

MATERIAL 5

Zeichnung: Klaus Stuttmann

Stammzellen – Heilmittel der Zukunft?

MATERIAL 6

Das Ziel der Stammzellen-Forschung: Schwerkranke sollen mit im Labor gezüchteten Zellen und Geweben wirkungsvoll behandelt oder geheilt werden. In zwei Richtungen wird hauptsächlich geforscht:

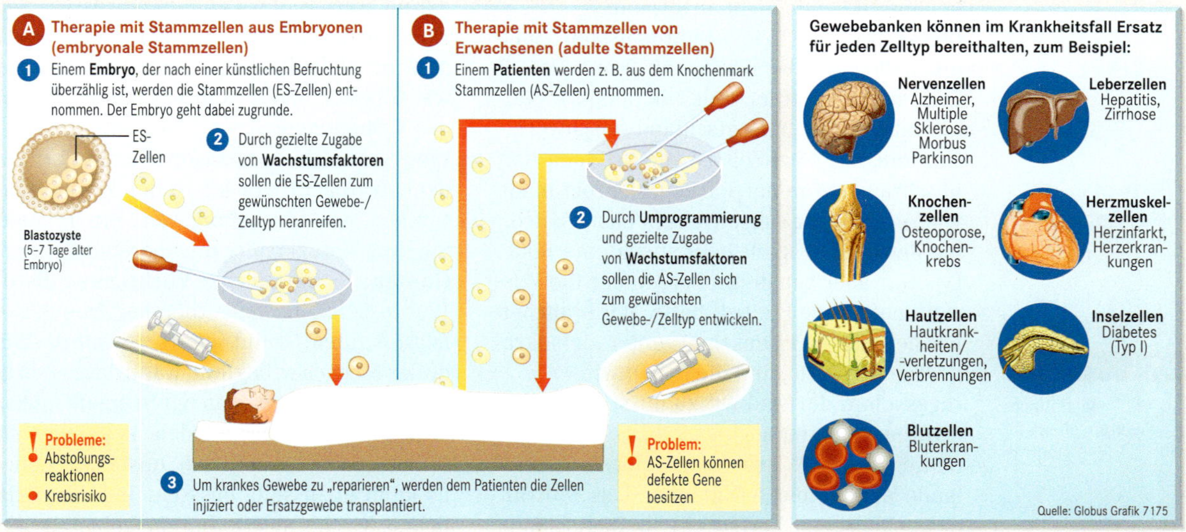

1 Entwickeln Sie anhand der Materialien dieser Doppelseite eine Mind-Map zu den Fragen, die der Bundestag im Zusammenhang mit der Gentechnologie gesetzgeberisch zu lösen hat.

2 Interpretieren Sie die Karikatur in M 5 und führen Sie eine Debatte zu den ethischen Fragen, die sich für Sie aus der Stammzellforschung ergeben.

3 Recherchieren Sie im Internet zur Präimplantationsdiagnostik (alternativ zum therapeutischen oder zum reproduktiven Klonen), erörtern Sie in einem Kurzreferat die jeweilige Problematik und nehmen Sie persönlich Stellung.

PRO & KONTRA

GLOSSAR

therapeutisches/ reproduktives Klonen

REFERAT

MATERIAL 7

„Gewissenskonflikte habe ich ständig“

Detlev Ganten, Molekularmediziner und Chef der Berliner Charité, gehörte dem Nationalen Ethikrat an.

Detlev Ganten

tagesschau.de: Herr Professor Ganten, was empfehlen Sie den Bundestagsabgeordneten?

Ganten: Die Abschaffung der Stichtagsregelung wäre vernünftig und richtig. Wenn es politisch aber nicht anders machbar ist, halte ich jeden Schritt in Richtung einer Liberalisierung für einen Fortschritt. Also auch eine Verschiebung des Stichtags.

tagesschau.de: Warum ist eine Liberalisierung nötig?

Ganten: Wir sind ausgeschlossen im internationalen Wettbewerb. Das können wir uns nicht leisten. Es ist scheinheilig, andere Länder unter liberaleren Bedingungen forschen zu lassen und anschließend die Ergebnisse zu importieren und anzuwenden. Ich kann nicht vorhersehen, dass irgendjemand in Deutschland sagen würde: „Ergebnisse aus dieser Forschung werden aus ethischen Gründen bei uns zu Lande nicht angewandt.“

tagesschau.de: Viele europäische Staaten haben die Forschung an embryonalen Stammzellen mittlerweile liberalisiert. Warum tun wir uns in Deutschland so schwer?

Ganten: Zur Nazi-Zeit ist die Wissenschaft missbraucht worden. [Euthanasieprogramme zur Vernichtung sog. unwerten Lebens; Red.] Ich denke, das spielt heute noch eine Rolle. Das war aber genau die Zeit, in der die Wissenschaft keine Freiheit hatte. Wir brauchen Freiheit der Wissenschaft unter demokratischer Kontrolle, und die haben wir.

tagesschau.de: Sind wir zu misstrauisch?

Ganten: Nein, ein grundsätzliches Misstrauen gegenüber Wissenschaft gibt es hierzulande nicht. Aber ich glaube, dass Mut für technologischen Fortschritt in Deutschland nicht so weit verbreitet ist. Das betrifft nicht nur die Medizin. Mutig in die Zukunft zu gehen und mutig in die Zukunft zu sehen, ist bei uns nicht so weit verbreitet. Gesellschaftliche Kontrolle ist unbedingt notwendig.

tagesschau.de: Wo sind die Grenzen?

Ganten: Wissenschaft wie auch Demokratie lebt immer davon, dass sie erstens absolut transparent ist und zweitens zu jedem Zeitpunkt kritisch und selbstkritisch darüber nachdenkt, was man will und wie weit man gehen will. Das Klonen von Menschen beispielsweise halte ich für irrsinnig, nicht machbar und nicht wünschenswert. Das sollte man verbieten, da es überhaupt keinen Grund gibt, es zuzulassen. Das ist aber immer eine Nutzenabwägung unter verschiedenen Gesichtspunkten. Diese Frage stellt sich immer wieder neu, sie ist nie absolut. Ich bin dafür, für besonders schwierige Technologien wie die embryonale Stammzellforschung Zentren zu bilden mit ethischen Komitees, die unterrichtet werden, kontrollieren und regelmäßig berichten. So gäbe es eine gesellschaftliche Kontrolle.

tagesschau.de: Angeblich sind embryonale Stammzellen „Alleskönner“. Wo bleiben denn die konkreten, anwendbaren Forschungserfolge?

Ganten: Ich verstehe die Ungeduld derer, die darauf warten, dass endlich etwas passiert. Aber medizinischer Fortschritt ist manchmal furchtbar langsam. Außerdem muss alles, was wir neu einführen, besser sein als das Vorhandene.

tagesschau.de: Was sagen Sie als Christ zu dem Argument, vor allem der katholischen Kirche, die Forschung an embryonalen Stammzellen zerstöre ungeborenes Leben?

Ganten: Es gibt nichts Wichtigeres als die Würde des Menschen. Aber das Grundgesetz legt aus gutem Grund nicht fest, wann die Würde des Menschen beginnt, wann das Leben beginnt. Im Übrigen leben wir in einem laizistischen Staat, und verschiedene Religionen und Philosophien müssen bei uns Platz haben. Es kann nicht sein, dass ein Teil der christlichen Kirche die Definitionshoheit besitzt.

tagesschau.de: Hat Ihr Glaube Sie in dieser Frage schon in Gewissenskonflikte gebracht?

Ganten: Die habe ich ständig. Aber wer die nicht hat, ist ein armer Wicht. Wer solche Konflikte nicht in sich austrägt, gelangt kaum zu einer gefestigten Meinung.

Aus: www.tagesschau.de: „Das ist scheinheilig“; Interview mit Prof. Dr. med. Detlev Ganten; 10. 4. 2008; das Gespräch führte Nicole Diekmann (Zugriff am 26. 3. 2008)

INFO

laizistisch
weltanschaulich neutral

„Die Grenze ist die Menschenwürde“

MATERIAL 8

Santiago Ewig ist Pneumologe und Infektologe des Evangelischen Krankenhauses Herne und der Augusta-Kranken-Anstalt Bochum.

tagesschau.de: Herr Professor Ewig, Sie sind für ein Verbot der Forschung an embryonalen Stammzellen in Deutschland. Was spricht gegen einen Kompromiss wie die Stichtagsregelung?

Ewig: Sie ist eine Scheingrenze. Das zeigt sich daran, dass nun die Stichtagsverschiebung verlangt wird. Diesen neuen Termin werden wir genauso wenig begründen können wie den bisherigen. Politisch ist die Stichtagsregelung zwar friedensstiftend, ethisch aber inkonsistent. Weder erfüllt sie die Forderungen der Gegner der embryonalen Stammzellforschung, noch die der Befürworter.

tagesschau.de: Warum halten Sie die Stichtagsregelung für eine Scheingrenze?

Ewig: Dadurch, dass man in Deutschland nur mit importierten Stammzellen aus dem Ausland arbeiten darf, tut man so, als hätten wir mit ihrer Gewinnung nichts zu tun. In dem Moment, in dem die Stammzellen verwertet werden, stecken wir aber in der Kette mit drin - ob wir das wahrhaben wollen oder nicht.

Im Kern geht es um die Frage, ob dem Embryo die volle Menschenwürde zukommt. Die Befürworter der embryonalen Stammzellforschung vertreten aber ein abgestuftes Konzept: grundsätzliche Schutzwürdigkeit des Embryos ja, aber keine vollständige Menschenwürde. So kann man nur argumentieren, wenn man nicht begründbare Kriterien für den Zeitpunkt der Menschwerdung einführt. Zum Beispiel die Auffassung, dem Embryo komme erst ab der Nidation die volle Menschenwürde zu, also wenn sich das befruchtete Ei in der Gebärmutter einnistet. Das halte ich für sehr problematisch.

tagesschau.de: Warum?

Ewig: Mit solchen Abstufungen öffnen wir Tür und Tor für die Einschränkung der Menschenwürde. Auch der Zeitpunkt der Entstehung der Vernunft wird als „Menschwerdung“ diskutiert. Dementen, völlig hilflosen Menschen muss man Vernunft aber absprechen. Nach dieser Definition würden diese Menschen den Anspruch auf Würde verlieren. Aber es muss immer gelten, dass die Würde des Menschen unantastbar ist, unabhängig davon, in welchem Zustand der Entwicklung er sich befindet.

tagesschau.de: Wann beginnt Ihrer Ansicht nach menschliches Leben?

Ewig: Mit der Verschmelzung von Ei- und Samenzelle. Biologisch lässt sich jedenfalls keine andere Grenze begründen, sondern allenfalls durch interessengeleitete Setzungen.

tagesschau.de: Allerdings stammen die in Deutschland verwendeten Stammzellen von elternlosen Embryonen, die bei künstlichen Befruchtungen übrig geblieben sind.

Ewig: Das ist der Punkt: Die Reproduktionstechnologien stehen an der Spitze dessen, was man hinterfragen muss. Sie haben uns zwar in die Lage versetzt, den Kinderwunsch einiger bisher kinderloser Eltern zu erfüllen. Gleichzeitig aber schaffen sie überzählige Embryonen. [...]

tagesschau.de: Befürworter der embryonalen Stammzellforschung argumentieren mit der im Grundgesetz verankerten Freiheit der Forschung.

Ewig: Die zweifellos wichtig ist. Aber ihre Grenze ist die Menschenwürde. [...]

Santiago Ewig

GLOSSAR
Familie

Aus: www.tagesschau.de: „Die Grenze ist die Menschenwürde“; Interview mit Prof. Dr. med. Santiago Ewig; 10. 4. 2008; das Gespräch führte Nicole Diekmann (Zugriff am 26. 3. 2008)

1 Fassen Sie die Interviews in M 7 und M 8 jeweils zusammen.
2 Charakterisieren Sie die Weltanschauung von Detlev Ganten (M 7) und Santiago Ewig (M 8).
3 Überlegen Sie, welche Gruppierungen Einfluss auf die Entscheidung der Abgeordneten nehmen. Halten Sie diese Einflussnahme für berechtigt?
4 Formulieren Sie Ihren eigenen Standpunkt zum Thema.

MATERIAL 9 Stammzellendebatte: Die vier Anträge vom April 2008

Vollständiges Verbot: Eine Gruppe von Unionspolitikern um Hubert Hüppe (CDU) hat einen von 52 der 613 Bundestagsabgeordneten unterzeichneten Gesetzentwurf eingebracht, der ein vollständiges Verbot der Forschung mit menschlichen embryonalen Stammzellen vorsieht. Die Tötung menschlicher Embryonen verstoße gegen die Menschenwürde, argumentieren sie.

Stichtagsverschiebung: Die größte Gruppe (185 Abgeordnete) setzt sich für eine einmalige Verschiebung des Stichtags auf den 1. Mai 2007 ein. Dadurch stünden statt bisher rund 40 etwa 500 Stammzellenlinien für die Forschung in Deutschland zur Verfügung, sagt Mitinitiator René Röspel (SPD). Unterstützt wird der Entwurf auch von Bundesforschungsministerin Annette Schavan (CDU) und anderen Bundesministern.

Vollständige Freigabe: Für eine Abschaffung der Stichtagregelung sowie der Strafandrohung für deutsche Wissenschaftler, die im Ausland mit nach 2002 hergestellten Stammzellen forschen, setzen sich 94 Abgeordnete ein. Ihnen gehören FDP-Politiker wie Parteichef Guido Westerwelle und Wolfgang Gerhardt, aber auch Linksfraktionschef Gregor Gysi und SPD-Parlamentsgeschäftsführer Thomas Oppermann an. Nur von den Grünen ist kein Politiker vertreten.

Keine Änderung: Den derzeit geltenden Stichtag beibehalten wollen 149 Abgeordnete, darunter Unionsfraktionschef Volker Kauder (CDU), die frühere Bundesjustizministerin Herta Däubler-Gmelin (SPD) und die Führungsriege der Grünen. Dadurch soll sichergestellt werden, dass Deutschland keine Anreize für die Tötung von Embryonen bietet. Damit auch ihr Anliegen berücksichtigt wird, hat ein Teil der Unterstützer neben dem Antrag auf Beibehaltung der Stichtagsregelung eine Gesetzesvorlage eingereicht, die klarstellt, dass die Regelung nur Forscher im Inland betrifft.

Aus: Severin Weiland: Schavan verpasst der Forschung eine Frischzellenkur, in: Spiegel Online vom 11. 4. 2008 (Zugriff am 27. 3. 2009)

MATERIAL 10 Stammzellen-Frage entschieden, Streit geht weiter

Die Bischöfe sollten den Unionsparteien nicht böse sein. Denn die meisten Abgeordneten von CDU und CSU haben am Freitag getan, was die katholische Kirche verlangte:

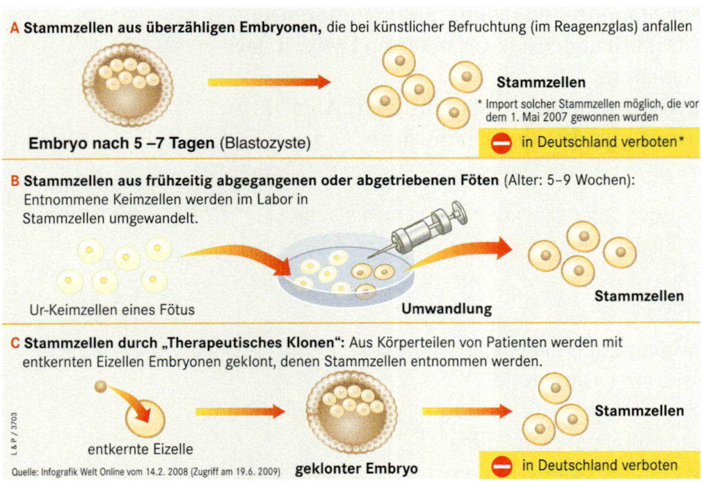

Regelungsinhalt des Stammzellgesetzes; Gesetzesstand: 21. August 2008

Sie haben es abgelehnt, den Stichtag für den Import embryonaler Stammzellen vom 1. Januar 2002 auf den 1. Mai 2007 zu verschieben. Zwar blieben sie mit dieser Ablehnung in der Minderheit, weil im fast voll besetzten Plenum 346 Abgeordnete vor allem der SPD, der FDP und der Linken für die Verschiebung stimmten. Doch von den 228 Gegenstimmen gingen bei der namentlichen Abstimmung 113 aufs Konto von CDU und CSU. Nur 102 Unionsabgeordnete stimmten für die Verschiebung. Das heißt: Forschungsministerin Annette Schavan, [Mitglied des Zentralkomitees der Deutschen Katholiken], hat in dieser zentralen wissenschaftsethischen Frage ihre eigene Partei nicht hinter sich.

Dabei hatte Annette Schavan zu Anfang der Debatte eindringlich für den von ihr unterstützten Antrag geworben, neuere Stammzelllinien aus menschlichen Embryonen zu Forschungszwecken importieren zu können. Ein gutes Wort legte sie zunächst für die Stammzellforscher ein: „Wissenschaftler haben ebenso ethische Überzeugungen wie wir. Sie sind keine bloßen Interessenvertreter.“ [...] Schavan wies dann auf die Nöte jener Forscher hin, die an ethisch unbedenklichen reprogrammierten Stammzellen arbeiten, aber für ein Verständnis der Zellprozesse den Vergleich mit den embryonalen Stammzellen benötigen, die nicht wie die alten Linien nach der bisherigen Stichtagsregelung zu veralten drohten. Auch könne keine Rede davon sein, dass zu Forschungszwecken Embryonen getötet würden: „Die Forschung gewinnt embryonale Stammzelllinien aus solchen Embryonen, bei denen die Entscheidung bereits getroffen ist, sie nicht für eine Schwangerschaft einzusetzen.“ [...] Bei der Union jedoch überwog gegenüber Schavan die Ablehnung. Nicht nur bei jenen, die ein Importverbot und damit ein Ende der Embryonenforschung fordern wie der CDU-Behindertenbeauftragte Hubert Hüppe, der den Lebensschutz längst ausgehöhlt sieht [...]. Nein, auch viele Moderate, etwa die Integrationsbeauftragte Maria Böhmer, verweigerten sich Schavans Linie [...]: „Wenn der Bedarf der Forschung an neuen Linien einmal Grund für eine Verschiebung ist, wird er das auch ein zweites und drittes Mal sein. Das führt uns auf die schiefe Ebene.“ [...]

Bundesforschungsministerin Annette Schavan (CDU) spricht am 11. April 2008 im Deutschen Bundestag. Links sitzt Bundeskanzlerin Angela Merkel (CDU).

Vor diesem Hintergrund ist nicht damit zu rechnen, dass die jetzt beschlossene Stichtagsverschiebung den Stammzellenstreit dauerhaft befrieden wird. Egal ob in ein paar Jahren über eine weitere Verschiebung diskutiert werden muss oder ob sonst ein Aspekt das Thema wieder an die Oberfläche tragen wird – sofort dürften dann wieder jene Emotionen hoch kochen, die der Bundestag in dieser Debatte wieder einmal demokratisch zügeln, nicht aber überwinden konnte. Übrigens hat die promovierte Naturwissenschaftlerin Angela Merkel der Debatte die ganze Zeit lang zugehört, mit keinem Wort aber in sie eingegriffen.

Aus: Matthias Kamann: Stammzellen-Frage entschieden, Streit geht weiter; in Welt Online vom 11. 4. 2008 (Zugriff am 27. 3. 2009)

Rollenspiel zur Novellierung des Stammzellgesetzes

1 *Vorbereitung:* Bilden Sie vier interfraktionelle Gruppen von mindestens je drei Mitgliedern. Jede Gruppe vertritt eine der in M 9 genannten Positionen. Informieren Sie sich in Ihrer Gruppe, worum es in der Auseinandersetzung um die Novellierung des Stammzellgesetzes ging (M 4, M 6, M 10, Glossar). Stellen Sie Argumente für Ihre Position zusammen; entwerfen Sie Fragen für ein Anhörungsverfahren und bereiten Sie einen Redebeitrag für die Plenarsitzung des Bundestages vor.

2 *Anhörungsverfahren:* Mindestens je ein Kursmitglied übernimmt die Rolle von Prof. Ganten (M 7) bzw. von Prof. Ewig (M 8). Erarbeiten Sie deren Standpunkt zur Forschung an embryonalen Stammzellen. Sie werden als Experten in einer Bundestagsausschussanhörung Ihre Position darlegen und sich den Fragen von Abgeordneten stellen müssen.

3 *Plenarsitzung:* Mindestens ein Gruppenmitglied übernimmt die Rolle von Forschungsministerin Schavan. Sie bereiten eine Regierungserklärung vor, in der sie ihren Vorschlag zur Novellierung des Stammzellgesetzes begründen. Stellen Sie sich auf Zwischenrufe bzw. Zwischen-Fragen aus dem Plenum ein.

4 *Durchführung:* Führen Sie das Rollenspiel durch; rekonstruieren Sie dabei mit Hilfe des Schaubildes von S. 141 den Verlauf des Gesetzgebungsverfahrens. Beurteilen Sie das Verhalten der Bundeskanzlerin.

5.2 Parlamentarische Kontrolle – ein stumpfes Schwert?

„In einem wirklich sozialistischen Staat gibt es keine anzuhörenden Gegenstimmen, man unterhält sich mit der Opposition allein im Gerichtssaal!“

Karl-Eduard von Schnitzler (SED),
Chefkommentator des DDR-Fernsehens
zwischen 1952 und 1989

Opposition in der parlamentarischen Demokratie

Während es in Diktaturen wie dem Dritten Reich oder der DDR keine Opposition gab und geben durfte, zeichnet sich eine parlamentarische Demokratie durch die Existenz gerade dieser Institution aus. Der Begriff der „Opposition“ wird im Grundgesetz an keiner Stelle erwähnt – wohl aber in den Verfassungen vieler Bundesländer. Als Opposition bezeichnet man die im Parlament vertretenen Parteien, die sich als Minderheit gegen die Regierung und die Parteien der Regierungsmehrheit stellen. Mehr noch als die Parteien der Regierungsmehrheit nimmt die Opposition die parlamentarischen Kontrollaufgaben gegenüber der Exekutive wahr. Deshalb ist die politische Opposition ein ganz wesentliches Element einer modernen Demokratie. Die Opposition erfüllt dabei eine Reihe von Funktionen, die sich im Einzelnen folgendermaßen darstellen:

QUERVERWEIS
Bundesregierung
Kapitel 5.4

Kontrolle der Regierung

Die Kontrolle der Regierung wird von den Parteien im Bundestag, die nicht an der Regierung beteiligt sind, konsequenter angewandt, als von den Parteien, die im Kabinett vertreten sind. Diese Kontrollfunktion wahrzunehmen, ist nicht einfach, denn die Regierung verfügt über „Abwehrmöglichkeiten“, die sie kraft ihrer Parlamentsmehrheit auch einsetzt, um in der Öffentlichkeit nicht diskreditiert zu werden. Die Opposition kann zwar Mängel in der Politik der Regierung aufdecken und sie im Parlament und in den Medien öffentlich zur Sprache bringen – beseitigen aber kann sie sie aufgrund ihrer fehlenden Mehrheit nicht.

Angebot von Alternativen

Eine weitere Funktion der Opposition besteht im Angebot von Alternativen. Allerdings können solche Alternativen in einer laufenden Legislaturperiode nur angeboten, nicht aber verwirklicht werden – es sei denn, die Vorschläge werden von der Regierung in deren eigene Politik integriert. Dieser Fall ist aber eher selten. So beschränkt sich die Rolle der Opposition häufig darauf, durch die Präsentation alternativer Politikmodelle Wähler für die nächste Wahl zu gewinnen, um im Falle eines Wahlsieges die eigenen Konzepte umsetzen zu können.

Kritik an der Regierung

Die einzig wirklich wirksame Funktion der Opposition besteht also darin, Kritik an der Regierungsarbeit zu üben, und diese Kritikpunkte einer möglichst breiten Öffentlichkeit nahezubringen. So kann die Opposition einerseits Wähler an sich ziehen und andererseits über den Druck der Öffentlichkeit Änderungen in der Regierungspolitik bewirken. Angewiesen ist die Opposition dabei auf die modernen Massenmedien.

Instrumente der Opposition

Um die Funktion der Opposition wirkungsvoll wahrnehmen zu können, stehen den Nicht-Regierungsparteien im Bundestag mehrere Instrumente zur Verfügung, die im Grundgesetz und im Parlamentsrecht festgelegt sind. Dazu zählen zunächst die vier so genannten Interpellationsrechte:

Parlamentarische Kontrollrechte

QUERVERWEIS
Medien
Kapitel 3.5

Parlamentarische Untersuchungsausschüsse

Neben der Interpellation verfügt die Opposition über weitere Rechte. So etwa kann auf Antrag von 25 % der Abgeordneten ein parlamentarischer Untersuchungsausschuss eingesetzt werden, „der in öffentlicher Verhandlung [...] erforderliche Beweise erhebt" (Art. 44 Abs. 1 GG), um unerhörte Vorgänge oder politische Skandale aufzuklären. Das Verfahren verläuft analog zu einem Gerichtsverfahren.

Abgeordnete „in der Zwickmühle"

Insbesondere während der Regierung einer Großen Koalition, die über mehr als 75 % der Stimmen verfügt, fällt es der Opposition schwer, dieses Instrument zu nutzen. Einzelne Abgeordnete der Regierungsparteien nämlich müssen in diesem Fall davon überzeugt werden, gemeinsam mit der Opposition an einem Strang zu ziehen.

Druck der Öffentlichkeit

Handelt es sich um einen schwerwiegenden Fall von Verfehlung, und gelingt es der Opposition, dies mit Hilfe der Medien publik zu machen, so kann der Druck der Öffentlichkeit dazu führen, dass die Mehrheitsparteien zusammen mit der Opposition für die Einsetzung eines Untersuchungsausschusses votieren.

Konstruktives Misstrauensvotum

Schließlich kann die Opposition die Regierung durch ein konstruktives Misstrauensvotum stürzen, wenn es ihr gelingt, im Parlament dafür eine Mehrheit zu gewinnen. In der Geschichte der Bundesrepublik Deutschland wurde bisher zweimal versucht, den Bundeskanzler durch ein konstruktives Misstrauensvotum zu stürzen: einmal erfolglos 1972, als Rainer Barzel (CDU) Bundeskanzler Willy Brandt (SPD) zu stürzen versuchte, einmal erfolgreich. Bei Letzterem stürzte Helmut Kohl (CDU) im Jahr 1982 den bis dahin amtierenden Bundeskanzler Helmut Schmidt (SPD). Dies wurde möglich, da die FDP, die zuvor die Regierung mit der SPD gebildet hatte, zur CDU/CSU „übergelaufen" war.

MATERIAL 1

Parteipolemik oder Sachaufklärung?

Die Geschichte parlamentarischer Untersuchungsausschüsse ist lang. [...] Seit 1949 ist [das Untersuchungsrecht des Parlaments] fester Bestandteil der politischen Auseinandersetzung in der Bundesrepublik. Die Arbeit der Untersuchungsausschüsse wird regelmäßig von der Frage begleitet, was sie mehr sind: politisches Kampfmittel oder Instrument der Aufklärung? In der aktuellen Debatte um Live-Übertragungen der Sitzungen erlebte diese Frage eine neue Renaissance.

In der Debatte um die für die Opposition zentrale Frage, wann Bundesaußenminister Joschka Fischer als Zeuge geladen werde, sagte der Grünen-Obmann im Visa-Untersuchungsausschuss Jerzy Montag vor Wochen gereizt: „Wir werden nicht zulassen, dass der Ausschuss zum Kasperle-Theater wird."

Als Bayerns Ministerpräsident Edmund Stoiber (CSU) im Juni 2002 vor den Parteispenden-Ausschuss zitiert wurde, nannte er seine Vorladung eine „politische Inszenierung". Damals nutzte der Bundestag sein Untersuchungsrecht, um ein illegales Spendensystem der CDU aufzudecken. Auch als „Schmierentheater" wird das Gremium von den Beteiligten abwechselnd, je nach Rollenverteilung, gern bezeichnet.

Der Vorwurf, Untersuchungsausschüsse dienen mehr der parteipolitischen Polemik als der Sachaufklärung, begleitet deren Arbeit immer wieder. [...] Es geht um das grundlegende Recht des Parlaments auf Selbstinformation über politische Vorgänge in Staat und Gesellschaft, und Untersuchungsausschüsse sind das Mittel zum Zweck. Um diesen zu erfüllen, wurden sie vom Gesetzgeber mit umfangreichen Befugnissen ausgestattet. [...] Das parlamentarische Untersuchungsrecht befreit den Bundestag [...] davon, in seiner Arbeit auf Fremdinformationen angewiesen zu sein, zum Beispiel durch die Regierung. Nur dadurch ist er in der Lage, eine unabhängige Kontrollfunktion gegenüber der Regierung einzunehmen – vor allem die Opposition hat daran naturgemäß ein Interesse. [...] Indem dies aber öffentlich geschieht, bietet sich den Parteien die Chance, die Fakten zu instrumentalisieren und dem politischen Gegner zu schaden. Nicht umsonst werden Untersuchungsausschüsse als „schärfstes Schwert" der Opposition bezeichnet. [...]

Seit 1949 setzte der Bundestag 47 Untersuchungsausschüsse ein. Im wohl bedeutendsten seiner Art, dem Flick-Untersuchungsausschuss (1983 bis 1986), erreichte die öffentliche Anteilnahme bisher unbekannte Dimensionen. In einem riesigen öffentlichen Spektakel gegenseitiger Schuldzuweisungen versuchten Politiker aller Parteien, den möglichst größten Nutzen aus dem Skandal zu ziehen. Es war offenkundig, dass das Gremium von allen Seiten als politisches Kampfinstrument benutzt wurde. [...] In Folge des Flick-Untersuchungsausschusses änderte der Bundestag die für seine Abgeordneten geltenden Verhaltensregeln, insbesondere die Angabe von Nebeneinkünften. Reformiert wurde auch das Gesetz zur Parteienfinanzierung. [...]

Als der Bundestag 1999 den Untersuchungsausschuss zur Parteispendenaffäre der CDU einsetzte, fühlten sich viele Beobachter an die Flick-Affäre erinnert. Nicht nur die Thematik legte das nahe. Auch das enorme Medienecho und die Tragweite der Vorwürfe erinnerten daran. Neben dem Flick-Ausschuss gehört er zu den aufsehenerregendsten Untersuchungsausschüssen des Bundestages. Einen Grund hatte dies auch in der Starbesetzung. Beide Male lud der Ausschuss die politische Prominenz der Bundesrepublik in den Zeugenstand, angefangen vom Bundeskanz-

GLOSSAR

Flick-Untersuchungsausschuss

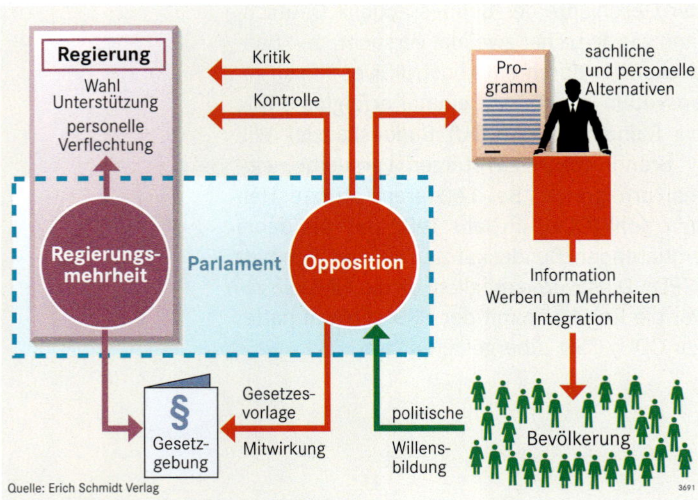

Funktionen der Opposition

Bundesaußenminister Frank-Walter Steinmeier (SPD) sitzt am 13. 3. 2008 in Berlin vor dem BND-Untersuchungsausschuss (BND = Bundesnachrichtendienst). Steinmeier wurde zum Fall des seit rund sechs Jahren in Damaskus inhaftierten deutsch-syrischen Islamisten Mohammed Haydar Zammar befragt. Zammar war Ende 2001 von Deutschland nach Marokko geflogen. Dort wurde er festgenommen und nach Syrien verschleppt.

GLOSSAR

BND

ler, über Parteivorsitzende bis hin zu Ministerpräsidenten.

Die CDU hatte in den 80er- und 90er-Jahren mit Hilfe von zahlreichen Schattenkonten in der Schweiz versucht, illegale Spenden in Millionenhöhe zu verdecken. In den Rechenschaftsberichten tauchten die Beträge nie auf oder wurden unter „Sonstiges“ verbucht. Die Regierungskoalition versuchte, der CDU Käuflichkeit politischer Entscheidungen nachzuweisen. Zwar konnten die Wege etlicher Millionen auf dem Weg in die CDU-Kassen rekonstruiert werden. Ebenso viele blieben jedoch im Dunkeln. Zu Berühmtheit gelangte dabei jene Millionenspende, die Kanzler Kohl Anfang der 90er-Jahre persönlich entgegennahm. Bis heute behält er deren Herkunft unter Berufung auf sein Ehrenwort für sich.

Stattdessen geriet auch die Spendenpraxis der SPD im Laufe der Untersuchungen ins Visier des Ausschusses und der Öffentlichkeit. In ihren Abschlussberichten kamen die rot-grüne Koalition und die CDU zu völlig verschiedenen Bewertungen. Als „politische Korruption“ bezeichneten SPD und Grüne das Finanzsystem der Bundesregierung unter Helmut Kohl. Sie sahen es als erwiesen an, dass in mehreren Fällen wirtschaftliche Entscheidungen der Kohl-Regierung durch Geldspenden beeinflusst worden waren. Eine positive Bilanz zog die Union. Sie wertete es als wichtigstes Ergebnis der Untersuchungen, dass die Kohl-Regierung nicht käuflich gewesen sei. Auch habe Kohl nicht gegen die Verfassung, sondern nur gegen das Parteiengesetz verstoßen. […]

Im Ergebnis dieses Ausschusses blieb nicht nur ein ramponiertes Image der CDU und ihres langjährigen Vorsitzenden Helmut Kohl zurück. Umfassender als noch in den 80er-Jahren verschärfte der Bundestag das Parteiengesetz. Außerdem trug der Ausschuss dazu bei, dass sich der Bundestag nach jahrzehntelangem Streit im Jahr 2001 auf ein Gesetz über Untersuchungsausschüsse einigte. Hintergrund dafür waren heftige Streitereien der Parteien über die Reihenfolge der Zeugenvernehmungen, die das Bild des Ausschusses in der Öffentlichkeit nicht gerade glänzen ließen. […]

Aus: Claudia Heine: Parteipolemik oder Sachaufklärung?, in: Das Parlament, Nr. 17, 25.4.2005

1 Erläutern Sie Stellung und Funktion der Opposition (S. 150 f., Grafik S. 152).

2 Stellen Sie die in M 1 genannten Vor- und Nachteile parlamentarischer Untersuchungsausschüsse einander gegenüber und diskutieren Sie Bedeutung und Nutzen dieses Kontrollinstruments für die Demokratie in Deutschland.

3 Prüfen Sie im Rahmen einer Internet-Recherche, wie der Bundestag in jüngster Zeit von seinen Kontrollrechten (Grafik S. 151) Gebrauch gemacht hat.

INTERNET

www.bundestag.de
www.das-parlament.de

5.3 Von der Freiheit des Bundestagsabgeordneten – und vom Innenleben des Bundestages

INTERNET

www.mitmischen.de

Das Jugendportal des Deutschen Bundestages

QUERVERWEIS

Gewissensfreiheit
S. 48

Die Stellung des Abgeordneten nach dem Grundgesetz

Nach Artikel 38 des Grundgesetzes sind die Mitglieder des Bundestages „[...] Vertreter des ganzen Volkes“, „an Aufträge und Weisungen nicht gebunden und nur ihrem Gewissen unterworfen“. In diesem Satz kommen Spannungsverhältnisse zum Ausdruck, die bei der Wahrnehmung des Mandates immer wieder zu Tage treten. Einerseits kann die Aufgabe des Abgeordneten, das ganze Volk zu vertreten und dessen Wohl zu fördern, zu Spannungen mit den besonderen Erwartungen und Interessen der Wähler des Wahlkreises führen, andererseits besteht ein Spannungsverhältnis zwischen der Vertretung von Interessen und dem Recht des Abgeordneten, frei und nur nach seinem Gewissen entscheiden zu können. Dass der Abgeordnete nur seinem Gewissen unterworfen ist, heißt jedoch nicht, dass jede Entscheidung eine Gewissenentscheidung ist. Ihr Sinn besteht darin, ihn davor zu schützen, von anderen unter Druck gesetzt zu werden. Da er allerdings nur über die Nominierung durch Parteien vom Wähler sein Mandat erhält und er nur in einer Fraktion parlamentarisch wirksam handeln kann, werden von ihm Solidarität und Loyalität erwartet. Verfassungsrechtliche Grundlage hierfür ist Artikel 21 GG, der den Parteien eine Mitwirkung bei der politischen Willensbildung zuweist. In der Verfassungswirklichkeit ist die Mitwirkung allerdings zu einem fast alleinigen Recht der Parteien geworden.

Die Abgeordnetentätigkeit wird vom Grundgesetz zusätzlich durch die in Artikel 48 gewährleistete Indemnität und Immunität geschützt. Indemnität bedeutet, dass kein Abgeordneter wegen seiner Abstimmung oder seinen Äußerungen im Parlament gerichtlich oder dienstlich belangt werden kann. Ausgenommen sind allerdings verleumderische Beleidigungen. Immunität besagt, dass ein Abgeordneter wegen einer strafbaren Handlung nur mit Genehmigung des Parlaments verhaftet und zur Verantwortung gezogen werden kann.

Zeichnung: Klaus Stuttmann

Fraktionen – wichtige Schaltstellen des Parlamentes

Eine wichtige Schaltstelle im Innenleben eines Parlaments bilden die Fraktionen. Eine Fraktion ist ein Zusammenschluss von Abgeordneten derselben Partei. Im Bundestag muss eine Fraktion mehr als fünf Prozent aller Mitglieder des Bundestages umfassen. In den Fraktionssitzungen wird diskutiert und mehrheitlich über das Auftreten und die Marschroute im Bundestagsplenum und in den Ausschüssen entschieden. Im Plenum stimmen die Fraktionsmitglieder entsprechend der Meinungsbildung in der Fraktion meist geschlossen ab. Dennoch gibt es immer wieder Entscheidungen – z. B. diejenige über den Schwangerschaftsabbruch (§ 218 Strafgesetzbuch) oder das Stammzellengesetz – bei denen die Abgeordneten frei entscheiden, weil die Fraktion ausdrücklich auf die so genannte Fraktionsdisziplin verzichtet. Fraktionsdisziplin ist für die Handlungsfähigkeit des Bundestages aber unerlässlich.

Mehrheit ist nicht gleich Mehrheit

Bei den Abstimmungen im Bundestagsplenum sind je nach Beschlusslage unterschiedliche Mehrheiten erforderlich:

- **einfache Mehrheit:** Im Normalfall genügt die Mehrheit der in einer Abstimmung anwesenden Abgeordneten. Auf einen Vorschlag müssen also mehr Stimmen entfallen als auf irgendeinen anderen, wobei Enthaltungen nicht mitgezählt werden.

- **absolute Mehrheit:** Hier muss das Abstimmungsergebnis um mindestens eine Stimme über der Hälfte aller Bundestagsmitglieder liegen (z. B. bei der Wahl des Bundeskanzlers, bei einer Vertrauensfrage oder beim konstruktiven Misstrauensvotum).
- **qualifizierte Mehrheit:** Bei wichtigen Entscheidungen im Parlament wird der Anteil der Zustimmung der Stimmberechtigten vorher festgelegt, z. B. in Form der Zweidrittelmehrheit. So bedarf es für Verfassungsänderungen nach dem Grundgesetz einer Zweidrittelmehrheit sowohl der Mitglieder des Bundestags als auch der Stimmen des Bundesrats.

Von Ausschüssen und Arbeitskreisen

Die vom Deutschen Bundestag gebildeten Ausschüsse sind entsprechend der Fraktionsstärke besetzt. Außer in Plenar-, Fraktions- und Ausschusssitzungen sind die Abgeordneten vor allem noch in den Arbeitskreisen ihrer Fraktion vertreten. Die Arbeitskreise beschäftigen sich vorwiegend mit anstehenden Gesetzesvorhaben. Sie tragen ihre Ergebnisse der Fraktion vor, in der darüber diskutiert und entschieden wird. Die Vorsitzenden der Bundestagsausschüsse und die Arbeitskreisvorsitzenden haben innerhalb der Fraktion eine bedeutende Stellung und werden als „ministrabel“ angesehen, d. h. sie gehören zur politischen Elite und gelten für die Übernahme politischer Ämter in Bund und Land als geeignet.

Informelle Vereinigungen

Daneben gibt es innerhalb der Fraktionen zahlreiche informelle Zusammenschlüsse, etwa der Frauen, der Gewerkschaftsmitglieder, des Mittelstandes oder der Unternehmer, überdies mehr progressiv oder konservativ orientierte Gruppierungen (z. B. den Seeheimer Kreis in der SPD) und regionale Zusammenkünfte der Abgeordneten der einzelnen Länder. Sie alle versuchen, die Willensbildung der Fraktion zu beeinflussen. Die Einbindung des Abgeordneten in ein soziales Umfeld, das Abhängigkeit erzeugt, und eine hohe zeitliche Inanspruchnahme führen dazu, dass neue Ideen und Innovationen sich unter Umständen schwer durchsetzen und die anstehenden Sachfragen nicht systematisch und durchdringend genug vom Parlament angegangen werden können.

- Wie halten die Abgeordneten die Spannung zwischen Fraktionsdisziplin und freiem Mandat aus?
- Wie steht es mit der Bindung an die Wähler im Wahlkreis?

GLOSSAR

Vertrauensfrage

konstruktives Misstrauensvotum

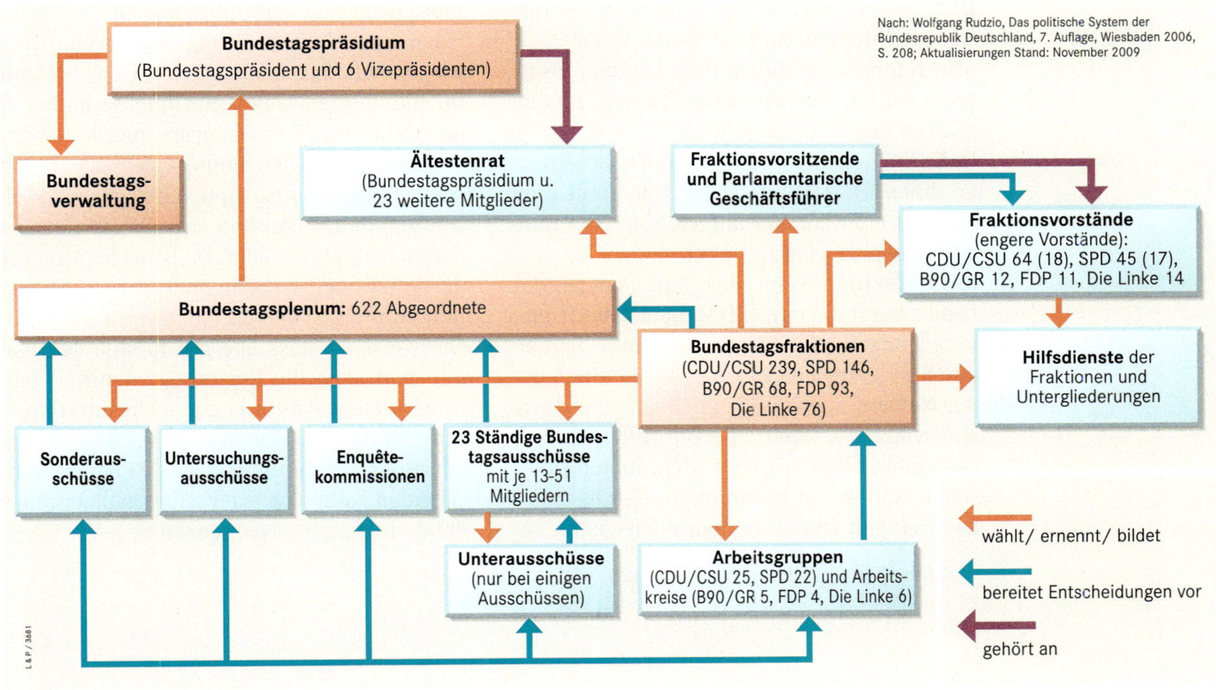

Das arbeitsteilige Fraktionsparlament (17. Wahlperiode)

MATERIAL 1

Christa Lörcher (SPD) – eine Bundestagsabgeordnete unter Druck

„Druck kann man nur auf die ausüben, die sich drücken lassen“ Dies sagte Christa Lörcher, nachdem Sie am 16. 11. 2001 zusammen mit vier weiteren Bundestagsabgeordneten der rot-grünen Koalition gegen einen Einsatz der Bundeswehr in Afghanistan gestimmt hatte und damit die vom Kanzler nach Art. 68 GG gestellte Vertrauensfrage mit Nein beantwortete. Obwohl sie nach eigenen Worten den Kanzler schätzte und mochte, hat sie die Koalition fast zu Fall gebracht. Weil sie nicht anders konnte, sagt sie. Weil sie ihre Grundsätze nicht dem geltenden Staatsinteressen opfern wollte. „Militäraktionen lösen keine Probleme, sie vergrößern das Elend und den Hass nur.“

Ein Jahr nach ihrem „Nein“ erklärte sie in einem Stern-Interview: „Das Nein [...] war für mich nicht mutig, sondern selbstverständlich. Ich habe das Grundgesetz für mich in Anspruch genommen, das sagt: Abgeordnete sind nur ihrem Gewissen verpflichtet.“

GLOSSAR

Vertrauensfrage

MATERIAL 2

„Es gibt ein Gebot der Fairness gegenüber der eigenen Partei“

Aus einem Interview mit dem damaligen Generalsekretär der SPD, Franz Müntefering:

Deutschlandfunk (DLF): Was erwarten Sie heute von der Abstimmung?

Müntefering: Eine Kanzlermehrheit und damit auch eine klare Mehrheit für Gerhard Schröder, für Rot-Grün und für das Mandat zur Bekämpfung des Terrorismus.

DLF: Sie sind ganz sicher, dass die SPD-Fraktion geschlossen mit Ja stimmen wird?

Müntefering: Nachdem Frau Lörcher ausgeschieden ist, was wir bedauern, ja, Einstimmigkeit bei uns.

DLF: Es gibt ziemlich heftige Kritik gerade an Ihnen, Herr Müntefering. Haben Sie zum Beispiel Frau Lörcher aufgefordert, ihr Mandat niederzulegen?

Müntefering: Nein, das hat gestern der Landesvorstand der SPD in Baden-Württemberg gemacht. Sie ist über die Landesliste in den Bundestag eingerückt. Sie hat einen guten Namen, aber sie weiß selbst – und wir alle wissen –, ohne dass die SPD dahinter gestanden hätte, wäre sie nicht in den Deutschen Bundestag gekommen. Also hat man nach langen Diskussionen, nach vielen Tagen Diskussionen [...] sie gebeten, ihr Mandat der Partei zu geben, damit abgestimmt werden kann im Sinn der Vertrauensfrage. Das wollte sie aber nicht und ist dann aus der Fraktion ausgeschieden. [...]

DLF: Das verstößt nicht gegen Artikel 38, die Gewissensfreiheit der Abgeordneten?

Müntefering: Nein, sie kann sich doch entscheiden. Es zwingt sie ja keiner, Aber man muss doch sehen, es gibt auch ein Gebot der Fairness gegenüber der eigenen Partei. Wenn ich in eine Partei hineingehe, wenn ich mit ihr Bundestagswahlen gewinne, wenn ich in den Deutschen Bundestag komme, dann wird das normalerweise immer so gehandhabt, dass in den Arbeitsgruppen und Arbeitskreisen und in der Fraktion sich die Meinung in der Sache herausbildet. Da ist es legitim, bei der Minderheit zu sein, aber wenn die Fraktion dann entschieden hat, dann ist es üblicherweise so, dass alle mit Ja stimmen, damit man auch die Regierungsmehrheit hat. Anders kann Politik ja gar nicht funktionieren. Darüber muss man dann auch miteinander reden können und streiten können. Entscheiden kann sich jeder wie er will; er muss dann auch die Konsequenzen tragen.

Aus: Deutschlandradio (www.dradio.de), 16. 11. 2001

Auszug aus der Fraktionsordnung der SPD im Deutschen Bundestag *(Stand: 3. 6. 1997)*

MATERIAL 3

Die SPD-Bundestagsfraktion ist die parlamentarische Vertretung der SPD. Sie hat den Auftrag, die sozialdemokratische Politik im Deutschen Bundestag zu vertreten. Sie erfüllt diesen Auftrag dadurch, dass sie nach gründlicher Diskussion [...] ihre Entscheidungen durch Abstimmung trifft und die so getroffenen Entscheidungen im Bundestag geschlossen vertritt. [...] Wer in der Minderheit geblieben ist, muss die Argumente der Mehrheit in der Öffentlichkeit bei Wahrung der eigenen Meinung sachlich und fair darstellen. [...] Die Legitimität von abweichendem Stimmverhalten bleibt davon unberührt. Die Absicht, abweichend von den Beschlüssen der Fraktion zu stimmen, ist der Fraktion spätestens in der der Abstimmung vorausgehenden Fraktionssitzung mitzuteilen.

Als Folge ihres Fraktionsaustritts verlor Christa Lörcher ihre Mitgliedschaft in der Enquête-Kommission „Demografischer Wandel", den Schriftführerdienst im Bundestag und den Vorsitz in der Deutsch-Kaukasischen Parlamentariergruppe.

Bundeskanzler Gerhard Schröder und Christa Lörcher nach der Abstimmung zur Vertrauensfrage am 16. November 2001

Fraktionsdisziplin ist notwendig

MATERIAL 4

In den vielfachen Sachfragen, mit denen sich heute Parlamente zu beschäftigen haben, wird die Diskussion in den Fraktionen zuerst immer von den Fachleuten bestimmt, die z. B. Maßnahmen in der Krankenversicherung im Lichte der Ziele der eigenen Partei diskutieren und zu einer vertretbaren Meinung kommen, die dann als die Meinung der Fraktion ausgegeben wird. [...]
Überall dort, wo das Parlament wirklich die politischen Grundentscheidungen mitbestimmen soll, muss es zur Bildung einheitlich handelnder Gruppen von Abgeordneten kommen. [...] Die von einer Parteienkoalition abhängige Regierung kann nur handeln und ihre Ziele durchsetzen, wenn sie sich auch in der Praxis auf die Unterstützung der Mehrheit im Parlament verlassen kann. [...]
Fehlte die Fraktionsdisziplin, so würde sich der einzelne Abgeordnete bald stärkeren Pressionen durch lokale oder partikulare Interessengruppen ausgesetzt sehen. [...]
In echten Gewissensfragen [...] sollte jede vernünftige Fraktion die Abstimmung freigeben. Auch kann und darf die Einheit der Fraktion nicht durch bloße Anweisung der Fraktionsvorstände oder gar der Regierung erzwungen werden.

Aus: Waldemar Besson / Gotthard Jasper: Das Leitbild der modernen Demokratie, Bauelemente einer freiheitlichen Staatsordnung, Bonn: Bundeszentrale für politische Bildung, 1990, S. 37 f.

1 Stellen Sie den Konflikt um Christa Lörcher (M 1 – M 3) grafisch dar, z. B. in einer Netzwerkstruktur. Tragen Sie die direkt oder indirekt beteiligten Personen/ Gruppen mit ihren Interessen und Erwartungen ein (z. B. Landespartei, Bundestagsfraktion, Bürger im Wahlkreis, Bundesregierung usw.).

2 Stellen Sie sich vor, Sie wären Mitglied im SPD-Landesvorstand von Baden-Württemberg. Wie hätten Sie im „Fall Lörcher" entschieden?

3 Formulieren Sie eine Gegenerklärung zum Text M 4, in der Sie auf das Spannungsverhältnis von Art. 21 Abs. 1 GG und Art. 38 Abs. 1 GG eingehen.

MATERIAL 5

In Berlin und im Wahlkreis – der Abgeordnete Peter Weiß (CDU) über die Wahrnehmung seines Mandats

Peter Weiß MdB (Emmendingen-Lahr)

- **Herr Weiß, welches sind Ihre speziellen Politikfelder?**

Mein politischer Schwerpunkt ist die Sozialpolitik und ganz besonders die Altersvorsorge. Ich bin Mitglied im Ausschuss für Arbeit und Soziales und rentenpolitischer Sprecher der CDU/CSU-Bundestagsfraktion.

- **Was können Sie als Abgeordneter für Ihren Wahlkreis tun?**

Sehr viel. Meine Aufgabe als Abgeordneter ist ja, in erster Linie die Interessen der Bürger und Bürgerinnen meines Wahlkreises zu vertreten. Diese können ganz unterschiedlich sein: die Anliegen der Bauern und Winzer, die der Mittelständler und Handwerker, die der Familien ... Gerade für die Wirtschaft ist eine gute Verkehrsinfrastruktur von größter Bedeutung. Viele Firmen meines Wahlkreises exportieren weltweit, z. B. nach Indien. Schon mehrmals habe ich mich erfolgreich für schnellere Ausfuhrgenehmigungen eingesetzt.

- **Der Abgeordnete ist nach dem Grundgesetz nur seinem Gewissen unterworfen. Was verstehen Sie unter dieser Vorgabe?**

In einer so großen Fraktionsgemeinschaft wie der CDU/CSU-Bundestagsfraktion muss man natürlich zu einer einheitlichen Linie kommen, um mehrheitsfähig und regierungsfähig zu sein. Dafür sind oft Kompromisse nötig. Es gibt aber auch Fragen, die in ganz besonderem Maße Gewissensfragen sind. Zum Beispiel die Stammzellforschung. Hier ist es für mich undenkbar, menschliches Leben Forschungszwecken preiszugeben. Das Beispiel von vier Landtagsabgeordneten in Hessen, die keiner Regierungsmehrheit mit den Linken zustimmen wollten, hat gezeigt, wie wichtig es ist, dass Art. 38 die Gewissensfreiheit des Abgeordneten schützt. Wenn es wirklich hart auf hart kommt, muss der Abgeordnete die Möglichkeit haben, ganz allein seinem Gewissen zu folgen – im Extremfall gegen die Mehrheit der Fraktion und ungeachtet der politischen Konsequenzen für seine Partei.

- **Wie würden Sie die Arbeitsatmosphäre in den Ausschusssitzungen beschreiben?**

Generell gilt, dass in den Ausschüssen sehr sachlich und fachkundig diskutiert und beraten wird. Hier werden die Gesetzentwürfe beraten, bevor sie dann ins Plenum kommen. Dazu werden auch Sachverständige gehört, die Stellungnahmen der Ministerien eingeholt etc. Da die Ausschüsse meist nicht öffentlich tagen, können die Debatten zwar auch leidenschaftlich sein, erreichen aber selten den rhetorischen „Unterhaltungswert" einer öffentlichen Debatte im Plenum.

- **Es wird kritisiert, dass bei vielen Debatten nur wenige Abgeordnete im Plenarsaal des Bundestags anwesend sind. Was sagen Sie dazu?**

Das hat in erster Linie mit der Arbeitsweise unseres Parlaments zu tun. Die eigentliche Arbeit wird in den Ausschüssen und Arbeitsgruppen geleistet und das heißt, dass häufig Ausschüsse tagen oder Besprechungen stattfinden, während gleichzeitig eine Plenardebatte läuft. Die betroffenen Fachpolitiker sind dann natürlich im Plenum anwesend, während sich die anderen um ihre Arbeit in ihrem Ausschuss kümmern und nur zur Abstimmung ins Plenum eilen. Auch wenn der Saal selten voll ist: die Abgeordneten sind bei der Arbeit, in einem der vielen weiteren Sitzungsräume oder in ihren Büros.

- **Was tun Sie, um den Menschen in Ihrem Wahlkreis zu zeigen, dass Sie sich um Ihre Sorgen kümmern?**

Nun, ich nehme so viele Termine wie möglich wahr und bin so oft es geht vor Ort. Dazu zählen offizielle Feiern wie das Jubiläum einer Feuerwehr oder eines Gesangvereins ebenso wie Preisverleihungen, Auszeichnungen etc. Dazu kommen Betriebsbesichtigungen, die Gespräche mit Verbänden, Gremien und Organisationen, also z. B. der IHK, den Gewerkschaften, den Kirchen, den Vereinen etc. Überdies halte ich regelmäßig Bürgersprechstunden ab. So weiß man als Abgeordneter sehr genau, wo im Wahlkreis „der Schuh drückt" und welche Anliegen man in Berlin durchsetzen soll.

Interview mit Herrn Peter Weiß (CDU), MdB für den Wahlkreis Emmendingen-Lahr; Juli 2008

Freies oder imperatives Mandat? – eine klassische Kontroverse

MATERIAL 6

Am 3. November 1774 wurden Henry Cruger und Edmund Burke für die englische Hafenstadt Bristol ins britische Unterhaus gewählt. Damals gab es noch kein allgemeines Wahlrecht, in einem Wahlkreis wurden zwei Abgeordnete gewählt. In ihren Dankansprachen an die Wähler führten sie aus:

Henry Cruger: Es war stets meine Auffassung, dass den Wählern das Recht zusteht, ihren Parlamentsmitgliedern Weisungen zu erteilen. Ich [...] werde es im Parlament stets als meine Pflicht ansehen, Eurem Rat und Eurer Instruktion zu folgen. Ich werde mich als Diener meiner Wähler verstehen, nicht als ihr Herr [...]. Eurem rechtschaffenen Urteil will ich mich beugen – oder fallen.

Edmund Burke: [...] Sicherlich, meine Herren, es sollte die Freude und der Stolz eines jeden Repräsentanten sein, mit seinen Wählern in der innigsten Eintracht [...] zu leben. Deren Wünsche sollten für ihn größtes Gewicht haben. Und vor allem hat er stets [...] deren Interessen den seinen vorzuziehen. Aber seine unvoreingenommene Meinung, sein reifes Urteil, sein erleuchtetes Gewissen, die darf er ihnen nicht opfern. Diese verdankt er nicht ihrer Gunst [...]. Sie sind vielmehr ein Vertrauenspfand Gottes, für dessen Missbrauch er zutiefst verantwortlich ist. Ihr Repräsentant schuldet ihnen nicht nur seinen Fleiß, sondern sein Urteilsvermögen. [...]

Eine Meinung zu äußern, ist das Recht aller Menschen. Die Meinung der Wähler ist eine gewichtige [...] Meinung, die zu hören ein Repräsentant sich immer bemühen sollte [...]. Aber autoritative Instruktionen, [...] an die ein Parlamentsmitglied blindlings gebunden ist und denen er strikt zu gehorchen hat, wenn sie im Gegensatz zu den festen Überzeugungen seines Urteils und Gewissens stehen – dies sind Dinge, die dem Recht dieses Landes [Großbritannien; Red.] völlig unbekannt sind und die einem fundamentalen Missverständnis der gesamten Ordnung [...] entspringen.
Ein Parlament ist kein Kongress von Gesandten verschiedener und miteinander verfeindeter Interessen [...]. Ein Parlament ist vielmehr die beratend-abwägende Versammlung einer Nation mit einem Interesse, dem des Ganzen. Dort dürfen nicht lokale Zwecke oder lokale Vorurteile die Richtschnur sein, sondern das Gemeinwohl, das aus der allgemeinen Vernünftigkeit des Ganzen resultiert. Sie haben sicherlich ein Mitglied gewählt; aber wenn Sie es gewählt haben, dann ist es nicht mehr ein Mitglied Bristols, sondern ein Mitglied des Parlaments. [...]
Ein gutes Parlamentsmitglied zu sein, ist – lassen Sie mich das sagen – keine leichte Aufgabe. Insbesondere in dieser unserer Zeit, wo die Neigung, in die gefahrvollen Extreme serviler Willfährigkeit oder ungestümer Popularitätssucht zu verfallen, so deutlich ausgeprägt ist.

Aus: Winfried Steffani: Edmund Burke – Zur Vereinbarkeit von freiem Mandat und Fraktionsdisziplin, in: Zeitschrift für Parlamentsfragen, Nr. 1/81, S. 112 ff.

METHODE
Redeanalyse
S. 28–31

1 Skizzieren Sie das Spannungsfeld, in dem sich Bundestagsabgeordnete zwischen „Berlin“ und ihrem „Wahlkreis“ befinden und diskutieren Sie, ob der Abgeordnete Peter Weiß sein Amt angemessen ausfüllt (M 5).

2 Überprüfen Sie, inwieweit sich die beiden Abgeordneten Henry Cruger und Edmund Burke in ihren Auffassungen von der Ausübung des Mandats unterscheiden. Erläutern Sie die Demokratietheorien, die beiden Auffassungen zugrunde liegen.

3 Rollenspiel: John Locke bzw. Jean-Jacques Rousseau schreiben den Abgeordneten Cruger oder Burke jeweils einen Brief, in dem sie sich mit deren Vorstellung von Demokratie auseinandersetzen.

QUERVERWEIS
Demokratietheorien
Kapitel 2.1

5.4 Regieren in Deutschland – kommt es nur auf den Kanzler an?

Das Bundeskanzleramt in Berlin – Koordinierungsstelle der gesamten Regierungspolitik

„Demokratie ist auf Dauer nur möglich, wenn wir eine starke politische Führung haben." – „Sagen Sie mir bitte, ob Sie dieser Aussage voll und ganz zustimmen, eher zustimmen, eher nicht zustimmen oder überhaupt nicht zustimmen."

So lautete eine im Jahr 2000 durchgeführte Meinungsumfrage. Das Ergebnis ist überraschend: Danach waren fast drei Viertel der Befragten der Auffassung, Demokratie sei auf Dauer nur durch eine starke politische Führung möglich. 66 Prozent wünschten sich zugleich mehr Bürgerbeteiligung; nur 30 Prozent wollten die politischen Entscheidungen gewählten Politikern überlassen.
Schließt sich die gleichzeitige Umsetzung beider Vorstellungen nicht aus? Glauben die Bürger, dass sich beides miteinander vereinbaren lässt und sie beides zusammen haben können? Haben die Deutschen bisher schwache Regierungen gehabt, und neigen sie deshalb zu stärkerer Führung?

Wie wird in Deutschland regiert?

Bei der Suche nach Antworten geht es vor allem um das Amt des Bundeskanzlers und um die Art und Weise, wie dieses Amt von den bisherigen Kanzlern ausgeübt wurde. Die Abläufe im Beziehungsgeflecht um den Bundeskanzler sind zu diesem Zweck offen zu legen und zu beurteilen. Dies betrifft das Bundeskabinett, die Partei des Kanzlers, den Koalitionspartner, den Bundestag und den Bundesrat als Gesetzgeber sowie einflussreiche Interessengruppen und ganz besonders die Wahlbevölkerung.

Das Grundgesetz und das Amt des Bundeskanzlers

Zu den wesentlichen rechtlichen Rahmenbedingungen des Regierens gehören die Grundgesetzartikel 62 bis 69. Sie regeln die Zusammensetzung der Bundesregierung (Art. 62), die Wahl und Ernennung des Bundeskanzlers (Art. 63), die Ernennung der Bundesminister und deren Verantwortung (Art. 64 und 65), die Abwahl des Kanzlers durch das konstruktive Misstrauensvotum (Art. 67) sowie die vom Kanzler gestellte Vertrauensfrage, die unter Umständen zur Auflösung des Bundestages führen kann (Art. 68). Folgende Faktoren begründen die verfassungsrechtlich zentrale Stellung des Bundeskanzlers:

- die Wahl und Abwahl durch die Parlamentsmehrheit,
- das Recht, dem Bundespräsidenten Minister zur Ernennung oder Entlassung vorzuschlagen und
- die Richtlinienkompetenz (Art. 65 GG).

Das parlamentarische Regierungssystem in Deutschland wird daher auch als Kanzlerdemokratie bezeichnet. Die in Art. 65 GG enthaltenen Prinzipien der Regierungstätigkeit verbergen sich hinter der Abkürzung „Ka-Ka-Re" – dem Kanzler-, dem Kabinetts- und dem Ressortprinzip.

Kanzlerprinzip

Das bedeutendste Element ist das Kanzlerprinzip, demzufolge der Regierungschef die Richtlinien der Politik bestimmt und dafür die Verantwortung trägt. Das Kanzlerprinzip wird durch das Recht des Kanzlers gestützt, Minister zur Entlassung vorzuschlagen, die Geschäfte der Bundesregierung zu führen und über alle wichtigen Maßnahmen und Vorhaben in den Ministerien unterrichtet zu werden. Wie der Bundeskanzler seine Richtlinienkompetenz konkret ausübt, hängt jedoch immer auch von seiner Person und der parteipolitischen Konstellation in Regierung und Parlament ab.
Zur Wahrnehmung seiner Führungsrolle steht dem Bundeskanzler dabei ein eigener Appa-

rat, das Bundeskanzleramt, zur Verfügung. Die Mitarbeiter im Bundeskanzleramt halten den Kanzler über aktuelle politische Fragen und die Arbeiten in den Bundesministerien auf dem neuesten Stand, bereiten die Entscheidungen des Kanzlers vor und achten auf die korrekte Durchführung seiner Anordnungen. Zudem werden im Bundeskanzleramt die Arbeiten der Ministerien koordiniert, die Sitzungen des Kabinetts geplant und die Beschlüsse der Bundesregierung vorbereitet. Häufig nimmt der Kanzler heute auch die Dienste professioneller Politikberatungen („Think Tanks“) aus Wissenschaft, Wirtschaft und Kultur in Anspruch.

Kabinettssitzung der „Schwarz-Gelben Koalition“; Berlin, November 2009

Kabinettsprinzip

Gemäß dem Kabinetts- oder Kollegialprinzip werden die Regierungsentscheidungen von allen Kabinettsmitgliedern kollegial und durch Mehrheitsbeschlüsse gefällt. Bei Meinungsverschiedenheiten ist der Kanzler allerdings Erster unter Gleichen (primus inter pares), d. h. bei einem Streit zwischen den Ministerinnen oder Ministern, schlichtet der Bundeskanzler. Das Kabinett muss anschließend mehrheitlich zu einer Entscheidung finden.

Ressortprinzip

Es bedeutet, dass die Minister in ihren jeweiligen Zuständigkeitsbereichen selbstständig arbeiten. Der Bundeskanzler kann nicht über den Kopf eines Ministers hinweg in dessen Ministerium „hineinregieren“. Von den Bundesministern wird erwartet, dass sie im Rahmen des Koalitionsvertrags und der Regierungserklärung des Kanzlers im Kontakt mit Kanzleramt und Regierungskoalition eigene Initiativen auf ihren Gebieten entwickeln. Die Ministerien spiegeln dabei die verschiedenen Handlungsfelder des Staates wider.

Informelle Regierungsgremien

Neben den formellen Entscheidungsgremien gibt es die informellen Gremien, für die keine rechtlichen Bestimmungen und Vorschriften bestehen. Da in beiden Bereichen meist dieselben Personen aus den an der Regierung beteiligten Parteien anzutreffen sind, ist eine Grenzziehung kaum möglich. Zu den informellen Entscheidungszentren gehört vor allem der Koalitionsausschuss, bestehend aus Bundeskanzlerin, dem Vizekanzler, dem Bundesfinanzminister, den Partei- und Fraktionsvorsitzenden sowie den Generalsekretären der Koalitionspartner. Die dortigen Entscheidungsabläufe sind nicht transparent, und es existiert auch keine Geschäftsordnung, die Verfahrensregeln aufstellen würde.

Die Auswirkungen auf das parlamentarische System sind erheblich: Dem Kabinett bleibt oft nichts anderes übrig, als den anderswo gefällten Entscheidungen zuzustimmen. Selbst der Kanzler erfährt eine Einflussminderung – denn ist er in der Regierung der primus inter pares, so wird er in den Koalitionsrunden zum Gleichen unter Gleichen und schmälert so seine Richtlinienkompetenz.

Am stärksten aber ist das Parlament betroffen. Die Bundestagsabgeordneten sehen sich durch die in informellen Gremien gefällten Vorentscheidungen nicht selten als „Stimmvieh“, da sie auf den eigentlichen Prozess der Gesetzgebung wenig oder gar keinen Einfluss nehmen können. Konsensrunden oder „unabhängige Sachverständigenräte“ (wie der von Bundeskanzler Schröder berufene Nationale Ethikrat) beeinträchtigen den Bundestag überdies in seiner politischen Gestaltungsfunktion. Kritisiert wird, dass Experten und Sachverständige – ohne demokratisch legitimiert zu sein und über ein parlamentarisches Mandat zu verfügen – zu „Nebenparlamentariern“ würden.

- Wird die parlamentarische Demokratie allmählich zu einer mediengestützten Ein-Mann-Show eines Bundeskanzlers, der mit wenigen Spitzenpolitikern und Fachleuten an den von der Verfassung vorgesehenen Institutionen vorbei regiert?
- Sollte die Amtszeit des Bundeskanzlers daher beschränkt werden wie dies des amerikanischen Präsidenten?

INFO

Nationaler Ethikrat
2001 bis 2007 bestehendes Vorläufergremium des Deutschen Ethikrates; Sachverständigengremium zur Diskussion bzw. Information über ethisch-gesellschaftliche, rechtliche und wissenschaftliche Probleme vor allem der Bio- und Gentechnologie. Die 26 Ratsmitglieder werden vom Bundespräsidenten je zur Hälfte auf Vorschlag des Bundestages und der Bundesregierung für die Dauer von vier Jahren berufen.

MATERIAL 1

„Darum stelle ich die Vertrauensfrage“

Aus der Rede von Bundeskanzler Gerhard Schröder (SPD) im Deutschen Bundestag, Berlin, 1. Juli 2005:

Herr Präsident, meine Damen und Herren!

Am Montag dieser Woche habe ich dem Herrn Bundestagspräsidenten mitgeteilt, dass ich es in der gegebenen Situation als meine Pflicht ansehe, im Deutschen Bundestag die Vertrauensfrage zu stellen. Mein Antrag hat ein einziges, ganz unmissverständliches Ziel:

Ich möchte dem Herrn Bundespräsidenten die Auflösung des 15. Deutschen Bundestages und die Anordnung von Neuwahlen vorschlagen können. Der für meine Partei – und für mich selber – bittere Ausgang der Landtagswahl in Nordrhein-Westfalen [22.5. 2005; Red.] war das letzte Glied in einer Kette zum Teil empfindlicher und schmerzlicher Wahlniederlagen. In der Folge dessen wurde deutlich, dass es die sichtbar gewordenen Kräfteverhältnisse ohne eine neue Legitimation durch den Souverän, das deutsche Volk, nicht erlauben, meine Politik erfolgreich fortzusetzen. [...]

Die „Agenda 2010“ mit ihren Konsequenzen schien zum wiederholten Male ursächlich für ein Votum der Wählerinnen und Wähler gegen meine Partei. Wenn diese Agenda fortgesetzt und weiterentwickelt werden soll – und das muss sie –, ist eine Legitimation durch Wahlen unverzichtbar.

Es ist daher ein Gebot der Fairness und der Aufrichtigkeit gegenüber den Bürgerinnen und Bürgern, gegenüber meiner Partei, gegenüber dem Partner in der Koalition, gegenüber dem Hohen Haus und auch gegenüber mir selbst, die Vertrauensfrage zu stellen.

Meine Damen und Herren, alle im Deutschen Bundestag vertretenen Parteien haben sich mit Nachdruck für die Auflösung des Bundestages ausgesprochen. [...] Geben wir also den Menschen die Wahl und die Freiheit, selbst zu entscheiden, welchen Weg unser Land gehen soll, welchen Staat sie sich wünschen [...].

Die von uns begonnenen Reformen gilt es, entschlossen fortzuführen [...]. Im Innern heißt das für uns, die soziale Marktwirtschaft zu bewahren und unser Gesellschaftsmodell weiterzuentwickeln, das Produktivität und ökonomische Effizienz mit Solidarität und Gerechtigkeit verbindet. [...] Nach außen heißt das, unsere Rolle als Garant der europäischen Einigung und Integration entschieden und aus tiefer Überzeugung anzunehmen. [...]

Dies alles sind Aufgaben, denen wir nicht genügen können, wenn die Gefahr eines Legitimationsverlustes unseren Energien keinen Raum lässt. Darum braucht es heute das Votum des Hohen Hauses. Darum braucht es, wenn mir das Vertrauen der Mehrheit versagt bleibt, das Urteil des Souveräns: des Volkes. Es ist keine Zeit zu verlieren. [...]

Meine Damen und Herren, diese Regierung tut ihre Pflicht. Sie tut, was für unser Land notwendig ist. [...] Wir brauchen jetzt klare Verhältnisse. Darum stelle ich die Vertrauensfrage.

Aus: SPD-Bundestagsfraktion 2005; online abrufbar unter www.spdfraktion.de (Zugriff am 27.3.2009)

Zeichnung: Horst Busse

GLOSSAR
Vertrauensfrage

GLOSSAR
Agenda 2010

1 Analysieren Sie Gerhard Schröders Begründung für Neuwahlen (M 1) und erklären Sie, warum seine Vertrauensfrage als „unecht“ bezeichnet wird. Recherchieren Sie im Internet zu weiteren Vertrauensfragen in der Geschichte der Bundesrepublik.

2 Interpretieren Sie obige Karikatur mit Blick auf die Rolle des Bundespräsidenten (M 2).

METHODE
Karikaturanalyse
S. 102–105

„Ich habe heute den 15. Deutschen Bundestag aufgelöst“

MATERIAL 2

Aus der Fernsehansprache von Bundespräsident Horst Köhler, Berlin, 21. Juli 2005:

Liebe Mitbürgerinnen und Mitbürger,
ich habe heute den 15. Deutschen Bundestag aufgelöst und Neuwahlen für den 18. September angesetzt.

Unser Land steht vor gewaltigen Aufgaben. Unsere Zukunft und die unserer Kinder stehen auf dem Spiel. Millionen von Menschen sind arbeitslos, viele seit Jahren. Die Haushalte des Bundes und der Länder sind in einer nie da gewesenen, kritischen Lage. Die bestehende föderale Ordnung ist überholt. Wir haben zu wenige Kinder, und wir werden immer älter. Und wir müssen uns im weltweiten, scharfen Wettbewerb behaupten. In dieser ernsten Situation braucht unser Land eine Regierung, die ihre Ziele mit Stetigkeit und mit Nachdruck verfolgen kann. Dabei ist die Bundesregierung auf die Unterstützung durch eine verlässliche, handlungsfähige Mehrheit im Bundestag angewiesen. [...]

Ich habe die Beurteilung des Bundeskanzlers eingehend geprüft. Dazu habe ich viele Gespräche mit den verantwortlichen Politikern und mit Rechtsexperten geführt. [...] Nach der Entscheidung des Bundesverfassungsgerichts aus dem Jahr 1983 hat der Bundespräsident die Einschätzung des Bundeskanzlers zu beachten, es sei denn, eine andere Einschätzung ist eindeutig vorzuziehen. Ich habe Respekt vor allen, die gezweifelt haben, und ich habe ihre Argumente gehört und ernsthaft gewogen. Doch ich sehe keine andere Lagebeurteilung, die der Einschätzung des Bundeskanzlers eindeutig vorzuziehen ist. [...]

Es ist richtig, dass in der heutigen Situation der demokratische Souverän - das Volk - über die künftige Politik unseres Landes entscheiden kann. [...]

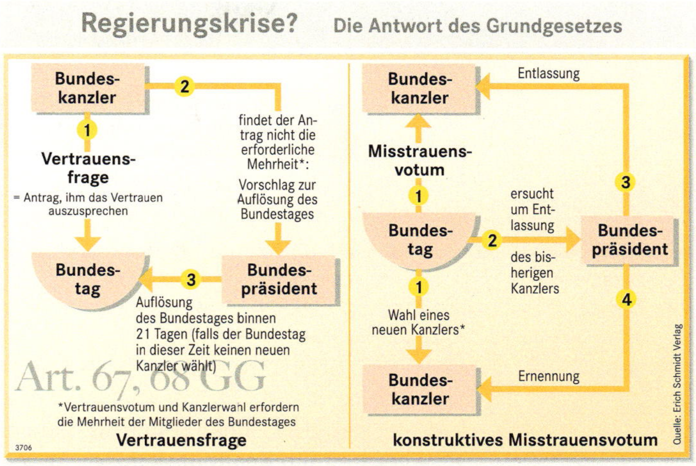

Liebe Mitbürgerinnen und Mitbürger, jetzt haben Sie es in der Hand. Schauen Sie bitte genau hin. Demokratie heißt, die Wahl zu haben zwischen politischen Alternativen. Machen Sie von Ihrem Wahlrecht sorgsam Gebrauch.

Zeichnung: Christian Groß

Aus: www.bundespraesident.de (Zugriff am 27. 3. 2009)

1 Interpretieren Sie obige Karikatur mit Blick auf die Rolle des Bundestages. Überlegen Sie, ob es nicht besser wäre, dem Parlament das Recht zur Auflösung zuzugestehen. Stellen Sie Ihr Ergebnis im Klassenverband vor.

2 Erklären Sie mithilfe des Schaubilds (oben), welche Möglichkeiten das Grundgesetz im Falle einer Regierungskrise vorsieht und erörtern Sie die jeweiligen Vor- und Nachteile.

METHODE
Karikaturanalyse
S. 102–105

MATERIAL 3 Der Bundeskanzler: Macht und Machtbegrenzung

MATERIAL 4 Das „System Kohl" – Machterwerb und Machtsicherung

Zeichnung: Heiko Sakurai

1. Kohl war wie keiner seiner Vorgänger sehr bewusst ein Koalitionskanzler. Er war sich darüber im Klaren, dass angesichts des bundesrepublikanischen Wahlrechts und Parteiensystems absolute Mehrheiten etwas höchst Außergewöhnliches und Koalitionsregierungen der Normalfall sind. Für Kohl gab es nur einen zuverlässigen Koalitionspartner: die FDP. [...] Solange Hans-Dietrich Genscher Parteivorsitzender der FDP war, wurde die Regierungsbildung weitgehend zwischen den beiden Männern abgemacht. [...]

2. Das eigentliche Fundament von Kohls Macht war die Parteiführung. Unter seiner Führung war die CDU seit 1973 [...] zu einer organisatorisch-modernen und programmatisch-profilierten Mitgliederpartei geworden. Der Vorsitzende war [...] auf allen Ebenen über vielfältige persönliche Beziehungen und durch seine Vertrautheit mit dem Fühlen und Denken der „Basis" tief verwurzelt. Dadurch entstand für Kohl eine Art Reservelegitimität aus der er auch in Zeiten der Krise schöpfen konnte. [...]

3. Kohls politisches Handeln orientierte sich weniger an Institutionen als vielmehr an Personen. Dies erlaubte nicht zuletzt die Übertragung moralischer Kategorien wie Loyalität und Vertrauen aus dem Privatleben in die politischen Beziehungen. Sie ersetzten nicht die politischen Machtkategorien, sondern verbanden sich mit ihnen zu einem [...] tragfähigen Netz der Machtsicherung. [...]

4. Kohl bettete Entscheidungen grundsätzlich in Prozesse der Machtbildung und Machtsicherung ein. [...] Sein Augenmerk richtete sich auf die Scharnierstellen im politischen, administrativen und wirtschaftlichen Prozess, die er für die Stabilität seiner eigenen Person als wichtig einschätzte. Der Regierungsstil des Bundeskanzlers Kohl war infolge des Personalismus durch eine eindeutige Abwertung der Verfassungsinstitution Kabinett sowie der ministerialbürokratischen Abläufe geprägt. [...] Rat und Entscheidung suchte er in informellen Runden, die er selbst hierarchieunabhängig zusammensetzte und einberief. [...] Die endgültigen Regierungsentscheidungen fielen nicht im Kabinett, sondern in regelmäßigen Koalitionsgesprächen, wo alle machtpolitisch relevanten Kräfte des Regierungslagers vertreten waren. [...] Kohl fungierte in solchen Runden als Moderator. [...]

Aus: Wolfgang Jäger: Das „System Kohl", in: Udo Kempf/Hans-Georg Merz (Hrsg.): Kanzler und Minister 1949–1998, Biografisches Lexikon der deutschen Bundesregierungen, Wiesbaden 2001, S. 368 ff.

1 Erläutern Sie auf Basis von M 3 die verfassungsrechtliche Stellung des Bundeskanzlers sowie seine politischen Spielräume und Grenzen.

2 Charakterisieren Sie in Form einer Tabelle Eigenschaften und Führungsstil der drei letzten Bundeskanzler (M 4, M 5, M 6).

Kanzlerdemokratie à la Gerhard Schröder

MATERIAL 5

Charakteristisch für Schröders Kanzlerschaft war, dass er seine Vorhaben häufig an Partei und Fraktion vorbei lancierte, und erst danach um Unterstützung warb. Sowohl beim Afghanistan-Einsatz der Bundeswehr, den der Kanzler Ende 2001 nur mit Hilfe einer damit verbundenen Vertrauensfrage in den eigenen Reihen durchsetzen konnte, als auch bei der „Agenda 2010“ im Jahr 2003 und der Entscheidung für vorgezogene Neuwahlen im Jahre 2005 setzte er zunächst die Öffentlichkeit von seinen Plänen in Kenntnis, um daraufhin die Mehrheit für seine Vorhaben zu mobilisieren. Schröder bezog sich in seinen Begründungen dabei interessanterweise jedes Mal auf die Interessen der Mehrheit der Bevölkerung bzw. auf das allgemeine Interesse. [...] Wenn immer der Einsatz symbolischer Maßnahmen und die Nutzung verschiedener Medienformate sinnvoll waren, um seine Politik öffentlich zu legitimieren, hat Schröder den Versuch unternommen, das Wählerpublikum auf diese Weise für sich zu gewinnen.[1]

Auffallend ist [dabei] die Darstellung des Kanzlers in sämtlichen Medien als „der Macher“, der über dem „Parteiengezänk“ steht, einfach und unbürokratisch Experten berufen kann und diese nach getaner Arbeit auch wieder unbürokratisch entlässt. Ein „starker Mann“, nach dem sich die Mehrheit der Deutschen sehnt, der mit seinem Machtwort – mit einem einfachen „Basta“ – gestützt auf Medien, Interessenverbände und Experten pragmatisch Probleme löst. Er bediente so geschickt alte deutsche Ressentiments gegen die Parteien, nutzte neue Parteienverdrossenheit und verstärkte sie gleichzeitig durch die Vorführung der Machtlosigkeit des Parlaments.

Zeichnung: Heiko Sakurai

GLOSSAR

Agenda 2010

[1] Aus: Uwe Jun: Populismus als Regierungsstil, in: F. Decker (Hg.): Populismus in Europa, 2006, S. 249 f.

Angela Merkel: „Sie bleibt standhaft“

MATERIAL 6

Die Kanzlerin hat sich mit ihrer zurückhaltenden, detailbesessenen und nüchternen Art Respekt verschafft, der in der Union und beim Koalitionspartner SPD ebenso tief sitzt wie bei der Opposition. „Sie ist nicht grob“, sagt etwa Gregor Gysi, „sie beleidigt nicht vor sich hin.“ Sie hört lange zu, positioniert sich oft zunächst nicht, aber „selbst die Tatsache, dass sie an verschiedenen Stellen schweigt und sich nicht positioniert, ist knallhartes Machtinteresse“, hat Renate Künast von den Grünen beobachtet: „Sie macht den Sack erst zu, wenn sie sich der Mehrheitsverhältnisse sicher ist.“ Und „das freundliche Zuhören sagt noch gar nicht, dass sie das alles glaubt, was an sie hingeredet wird“, berichtet Wolfgang Schäuble, der Merkels Karriere dorthin befördert hat, wo sie heute steht. Gregor Gysi empfindet das lange Schweigen auch als Manko: „Ihre Schwäche besteht darin, dass man sie über lange Zeit nicht als diejenige empfindet, die Entscheidungen trifft, sondern dass man den Eindruck hat, sie bleibt im Hintergrund, sie äußert sich nicht dazu. Das ist für eine Kanzlerin auch nicht gut.“ Angela Merkel wundern solche Einwände. „Manchmal ist es auch notwendig, eine Debatte sich entwickeln zu lassen“, sagt sie. „Ich glaube, dass gerade auch Minister, die Ressorts leiten, viele Probleme selbst lösen können. Die müssen versuchen, miteinander ins Gespräch zu kommen.“ [...]

Es ist eher die Zurückhaltung, die Wirkung entfaltet, findet die CDU-Ministerin Ursula von der Leyen: „Ich habe oft Verhandlungen mit Männern erlebt, in denen sie laut und sozusagen überrollend dann auch ihre Positionen durchsetzen. Solche Körpersprache oder solches Stimmverhalten nutzt Frau Merkel niemals. Sie bleibt nur standhaft.“ [...]

Zeichnung: Heiko Sakurai

Aus: Michael Rutz: „Sie bleibt standhaft!“, in: Rheinischer Merkur, Nr. 1/2008, S. 3

1 Bestimmen Sie Profil und Regierungsstil eines in Ihren Augen idealen Kanzlers.

5.5 Wer hat das Sagen – Brüssel oder Berlin?

Politische Entscheidungen mit weitreichenden Folgen für Deutschland werden schon länger nicht mehr ausschließlich in Berlin getroffen, sondern auch auf EU-Ebene in Brüssel und Straßburg. Immer wieder wird diskutiert, inwieweit die Europäische Union in die Nationalstaaten „hineinregieren" darf und inwieweit die Entscheidungsprozesse auf EU-Ebene transparent sind.

Das Subsidiaritätsprinzip

Gemäß dem Prinzip der Subsidiarität soll sich die EU nur um Dinge kümmern, die sie besser regeln kann als die Mitgliedsländer. So hieß es in Art. 5 EG-Vertrag: „In den Bereichen, die nicht in ihre ausschließliche Zuständigkeit fallen, wird die Gemeinschaft nach dem Subsidiaritätsprinzip nur tätig, sofern und soweit die Ziele der in Betracht gezogenen Maßnahmen auf der Ebene der Mitgliedstaaten nicht ausreichend erreicht werden können und daher wegen ihres Umfangs oder ihrer Wirkungen besser auf Gemeinschaftsebene erreicht werden können." Das Subsidiaritätsprinzip dient insofern nicht nur der Erhaltung der nationalen Eigenständigkeit der EU-Staaten, sondern soll helfen, die EU möglichst bürgernah zu machen, indem die „EU-Bürokratie" ein Stück weit abgebaut wird.

Die EU – Demokratiedefizit oder eine eigene Form der Demokratie?

Immer wieder wird der EU der Vorwurf gemacht, ein Defizit an Demokratie aufzuweisen. Zum einen wird gesagt, dass die Mitgliedstaaten Hoheitsrechte auf die EU übertragen hätten, wodurch die demokratisch gewählten Parlamente dieser Staaten einen erheblichen Kompetenz- und Bedeutungsverlust erlitten hätten. Zum anderen wird angeführt, dass eben diese Hoheitsrechte Organen anvertraut wurden, denen – wie im Fall der Europäischen Kommission oder des Ministerrats – die demokratische Legitimation weitgehend fehle. Das einzige EU-Organ, das über eine eigene demokratische Legitimation verfüge – das Europäische Parlament – besäße demgegenüber zu geringe Kompetenzen.

Diesem Argument kann man entgegenhalten, dass die Rechte des Europäischen Parlaments gegenüber Kommission und Rat stetig ausgeweitet wurden und dass der am 1. Dezember 2009 in Kraft getretene Reformvertrag von Lissabon den Bürgern z. B. durch eine gesamteuropäische Bürgerinitiative ein höheres Mitspracherecht einräumt.

Plakat einer Anti-EU-Kampagne in Irland (2008). Die Iren lehnten den Vertrag von Lissabon zunächst per Referendum ab, stimmten ihm aber in einem zweiten Anlauf im Oktober 2009 zu.

Es ist die Frage, ob man die gerügten Mängel bei Einsatz guten Willens leichthin beseitigen könnte. Dagegen spricht, dass die Ordnung der Institutionen ja Ausdruck des Willens souveräner Staaten ist, die bewusst keine politische Superstruktur nach dem Muster der parlamentarischen Demokratie schaffen wollen. Aber selbst wenn sie es gewollt hätten, bleibt zu bezweifeln, ob sich die Europäische Union zu einer wirklichen Demokratie entwickeln könnte, denn eine Demokratie benötigt immer auch einen gesellschaftlichen Unterbau. Zu einer europäischen Demokratie könnte es nur kommen, wenn sich die Menschen vorrangig als europäische Bürger verstünden und es folglich einen europäischen politischen Diskurs gäbe. Aber weder gibt es das Bewusstsein, Angehöriger eines europäischen Staatsvolkes zu sein, noch eine europaweite politische Kommunikation auf der Basis einer einheitlichen Sprache.

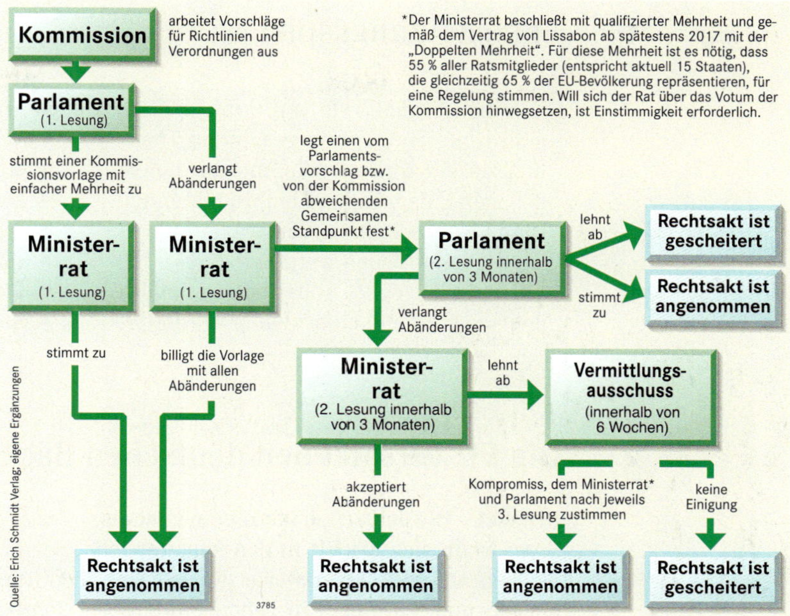

Das Ordentliche Gesetzgebungsverfahren der EU (vereinfachte Darstellung)

Beschlüsse, Verordnungen, Richtlinien

Gesetze in der EU heißen gemäß dem Vertrag von Lissabon „Beschlüsse“, „Verordnungen“ und „Richtlinien“.

- Ein Beschluss der EU-Kommission ist in allen seinen Teilen für diejenigen verbindlich, die er bezeichnet. Dies können einzelne EU-Mitgliedstaaten oder auch Unternehmen sein. Im Wettbewerbsrecht der EU werden Beschlüsse beispielsweise über Genehmigungen oder Verbote von Unternehmensfusionen getroffen.
- Verordnungen sind in allen ihren Teilen verbindlich und treten unmittelbar nach ihrer Veröffentlichung in sämtlichen EU-Staaten in Kraft, so z. B. die Verordnung zum Schutz vor der Rinderseuche BSE aus dem Jahr 2000 oder die Verordnung über Mobilfunk-Roaming-Gebühren aus 2007.
- Richtlinien hingegen - etwa die zur Reduktion des CO_2-Ausstoßes oder die Richtlinie zu erneuerbaren Energien von 2008 - verpflichten die EU-Mitgliedstaaten dazu, innerhalb einer bestimmten Frist ein vereinbartes Ziel in das nationale Recht zu übertragen. Die Wahl über Form und Mittel zur Zielerreichung wird dabei allerdings den innerstaatlichen Stellen überlassen. Wenn ein Mitgliedstaat sich nicht an die vorgesehene Frist hält, kann er von der Kommission vor dem Europäischen Gerichtshof verklagt werden.

Vorschläge für Richtlinien und Verordnungen gehen von der Europäischen Kommission aus, der derzeit aus 27 Kommissaren bestehenden „Regierung“ der EU. Je nach Thema gibt es dann drei verschiedene Möglichkeiten der Beschlussfassung, bei denen speziell dem Europäischen Parlament jeweils eine andere Rolle zukommt:

Anhörungsverfahren

Beim Anhörungsverfahren darf das Parlament zum Entwurf der Kommission Änderungen vorschlagen, die aber für die Kommission und den Rat nicht bindend sind.

Zustimmungsverfahren

Beim Zustimmungsverfahren muss der Rat vor der Entscheidung die Zustimmung des Parlaments einholen. Das Parlament darf keine Änderungsvorschläge einbringen, sondern den Vorschlag der Kommission nur annehmen oder ablehnen. Dieses Verfahren kommt z. B. bei Beitrittsabkommen mit neuen Mitgliedstaaten zur Anwendung.

Ordentliches Gesetzgebungsverfahren

Beim Ordentlichen Gesetzgebungsverfahren (ehem. Mitentscheidungsverfahren) entscheiden Rat und Parlament gleichberechtigt über einen Vorschlag der Kommission. Wenn sie sich nicht einigen können, wird ein Vermittlungsausschuss eingesetzt. Durch den Vertrag von Nizza galt seit 2003 die Mitentscheidung in 43 Bereichen. Darunter fielen z. B. der Binnenmarkt, die Sozialpolitik, der Verbraucherschutz sowie die Rahmenprogramme für Forschung und technologische Entwicklung. Mit dem Vertrag von Lissabon wurde das Mitentscheidungsverfahren zum Standardverfahren bei der ordentlichen Gesetzgebung der EU. In Zukunft werden 95 Prozent aller Gesetzgebungsakte gemeinsam mit dem Parlament beschlossen. Das gilt u. a. für bestimmte Bereiche des Verkehrs, Einwanderung, Struktur- und Kohäsionsfonds, Energie und Tourismus.

QUERVERWEIS
EU-Richtlinie zur Reduktion des CO_2-Ausstoßes
S. 72, M 2

MATERIAL 1

Entscheidungsspiel

Stimmen Sie mithilfe von farbigen Karten jeweils ab, ob über die genannten Themen in Brüssel oder in Berlin entschieden werden sollte. Begründen Sie Ihre Meinung!
Blaue Karte: sollte in Brüssel (auf EU-Ebene) entschieden werden
Gelbe Karte: sollte in Berlin (auf bundesdeutscher Ebene) entschieden werden

- Anerkennung von Studienabschlüssen
- Mehrwertsteuer
- Mindestlöhne
- Reinheitsgebot bei Bier
- Agrarsubventionen
- Tempolimits auf Autobahnen
- Terrorismusbekämpfung
- Atomkraftwerke

MATERIAL 2

Die EU versalzt den deutschen Bäckern das Handwerk

INFO

EFSA
European Food Safety Authority

Brüssel – Die deutschen Bäcker sind nervös. Denn wenn sich die EU in den kommenden Wochen auf neue Grenzwerte für den Fett-, Zucker- und Salzgehalt in Lebensmitteln einigt, könnten Brezeln und Vollkornbrot plötzlich in die Kategorie „gesundheitsschädlich" fallen – nur weil sie mehr Salz enthalten, als es das europäische Amt für Lebensmittelsicherheit Efsa für angemessen hält. Die Basis für Warnhinweise beim Brezelverkäufer wäre damit gelegt, wettert der Zentralverband des deutschen Bäckerhandwerks. Der Kunde werde verunsichert und indirekt dazu gedrängt, das nur vermeintlich gesündere, abgepackte Toastbrot zu kaufen. „Die EU will uns unsere Brezn versalzen", polterte die „Bild"-Zeitung.

Auslöser der Aufregung in den deutschen Backstuben ist die EU-Verordnung über „gesundheitsbezogene Werbeaussagen", auf die sich das Europäische Parlament und die EU-Staaten vor rund drei Jahren geeinigt haben. Die Institutionen beschlossen damals auf Vorschlag der Europäischen Kommission, Nährwertprofile für Lebensmittel und damit auch Höchstwerte für Fett, Zucker und Salz festzulegen. Weiterhin gilt künftig, dass ein Lebensmittel nicht mehr als gesund gilt und damit beworben werden darf, wenn mehr als einer dieser Grenzwerte überschritten wird. Wird nur einer überschritten, etwa der Grenzwert für Salz, muss der Verkäufer darauf deutlich hinweisen. Daher war die Aufregung groß, als die Efsa sich im Januar dafür aussprach, den Salzgehalt künftig auf maximal 1,2 Prozent der genutzten Menge Mehl zu begrenzen. Das ist weniger, als die Bäcker für ein typisches Vollkornbrot in Deutschland benutzen. […]

Unfair behandelt fühlen sich die deutschen Bäcker auch deshalb, weil sie sich nicht ohne weiteres an die EU-Grenzwerte anpassen können. Schließlich erfülle das Salz eine wichtige Funktion beim Backen des Brotes, argumentieren sie. Werde der Salzgehalt im Brot reduziert, habe dieses eine andere Konsistenz. Man könne den Teig zwar auch chemisch stabilisieren. Damit sei der Gesundheit der Verbraucher in Europa aber auch nicht geholfen. Zudem dürfe man nicht ignorieren, dass Salz ein wichtiges Gewürz für das Brot sei, das man nicht einfach reduzieren könne, heißt es beim Zentralverband. Dass Vertreter der EU-Kommission nach einem Selbstversuch mit halb so stark wie üblich gesalzenem Brot keinen Unterschied im Geschmack festgestellt haben wollen, hält man dort für unglaubwürdig. […]

Aus: Hendrik Kafsack: Die EU versalzt den deutschen Bäckern das Handwerk, in: Frankfurter Allgemeine Zeitung vom 24. 2. 2009, S. 13

1 Beschreiben und interpretieren Sie das Plakat auf S. 166.
2 Führen Sie in Ihrem Kurs das Entscheidungsspiel (M 1) durch.

Anti-Diskriminierungsgesetz: Deutschland lehnt neue EU-Regeln ab

MATERIAL 3

Die Anti-Diskriminierungs-Politik hat in der EU einen neuen Grundsatzstreit entfacht. Familienministerin von der Leyen (CDU) lehnt eine Verschärfung der bestehenden EU-Vorschriften entschieden ab – und droht mit einem deutschen Veto.

Luxemburg – Der Streit dreht sich um neue Gesetze gegen die Benachteiligung von Alten und Behinderten. Ursula von der Leyen (Stand: 2008) will nun prüfen lassen, ob es überhaupt eine Rechtsgrundlage für eine europäische Richtlinie gegen Diskriminierungen gibt. „Es geht um das alte Grundprinzip: Darf sich Europa in nationales Recht einmischen oder nicht?", sagte die christdemokratische Familienministerin bei einem Treffen mit ihren EU-Amtskollegen am Donnerstag in Luxemburg. Die geplante Richtlinie kann nur verwirklicht werden, wenn alle 27 EU-Staaten ihr zustimmen. Das EU-Gesetz soll einer Benachteiligung von Menschen aufgrund ihres Glaubens, ihrer Weltanschauung, ihres Alters, einer Behinderung oder ihrer sexuellen Vorlieben verhindern. Es soll für den Zugang zu Gütern sowie sozialen und privaten Dienstleistungen, nicht aber für den Arbeitsmarkt gelten. Es gibt bereits EU-Vorschriften zur Gleichstellung von Männern und Frauen sowie gegen die Diskriminierung wegen Rasse und Herkunft.
Etliche Minister unterstützten die Vorlage von EU-Sozialkommissar Vladimir Spidla grundsätzlich, verlangten aber Klarstellungen. „Die Europäische Gemeinschaft ist eine Gemeinschaft von Werten", betonte der niederländische Ressortchef Piet Hein Donner.

Zeichnung: Thomas Plaßmann

„Niemand ist für Diskriminierung. Das würde ja der menschlichen Würde widersprechen." Deshalb könne auch niemand etwas gegen die Vorschläge der Kommission haben. Die Vorlage müsse allerdings noch präziser gefasst werden: „Da entstehen mehr Fragen als Fragen beantwortet werden", sagte Donner. [...]
Ministerin von der Leyen betonte, auch der Bundesregierung sei es sehr wichtig, die Benachteiligung einzelner Gruppen abzubauen. Das gehe aber auf nationaler Ebene: „Deutschland hat ein sehr hohes Schutzniveau." Auf Kritik von Seiten der SPD, sie vertrete mit ihrer Haltung gegen eine EU-Richtlinie die Interessen der Wirtschaft, antwortete von der Leyen: „Ich habe die abgestimmte Haltung der Bundesregierung, also beider Koalitionspartner, vorgestellt."

Aus: Lisa Erdmann: Deutschland lehnt neue EU-Regeln ab, in: Spiegel Online vom 2. 10. 2008

INFO

Ursula von der Leyen
Bundesministerin für Familie, Senioren, Frauen und Jugend von 2005 bis 2009

1 Erklären Sie den Unterschied zwischen einer Richtlinie, einer Verordnung und einem Beschluss. Arbeiten Sie dann aus M 2 und M 3 heraus, wie die bundesdeutsche Seite jeweils ihre Ablehnung von EU-Bestimmungen begründet.

2 Erörtern Sie, inwieweit Sie der ablehnenden deutschen Haltung zustimmen können. Wenden Sie dazu auch das Prinzip der Subsidiarität (S. 166) auf beide Fälle an.

3 Zeigen Sie anhand der Grafik auf S. 167, wo die Ablehnung der Bundesregierung beim Ordentlichen Gesetzgebungsverfahren zum Tragen kommen kann.

4 Interpretieren Sie obige Karikatur vor dem Hintergrund des bisher Gelernten.

METHODE

Karikaturanalyse
S. 102–105

MATERIAL 4 Brüssels begrenzte Macht

Wie stark ist Deutschland europäisiert? [...] Eine Studie des Mannheimer Zentrums für Europäische Sozialforschung (MZES) räumt mit verbreiteten Eindrücken über den Europäisierungsgrad und seine Auswirkung auf die demokratischen Herrschaftsverhältnisse hierzulande auf. [...]

Es wird behauptet, dass mehr als 80 Prozent der deutschen Gesetzgebung durch Europa vorbestimmt seien. Anlass für diese Behauptung gaben vor allem zwei Aussagen.

Zum einen ist es eine Prognose des ehemaligen Kommissionspräsidenten Jacques Delors, die er in den achtziger Jahren vor dem Europäischen Parlament formulierte. Danach könnten in zehn Jahren 80 Prozent der nationalen Wirtschaftsgesetzgebungen in Brüssel ihren Ursprung haben. Zum anderen liegt eine Statistik vor, die vom ehemaligen Bundespräsidenten Roman Herzog und Lüder Gerken, dem Leiter des Forschungsinstituts Centrum für Europäische Politik (CEP), stammt. Nach dieser wären mehr als 84 Prozent der deutschen Gesetzgebung in der Periode 1999 bis 2004 aus Brüssel und nur noch 16 Prozent aus Berlin gekommen.

Beide Aussagen sind jedoch nicht haltbar. Bei genauer Betrachtung der Zitatquelle des Kommissionspräsidenten Jacques Delors vor dem Europäischen Parlament wird schnell ersichtlich, dass dieser explizit den deutschen Bundestag von seiner Prognose ausschließt. Nach Delors hätten der Bundestag und das britische Unterhaus schon damals erkannt, dass eine Verlagerung der Entscheidungszentrale nach Brüssel drohe, und entsprechende Konsequenzen gezogen.

Auch die in der Zeitung „Die Welt" von Herzog und Gerken publizierte Statistik entbehrt einer aussagekräftigen Grundlage. Die Autoren berufen sich auf eine parlamentarische Anfrage an das Bundesministerium für Justiz, aus der lediglich hervorgeht, wie viele Gesetze in Deutschland und wie viele bindende EU-Vereinbarungen (Verordnungen, Richtlinien und Entscheidungen) in dieser Periode verabschiedet wurden. Aus einem Vergleich beider Statistiken geht nur hervor, dass etwa 16 Prozent mehr deutsche Gesetze als EU-Vereinbarungen aus diesem Zeitraum stammen. Rückschlüsse aus diesen Zahlen auf den Ursprung der deutschen Gesetzgebung zu ziehen ist aber selbst nach Auskunft des Bundesministeriums für Justiz unzulässig. [...]

Die MZES-Forscher (der Autor dieses Beitrages und Lars Mäder) haben dagegen in einer umfangreichen Untersuchung über die deutsche Gesetzgebung herausgefunden, dass der Europäisierungsgrad von deutschen Gesetzen in den vergangenen 30 Jahren deutlich überschätzt wird. Gegenüber den Prognosen einer 80-prozentigen Europäisierung zeigen wir, dass selbst bei großzügiger Zählweise der europäischen Impulsangaben in keinem Politikbereich zu keinem Zeitpunkt diese Marge erreicht wurde und bei durchschnittlich 24 Prozent liegt. In einer weiteren Untersuchung machen wir zudem deutlich, dass selbst im Fall eines europäischen Impulses keineswegs die befürchtete Entparlamentarisierung deutscher Politik eintritt. [...] Ganz im Gegenteil ist der Studie zu entnehmen, dass sich der Bundestag über die Gefahr eines Abbaus seiner parlamentarischen Rechte und Mitwirkungsmöglichkeiten durchaus bewusst ist und regelmäßig seine Befugnis wahrnimmt, Änderungen an Gesetzen vorzunehmen, die auf einen europäischen Anstoß zurückgehen. Gemessen an der parlamentarischen Änderung von Gesetzesvorlagen lebt der Demokratiegedanke einer parlamentarischen Kontrolle von Regierungsvorlagen hier sogar noch deutlicher als bei „normalen" Regierungsvorlagen ohne europäischen Impuls. Hinzu kommt, dass der Lissaboner Vertrag [...] eine Aufwertung des Europäischen Parlaments vorsieht.

Dass darin die deutschen Abgeordneten eine auf die Einwohnerzahl bezogene niedrigere Vertretungsrelation als etwa Malta aufweisen, dürfte das Bundesverfassungsgericht nicht weiter stören. Ansonsten müsste das Gericht nicht nur die Regelung zur Stimmenverteilung im Bundesrat, sondern auch die höhere Vertretungsrelation von ländlichen Wahlkreisen bei Bundes- und Landtagswahlen kippen.

Aus: Thomas König: Brüssels begrenzte Macht, in: Zeit Online vom 11. 2. 2009 (Zugriff am 4. 4. 2009); der Autor lehrt Politische Wissenschaft an der Universität Mannheim

Neue Berufsperspektive ...

MATERIAL 5

Zeichnung: Klaus Stuttmann

Der Vertrag von Lissabon: Ergebnisse im Überblick

MATERIAL 6

- *EU-Ratspräsident:* Ein hauptamtlicher Präsident übernimmt je für zweieinhalb Jahre die Leitung des Europäischen Rates und sorgt damit für Kontinuität.
- *EU-Außenbeauftragter:* Die Funktionen des Außenkommissars und des Hohen Vertreters für die GASP werden im Amt des „Hohen Vertreters der Union für Außen- und Sicherheitspolitik“ vereint.
- *EU-Parlament:* Die Zahl der Abgeordneten wird von 785 (EU 27) auf 750 reduziert. Deutschland erhält mit 96 Sitzen am meisten, Malta mit sechs am wenigsten. Das Mitentscheidungsverfahren wird zur Regel.
- *EU-Kommission:* Der Kommissionspräsident wird auf Vorschlag des Europäischen Rates vom EU-Parlament gewählt. Ein Kommissar pro Land.
- *„Doppelte Mehrheit“:* Von 2014 an gilt ein Beschluss im Rat als angenommen, wenn ihm 55 % der Mitgliedstaaten zustimmen und diese zugleich 65 % der EU-Bevölkerung repräsentieren.
- *Subsidiarität:* Eine Mehrheit der nationalen Parlamente kann binnen acht Wochen Einspruch gegen beabsichtigte Entscheidungen, Verordnungen oder Richtlinien erheben, wenn sie nationale Kompetenzen verletzt sieht.
- *Innen- und Rechtspolitik:* Die EU betreibt eine gemeinsame Politik auf den Gebieten Asyl, Einwanderung und Kontrolle der Außengrenzen; sie weitet die Justiz- und Polizeizusammenarbeit aus.
- *Verteidigung:* Die EU betreibt eine Gemeinsame Europäische Verteidigungspolitik (GSVP); hierbei ist eine verstärkte Zusammenarbeit möglich, an der nur ein Teil der Staaten teilnimmt.
- *Grundrechtscharta:* Sie wird vom Lissabon-Vertrag losgelöst, unabhängig davon jedoch verbindlich, allerdings nicht in allen Ländern.
- *Austritt:* Erstmals existiert eine rechtliche Möglichkeit, die es einem Mitglied erlaubt, die EU wieder zu verlassen.

1 Erläutern Sie in eigenen Worten, welche wichtigen Veränderungen sich durch den Vertrag von Lissabon ergeben (M 6). Diskutieren Sie, welche dieser Änderungen Ihnen besonders notwendig erscheinen.

2 Stellen Sie dar, wie Thomas König begründet, dass Brüssels Macht begrenzt sei (M 4). Beurteilen Sie, inwieweit Sie seinen Äußerungen auch vor dem Hintergrund der Änderungen durch den Lissabon-Vertrag zustimmen können.

3 Interpretieren Sie die Karikatur (M 5) und verfassen Sie einen Brief an den Karikaturisten, in dem Sie seine Zeichnung bewerten.

METHODE
Karikaturanalyse
S. 102–105

5.6 Föderalismus in Deutschland – zwischen Kooperation und Wettbewerb

„Ökonomen wissen, wie der ideale Föderalstaat aussieht: Die Gewalten sauber getrennt, erfüllen Bund und Länder unterschiedliche Aufgaben. Die Länder sind finanziell eigenständig, in dem sie eigene Steuern erheben und sie wetteifern selbstbewusst untereinander, wer seinen Bürgern den besten Standort bietet."

Dies schrieb die Frankfurter Allgemeine Zeitung am 13. September 2008 und stellte fest, dass die Schweiz, Kanada und die USA mit diesem Modell viel, Deutschland hingegen wenig gemeinsam habe.

- Warum und worin weicht der deutsche Föderalismus von diesem Modell ab?
- Unternimmt die Politik Schritte, um sich diesem Modell anzunähern?
- Ist es sinnvoll, Föderalismus nur vom ökonomischen Standpunkt aus zu beurteilen?

Föderalismus als Organisationsprinzip

In einem föderalen Staat schließen sich mehrere Gliedstaaten zu einem Bund zusammen. Ein solches Bündnis kam in der Geschichte erstmals zustande, als sich im Jahr 1787 13 unabhängige amerikanische Staaten in einem republikanischen und demokratischen Bundesstaat formierten – den Vereinigten Staaten von Amerika. In der hierzulande existierenden föderalen Ordnung bilden 16 deutsche Bundesländer gemeinsam einen Bundesstaat, die Bundesrepublik Deutschland. Ein einheitlicher Zentralstaat, wie er im Nationalsozialismus durch die Gleichschaltung der Länder errichtet wurde, sollte im Grundgesetz verhindert werden. Darum wurde das föderative Prinzip in Art. 20 Abs. 1 unserer Verfassung festgeschrieben. Art. 79 Abs. 3 GG erklärt dieses Prinzip für unantastbar. Das heißt jedoch nicht, dass eine Verringerung der Zahl der 16 Bundesländer unzulässig wäre: die Voraussetzungen und Verfahren zur Neugliederung des Bundesgebietes sind in Art. 29 GG geregelt.

QUERVERWEIS
Vereinigte Staaten von Amerika
Kapitel 2.3

Vertikale Gewaltenteilung

Mit der Entscheidung für das föderative Staatsprinzip hat der Parlamentarische Rat 1949 eine doppelte Gewaltenteilung in Deutschland eingerichtet. Neben die klassische, so genannte horizontale Gewaltenteilung in Legislative, Exekutive und Judikative trat nun nämlich eine weitere Aufteilung staatlicher Macht auf Bund und Länder, die als vertikale Gewaltenteilung bezeichnet wird. Beide Gewaltenteilungen sollen dem Missbrauch von Macht wirksam vorbeugen und Minderheiten schützen. Dabei stärkt die Integrationsfunktion des Föderalismus die Einheit des Bundes gerade durch die Vielfalt seiner Teile.

Kompetenzverteilung zwischen Bund und Ländern

Die deutschen Bundesländer besitzen „Staatsqualität"; sie sind keine bloßen Verwaltungseinheiten oder Vollzugsorgane des Bundes. Ihr Recht auf Verfassungsautonomie gestattet es ihnen, gesetzgeberische Aufgaben – etwa im Bildungs- oder Polizeiwesen – eigenständig zu erfüllen und ihre staatliche Ordnung eigenverantwortlich zu gestalten. Allerdings gibt es dabei Grenzen: Die Grundstruktur der Länder muss sich nämlich nach dem Bund richten und damit einem republikanischen, demokratischen und sozialen Rechtsstaat (Art. 28 GG) entsprechen. Darüber hinaus ist für den Fall einander widersprechender Rechtsvorschriften eine klare Hierarchie festgelegt: Bundesrecht bricht Landesrecht.

Der Mehrebenenstaat in Deutschland

Neben der Verteilung der staatlichen Aufgaben auf Bund und Länder ist der Bundesrat das wesentliche Kennzeichen des deutschen Föderalismus. Er ist als Länderkammer ein Organ zur Vertretung der Interessen der Länder. Über den Bundesrat sind die Länder an der Gesetzgebung des Bundes beteiligt. Die Länder sind im Bundesrat durch Mitglieder der Landesregierungen vertreten. Ihre Stimmenzahl hängt von der Bevölkerungsgröße ab und variiert zwischen mindestens drei und maximal sechs Stimmen.

Die Art der Beteiligung des Bundesrats an der Gesetzgebung des Bundes hängt wiederum vom Gesetzestyp ab. So hat der Bundesrat nur bei verfassungsändernden Gesetzen und zustimmungspflichtigen Gesetzen, nicht jedoch bei Einspruchsgesetzen ein absolutes Vetorecht.

Föderalismusreform I

Die Verflechtung zwischen Bund und Ländern ist auf dem ersten Blick schwer durchschaubar. Eine Föderalismusreform sollte daher das „verflochtene Mehrebenensystem" vereinfachen und Fehlentwicklungen korrigieren. Den ersten Versuch einer Föderalismusreform ließen die Länder jedoch im Dezember 2004 scheitern; der Bund hätte ihrer Ansicht nach noch mehr Kompetenzen im Bildungswesen aufgeben sollen. Die Große Koalition unter Bundeskanzlerin Angela Merkel unternahm dann einen neuen, erfolgreichen Reformversuch: In der so genannten Föderalismusreform I wurden insgesamt 25 der 183 Artikel im Grundgesetz geändert – die wohl umfassendste Änderung des Grundgesetzes seit 1949.

Diese erste Stufe der Reform des deutschen Föderalismus ist am 1. September 2006 in Kraft getreten. Im Kern zielte die Reform darauf, die Balance zwischen Wettbewerb und Kooperation wieder herzustellen, indem man die Länder gesetzgeberisch aufwertete und gleichzeitig den Anteil der zustimmungspflichtigen Gesetze reduzierte. Während die Länder also Gesetzgebungskompetenzen dazugewannen, etwa im Strafvollzug und in Teilen des öffentlichen Dienstrechts, kann der Bund künftig wieder deutlich mehr als die Hälfte seiner Gesetze ohne die Zustimmung der Länder erlassen. Damit wurde die Handlungs- und Problemlösungsfähigkeit des politischen Systems erhöht, und ebenso die Fähigkeit, sich neuen Entwicklungen anpassen zu können: Einem neuerlichen „Reformstau", wie man ihn noch 2003 festgestellt hatte, wurde versucht, vorzubeugen.

Föderalismusreform II

Im März 2008 wurden mit der Föderalismusreform II die Verhandlungen über die Neugestaltung der Bund-Länderfinanzen begonnen. Eine Änderung des Länderfinanzausgleichs, mehr Steuerautonomie und größere finanzielle Gestaltungsspielräume für die Länder sind die Themen. Es geht bei dem Reformschritt insbesondere um die Frage, wie die hohe Verschuldung der Bundesrepublik von ungefähr 1 500 Milliarden Euro (Stand: 2009) vermindert werden kann. Vor allem die finanzschwachen Länder wie Berlin, Bremen oder das Saarland sollen verpflichtet werden, ihre Altschulden abzubauen, um in Zukunft einen ausgeglichenen Haushalt vorweisen zu können. Dafür benötigen sie allerdings die Hilfe des Bundes. Die finanzstarken Länder, etwa Baden-Württemberg, Bayern oder Sachsen, zeigen sich zur Ausweitung von Unterstützungsleistungen prinzipiell bereit, aber nur dann, wenn der Bund die Kosten dafür übernimmt. Seit Ende 2008 verkomplizieren eine Finanz- bzw. Wirtschaftskrise die Schuldenproblematik und die Frage der Tilgung der Schulden.

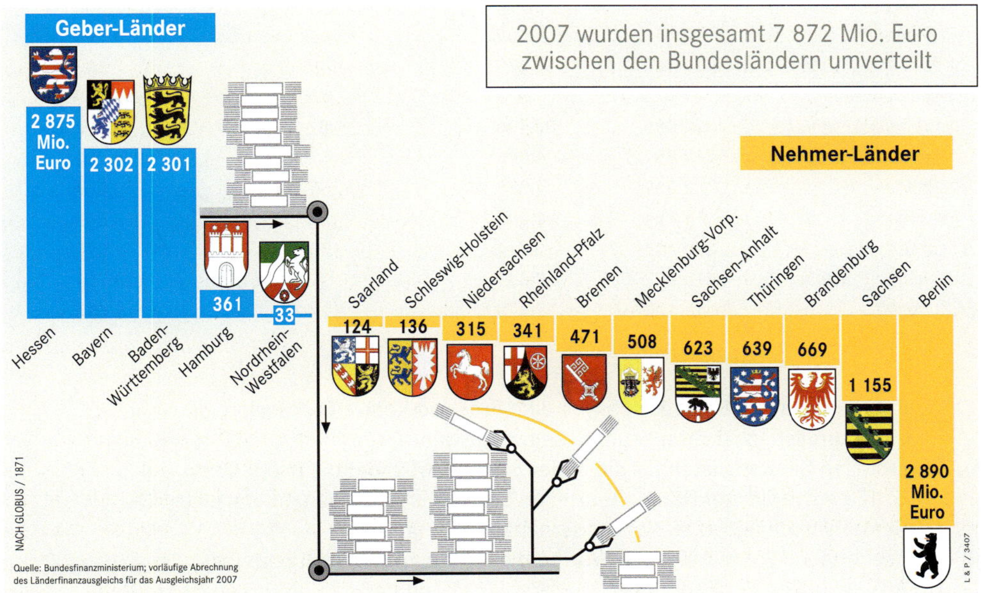

Der Länderfinanzausgleich

MATERIAL 1

Der Föderalismus im Streit der Meinungen

■ **Vorteile des Föderalismus**

Machtverteilung: Die zusätzliche Kontrolle zwischen Gesamtstaat und Gliedstaaten bietet Schutz vor Machtmissbrauch.

Mehr Demokratie: Durch Aufteilung des Gesamtstaates versteht der Bürger die politischen Zusammenhänge besser und kann eher mitbestimmen.

Aufgabennähe: Die staatlichen Organe sind regionalen Problemen in Bundesstaaten näher als im Einheitsstaat.

Wettbewerb: Die Länder stehen zwangsläufig im Wettbewerb zueinander. Konkurrenz belebt.

Vielfalt: Die Gliederung des Bundes in Länder garantiert viele wirtschaftliche, politische und kulturelle Mittelpunkte.

■ **Nachteile des Föderalismus**

Uneinheitlichkeit: Die Eigenständigkeit der Länder führt zu Unterschieden. Dadurch können Schwierigkeiten entstehen, z. B. für Schüler beim Umzug in ein anderes Land.

Kompliziertheit: Die 17 verschiedenen Entscheidungszentren (die Bundesebene plus 16 Länder) kann ein Bürger nur schwer überschauen.

Zeitaufwand: Parlamente, Regierungen und Verwaltungen von Bund und Ländern müssen bisweilen langwierige Verhandlungen miteinander führen, um zu Lösungen zu gelangen.

Hohe Kosten: Die einzelnen Parlamente, Regierungen und Verwaltungen in Bund und Ländern sind teurer als die entsprechenden Stellen in einem Einheitsstaat.

MATERIAL 2

Die 16 Bundesländer in Zahlen

	Fläche km²	Einwohner in Mio. (2008)	Arbeitslosenquote in % (2008)[1]	Schulden/Einw. in EUR (2007)[2]
Baden-Württemberg	35 752	10,747	4,1	4 501
Bayern	70 552	12,519	4,0	3 012
Berlin	892	3,840	12,9	16 783
Brandenburg	29 497	2,531	12,0	7 744
Bremen	404	0,662	10,9	21 894
Hamburg	755	1,773	7,7	12 300
Hessen	21 115	6,069	6,3	6 896
Mecklenburg-Vorp.	23 180	1,679	13,5	7 383
Niedersachsen	47 624	7,973	7,3	7 649
Nordrhein-Westfalen	34 085	17,996	8,1	8 427
Rheinland-Pfalz	19 853	4,046	5,5	8 730
Saarland	2 569	1,036	6,8	10 907
Sachsen	18 461	4,205	12,0	3 648
Sachsen-Anhalt	20 446	2,414	12,7	9 920
Schleswig-Holstein	15 799	2,837	7,3	8 779
Thüringen	16 172	2,278	10,4	8 036

[1] Bundesagentur für Arbeit, Dezember 2008

[2] Statistisches Bundesamt, Juni 2008

PRO & KONTRA

1 Führen Sie auf Grundlage von M 1 eine Pro- und Kontra-Diskussion, ob nicht ein zentralistischer Staatsaufbau sinnvoller wäre.

2 Erstellen Sie Ranglisten für die in der Statistik M 2 und die in der Grafik auf S. 173 aufgeführten Daten. Beurteilen Sie Ihre Ergebnisse und erarbeiten Sie Reformvorschläge, u. a. zur Länderneugliederung.

METHODE

Karikaturanalyse
S. 102–105

3 Beschreiben Sie mit eigenen Worten die in M 3 und M 4 dargestellten Auswirkungen der Föderalismusreform I für Bund und Länder. Vergleichen Sie Ihr Ergebnis mit der Aussage der Karikatur.

Föderalismusreform I: Stärkung von Bund …

MATERIAL 3

Ein Jahr nach dem Inkrafttreten der Föderalismusreform I sind erste Erfolge feststellbar. Ziel der Reform war die Stärkung der Handlungsautonomie von Bund und Ländern, um die Transparenz staatlicher Entscheidungen zu erhöhen. Mittlerweile lassen sich erste Aussagen zur Neuordnung der Beteiligungsrechte des Bundesrates treffen. Im ersten Jahr nach Inkrafttreten der Reform, d. h. zwischen dem 1. September 2006 und dem 31. August 2007, sind 147 Bundesgesetze verkündet worden. Von diesen Gesetzen unterlagen nur noch 44 % der Zustimmung des Bundesrates; nach altem Recht hätte die Quote knapp 60 % betragen […]. Dazu erklärt Bundesinnenminister Dr. Wolfgang Schäuble: „[…] Der erste Teil der Reform – die Neuordnung der Beteilungsrechte des Bundesrates – ist erfolgreich. Wie mit der Grundgesetzänderung angestrebt, kann der Bund jetzt in größerem Umfang Gesetze erlassen, die nicht der Zustimmung des Bundesrates unterliegen. Ich sehe so die Handlungsfähigkeit des Bundes gestärkt […].“

Zeichnung: Klaus Stuttmann

Aus: Pressemitteilung des Bundesministerium des Innern vom 22. 10. 2007

… und Ländern

MATERIAL 4

Länderaufgaben: Jedes Bundesland entscheidet künftig selbständig über den Ladenschluss, in fast allen Ländern zeichnen sich großzügigere Regelungen ab. Auch das Gaststättenrecht, das Presserecht, das Jagdwesen, Messen, Sport- und Freizeitlärm und die Flurbereinigung sind künftig Sache der Länder. Im Gegenzug erhält der Bund die alleinige Zuständigkeit für folgende Bereiche: das Melde- und Ausweiswesen, die Atomkraft, das Waffen- und Sprengstoffrecht, die Versorgung von Kriegsbeschädigten, das Notariatswesen und den Schutz des deutschen Kulturguts. […]

Hochschulen: [Die] Hochschulpolitik [fällt] fast komplett an die Länder: Das Hochschulrahmengesetz wird abgeschafft, auch der Hochschulbau wird an die Länder delegiert.

Schulen: […] Hier wird es […] in Zukunft keine milliardenschweren Programme wie das zum Ausbau der Ganztagsschulen mehr geben. Der Bund bleibt bei den Schulen außen vor. […]

Demonstrationsrecht: Ein Neonazi Aufmarsch vor Deutschlands größtem Soldatenfriedhof im brandenburgischen Halbe? Künftig entscheidet in derartigen Fällen das betroffene Bundesland, unter welchen Umständen Demonstrationen vor Gedenkstätten erlaubt oder verboten sind. Bisher hat der Bundestag mit Zustimmung des Bundesrates über das Versammlungsrecht entschieden.

Städte: Sie sollen stärker vor finanziellen Belastungen geschützt werden – der Bund darf künftig keine Gesetze mehr erlassen, die Städten und Kommunen mehr Aufgaben und damit höhere Kosten übertragen.

Strafvollzug: Die Gesetzgebungszuständigkeit für den Strafvollzug liegt künftig bei den Ländern. Jedes Bundesland entscheidet selbstständig darüber, wie es Häftlinge betreut und Gefängnisse ausstattet. […]

Aus: Björn Hengst/Philipp Wittrock: Wie Bund und Länder effektiver arbeiten wollen, in: Spiegel Online vom 27. 6. 2006 (Zugriff am 20. 11. 2008)

MATERIAL 5

Föderalismusmüde?

Wie viele Bundesländer will sich Deutschland in einem zusammenwachsenden Europa überhaupt noch leisten - und welche Rolle sollen diese Länder in Zukunft spielen? Fragt man [...] die Bürger nach ihrer Meinung, wie das jetzt das Infas-Institut im Auftrag der Bertelsmann-Stiftung getan hat, sind die Antworten überraschend eindeutig: Die meisten Deutschen wünschen sich, dass ihre Stadt oder Gemeinde, der Bund und die Europäische Union in Zukunft eine stärkere Rolle spielen - und zwar in dieser Reihenfolge. Abgeschlagen auf Platz vier und damit letzter: die Bundesländer. 25 Prozent der Befragten halten die Länder sogar für gänzlich überflüssig, in acht von 16 Ländern spricht sich eine Mehrheit der Bevölkerung für einen Zusammenschluss mit einem Nachbarland aus. Selbst im traditionsbewussten Bayern kommt immer noch ein Fusionsbefürworter auf zwei -gegner.

Die Skepsis vieler Deutscher gegenüber den Ländern passt zum Wunsch einer übergroßen Mehrheit nach bundesweit einheitlichen Lebensverhältnissen. Gut 90 Prozent der Befragten plädieren für vergleichbare Standards in Kindergärten, Schulen und Universitäten, nur unwesentlich weniger Bürger wünschen sich, dass es bei bundesweit einheitlichen Steuersätzen bleibt. [...]

Die große Mehrheit der Bundesbürger, rund 88 Prozent, zieht [...] die Solidarität zwischen den Ländern dem Wettbewerbsgedanken vor. Das gilt auch für Bayern und Baden-Württemberg, wo die Zustimmungsraten immer noch 83 beziehungsweise 85 Prozent betragen.

Aus: Claus Hulverscheidt: Ungeliebter Föderalismus, in: Süddeutsche Zeitung vom 11. 2. 2008

MATERIAL 6

Freiheit braucht Föderalismus

Im politischen System der Bundesrepublik Deutschland haben die Bundesländer fast vollständig auf einen eigenen Gestaltungsspielraum verzichtet. Der Bund hat in nahezu allen Fragen die Gesetzgebungskompetenz, die Länder sind vielfach nur seine ausführenden Verwaltungsorgane. Die Uniformierung der Politik erfolgt durch eine Vielzahl informeller Lenkungsinstitutionen, wie Konferenzen der Landesregierungen (Ressort-Ministerkonferenzen) und regelmäßiger Treffen der Ministerpräsidenten, sowie durch Planungsgremien, in denen der Bund und die Länder vertreten sind, wie Wissenschaftsrat, Finanzplanungsrat und Konjunkturrat. [...]

Ein Glanzstück in der Abkehr vom Föderalismus ist der in Deutschland praktizierte Länderfinanzausgleich, in dem den „reichen" Ländern genommen wird, um den „armen" Ländern zu geben. Ziel dieser egalisierenden Finanzpolitik ist es, die Finanzkraft der schwachen Länder auf 99,5 % des bundesrepublikanischen Durchschnitts zu heben. Das gilt zumindest für die alten Bundesländer. Eine kaum überschaubare Anzahl von Ausgleichszahlungen wird zwischen den Ländern hin und her geschoben.

Durch diesen Finanzausgleich wird jeder Anreiz zu einem nachhaltigen Wirtschaften genommen. Nur ein Viertel der Steuereinnahmen verbleibt bei den Gebietskörperschaften, die sie erhoben haben, der Rest wird in einem undurchschaubaren Ausgleichsprozess umverteilt. Es lohnt sich weder für die Gemeinden, noch für die Länder, wirtschaftlich erfolgreich zu sein, denn durch die Finanzausgleichsverfahren werden alle gleich gemacht. Der in Deutschland praktizierte Finanzausgleich ist Ausdruck einer extrem egalitären Politik. Leistung wird bestraft, Misswirtschaft belohnt. Dadurch werden die leistungsbedingten Unterschiede zwischen den Regionen eingeebnet. Der Wettbewerb zwischen den Ländern erfolgt nicht mehr in der Leistungserstellung, sondern im Betteln um Almosen der Zentralregierung. [...]

„Die meisten Dienstleistungstätigkeiten, die heute von der zentralen Regierung geleistet werden, könnten auf regionale und lokale Behörden verlagert werden, die die Macht hätten, die Höhe des Steuersatzes selbst festzulegen.

[…] Das Resultat wäre die Umwandlung regionaler und selbst lokaler Regierungen in quasi kommerzielle Unternehmen, die um Bürger konkurrierten. Sie müssten eine Kombination von Vorteilen und Kosten anbieten, die das Leben innerhalb ihres Territoriums zumindest so attraktiv wie anderswo innerhalb des Bereichs seiner potentiellen Bürger machte“ [Friedrich August von Hayek].

In einer idealen Welt würde sich die Bundesregierung auf Außen-, Verteidigungs- und Geldpolitik beschränken, während die Bundesländer in allen anderen Politikfeldern, insbesondere der Wirtschafts-, Sozial- und Schulpolitik, frei entscheiden könnten. Der Bund hätte zu seiner Finanzierung eine bundeseinheitliche Umsatzsteuer (Mehrwertsteuer) zur Verfügung, den Ländern verblieben die direkten Steuern (Lohn- und Einkommenssteuer) deren Höhe sie innerhalb bestimmter Grenzen frei bestimmen dürften. Der daraus resultierende Steuerwettbewerb der Bundesländer würde es den Steuerzahlern ermöglichen, sich dem Zugriff von Hochsteuerländern durch Umzug in Niedrigsteuerländer zu entziehen. […] Der Wettbewerb ist ein sehr wirkungsvolles Entdeckungsverfahren, das die Stärken und Schwächen der Akteure schonungslos aufdeckt. Die Gegner des Wettbewerbsföderalismus lassen erkennen, dass sie den in ihm möglichen Vergleich der politischen Systeme fürchten. Wer den Wettbewerb scheut, hat dafür Gründe: er weiß, dass er in einer offenen Auseinandersetzung nicht bestehen könnte.

Durch die Integration der Bundesrepublik in die Europäische Union ist uns die Möglichkeit genommen worden, einen echten Föderalismus zu verwirklichen, in dem die Bundesländer noch substanziell etwas zu entscheiden haben. Deutschland hat sehr viele Souveränitätsrechte an die EU abgeben müssen. Die Währungspolitik erfolgt heute durch die Europäische Zentralbank. In der Wirtschafts- und Sozialpolitik werden zwei Drittel der Gesetze von der EU vorgegeben. In anderen Politikbereichen findet in informellen Gremien ebenfalls eine Uniformierung und Zentralisierung statt, die dem einzelnen Mitgliedsland keinen Entscheidungsspielraum mehr lässt. Die Politiker nennen diesen Vorgang „Harmonisierung“, tatsächlich ist er eine Flucht aus dem Wettbewerb, eine Absage an den Föderalismus auf europäischer Ebene.

INFO

Friedrich August von Hayek (1899–1992)
liberaler Wirtschaftswissenschaftler und Nobelpreisträger

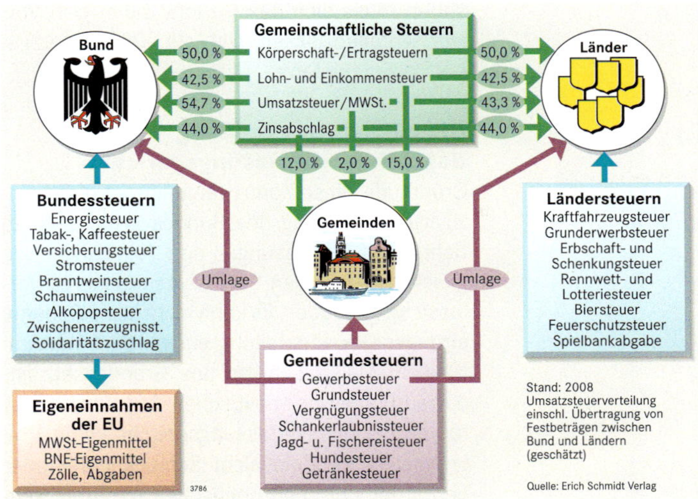

Die Aufteilung der Steuereinnahmen

Aus: www.mehr-freiheit.de/faq/federal.html (Zugriff am 30. 3. 2009)

1 Fassen Sie die Aussagen in M 5 zusammen und suchen Sie in Gruppenarbeit nach Erklärungen für die „Föderalismusmüdigkeit“ der Deutschen.

2 Lesen Sie den Text M 6 und überprüfen Sie, welche ordnungspolitische Vorstellung ihm zu Grunde liegt.

3 Skizzieren Sie die Argumentation in M 6: Welche Kritikpunkte am deutschen Föderalismus werden vorgebracht, welche Reformen vorgeschlagen?

4 Erläutern Sie die Aufteilung der Steuereinnahmen mit eigenen Worten (Grafik oben) und recherchieren Sie im Internet, welche Position das Geberland Baden-Württemberg beim Länderfinanzausgleich (S. 173) einnimmt.

5 Entwerfen Sie einen Leserbrief, in dem Sie zu der in M 6 vertretenen Meinung eine Gegenposition beziehen. Gehen Sie dabei besonders auf das Gebot der „Gleichwertigkeit der Lebensverhältnisse im Bundesgebiet“ (Art. 72 Abs. 2 GG) ein.

5.7 Das Bundesverfassungsgericht – Hüter oder Herr der Verfassung?

Meinungsumfragen belegen immer wieder dass dem Bundesverfassungsgericht (BVerfG) in Karlsruhe von allen Institutionen in Deutschland das größte Vertrauen entgegengebracht wird. Entscheidungen des Bundesverfassungsgerichts haben häufig eine große politische Wirkung. Diese zeigt sich insbesondere bei Normenkontrollverfahren. Immerhin ist das Bundesverfassungsgericht in der Lage, vom Bundestag (und Bundesrat) verabschiedete Gesetze für ungültig zu erklären – und damit tief in den Kompetenzbereich des Gesetzgebers einzugreifen. Dies erweckt manchmal den Eindruck, als ob das Bundesverfassungsgericht selbst Politik betriebe, und nicht selten muss sich das Gericht daher den Vorwurf gefallen lassen, sich als „Obergesetzgeber" aufzuspielen.

Die einzigartige Stellung des Bundesverfassungsgerichts

Gründe für diese Kontroverse liegen in der einzigartigen Stellung des Bundesverfassungsgerichts. Als Verfassungs- und Justizorgan zugleich bildet es den Schlussstein unseres Verfassungsgebäudes. Es kann nicht in ein Schema strenger Gewaltenteilung eingeordnet werden. Da sein Maßstab allein das Grundgesetz ist, dürfen Fragen der politischen Zweckmäßigkeit für das Bundesverfassungsgericht keine Rolle spielen. Es kann nicht Schiedsrichter oder Vermittler zwischen politischen Akteuren sein und für einen Kompromiss sorgen wollen. Vielmehr bestimmt es den verfassungsrechtlichen Rahmen der politischen Entscheidungen. Dabei kann es allerdings nicht von sich aus tätig werden: Es muss angerufen werden.

Ein starkes Verfassungsgericht war die Antwort des Parlamentarischen Rates auf die Zerstörung von Verfassung und Recht durch den Nationalsozialismus. Seine Existenz soll gewährleisten, dass in Deutschland eine Freiheitliche Demokratische Grundordnung (FDGO) erhalten bleibt. Zu den wichtigsten Verfahren des Bundesverfassungsgerichts zählen die Verfassungsbeschwerde, die (abstrakte und konkrete) Normenkontrolle und der Verfassungsstreit. Letzterer kann zwischen Verfassungsorganen geführt werden (Organstreit) oder aber zwischen Bund und Ländern (Bund-Länder-Streit).

Bundesverfassungsgericht und Europäische Integration

Mit der Einrichtung europäischer Gerichte – etwa des Europäischen Gerichtshofs für Menschenrechte (EGMR) in Straßburg und des Europäischen Gerichtshofs (EuGH) in Luxemburg – hat das Bundesverfassungsgericht zwar seine Alleinzuständigkeit bei der Prüfung und der Kontrolle des in Deutschland geltenden Rechts eingebüßt; – allerdings besitzt es seither auch die Möglichkeit, auf europäischer Ebene Einfluss geltend zu machen und z. B. die Grundrechtsstandards in der Europäischen Union mitzugestalten.

Das Bundesverfassungsgericht – ein Zwillingsgericht

Das sich selbst als „Zwillingsgericht" bezeichnende Bundesverfassungsgericht besteht aus zwei Senaten mit je acht Richtern. Art. 94 Abs. 1 GG schreibt vor, dass die Richterinnen und Richter beider Senate je zur Hälfte von Bundestag und Bundesrat gewählt werden. Die vom Bundestag zu bestimmenden Richter werden dabei von einem – vom Bundestag entsprechend seiner parteipolitischen Zusammensetzung bestellten – zwölfköpfigen Wahlmännerkollegium gewählt. Zum Bundesverfassungsrichter ist gewählt, wer acht Stimmen dieses Gremiums auf sich vereint. Dieses Verfahren wird kritisiert. Stattdessen wird gefordert, das Plenum des Bundestages solle die Richter in öffentlicher Sitzung wählen. Der Bundesrat wählt seinerseits acht Richter im Plenum mit Zweidrittelmehrheit. Wählbar ist, wer das 40. Lebensjahr vollendet hat und die Befähigung zum Richteramt, d. h. das Erste *und* Zweite Juristische Staatsexamen, besitzt. Die Amtszeit beträgt zwölf Jahre; sie endet allerdings mit Erreichen des 68. Lebensjahres. Eine Wiederwahl ist nicht möglich.

- Wie stark wird das politische Leben in Deutschland durch die Arbeit des Bundesverfassungsgerichts beeinflusst?
- Ist der Vorwurf, das Gericht sei zu einem „Obergesetzgeber" geworden, berechtigt?

Aufgaben des Bundesverfassungsgerichts

MATERIAL 1

Verfahren	Gegenstand	antragsberechtigt
Zuständigkeits-streitigkeiten zwischen Verfassungs-organen sowie zwischen Bundesländern	**Organstreit**	Bundestag, Bundesrat, Bundesländer, Bundesregierung, Bundespräsident, Bundestagsfraktionen, einzelne Abgeordnete
	Bund-Länder-Streit	
Streitigkeiten über die Verfassungsmäßigkeit von - Gesetzen - Rechtsverordnungen - Gerichtsurteilen	**abstrakte Normenkontrolle** (Vereinbarkeit eines Gesetzes mit dem Grundgesetz)	Bundesregierung, Landesregierung, 1/3 der Mitglieder des Bundestages
	konkrete Normenkontrolle (in einem konkreten Rechtsfall)	Gerichte
	Verfassungsbeschwerde - gegen Gesetze - gegen Behördenakte - gegen ein Gerichtsurteil	jedermann
Schutz der Freiheitlichen Demokratischen Grundordnung (FDGO)	**Verbot verfassungswidriger Parteien**	Bundesregierung, Bundesrat, Bundestag
	Verwirkung der Grundrechte	Bundesregierung, Bundestag, Regierung eines Bundeslandes

Das Bundesverfassungsgericht ist auch zuständig für Entscheidungen über Anklagen gegen den Bundespräsident und gegen Richter. Es entscheidet über Beschwerden gegen Entscheidungen des Bundestages bei Wahlprüfung.

QUERVERWEIS

FDGO
S. 116

In aller Bescheidenheit ...

MATERIAL 2

Zeichnung:
Adalbert Wiemers

METHODE

Karikaturanalyse
S. 102–105

1 Interpretieren Sie die Karikatur (M 2) vor dem Hintergrund des Info-Textes (S. 178) und der Tabelle (M 1).

MATERIAL 3

Wichtige Urteile des Bundesverfassungsgerichts

INFO

Jud Süß
1940 gedrehter Film, der in antisemitischer Weise das Leben des württembergischen Finanzbeamten Joseph Süß Oppenheimer (1692–1738) darstellt

GLOSSAR

Entfernungspauschale

1958 – Lüth-Urteil: Erich Lüth, Hamburger Senatsdirektor, Jude, hatte aufgerufen zum Boykott der Filme des Naziregisseurs Veit Harlan („Jud Süß") und war auf Klage des Filmverleihs zur Unterlassung verurteilt worden. Das Urteil verstößt gegen die Meinungsfreiheit und wird aufgehoben. [...]
1983 – Volkszählungsgesetz: Es gibt ein Grundrecht auf Datenschutz. Das wird vom Gesetz verletzt durch Weitergabe – „Melderegisterabgleich" – an andere Behörden. Verfassungswidrig. [...]
1985 – Brokdorf: Das Verbot der Demonstration gegen das Atomkraftwerk 1982 verstößt gegen das Recht auf Demonstrationsfreiheit, das einer friedlichen Mehrheit auch dann nicht entzogen werden darf, wenn eine Minderheit gewalttätig zu werden droht. [...]
1993 – Maastricht: Der Vertrag von 1992 über engere Wirtschaftseinheit und gemeinsame Währung der Europäischen Union ist verfassungsmäßig, verletzt nicht deutsche Souveränität und demokratische Selbstbestimmung. [Das Bundesverfassungsgericht behält sich vor, EU-Recht auf seine Vereinbarkeit mit dem deutschen Grundgesetz zu prüfen.]
1994 – „Soldaten sind Mörder": Autoaufkleber mit Tucholsky-Zitat sind keine Beleidigung der Bundeswehr. Das entsprechende Urteil verstößt gegen die Meinungsfreiheit.
1994 – Awacs, out of area: Die Bundeswehr darf außerhalb des Gebiets der Nato zu Kampfhandlungen eingesetzt werden. Allerdings muss der Bundestag zustimmen. [...][1]
1995 – Kruzifix: Das BVerfG gibt Eltern aus Bayern Recht, nach deren Willen das Kruzifix in den Klassenräumen, in denen ihre Kinder unterrichtet werden, abgenommen werden soll. Kreuze dürfen nicht vom Staat angebracht werden; ein entsprechender Satz in der bayerischen Schulordnung widerspricht der Glaubensfreiheit nach Art. 4 Abs. 1 GG und muss geändert werden.
2008 – „Pendlerpauschale": Auf Vorlage der Finanzgerichte Niedersachsens und des Saarlandes sowie des Bundesfinanzhofes erklärt das BVerfG die von der Großen Koalition zum 1. Januar 2007 vorgenommene Streichung der sogenannten Pendlerpauschale (Entfernungspauschale) für verfassungswidrig. Es liege ein Verstoß gegen das Gebot der Gleichbehandlung (Art. 3 Abs. 1 GG) vor.

[1] Aus: Die Zeit, 40/1995

MATERIAL 4

Die Macht des Bundesverfassungsgerichts

Verfassungsrichter kennen keinen über sich und, wenn Mehrheit [unter den acht Richtern im ersten oder zweiten Senat; Red.] herrscht, keinen neben sich. Ihre Machtfülle ist einmalig in der Welt. [...] Mit dem Federstrich können sie verwerfen, was Parlamente verabschiedet, Gerichte entschieden, Behörden beschlossen haben. Die Richter kassieren nicht nur Gesetze, die sie für verfassungswidrig halten, sie machen auch Auflagen für verfassungskonforme Gesetze. [...] Ihre Sprüche sind, anders als die Gesetze der Gesetzgeber, die ständiger Novellierung offen sind, nur dann zu korrigieren, wenn die Richter es selbst wollen und die Zeit für gekommen halten.

Aus: Der Spiegel, Nr. 46/1979

INTERNET

www.bundesverfassungsgericht.de

1 Ordnen Sie jeweils eines der in M 3 genannten Urteile den Verfahren Organstreit, Bund-Länder-Streit, abstrakte Normenkontrolle, konkrete Normenkontrolle und Verfassungsbeschwerde zu (M 1).

2 Recherchieren Sie aktuelle Urteile des BVerfG (Tipp: *www.bundesverfassungsgericht.de*) und die darauf bezogene Berichterstattung in der Presse.

Der Streit um das Luftsicherheitsgesetz

MATERIAL 5

Nachdem ein Motorsegler am 5. Januar 2003 über dem Frankfurter Bankenviertel kreiste und der Pilot androhte, sein Flugzeug in eines der Hochhäuser stürzen zu lassen, sah die damalige Bundesregierung mit Blick auf die New Yorker Terroranschläge vom 11. September 2001 Handlungsbedarf. Im Jahr 2004 brachte sie das sog. Luftsicherheitsgesetz auf den parlamentarischen Weg. Es wurde vom Gesetzgeber am 11. Januar 2005 verabschiedet.

Aus dem Luftsicherheitsgesetz:

§ 14 Einsatzmaßnahmen, Anordnungsbefugnis

(1) Zur Verhinderung des Eintritts eines besonders schweren Unglücksfalles dürfen die Streitkräfte im Luftraum Luftfahrzeuge abdrängen, zur Landung zwingen, den Einsatz von Waffengewalt androhen oder Warnschüsse abgeben. [...]

(3) Die unmittelbare Einwirkung mit Waffengewalt ist nur zulässig, wenn nach den Umständen davon auszugehen ist, dass das Luftfahrzeug gegen das Leben von Menschen eingesetzt werden soll, und sie das einzige Mittel zur Abwehr dieser gegenwärtigen Gefahr ist.

(4) Die Maßnahme nach Absatz 3 kann nur der Bundesminister der Verteidigung oder im Vertretungsfall das zu seiner Vertretung berechtigte Mitglied der Bundesregierung anordnen. [...]

Karlsruhe kippt Luftsicherheitsgesetz

Die Bundeswehr darf auch bei akuter Terrorgefahr keine mit Passagieren besetzten Flugzeuge abschießen. Dies entschied der erste Senat des Bundesverfassungsgerichts am 15. Februar 2006. Ein Abschuss ist weder „mit dem Recht auf Leben" noch „mit der Menschenwürdegarantie" vereinbar. Tatunbeteiligte Menschen an Bord des Flugzeugs würden zum Objekt einer staatlichen Rettungsaktion gemacht. „Der Schutz der Menschenwürde ist strikt und einer Einschränkung nicht zugänglich", so der Präsident des BVerfG, Hans-Jürgen Papier. Das Grundgesetz enthalte derzeit keine Ermächtigung zum Einsatz der Bundeswehr zur Terrorabwehr. Der Einsatz zu anderen Zwecken als zur Verteidigung ist nach geltendem Verfassungsrecht an enge Voraussetzungen gebunden. Im Inland können die Streitkräfte nur dann eingesetzt werden, wenn sie von der Polizei um Hilfe gebeten werden, z. B. im Katastrophenfall. Unter der Voraussetzung einer Grundgesetzänderung hält Papier den Abschuss eines ausschließlich mit Terroristen besetzten Flugzeuges für regelbar. Bundespräsident Köhler hatte das umstrittene Gesetz zwar unterschrieben, aber eine Überprüfung durch das Bundesverfassungsgericht angeregt. Mit dem Urteil gab das Gericht den Verfassungsbeschwerden von sechs Klägern statt. Sie hatten das Luftsicherheitsgesetz u. a. als „Preisgabe fundamentaler Rechtssätze" kritisiert. Ein Kläger sprach nach dem Urteil von „einer weiteren Entscheidung gegen die Erosion der Grundrechte" und sagte, das Gericht habe mit seinem Urteil jene Politiker zurechtgewiesen, „die die Sicherheit über die Grundrechte gestellt haben". Im Oktober 2008 haben sich CDU/CSU und SPD auf einen Kompromiss geeinigt. Art. 35 GG, der die Rechts- und Amtshilfe regelt, soll ergänzt werden. Dort soll es künftig heißen: „Reichen zur Abwehr eines besonders schweren Unglücksfalles polizeiliche Mittel nicht aus, so kann die Bundesregierung den Einsatz der Streitkräfte mit militärischen Mitteln anordnen." Als abzuwehrender Unglücksfall gilt auch ein Terroranschlag.

1 „In das Gehege politischer Willensbildung gerät das BVerfG nicht aus eigenem Antrieb, denn es kann nicht von Amts wegen tätig werden und Eigeninitiative entfalten. Insofern ist es eine schlichte Übertreibung, wenn beklagt wird, mit welcher Kühnheit Richter die Richtlinien der Politik bestimmen." (Jutta Limbach) Überlegen Sie, wie Frau Limbach auf die Kritik in M 4 antworten würde.

2 Erstellen Sie eine Chronologie zur Entwicklung des Luftsicherheitsgesetzes und fassen Sie die Urteilsbegründung zusammen (M 5). Informieren Sie sich über die gesetzgeberische Entwicklung nach dem Urteil.

INFO

Prof. Dr. Jutta Limbach
Präsidentin des Bundesverfassungsgerichts 1994–2002

5.8 Der Bundespräsident – würdevoll, auch wirkungsmächtig?

Das Amt und seine Kompetenzen

Der Bundespräsident ist der erste Repräsentant des Staates und vertritt die Bundesrepublik Deutschland als Staatsoberhaupt im Ausland. Im Einzelfall kann er für den Bund das Begnadigungsrecht ausüben. Der Bundespräsident fertigt mit seiner Unterschrift Bundesgesetze aus und verkündet sie. Dabei prüft er z. B., ob die ihm zur Ausfertigung vorgelegten Gesetze gegen das Grundgesetz verstoßen. Wenn ein Gesetz seiner Meinung nach gegen das Grundgesetz verstößt, kann der Bundespräsident die Ausfertigung dieses Gesetzes verweigern.

Die würdevollen Aufgaben des Bundespräsidenten dürfen nicht darüber hinwegtäuschen, dass seine politische Wirkungsmacht sehr beschränkt ist. Dies liegt in den Erfahrungen der Weimarer Republik begründet und in der verhängnisvollen Rolle, die ihr letzter Reichspräsident Paul von Hindenburg (1847–1934) durch die Machtfülle seines Amtes gespielt hat. Unsere Verfassung kennt nur zwei „Notsituationen“, in denen der Bundespräsident echte Gestaltungsmöglichkeiten besitzt:

- Fällt bei der Wahl des Bundeskanzlers nach Art. 63 GG auch im dritten Wahlgang nicht die absolute Mehrheit der Stimmen des Bundestages auf den vorgeschlagenen Kandidaten (Kanzlermehrheit), so muss der Bundespräsident den Kandidaten zum Bundeskanzler ernennen, der über die relative Mehrheit verfügt – oder er muss den Bundestag auflösen (Art. 63 Abs. 4 GG).
- Schlägt der Bundeskanzler dem Bundespräsidenten nach einer gescheiterten Vertrauensfrage vor, den Bundestag aufzulösen, so kann er entscheiden, ob er dem Vorschlag des Kanzlers nachkommt oder den Bundestag im Amt belässt. Wird der Bundestag trotz einer gescheiterten Vertrauensfrage nicht aufgelöst, so kann der Bundespräsident auf Antrag der Bundesregierung und mit Zustimmung des Bundesrates für eine Gesetzesvorlage den Gesetzgebungsnotstand erklären (Art. 81 Abs. 1 GG).

Beide (Krisen-)Situationen sind in der Geschichte der Bundesrepublik allerdings noch nicht vorgekommen.

Zeichnung: Heiko Sakurai

Wahl des Bundespräsidenten

Im Sinne der Mütter und Väter des Grundgesetzes sollte der Bundespräsident als Integrationsfigur bewusst der parteipolitischen Auseinandersetzung enthoben sein. Er wird deshalb auch nicht direkt vom Volk, sondern von der Bundesversammlung gewählt. Diese tritt alle fünf Jahre zusammen, um den Bundespräsidenten mit absoluter Mehrheit zu wählen. Wird diese absolute Mehrheit in zwei Wahlgängen nicht erreicht, dann genügt im dritten Wahlgang die einfache Mehrheit (Art. 54 Abs. 6 GG). Die Bundesversammlung besteht aus den Mitgliedern des Bundestages und der gleichen Anzahl von Mitgliedern, die von den Landtagen entsprechend ihrer Zusammensetzung gewählt werden. Diese müssen übrigens keine Abgeordneten sein, sondern sind häufig Personen des öffentlichen Lebens, die den jeweiligen Parteien nahe stehen.

Die Autorität der Bundespräsidenten lag stets in ihrer Persönlichkeit und in der von ihnen genutzten Gelegenheit, jederzeit und abseits aller parteipolitischen Auseinandersetzungen durch das Gewicht ihrer Rede sich Gehör zu verschaffen. In letzter Zeit sind jedoch immer wieder Forderungen nach einer Direktwahl des Bundespräsidenten laut geworden.

1 Erörtern Sie die politischen Folgen, die sich ergeben, wenn der Bundespräsident die Unterzeichnung eines Gesetzes verweigert (M 1 und Karikatur S. 182).

Horst Köhler will kein „Unterschriftenautomat" sein

MATERIAL 1

Frankfurt/Main - Der Bundespräsident ist kein „Unterschriftenautomat". So sagte Horst Köhler, und er lässt diesen Eindruck auch nie aufkommen. Schon zwei Mal hat er [...] Gesetzen der großen Koalition die Unterschrift verweigert - in einem Zeitraum von wenigen Wochen. Zuvor hatte es in der gesamten Geschichte der Bundesrepublik nur ein halbes Dutzend solcher Fälle gegeben. Zum einem ging es um das Verbraucherinformationsgesetz - hier hatte Köhler das Gesetz mit der Begründung gestoppt, dass nach der Föderalismusreform kein Bundesgesetz den Kommunen Aufgaben übertragen dürfe. Zuvor hatte er ein Gesetz zur Privatisierung der Flugsicherung nicht ausgefertigt. Im Fall des Luftsicherheitsgesetzes äußerte er erhebliche verfassungsrechtliche Bedenken und empfahl den Gang vor das Bundesverfassungsgericht, den einige Bürger schon angekündigt hatten. [...]

Ist der Bundespräsident also gleichsam vor oder neben dem Verfassungsgericht der oberste Prüfer aller Gesetze? Das Grundgesetz spricht nur davon, dass die „nach den Vorschriften dieses Grundgesetzes zustande gekommenen Gesetze" vom Präsidenten ausgefertigt und im Gesetzblatt verkündet werden. Aus dieser Formulierung wird herausgelesen, dass der Bundespräsident zumindest ein formelles Prüfungsrecht hat - also hinsichtlich des Verfahrens wie im Fall des Einwanderungsgesetzes, als über die Abstimmung im Bundesrat gestritten wurde. [...] Gerade Köhlers Amtsführung ruft in Erinnerung, dass die Rolle des Bundespräsidenten in diesem Staat in nicht unwesentlicher Weise von ihm selbst bestimmt wird. [...] Als ein politisches Neutrum ist er nicht gedacht, wie sich schon aus seinen Befugnissen in (parteipolitisch) krisenhaften Lagen ergibt. [...]

QUERVERWEIS
Föderalismusreform
S. 173 und 175

Aus: Reinhard Müller: Horst Köhler will kein „Unterschriftenautomat" sein, in: FAZ vom 17. 7. 2007, S. 4

Direktwahl des Bundespräsidenten?

MATERIAL 2

Berlin - Der Vorschlag von Bundespräsident Horst Köhler, das Staatsoberhaupt vom Volk direkt wählen zu lassen, hat keine Aussicht auf Erfolg. Führende Politiker von CDU/CSU und SPD wandten sich gestern gegen die Anregung des Präsidenten, die auch von der Bundesregierung betont zurückhaltend aufgenommen wurde. Linke und FDP begrüßten hingegen den Vorstoß. Köhler [...] schlug eine einzige Amtsperiode von sieben oder acht Jahren vor. „Dann ist auch das Gerangel um die Wiederwahl, das immer auch koalitionspolitische Elemente hat, ein bisschen eingeschränkt", sagte Köhler [...]. Regierungssprecher Ulrich Wilhelm erklärte diplomatisch, jeder Denkanstoß des Staatsoberhauptes sei wichtig. Doch sei dies eine Angelegenheit von Bundestag und Bundesrat. [...] Der stellvertretende Fraktionschef der CDU/CSU, Wolfgang Bosbach, und der SPD-Innenpolitiker Dieter Wiefelspütz argumentierten vor allem verfassungsrechtlich: Die Direktwahl des Bundespräsidenten würde die politische Schlüsselstellung des Bundeskanzlers in Frage stellen [...]. Schließlich werde der Regierungschef „nur" vom Parlament gewählt, ein direkt gewählter Präsident aber hätte die Legitimation des ganzen Volkes hinter sich. Eine Direktwahl würde auch dazu führen, dass ein Wahlkampf um das Amt des Präsidenten geführt würde, das so viel stärker in die parteipolitische Auseinandersetzung gezogen würde. [...]

Aus: Holger Schmale: Direktwahl des Präsidenten abgelehnt, in: Berliner Zeitung vom 26. 6. 2007

1 Nehmen Sie in Form eines Leserbriefs aus der Sicht eines Parteipolitikers Stellung zu einer Direktwahl des Bundespräsidenten (M 2).

METHODE

Szenario „Die Zukunft der Demokratie gestalten“

„Man kann nicht in die Zukunft schauen, aber man kann den Grund für etwas Zukünftiges legen – denn Zukunft kann man bauen.“

Antoine de Saint-Exupéry (1900–1944)

Die Entwicklung eines Zukunftsszenarios stellt hohe Ansprüche an Sie. Zum einen sind Phantasie und Vorstellungskraft gefragt. Zum anderen wird ein fundiertes Faktenwissen benötigt. Szenarien können hoffnungsvoll, aber auch pessimistisch ausfallen. Sie sind dabei keineswegs welt- oder lebensfremd, sondern treten in einigen Fällen tatsächlich ein.

Zeichnung: Holger Appenzeller

Bei einem Szenario werden verschiedene Entwicklungsmöglichkeiten in die Überlegungen einbezogen; man versucht dabei, eine wahrscheinliche Entwicklung zwischen alternativen bzw. zwischen extremen Wegen auszumachen. In diesem Zusammenhang spricht man von Best-Case- und Worst-Case-Szenarien. Mit Hilfe der Szenario-Methode können Sie sich selbst systematisch und konstruktiv mit zukunftsorientierten Themen auseinandersetzen und Pfade darstellen, die aus der Gegenwart in die Zukunft führen.

Ziel soll sein, ein Szenario zu entwickeln, mit dem die Chancen und Probleme der Demokratie der Zukunft umrissen werden, um heute bereits Einfluss auf sie nehmen zu können. Das vorbeugende Nachdenken über die Zukunft der Demokratie hilft uns, die Demokratie der Gegenwart und den beständigen gesellschaftlichen und politischen Wandel zu gestalten. Es ist dabei wichtig, sich klar zu machen, dass Politik immer beim Menschen ansetzt. Legt man einen aktiven, teilnahmefähigen Staatsbürger zugrunde, so kann man von einer lebendigen Demokratie auch in Zukunft ausgehen. Mit passiven, desinteressierten Staatsbürgern hingegen steigt die Gefahr, dass die Demokratie weder heute noch morgen ihre volle Funktions- und Leistungsfähigkeit entfalten kann.

Für die Zukunft einer Demokratie können neben dem Staatsbürger und der Staatsbürgerin folgende Akteure des politischen Prozesses berücksichtigt werden:

- Regierung und Opposition,
- Medien und öffentliche Meinung,
- Wahlen und Wahlkämpfe,
- die Wirtschaft in der Globalisierung,
- Verbände und Interessengruppen,
- Parteien und
- internationale Organisationen (UNO, EU) sowie Bündnisse (NATO).

METHODE

Ein Szenario sollte folgende Phasen enthalten:

1. **Vorbereitungsphase:** Entscheiden Sie sich für eine Demokratie der Gegenwart und sammeln Sie vielfältige Informationen über deren Geschichte, Politik oder Wirtschaft. Damit versetzen Sie sich in die Lage, den Ist-Zustand des politischen Systems Ihrer Wahl möglichst genau beschreiben zu können.
   Tipp: Die Bundeszentrale für politische Bildung (bpb) hat 2008 eine DVD-Edition herausgebracht, bestehend aus fünf DVDs unter dem Titel „Demokratie für alle?“. Die Edition enthält zehn Dokumentarfilme und 13 Kurzfilme von unabhängigen Filmemachern und -macherinnen, die an Beispielen aus 19 Ländern den Umgang mit Demokratie beleuchten.
2. **Kritikphase:** Systematisieren Sie die gesammelten Informationen und halten Sie sie schriftlich, tabellarisch oder bildlich fest. Folgende Fragen sollten Sie sich nun stellen:
   - Welche aktuellen Diskussionen, Sachverhalte und Ereignisse machen eine zukunftsorientierte Auseinandersetzung mit dem politischen System sinnvoll?
   - Welche Auswirkungen hat das Szenario für die eigene staatsbürgerliche Lebenswelt?
3. **Phantasiephase:** In dieser Phase ist Ihre Imagination gefragt. Entwickeln Sie verschiedene Utopien und entscheiden Sie sich letztlich für eine.
   - Welches Szenario ähnelt einem realistischen Bild?
   - Welches Szenario wirkt am eindringlichsten, authentischsten, bedrückendsten?
4. **Verwirklichungsphase:** Spielen Sie das Zukunftsszenario im Klassenverband durch. Dabei können Sie sich auf eine Zeitreise begeben und auch Zeitsprünge machen.

FILMTIPP

Bundeszentrale für politische Bildung, Bonn 2008

Anregungen zur Themenfindung:

- *Stichwort „Demografischer Wandel“:* Werden die Reformversuche der westlichen Demokratien ausreichen, um die negativen Effekte des demografischen Wandels abzumildern?
- *Stichwort „Zukunftsfähigkeit der Demokratie“:* Wird sich – zumal nach dem Zusammenbruch des Kommunismus – die westliche Demokratie als dauerhaft überlebensfähig erweisen?
- *Stichwort „Extremismus“:* Werden die freiheitlichen Demokratien die Herausforderungen des Rechts- und Linksextremismus bzw. des religiösen Fundamentalismus bewältigen?
- *Stichwort „Internet“:* Welche Folgen hat die weltweite Vernetzung durch das Internet für die zukünftige Staatsform und das Leben der zukünftigen Staatsbürger?
- *Stichwort „Europäische Integration“:* Entwickelt sich die EU hin zu mehr Bürgernähe, Demokratie und Föderalismus? Welchen Einfluss haben die Erweiterungsrunden auf das politische System der EU und das Leben ihrer Bürger?
- *Stichwort „Wirtschaftskrise“:* Wie wirken sich globale Wirtschaftskrisen auf die Leistungsfähigkeit der sozialen Sicherungssysteme in Demokratien aus?
- *Stichwort „Friedenssicherung“:* Gelingt es den Demokratien, den internationalen Terrorismus einzudämmen und Frieden und Stabilität in instabile Regionen zu bringen?

Kunstobjekt: Verhüllter Reichstag; Berlin, 1995; Künstler: Christo

1 Lesen Sie die beiden Texte auf der folgenden Doppelseite, exzerpieren Sie sie und entwickeln Sie ein Szenario zur Zukunft der Demokratie gemäß der hier gezeigten Methode.

METHODE

Ich oder die Gemeinschaft

Welche Zukunft hat die liberale Demokratie? Wir wüssten gerne, ob sie stabil bleibt, ob sie in der Lage ist, sich auch auf die zurzeit autoritären Staaten auszudehnen. Oder ob die Demokratie, wie in den dreißiger Jahren, vielleicht wieder in Bedrängnis und ins Stocken gerät. [...] Auf kürzere Sicht sind die Aussichten nicht gut. [...] Jene ehemals kommunistischen Staaten, die über die kulturellen und institutionellen Voraussetzungen für einen erfolgreichen Übergang zu Demokratie und Marktwirtschaft verfügten, darunter Polen, Ungarn und die Tschechische Republik, haben das nunmehr geschafft. Andere, wie Russland, befinden sich in großen Schwierigkeiten. [...]

Letztlich hängt die Entwicklung der Menschheitsgeschichte [...] von den modernen Naturwissenschaften ab, die den technischen Fortschritt fördern. Dieser Fortschritt eröffnet eine Vielfalt von Produktionsmöglichkeiten und führt zu dynamischen ökonomischen Modernisierungsprozessen. [...] Wohlstand als solcher erzeugt tendenziell eine stabile Demokratie: Es gibt kein historisches Beispiel für ein demokratisches Land mit einem jährlichen Pro-Kopf-Einkommen von über 6 000 Dollar, das in ein autoritäres Regime zurückgefallen ist. Fortschreitende Globalisierung und wachsender Wohlstand dürften daher immer mehr Gesellschaften den Anreiz bieten, sich der Demokratie zuzuwenden und alledem, was zu ihrer Erhaltung notwendig ist. [...]

Ich glaube nicht, dass die wichtigste Herausforderung der modernen Demokratie die andauernde gesellschaftliche und wirtschaftliche Ungleichheit ist. Die Menschen sind ungleich in ihren individuellen Fähigkeiten; Gruppen hingegen unterscheiden sich in ihrem kulturellen Kapital. Die heutigen Demokratien sind nicht verpflichtet, gleiche Ergebnisse zu gewährleisten, sondern adäquate Chancen zu sozialer Mobilität. Dieser Zugang zu Mobilität hat sich in den meisten gegenwärtigen Demokratien im Lauf der Zeit denn auch vergrößert. Noch wichtiger ist aber die Fähigkeit der modernen liberalen Demokratie, die Gemeinschaft zusammenzuhalten, und zwar so, dass es nicht zu sozialer Exklusion, zu Ausgrenzung und zu Hass zwischen Volksgruppen oder Rassen kommt. Das Problem ist dabei weniger die Demokratie als ein falsch verstandener Liberalismus: die übertriebene Betonung der Autonomie des Einzelnen gegenüber der Gemeinschaft als Basis für moderne Wirtschaft und moderne Politik. Der liberale Individualismus zerstört Gemeinschaft auf allen Ebenen, von der Familie und der Nachbarschaft bis zum Arbeitsplatz und zum Staat, indem er die Autorität von Institutionen untergräbt und die Kultur – das heißt: den Bereich gemeinsamer Werte und Sinngefüge – auf eine schmale Sphäre reduziert. Gesellschaften, die einst durch die engen Bindungen von Religion, Tradition und lokaler Gemeinschaft zusammenhingen, sind nun zu veränderlichen, vergänglichen Netzwerken überlappender Identitäten geworden, deren Zusammenhang breiter und zugleich unverbindlicher wird. In gewissem Sinn treibt das Internet diese Logik zum Äußersten: Man kann mit jeder beliebigen Zahl von Menschen auf der ganzen Welt und über alle kulturellen Grenzen hinweg in Kontakt treten, doch mit zunehmender Kurzlebigkeit und Oberflächlichkeit. [...]

Der Erhalt der Gemeinschaft ist nicht nur für fortgeschrittene, sondern auch für junge oder aufstrebende Demokratien eine Herausforderung. Das Stichwort dafür ist die *Zivilgesellschaft.* Es ist mittlerweile eine Platitude, dass die liberale Demokratie nicht ohne eine intakte Zivilgesellschaft aufrechtzuerhalten ist. [...] Letztlich lässt sich unmöglich vorhersagen, ob es den liberalen Demokratien der Zukunft gelingen wird, eine adäquate moralische Basis für das Zusammenleben und die Zusammenarbeit ihrer Völker zu schaffen. [...] Was wir aber wissen, ist dies: Die Menschen verfügen über sehr starke innere Fähigkeiten, sich eine Ordnung und Spielregeln zu geben.

Demokratie und Marktwirtschaft sind nach wie vor der einzige gangbare Weg. Solange das gilt, können wir zuversichtlich sein, dass beide Bestand haben bis weit ins nächste Millennium.

Aus: Francis Fukuyama: Ich oder die Gemeinschaft, in: Die Zeit 46/1999; aus dem Englischen von Eike Schönfeld. Fukuyama lehrt Internationale Politische Ökonomie an der Johns Hopkins University in Washington, D. C., und ist Autor des viel diskutierten Buches „The End of History and the Last Man" (1992).

Postdemokratie

METHODE

Die Demokratie befindet sich zu Beginn des 21. Jahrhunderts in einer höchst paradoxen Situation. So könnte man sagen, sie sei - weltgeschichtlich betrachtet - an einem Höhepunkt angelangt. In den letzten 25 Jahren übernahmen Spanien und Portugal, dann - im Zuge einer dramatischen Transformation - große Teile der Sowjetimperiums, Südafrika, Südkorea sowie eine Reihe weiterer Staaten im fernen Osten, schließlich einige Länder Lateinamerikas zumindest ihr entscheidendes formales Merkmal: (halbwegs) freie und faire Wahlen. Mehr Nationalstaaten als jemals zuvor praktizieren heute demokratische Verfahren. [...]
Die relativ niedrigen Anforderungen, die im Rahmen des liberalen Demokratieverständnisses an das Funktionieren des politischen Systems gestellt werden, führen zu einer neuen Zufriedenheit, die uns blind machen kann für ein neuartiges Phänomen, das ich als „Postdemokratie“ bezeichnen möchte. Der Begriff bezeichnet ein Gemeinwesen, in dem zwar nach wie vor Wahlen abgehalten werden, Wahlen, die sogar dazu führen, dass Regierungen ihren Abschied nehmen müssen, in dem allerdings konkurrierende Teams professioneller PR-Experten die öffentliche Debatte während der Wahlkämpfe so stark kontrollieren, dass sie zu einem reinen Spektakel verkommt, bei dem man nur über eine Reihe von Problemen diskutiert, die die Experten zuvor ausgewählt haben. Die Mehrheit der Bürger spielt dabei eine passive, schweigende, ja sogar apathische Rolle, sie reagieren nur auf die Signale, die man ihnen gibt. Im Schatten dieser politischen Inszenierung wird die reale Politik hinter verschlossenen Türen gemacht: von gewählten Regierungen und Eliten, die vor allem die Interessen der Wirtschaft vertreten. [...]
Solange uns nur die einfache Unterscheidung zwischen Demokratie und Nichtdemokratie zur Verfügung steht, sind allen Diskussionen um den Gesundheitszustand unseres politischen Systems enge Grenzen gesetzt. Der Begriff Postdemokratie kann uns dabei helfen, Situationen zu beschreiben, in denen sich nach einem Augenblick der Demokratie Langeweile, Frustration und Desillusionierung breitgemacht haben; in denen die Repräsentanten mächtiger Interessengruppen, die nur für eine kleine Minderheit sprechen, weit aktiver sind als die Mehrheit der Bürger, wenn es darum geht, das politische System für die eigenen Ziele einzuspannen; in denen politische Eliten gelernt haben, die Forderungen der Menschen zu lenken und zu manipulieren; in denen man die Bürger durch Werbekampagnen „von oben“ überreden muss, überhaupt zur Wahl zu gehen. Das heißt nicht, dass wir in einem nichtdemokratischen Staat leben, der Begriff beschreibt jedoch eine Phase, in dem wir gleichsam am anderen Ende der Demokratie angekommen sind. [...]
Der Respekt, den man den Politikern entgegengebracht hat, ist zusammengebrochen, insbesondere im Umgang der Massenmedien mit den politischen Eliten [...]; und die Politiker werden in einer Weise degradiert, dass sie eher dem Besitzer eines kleinen Ladens ähnlich sehen als einem Herrscher: Wenn sie im Geschäft bleiben möchten, müssen sie sich permanent bemühen herauszufinden, was die „Kundschaft“ haben will. [...] Die Politik imitiert dabei die Methoden anderer gesellschaftlicher Bereiche, deren Selbstvertrauen und Selbstsicherheit weitgehend intakt sind: des Showbusiness und des Marketings. Daraus ergeben sich die bekannten Paradoxien der heutigen Politik: Sowohl die Technik zur Manipulation der öffentlichen Meinung als auch die Mechanismen, mit denen sich die Politik der öffentlichen Kritik und Überprüfung öffnet, werden immer raffinierter; parallel dazu werden die Parteiprogramme [...] inhaltlich immer farbloser und oberflächlicher. Man kann diese Art der Politik nicht undemokratisch nennen, da die Sorge der Politiker um ihr Verhältnis zu den Bürgern darin eine so große Rolle spielt. Gleichzeitig kann man dieses System nicht als wahrhaft demokratisch bezeichnen, da sich ein großer Teil der Bürger darin mit der Rolle manipulierter, passiver Bürger begnügen muss, die nur gelegentlich an den Entscheidungen beteiligt werden. [...]

Aus: Colin Crouch: Postdemokratie, Frankfurt am Main 2008, S. 7, 10, 30, 32–33; aus dem Englischen von Nikolaus Gramm. Crouch lehrt Governance and Public Management an der University of Warwick in Coventry, England.

QUERVERWEIS
PR-Experten
S. 63, M 4

METHODE
Wahl- und Parteiprogramme
S. 51

Glossar

Agenda 2010: Die A. bezeichnet ein ganzes Bündel von Reformen (vor allem in den Bereichen Wirtschaft, Arbeitslosen-, Kranken- und Rentenversicherung) der rot-grünen Bundesregierung in den Jahren 2003 bis 2005. Ziel war es, durch Senkung der Lohnnebenkosten, Flexibilisierung der Arbeitsverhältnisse sowie Kürzungen der Sozialleistungen die deutsche Wirtschaft international wettbewerbsfähiger zu machen. Bekanntestes Beispiel für diese Maßnahmen ist die → *Hartz-IV*-Reform zur Neuregelung des Arbeitslosengeldes.

Alleinerziehende: Die Definitionen variieren. Bei einer engeren Bestimmung kann man nur Personen als A. bezeichnen, die in einem Haushalt Kinder unter 18 Jahren allein versorgen und zu betreuen haben.

Amadeu Antonio Stiftung: Nach Amadeu Antonio Kiowa (1962–1990) benannte Stiftung. Kiowa war eines der ersten Todesopfer rassistischer Gewalt in Deutschland nach der Wiedervereinigung. Ziel der A. ist es, eine → *demokratische* Zivilgesellschaft zu stärken, die sich konsequent gegen → *Rechtsextremismus*, → *Rassismus* und Antisemitismus wendet. Sie unterstützt vor allem in Ostdeutschland lokale Initiativen und Projekte in den Bereichen Jugend und Schule, Opferschutz und Opferhilfe, alternative Jugendkultur und Kommunale Netzwerke.

Anarchismus: Eine politische → *Ideologie*, die darauf zielt, jede Herrschaft von Menschen über Menschen und jede gesetzliche Ordnung, besonders den Staat, zu beseitigen. Dem A. liegt die → *utopische* Vorstellung zu Grunde, dass ein Zusammenleben frei von jeglicher Autorität und Hierarchie möglich sei.

Armut: Begriff, der nur relativ zur Entwicklung des gesellschaftlichen Reichtums zu bestimmen ist. A. ist nicht nur eine Frage finanzieller Mittel (definiert durch ein Mindesteinkommen), sondern betrifft weitere Dimensionen der Unterversorgung (wie Gesundheit, Bildung, Erwerbsstatus) und auch die Verfügbarkeit von Handlungsspielräumen in Abhängigkeit von gesellschaftlichen Rahmenbedingungen. In den Industrienationen misst sich A. im Verhältnis zum Lebensstandard (*relative* A.). So gilt in Deutschland derjenige als relativ arm, dessen Einkommen weniger als 60% des Durchschnittseinkommens beträgt. Als statistische Größe der *absoluten* A. hingegen gilt die Marke von 1,25 US-Dollar pro Tag und Kopf. Wer diese Summe oder weniger zur Verfügung hat, gilt nach Berechnungen der Weltbank als arm.

BKA-Gesetz: Das „Gesetz über das Bundeskriminalamt und die Zusammenarbeit des Bundes und der Länder in kriminalpolizeilichen Angelegenheiten" regelt in seiner Fassung aus dem Jahr 1997 die Aufgaben des Bundeskriminalamtes (BKA). Die Novellierung des Gesetzes im Jahr 2008 brachte gravierende Neuerungen mit sich. So hat das BKA weit reichende Kompetenzen im Bereich der Terrorismusbekämpfung erhalten. Datenschutzrechtliche Bedenken sind nicht der einzige Grund dafür, dass der Gesetzesentwurf der Großen Koalition politisch erbittert umkämpft war und Verfassungsbeschwerden schon im Vorfeld angekündigt wurden.

Bundesnachrichtendienst (BND): Der Auslandsnachrichtendienst der Bundesrepublik Deutschland mit Sitz in Pullach bei München und in Berlin; neben dem Bundesamt für Verfassungsschutz (BfV) und dem Militärischen Abschirmdienst (MAD) einer der drei Nachrichtendienste des Bundes. Der BND besteht seit 1956 und untersteht dem Bundeskanzleramt. Seit 1978 unterliegt er der Kontrolle des Parlamentarischen Kontrollgremiums (PKG), einem Organ des Bundestages. Hauptaufgabe des BND ist das frühzeitige Erkennen von Gefahren, die der Bundesrepublik aus dem Ausland drohen.

Demografischer Wandel: Alle Veränderungen in der Zahl und Struktur der Bevölkerung eines Landes (z. B. Alter, Geschlecht, Lebensform, Kinderzahl, Religion, Gesundheitszustand), die grundlegender Natur sind, d. h. über einen längeren Zeitraum hinweg die Zusammensetzung nachhaltig und nicht nur vorübergehend ändern. Dazu zählen z. B. die sinkenden Geburtenraten oder die Steigerung der Lebenserwartung in den meisten Industrieländern. In Deutschland gehört der d. W. durch die steigende Zahl der Älteren gegenüber dem Anteil jüngerer Erwerbsfähiger zu den wichtigsten gesellschaftlichen Entwicklungen. Er wirkt sich vor allem auf die Arbeitswelt und die → *Sozialversicherungssysteme* aus, die an die veränderten Entwicklungen angepasst werden müssen. Geburtenrückgang und Alterung der Gesellschaft lassen sich durch Zuwanderung verlangsamen, nicht jedoch gänzlich aufhalten.

Demokratie, innerparteiliche: Die Anwendung demokratischer Grundsätze innerhalb der → *Parteien*, z. B. die regelmäßig stattfindende Wahl der Führungsgremien und die freie innerparteiliche Meinungsäußerung.

Demokratie, plebiszitäre: Eine Form des direktdemokratischen Demokratiemodells, bei der die Volkssouveränität eine unteilbare Größe ist und der Volkswille keiner Interpretation durch repräsentative Organe bedarf. Das Volk selbst regiert unmittelbar und direkt, sei es mithilfe rätedemokratischer Strukturen, mit Volksinitiativen, → *Referenden*, → *Plebisziten*, in jedem Falle durch umfassende → *Partizipation*.

Demokratie, repräsentative: Eine Form des Demokratiemodells, bei dem die Herrschaftsfunktionen durch demokratisch gewählte staatliche Institutionen ausgeübt werden, die im Namen des Volkes handeln, dabei aber nicht an dessen Auftrag oder Weisung gebunden sind.

Demoskopie: Meinungsforschung.

Diktatur: Staatsform, in der sich eine Person, Gruppe, → *Partei* oder Regierung anmaßt, „von oben" bestimmen zu können, was dem allgemeinen Wohl der Bürger diene. Es werden zumeist autoritäre und totalitäre D. unterschieden. Letztere, zu denen vor allem der Nationalsozialismus und der Stalinismus gerechnet werden, stehen im schärfsten möglichen Gegensatz zum → *demokratischen* Verfassungsstaat. Kennzeichen totalitärer D. sind eine geschlossene → *Ideologie*, staatlicher Terror gegen Andersdenkende, die Kontrolle der → *Massenmedien* und des wirtschaftlichen Lebens sowie die Konzentration der Macht bei einer hierarchisch strukturierten Massenpartei.

Energieträger, regenerative: Während → *fossile E.* endliche Vorräte darstellen, erneuern r. E. sich beständig. Zu ihnen gehören Wasser-, Wind- und Sonnenkraft, aber auch Biomasse. Diese E. sind klima- und umweltfreundlich, da mit ihrer Nutzung sehr viel geringere Umweltbelastungen verbunden sind und keine klimarelevanten Schadstoffe freigesetzt werden.

Energieträger, fossile: Erdöl, Erdgas, Braun- und Steinkohle; diese E. entstanden vor Jahrmillionen bei der Zersetzung abgestorbener Pflanzen und Tiere unter Sauerstoffabschluss, hohen Temperaturen und dem Druck darüber liegender Gesteinsschichten. Grenzen für die Nutzung f. E. ergeben sich – je nach Entwicklung des technischen Fortschritts und je nach Technologieeinsatz – aus den unterschiedlichen Ressourcenverfügbarkeiten sowie aus deren Umwelt- und Klimaverträglichkeit. Bei der Verbrennung bzw. Umwandlung der fossilen Brennstoffe wird Kohlendioxid (CO_2) freigesetzt, das wesentlich zum → *Klimawandel* beiträgt.

Entfernungspauschale („Pendlerpauschale"): Bis zum 1. Januar 2007 konnten Steuerzahler mit der E. die Kosten für die Fahrt zur Arbeit steuerlich absetzen, für alle Fahrten – egal wie weit und egal mit welchem Verkehrsmittel. Für jeden gefahrenen Kilometer wurde eine Pauschale von 30 Cent angerechnet. Als Grundlage galt dabei die kürzeste Straßenverbindung zwischen Wohnung und Arbeitsstätte. Die Große Koalition hatte die E. jedoch abgeschafft. Die 30 Cent waren seitdem nur noch vom 21. Entfernungskilometer an steuerlich absetzbar. Die Regelung war im Dezember 2008 vom Bundesverfassungsgericht für verfassungswidrig erklärt worden.

Exekutive (lat. = ausführen, vollziehen): Vollziehende Gewalt; Regierung und Verwaltung.

Extremismus: Bezeichnet eine politische Einstellung, die eine grundlegende Veränderung der derzeitigen Gesellschaftsordnung anstrebt bzw. die freiheitliche → *demokratische* Grundordnung (FDGO) beseitigen will. Extremisten vertreten im Allgemeinen fanatische oder → *fundamentalistische* Haltungen, → *Ideologien* oder Ziele, oftmals auch mit Gewalt. Die Formen des E. lassen sich in die Kategorien „rechts", „links" und „religiös" untergliedern.

Familie: Nach Geschlecht und Generation differenzierte Kleingruppe mit einem spezifischen Kooperations- und einem wechselseitigen Solidaritätsverhältnis, dessen Begründung in allen Gesellschaften zeremoniell begangen wird. Aufgabe der F. ist es u. a., Schutz zu gewähren und das Sexualverhalten ihrer Mitglieder zu regulieren. Der in Politik und Soziologie heute übliche Familienbegriff umfasst alle Eltern-Kind-Gemeinschaften, d. h. Ehepaare, nichteheliche (gemischt- oder gleichgeschlechtliche) Lebensgemeinschaften sowie → *alleinerziehende* Väter und Mütter mit im gemeinsamen Haushalt lebenden, ledigen Kindern.

Flick-Untersuchungsausschuss: Der deutsch-österreichische Unternehmer Friedrich Karl Flick (1927–2006) zahlte zwischen 1969 und 1980 rund 25 Millionen D-Mark in Form von Spenden an Vertreter aller damals im Bundestag vertretenen → *Parteien*. Als dies 1983 an die Öffentlichkeit geriet und der Vorwurf der Bestechlichkeit aufkam, wurde ein Untersuchungsausschuss zur politischen Aufarbeitung eingesetzt. Obwohl eine Reihe von Politikern ihren Rücktritt bekannt gab, kamen die Beteiligten doch insgesamt mit sehr milden Strafen davon. Infolge der „Flick-Affäre" wurden die Rechte von parlamentarischen Untersuchungsausschüssen in Deutschland gestärkt sowie das Parteispendengesetz und die Meldepflicht der Abgeordneten bezüglich ihrer Nebeneinkünfte verschärft.

Föderalismus (lat. foedus = Bündnis, Vertrag): Gliederung eines Staates in mehrere gleichberechtigte, in bestimmten politischen Bereichen selbstständige Bundesländer, die an der Willensbildung des Bundes mitwirken.

Fundamentalismus: Im Allgemeinen das kompromisslose Festhalten an politischen oder religiösen Grundsätzen. Der F. bezeichnet unterschiedliche, meist religiös motivierte → *Ideologien* und Strömungen, die den Gedanken des → *Pluralismus* ablehnen und den Dialog verweigern.

Gesellschaftsvertrag: Nach den Vorstellungen verschiedener Staatstheoretiker (u. a. John Locke und Jean-Jacques Rousseau) basiert sowohl das Entstehen als auch das Bestehen eines Staates auf einer freien Vereinbarung der Einzelnen. Die Vertragslehre geht von einem Naturzustand aus, in dem die Einzelnen ohne eine Rechts- und Staatsordnung nebeneinander und mutmaßlich im „Kampf aller gegen alle" (Thomas Hobbes) lebten. Dieser Zustand wurde erst durch einen G. beendet, eine vereinbarte Herrschaftsordnung zur Gewährleistung von Sicherheit, Frieden und Recht. Historisch wurde ein G. nie abgeschlossen.

Gewaltenteilung: Grundprinzip in der Organisation (demokratischer) staatlicher Gewalt. Ziel ist es, die Konzentration und den Missbrauch politischer → *Macht* zu verhindern, die Ausübung politischer Herrschaft zu begrenzen und zu mäßigen und damit die bürgerlichen Freiheiten zu sichern. Es wird zwischen der gesetzgebenden Gewalt (→ *Legislative*), der ausführenden Gewalt (→ *Exekutive*) und der rechtsprechenden Gewalt (→ *Judikative*) unterschieden. Diese Funktionen werden unabhängigen Staatsorganen (Bundestag, Bundesregierung, Bundeskanzler, Bundesrat, Bundesverfassungsgericht) zugewiesen. In der politischen Praxis ergeben sich Abweichungen vom strikten Prinzip der G. oder sind Abweichungen sogar vorgesehen (z. B. Verordnungen der Exekutive, Gesetzesinitiativen der Regierung). Auch die Prinzipien des → *Föderalismus* werden als Teil der G. angesehen.

Globalisierung: Der Begriff bezeichnet eine Zunahme der Staatsgrenzen überschreitenden sozialen Beziehungen v. a. ab den 90er Jahren. Insbesondere werden zu den Merkmalen der G. eine starke Zunahme internationaler Wirtschafts- und Finanztransaktionen, die Ausdehnung der Kommunikationstechnologien (Internet usw.) sowie eine weltweite Ausdehnung westlicher Kultur verstanden. Ursachen sind neben der technischen Entwicklung vor allem der Abbau von wirtschaftlichen Schranken durch die wichtigsten Industriestaaten. Eine genaue historische Abgrenzung der G. von der früheren Entwicklung z. B. des Weltmarktes ist umstritten.

Grundgesetz: Vom Parlamentarischen Rat 1948/49 ausgearbeitete Verfassung der Bundesrepublik. Die Bezeichnung Grundgesetz wurde gewählt, um den provisorischen Charakter des westdeutschen Teilstaates zu verdeutlichen. Im Zuge des Beitritts der neuen Länder zum Geltungsbereich des Grundgesetzes (1990) und einer intensiven Verfassungsdiskussion (1991–94) wurde die Bezeichnung beibehalten, um nach innen und außen zu signalisieren, dass man im vereinten Deutschland an einer bewährten politischen Grundordnung festhält.

Grundrechte: Verfassungsmäßige Rechte, die den Bürger vor Übergriffen des Staates schützen (Abwehr-/Freiheitsrechte) und ihm die Teilnahme an der politischen Willensbildung garantieren (Teilhaberechte).

Hartz IV: Durch das Hartz IV-Gesetz wurde 2005 das Arbeitslosengeld II eingeführt. Es führte die bisherige Arbeitslosenhilfe (Arbeitslosengeld I) und die Sozialhilfe für Erwerbstätige zusammen. Damit ist dies heute die Grundsicherung für erwerbsfähige Hilfsbedürftige. Die Leistungen entsprechen dem Existenzminimum in Deutschland. Das Arbeitslosengeld II kann aber auch ergänzend zum Erwerbseinkommen oder anderen staatlichen Leistungen bezogen werden.

Ideologie: Eine politische Ansicht. Der Begriff wird in nichtwissenschaftlichen Kreisen häufig als eine abwertende Bezeichnung für ein starres Weltbild oder für unverrückbare Ansichten benutzt.

Integration: Im gesellschaftswissenschaftlichen Sinne die Herstellung einer gesellschaftlichen Einheit.

Interessenverbände: Organisierte Gruppen mit bestimmten sachlichen und/ oder ideellen Zielen und Interessen. Sie unterscheiden sich von → *Parteien* dadurch, dass sie kein allgemeines politisches Programm anbieten und keine Beteiligung an Wahlen anstreben. Stattdessen versuchen sie, politische Entscheidungen der → *Legislative* und → *Exekutive* in ihrem Sinne zu beeinflussen.

Intermediäres System: Die Verbindung zwischen → *Parteien* und Entscheidungsträgern erfolgt in zwei Richtungen: Zum einen artikulieren die Parteien die Interessen und Vorstellungen der Bürger und speisen sie in das Entscheidungssystem ein. Zum anderen informieren sie die Bürger über die dort getroffenen Entscheidungen und begründen diese. Die Parteien nehmen diese Funktion zusammen und im Zusammenspiel mit → *Interessenverbänden*, Bürgerinitiativen und → *Medien* wahr. Dieses Zusammenspiel wird als i. S. bezeichnet. Aber nur die Parteien haben direkten Einfluss auf die personelle Zusammensetzung der Verfassungsorgane (vgl. S. 50, M 2).

Judikative (lat. = Recht sprechen): Richterliche Gewalt.

Klimawandel: In den vergangenen Jahrzehnten hat sich die Durchschnittstemperatur der Erdatmosphäre und der Meere erhöht, eine weitere Erwärmung wird erwartet. Die meisten Naturwissenschaftler führen dies auf den vom Menschen verstärkten Treibhauseffekt zurück, besonders seit Beginn der Industriellen Revolution. Das Verbrennen → *fossiler Energieträger* und die großflächige Rodung von Wäldern reichern den Anteil von Kohlendioxid (CO_2) in der Luft an. Hinzu kommt der erhöhte Ausstoß von Methangas durch eine intensive Viehwirtschaft. Der Treibhauseffekt wird auf Wasserdampf, Kohlenstoffdioxid, Methan, Stickstoffoxid und fluorierte Verbindungen, z. B. FCKW, zurückgeführt. Verdoppelt sich der CO_2-Anteil in der Erdatmosphäre, rechnet die Klimaforschung mit einer Erhöhung der Erdmitteltemperatur innerhalb von 1,5 bis 4,5 Grad Celsius. Folgen der globalen Erderwärmung sind schon heute erkennbar: verringerte Schneebedeckung, Gletscherschmelze, ein steigender Meeresspiegel, Überschwemmungen und Wetterveränderungen. Der K. war 1992 erstmals Gegenstand einer UNO-Konferenz. Im Jahre 1997 entstand mit dem Kyoto-Protokoll das erste → *völkerrechtlich* verbindliche Abkommen mit konkreten Gegenmaßnahmen.

Klonen, reproduktives: Dabei wird eine Eizelle entkernt und in sie der Kern einer Körperzelle eines Tieres oder Menschen eingepflanzt. Der sich entwickelnde Embryo wird nach wenigen Tagen in die Gebärmutter einer Leihmutter eingepflanzt. Das prominenteste Beispiel ist das schottische Klonschaf „Dolly".

Klonen, therapeutisches: Beim t. K. soll Gewebe gezüchtet werden, dessen Erbgut exakt mit dem eines Patienten übereinstimmt und das deshalb nicht vom Immunsystem des Patienten abgestoßen wird. Dazu soll Erbmaterial aus gesunden Zellen in eine zuvor entkernte Eizelle gespritzt werden. Diese reift im Labor zu einer Blastozyste (Hohlkugel) heran, deren → *Stammzellen* sich noch in unterschiedliche Gewebearten entwickeln können.

Koalition (mittellat. = das Zusammenwachsen): Bündnis zweier oder mehrerer → *Parteien* in einem Parlament, um gemeinsam die Regierung zu bilden und zu stützen und ein politisches Programm durchzusetzen.

Kommunismus: Bezeichnet das politische Ziel einer klassenlosen Gesellschaft, herbeigeführt durch einen gewaltsamen Umsturz, die proletarische Revolution. In der k. Gesellschaft ist das Privateigentum an Produktionsmitteln aufgehoben, und das erwirtschaftete Sozialprodukt wird gesellschaftlich angeeignet, d. h. allen Menschen gleichermaßen zugänglich gemacht. Der bedeutendste Denker des K. war Karl Marx.

Konservatismus: (lat.: conservare = bewahren): Politische Anschauung, die sich vornehmlich für die Erhaltung und Entwicklung des Bestehenden ausspricht. Kennzeichen sind in der Regel Verfassungspatriotismus, Achtung der nationalen Existenz, Forderung nach einem ordnenden Staat.

Legislative (lat. = Gesetze „tragen"): Gesetzgebende Gewalt; in der parlamentarischen → *Demokratie* das Parlament.

Legitimation: Anerkennung einer politischen Ordnung und ihrer Repräsentanten durch das Volk. Voraussetzung dafür ist die Übereinstimmung der politischen Ordnung mit den in der Gesellschaft allgemein anerkannten Vorstellungen über die Begründung von politischer Herrschaft. In einer → *demokratischen* Ordnung wird die L. der Herrschaftsausübung auf Zeit vor allem durch demokratische Wahlen geschaffen.

Liberalismus: Politische Anschauung, in deren Mittelpunkt die ungehinderte Entfaltung des Einzelnen und einzelner Gruppen unter Zurückdrängen der Ansprüche des Staates steht.

Macht: Verhältnis der Über- und Unterordnung zwischen Personen, Gruppen, Organisationen oder Staaten, das – im Unterschied zu Herrschaft und Autorität – nicht der Anerkennung der von ihr Betroffenen bedarf. Max Weber (1864–1920) definierte Macht als „die Chance, innerhalb einer sozialen Beziehung den eigenen Willen auch gegen Widerstreben durchzusetzen, gleichviel, worauf diese Chance beruht".

Massenmedien: Technische Mittel, durch die Aussagen schnell und über große Entfernungen zu einer großen Zahl von Menschen gebracht werden können. Empfänger und Sender von Nachrichten sind sich dabei nicht persönlich bekannt. Massenmedien sind sehr einflussreich und werden als eine Kontrollinstanz z. B. gegenüber dem Staat angesehen. Zugleich aber sind die durch sie verbreiteten Nachrichten für die Empfängerinnen und Empfänger kaum noch zu überprüfen. Zu den Massenmedien zählt neben Zeitungen, Rundfunk und Fernsehen auch das Internet.

Meinung, öffentliche: Zentrale Kategorie für die Bestimmung der → *Legitimität* politischer Herrschaft. Ö. M. ist nicht die Summe der individuellen Meinungen. Diese werden nur dann zur ö. M., wenn sie die Einschätzungen bedeutender Akteure, Gruppen oder Institutionen zu politisch bedeutsamen Fragen bestimmen und in den → *Massenmedien* ihren Niederschlag finden.

Migration: (lat.: migratio = Wanderung) Mit diesem Ausdruck werden verschiedene Formen der Ein- und Auswanderung zusammengefasst (Asylsuche, Arbeitsmigration, Flucht vor Krieg usw.). Das trägt der Tatsache Rechnung, dass alle diese Formen Gemeinsamkeiten aufweisen: Einen Migrationsgrund, der in fast allen Fällen irgendeine Art von Zwang beinhaltet – und soziale Probleme, die aus der Situation im Aufnahmeland folgen.

Misstrauensvotum, konstruktives: Nach Art. 67 GG kann der Bundeskanzler vom Bundestag nur gestürzt werden, wenn gleichzeitig die Mehrheit des Parlaments einen neuen Kanzler wählt.

Nachhaltigkeit: Bezeichnung für das Prinzip, nach dem die wirtschaftliche Entwicklung so zu beeinflussen ist, dass der Umweltverbrauch zunehmend geringer wird und das ökologische System sich erholen kann.

Neokonservatismus: Eine politische Strömung in den USA, die während des Vietnamkriegs (1965–1975) in Abgrenzung zur 68er- und zur Bürgerrechtsbewegung Martin Luther Kings entstand. Das Hauptaugenmerk des N. liegt – neben den herkömmlichen → *konservativen* Bezugspunkten Familie, Heimat, Religion und Nation – auf dem Abbau wohlfahrtsstaatlicher Elemente sowie dem Glaube, das westliche Demokratiemodell sei der Endpunkt aller politischen Entwicklung. Die Vorsilbe „Neo" verweist darauf, dass die intellektuellen Vorreiter dieser Strömung ursprünglich liberale und sogar sozialistische Überzeugungen vertreten hatten, die sich jedoch in einen umso konservativeren Politikstil verkehrten. Ein bekannter Vertreter des N. ist der ehemalige US-Präsident George W. Bush (2001–2009).

Neoliberalismus: Denkrichtung des → *Liberalismus*, die eine freiheitliche, marktwirtschaftliche Wirtschaftsordnung mit den entsprechenden Gestaltungsmerkmalen (z. B. Privateigentum an Produktionsmitteln, freie Preisbildung, Wettbewerbsfreiheit) anstrebt, staatliche Eingriffe in die Wirtschaft jedoch auf ein Minimum beschränken will. Die Ideen des N., dessen führender Vertreter in Deutschland Walter Eucken (1891–1950) war, basieren auf den negativen Erfahrungen mit dem ungezügelten Liberalismus des Laissez-faire im 19. Jahrhundert. Die deutsche Variante des N., in der staatliche Eingriffe in die Wirtschaft dann gerechtfertigt sind, wenn sie z. B. die Bildung von Monopolen verhindern oder dem sozialen Ausgleich dienen, wird auch als Ordoliberalismus bezeichnet. Die angelsächsische Variante mit ihrem Hauptvertreter Friedrich August von Hayek (1899–1992) setzt stärker auf die Selbststeuerung der Marktwirtschaft.

Opposition: Minderheit im Parlament; ständige Alternative zur Regierung, die entsprechend den konstitutionellen Regeln (Wahlen, → *konstruktives Misstrauensvotum*) Mehrheit werden will und kann.

Partei: P. sind auf Dauer angelegte Organisationen politisch gleichgesinnter Menschen. Sie verfolgen bestimmte wirtschaftliche, gesellschaftliche etc. Vorstellungen, die meist in P.-Programmen festgeschrieben sind, sowie das Ziel, Regierungsverantwortung zu übernehmen. Politische P. existierten bereits in der Antike, die P. im heutigen Sinne jedoch erst seit der Entwicklung des Parlamentarismus im 18. Jh. und der Französischen Revolution. In Deutschland ist ihre Stellung im → *Grundgesetz* besonders hervorgehoben.

Partizipation: Beteiligung des Bürgers am Willensbildungs- und Entscheidungsprozess im → *demokratischen* System, u. a. durch Wahlen, Mitgliedschaft in → *Parteien*, → *Interessenverbänden*, Bürgerinitiativen und Vereinen bzw. durch Wahrnehmung der in der Verfassung verankerten Artikulations- und Mitwirkungsrechte.

Plebiszit: Volksabstimmung über eine Vorlage der Regierung.

Plenum: Die Gesamtheit der Mitglieder eines Parlaments. Eine Sitzung, an der die Abgeordneten teilnehmen, nennt man auch Plenarsitzung.

Pluralismus: Auffassung, dass es mehrere, in Voraussetzungen und Zielsetzungen verschiedenartige politische und gesellschaftliche Vorstellungen gibt, die in der Gesellschaft gleichzeitig legitim nebeneinander vorhanden sind, wobei allen das gleiche Recht auf Entfaltung ihrer Interessen zukommt.

Präimplantationsdiagnostik (PID): Die Untersuchung der künstlich befruchteten Eizelle vor ihrer Einpflanzung in die weibliche Gebärmutter. Der Embryo besteht in dieser Phase aus wenigen, meist acht Zellen, von denen ein oder zwei herausgelöst und in ihrer Genstruktur auf Defekte überprüft werden, die auf das Vorliegen einer Erbkrankheit schließen lassen. Die PID ist in Deutschland verboten. Erst durch Fruchtwasseruntersuchungen dürfen Ärzte bei Embryos oder Föten mögliche Behinderungen feststellen, die eine eugenische Abtreibung ermöglichen. Eine Einpflanzung und anschließende Abtreibung mit allen psychischen Folgen könne man den Betroffenen ersparen, wenn eine PID vorgeschaltet werden dürfe, sagen Befürworter der PID. Kritiker halten dagegen, dass das Lebensrecht Behinderter dann massiv beschränkt werde und irgendwann auch das Tor zu „Designer-Babys" offen stehe, indem alle im Reagenzglas gezeugten Kinder nach erfolgter PID vernichtet werden, wenn sie nicht den Wünschen nach Geschlecht, Haar- oder Augenfarbe entsprechen.

Prekariat: In der Diskussion über wachsende → *Armut* in Deutschland häufig verwendeter Begriff. Das Wort verbindet die Bezeichnungen „prekär" (lat. precarius = schwierig, heikel, misslich) und „Proletariat". Unter der sog. Prekarisierung verstehen Soziologen bereits seit den 1980er Jahren die wachsende Zahl bis dahin untypischer Beschäftigungsverhältnisse und ihre wirtschaftlichen, sozialen und psychologischen Folgen. Die äußerst heterogene Gruppe der durch befristete Arbeitsverträge, Leih- und Zeitarbeit oder sinkenden Kündigungsschutz „ungeschützt Arbeitenden und Arbeitslosen" wird als eine neue soziale Schicht definiert. Zu dieser Schicht zählen u. a. Arbeitslose, gering Qualifizierte, chronisch Kranke oder allgemein Menschen mit schlechten Zukunftsaussichten in der Arbeitswelt.

Rassismus: Bezeichnet eine → *Ideologie*, die Menschen aufgrund körperlicher oder kultureller Eigenarten oder aufgrund ihrer ethnischen, nationalen oder religiösen Zugehörigkeit in angeblich naturgegebene Gruppen – so genannte Rassen – einteilt und diese hierarchisiert. Rassisten glauben dabei an die Überlegenheit der eigenen „Rasse" bzw. Gruppe und betrachten andere kulturelle oder gesellschaftliche Gruppen als minderwertig.

Realsozialismus: Als R. oder real existierender Sozialismus wird ein politisches und ökonomisches System bezeichnet, das in der Sowjetunion (UdSSR) und vielen mit ihr eng verbundenen Staaten des ehemaligen Ostblocks existierte. Neben der Berufung der politischen Führung auf die Lehren von Karl Marx und Friedrich Engels galten staatlicher Zentralismus und Planwirtschaft als Kennzeichen dieser Länder. Bürgerliche Freiheitsrechte existierten nicht. Der Begriff „real" bringt zum Ausdruck, dass die entsprechenden Staaten sich als Verwirklichung der Ideen des → *Sozialismus* und → *Kommunismus* verstanden. Idee und Realität jedoch waren nicht deckungsgleich.

Republik (lat. res publica = die öffentliche Sache): Staatsform, bei dem die Staatsgewalt nicht bei einer Einzelperson (z. B. einem König) konzentriert ist, sondern auf verschiedene Machtzentren verteilt vorliegt und durch den Berufungsakt des Volkes (Wahlen) legitimiert ist.

Sozialismus: Neben dem → *Liberalismus* und dem → *Konservatismus* die dritte große im 19. Jahrhundert entstandene politische → *Ideologie*. Sie bezieht sich auf die Grundwerte Gleichheit, Gerechtigkeit und Solidarität und kritisiert die bestehenden gesellschaftlichen Verhältnisse mit dem Ziel ihrer Weiterentwicklung hin zu einer sozial gerechten Wirtschafts- und Gesellschaftsordnung.

Sozialversicherungen, staatliche: Wurden in Deutschland von Otto von Bismarck (1815–1898) in den 1880er Jahren eingeführt. Durch die Sozialleistungen sollten die auf die Arbeiterschaft zugeschnittenen Versicherungen diese sozial absichern. Die Pflichtbeiträge für die S. sollten den Arbeitern die weitere Unterstützung gewerkschaftlicher oder kirchlicher Versicherungen unmöglich machen, um die als revolutionär wahrgenommenen Arbeiter an die Gesellschaft des kaiserlichen Deutschlands zu binden. In diesem ersten Schritt der S. etablierten sich: 1883 die Krankenversicherung, 1884 die Unfallversicherung sowie 1889 die Rentenversicherung (ursprünglich Invaliditäts- und Altersversicherung). 1927 kam die Arbeitslosenversicherung hinzu und 1995 die Pflegeversicherung.

Stammzellen: Sie haben die Eigenschaft, nahezu unendlich teilbar zu sein. Wissenschaftler versuchen, mithilfe von S. Ersatz oder Anreicherung für krankhaftes Gewebe zu schaffen. S. können verschiedenen Ursprungs sein; man unterscheidet → *embryonale* von → *adulten S.*.

Stammzellen, adulte: Nicht nur Embryonen sind eine Quelle der Zellen, aus denen sich verschiedene Arten menschlichen Gewebes entwickeln können. In etwa 20 Organen inklusive der Muskeln, der Knochen, der Haut, der Plazenta und des Nervensystems haben Forscher adulte S. aufgespürt. Sie besitzen weniger Eigenschaften als die embryonalen S., werfen in der Herstellung aber keine ethischen Fragen auf. Dem Körper eines Erwachsenen werden S. entnommen und in Zellkulturen durch Zugabe entsprechender Wachstumsfaktoren so „umprogrammiert", dass sie zu den gewünschten Gewebearten heranreifen.

Stammzellen, embryonale: Gelten als zelluläre Alleskönner; reift eine befruchtete Eizelle zu einem Zellklumpen (Blastozyste) heran, entsteht in seinem Inneren eine Masse aus embryonalen S.. Die noch undifferenzierten S. können sich zu jeder der rund 200 Zellarten des menschlichen Körpers entwickeln. Quelle der S. sind Embryonen, die bei einer künstlichen Befruchtung (in vitro) entstehen. Durch die Entnahme der S. aus dem Embryo stirbt dieser ab. Die Methode ist in Deutschland durch das Embryonenschutzgesetz verboten. In Tierversuchen haben sich die S. in Nerven-, Blut-, Leber- oder Herzmuskelzellen verwandeln lassen. Voraussetzung ist, dass sie zuvor mit geeigneten Wachstumsfaktoren behandelt werden.

Stammzellen, induzierte pluripotente (iPS): Die Stammzellforschung birgt ethische Konflikte. → *Embryonale S.* werden aus Embryonen gewonnen, die entweder eigens hergestellt werden oder bei künstlichen Befruchtungen übrig geblieben sind. Die Argumentation der Befürworter: Sie würden ohnehin vernichtet. Kritiker sprechen dagegen von der Tötung ungeborenen Lebens.

Theokratie: Eine religiös begründete → *Diktatur*, die nicht auf → *pluralistischen*, sondern auf → *fundamentalistischen* Vorstellungen basiert. In einem derartigen „Gottesstaat" sind es die religiösen Vorsteher, etwa Priester oder Imame, die die Politik bestimmen oder die Verfassung auslegen.

Utopie: Eine denkbare – nur in manchen Fällen erstrebenswerte – Wunschvorstellung, die aber (noch) nicht oder nicht mehr verwirklicht werden kann. Oft synonym gebraucht für als unausführbar betrachtete Pläne und Konzepte oder aber als Vision für eine zukünftige Gesellschaftsordnung.

Vertrauensfrage: Nach Art. 68 Abs. 1 GG kann der Bundestag dem Bundeskanzler (und damit der Bundesregierung) sein Vertrauen aussprechen. Findet ein entsprechender Antrag im Bundestag nicht die Mehrheit, „so kann der Bundespräsident auf Vorschlag des Bundeskanzlers binnen einundzwanzig Tagen den Bundestag auflösen."

Volksbegehren: Recht der Gesetzesinitiative des Volkes, das dann zu einem Volksentscheid führt, wenn es von einer bestimmten Anzahl wahlberechtigter Bürgerinnen und Bürger durch ihre Unterschrift unterstützt wird.

Volksentscheid: Verbindliche Entscheidung des Volkes zu einer bestimmten Frage.

Volkspartei: Ein Parteityp, der mit einem breit gefächerten Programm möglichst viele Wähler und Mitglieder aus unterschiedlichen sozialen Schichten ansprechen will.

Völkerrecht, zwingendes: Das Wiener „Übereinkommen über das Recht der Verträge", dem die Schweiz 1990 beigetreten ist, definiert z. V. als eine „Norm, die von der internationalen Staatengemeinschaft in ihrer Gesamtheit angenommen und anerkannt wird, als eine Norm, von der nicht abgewichen werden darf." Solche Normen sind zwingend, weil sie für ein menschenwürdiges Dasein oder das friedliche Zusammenleben der Menschheit unabdingbar sind.

Stichwortverzeichnis

Bildquellen

A1PIX, Taufkirchen: 13 o. (PSF); akg-images, Berlin: 14 re., 15 li.; AP Images, Frankfurt / M.: 146; Appenzeller, H., Stuttgart: 23 u., 184; Archiv der sozialen Demokratie der Friedrich-Ebert-Stiftung, Bonn: 60; AURA Fotoagentur, Luzern: 13 u. re.; Baaske Cartoons, Müllheim: 46 re. (G. Mester), 49 (T. Plaßmann), 52 (E. Hürlimann), 77.1 (J. Tomaschoff), 86 / 87 (D. Hanitzsch), 133 (T. Plaßmann), 169 (T. Plaßmann); Bildagentur Huber, Garmisch-Partenkirchen: 13 Mi.; bildstelle, Hamburg: 7 u. (Rex features Ltd.); Bridgeman, Berlin: 14 li.; Bundeszentrale für politische Bildung, Berlin: 185 o.; Busse, H.: 162; CCC,www.c5.net, Pfaffenhofen: 21 li. (NEL), 43 (B. Henniger), 46 li. (G. Mester), 56 (F. Wössner), 58 re. (H. Haitzinger), 92 (B. Henniger), 96 u. (B. Mohr), 103 u. li. (K.-H. Schoenfeld), 135 1 (H. Haitzinger); Cinetext Bildarchiv, Frankfurt / M.: 127 (Buena Vista); Corbis, Düsseldorf: Umschlagfoto li.; © DBT / Frank Ossenbrink: 158; dfd Deutscher Fotodienst, Berlin: 6 u. re. (ddp / M. Vedder), 116 li. (ddp / H. Kaiser), 124 o. (ddp / M. Gottschalk); dpa-infografik, Hamburg: 71 u., 97.1, 114, 117, 145 u., 173; Erich Schmidt Verlag, Berlin: 23 o., 26, 151, 152, 163 o., 167, 170, 177; Fotolia: 39.1 (K. Kokkinis), 6 o. li. (Thaut Images); Groß, Ch., Berlin: 163 u.; Haus der Geschichte, Bonn: 41 (P. Leger); Herrmann, G., Genf: 36 o.; Horsch, W., Niedernhall: 103 o. li.; Imago, Berlin: 6 Mi. li. (imagebroker / waldhäusl); ip-photo, Frankfurt / M.: 121 o. li. (P. Jülich); Jugendstiftung Baden-Württemberg, Servicestelle Jugend / Qualipass, Sersheim: 98, 99; Kavanagh, M.: 166; Kipping, K., Berlin: 126 o.; Mohr, B., Königswinter: 59 o., 59 re., 96 o., 103 o. re., 103 Mi. li., 106 o., 109, 119, 131; NDR / W. Borrs: 38; OSTKREUZ, Berlin: 11 (beide); Peters, M., Berlin: 121 u. re.; Pfohlmann, C., Landsberg am Lech: 21 re.; photothek.net, Berlin: U2 (T. Koehler); Picture-Alliance, Frankfurt / M.: 7 o. re. (epa/PA Richards), 18 u. re. (Keystone / M. Ruetschi), 55 Mi. o. (ULMER / B. Hake), 160, (Helga Lade), dpa: 6 u. li. (R. Vennenbernd), 7 Mi. (A. Weigel), 18 o. li. (P. Grimm), 18 o. re. (L. Ruymen), 18 u. li. (T. Brakemeier), 18 u. Mi., 29 (epa / Mike), 75 o. li. (U. Zucchi), 75 u. re., 75 re. (epa / B. Roessler), 75 u. li. (B. Roessler), 116 Mi. (G. Breloer), 121 u. li. (epa / P. Pleul), 121 o. re. (P. Seeger), 124 u. (K. Nietfeld), 128, 138, 149 (P. Grimm), 153 (K.-D. Gabbert), 185 u. (W. Kumm), 157, ZB: 6 o. re. (P. Pleul), 54 (K. Schindler), 88 (K. Schindler), 116 re. (P. Pleul), 126 u. (R. Hirschberger), 13 u. li. (J. Woitas); Presse- und Informationsamt der Bundesregierung – Bundesbildstelle, Berlin: 55 o., 161; Redaktion www.mut-gegen-rechte-gewalt.de: 107 u.; Reporter ohne Grenzen (ROG): 85; REUTERS, Berlin: 7 o. li. (F. O'Reily); Sakurai, H., Köln: 59 li., 80 o., 103 Mi. re., 164, 165 (alle), 182; Schweizerische Volkspartei SVP, Bern: 36 Mi., 36 u.; Skott, B. A., Düsseldorf: 104.1; Stuttmann, K., Berlin: 71 Mi., 103 u. re., 142, 145 o., 154, 171, 175; ullstein bild, Berlin: (Karwasz) 55 Mi. u. (Wieczorek), 15 re., 12 o. (Imagebroker.net), 55 u. (ecopix); VG Bild Kunst, Bonn: 58 li. (Karl Arnold); Wiemers, A.: 179.